高速铁路基础研究与技术创新丛书

编　委　会

“十四五”时期国家重点出版物出版专项规划项目

高速铁路基础研究与技术创新丛书

安全·健康·维护系列

绿色高速铁路技术

本丛书编委会　总主编
蒋　辉　编　著
卢春房　主　审

中国铁道出版社有限公司

2024年·北　京

内容简介

本书为“高速铁路基础研究与技术创新丛书”之分册，内容基于作者团队关于噪声振动控制、生态环境保护、环境污染物防治、绿色低碳和节能减排等方面的科研成果，主要包括绿色铁路发展现状介绍、高速铁路噪声振动控制技术、高速铁路生态环境保护技术、高速铁路环境污染防治技术、高速铁路资源节约与节能减排技术等内容。

本书可作为从事绿色高速铁路领域研究的科研人员和技术人员的参考书。

图书在版编目(CIP)数据

绿色高速铁路技术 / 蒋辉编著. -- 北京 : 中国铁道出版社有限公司，2024. 12. --(高速铁路基础研究与技术创新丛书). -- ISBN 978-7-113-31460-6

Ⅰ. U238

中国国家版本馆 CIP 数据核字第 202417Y4M8 号

书　　名：**绿色高速铁路技术**
作　　者：蒋　辉

策　　划：薛丽娜
责任编辑：薛丽娜　曾丽辰　　**编辑部电话**：(010)51873023
封面设计：高博越　尚明龙　　**封面摄影**：周　围　　**丛书标识设计**：崔丽芳
责任校对：安海燕
责任印制：高春晓

出版发行：中国铁道出版社有限公司(100054，北京市西城区右安门西街 8 号)
网　　址：https://www.tdpress.com
印　　刷：北京联兴盛业印刷股份有限公司
版　　次：2024 年 12 月第 1 版　2024 年 12 月第 1 次印刷
开　　本：787 mm×1 092 mm　1/16　**印张**：17.75　**字数**：383 千
书　　号：ISBN 978-7-113-31460-6
定　　价：120.00 元

高速铁路基础研究与技术创新丛书

编　辑　组

组　长：王　滨

副组长：杨新阳

策　划：（以姓氏笔画为序）

王　健　王风雨　王明容　亢嘉豪　田　甜　朱敏洁　刘　霞

江新锡　李小军　李润华　李嘉懿　杨　哲　时　博　邱金帅

张　婕　陈小刚　金　锋　徐　艳　徐　清　黄　璐　曹艳芳

崔忠文　傅希刚　曾露平　熊安春　黎　琳　薛丽娜

编　辑：（第三期，以姓氏笔画为序）

王明容　王晓阳　王熙文　白小玉　冯海燕　朱荣荣　朱敏洁

刘　霞　李纯一　李润华　张　瑜　胡娟娟　秦绪涛　袁文东

聂宏伟　夏　伟　黄　璐　曹艳芳　曾丽辰　薛丽娜　魏　娟

统　筹：李小军　刘　霞

序

我国高速铁路起步晚、发展快、后劲足，经过几代人的不懈努力，通过原始创新、集成创新、引进消化吸收再创新，成功地走出了一条符合中国国情路情、具有中国特色的自主创新之路。我国已系统掌握各种复杂地质和气候条件下高速铁路建造成套技术；在工务工程、列车运行控制、牵引供电、动车组等高速铁路核心技术方面实现自主化；形成了复杂路网条件下处理跨线运行的运营管理成套技术，构建了人防、物防、技防三位一体的主动安全保障机制。我国已成为全球高速铁路运营里程最长、在建规模最大、运营速度最快、技术体系最全、运营和管理经验最丰富的国家。我国高速铁路技术已走在世界前列，成为推动世界高速铁路发展的重要力量。

为贯彻落实中共中央、国务院《交通强国建设纲要》，推进国铁集团《新时代交通强国铁路先行规划纲要》的落地，系统总结、梳理我国高速铁路各领域前沿理论和技术，向我国乃至世界高速铁路科研工作者和工程技术人员提供一套前沿性的参考书，中国国家铁路集团有限公司铁道出版社公司特组织编著出版“高速铁路基础研究与技术创新丛书”。

丛书以习近平新时代中国特色社会主义思想为指导，以国家自然科学基金课题、国家基金委-国铁集团高铁联合基金课题、国家“973”课题、国家重点研发计划课题等科研成果为支撑，从高速铁路前沿研究、补短板技术、核心技术、技术发展趋势等方向组织选题，涵盖动车组、供电、通信与信号、列控与检测、工程勘察与设计、智能建造、运营与管理、现代信息技术、安全和维护等领域，规模为100册，是全面系统论述我国高速铁路基础研究与技术创新成就的大型系列原创性科技著作。

丛书力求突出制高点、原创性、权威性、全覆盖特色。丛书各册内容以作者团队长期从事高速铁路科学研究的成果为依托，多数成果居于国内领先水平甚至世界先进水平，多种成果荣获国家科学技术奖一等奖、二等奖，国家技术发明奖一等奖、二等奖，茅以升科学技术奖，詹天佑铁道科学技术奖，铁道科技进步奖等奖项，丛书内容体现了我国当今最新、最前沿以及展现未来发展趋势的高速铁路相关研究成果和应用技术。丛书包括动车组、供电、工程施工与组织等十个系列，基本实现高速铁路各领域全覆盖。

丛书由编委会总负责。编委会阵容强大，认真负责。编委会各成员都是长期从事我国高速铁路科研、技术、生产和管理的一流专家学者，是所从事领域的翘楚，其中包括高速铁路及其相关领域的四位院士。编委会多次开会商讨丛书的体系、内容特色、作者条件及质量保障机制；分工负责，精心审订和修改各册编写提纲；多次遴选选题，先从150多个选题意向中遴选出100个选题，后又剔除了内容特色不太鲜明的8个选题，还对10多个选题提出了较大的改进意见，补充了8个关键技术和弥补技术空白的选题；最后邀请专人对各册内容进行审定，从而保证了各册内容的正确性和先进性。

2021年年底，国家新闻出版署经过严格评审，“高速铁路基础研究与技术创新丛书”(100册)成功入选“‘十四五’时期国家重点出版物出版专项规划——重大出版工程”。这是对本丛书项目的认可，也是对编委会、作者和编辑等人员前期工作的认可，更是一种鞭策。我们相信，本丛书的出版，将助力于《交通强国建设纲要》的贯彻落实，推动我国乃至世界高速铁路事业的发展，也将为铁路领域的科研工作者、工程技术人员、管理人员，以及高校相关专业师生提供一套高水平、原创性、权威性、全覆盖的大型高铁科技精品著作。

中国工程院院士

“高速铁路基础研究与技术创新丛书”编委会主任

2022年2月

前　言

本书为“高速铁路基础研究与技术创新丛书”之分册，按丛书要求，力图体现绿色高速铁路技术前沿性、原创性等特色。

当前，绿色发展已成为重要的世界潮流，在全球各国环境保护、能源短缺等问题日益显现的背景下，我国正开启全面建设社会主义现代化国家的新征程，努力向“美丽中国”“交通强国”的伟大目标迈进。高速铁路相比航空、公路而言，其本身是一种绿色环保的交通运输方式。铁路绿色节能成效显著，总能耗和单位运输工作量综合能耗持续下降，用能结构得到大幅优化，用电量占比不断上升，污染物治理和生态修复能力提升，铁路工业废水排放量、化学需氧量排放量呈下降趋势。高速列车全部采用电力牵引驱动，彻底摆脱了蒸汽机车和内燃机车牵引时期排放大量空气污染物的困扰。伴随着列车运行速度大幅度提高，不仅牵引能耗会增加，噪声、振动、集便污水等一系列新的问题也会随之产生，如何实现我国高速铁路更加绿色环保、更加低碳减排就显得尤为重要。

中国高速铁路契合绿色环保总体发展要求，通过结合铁路设计、建设和运营实践，研究并应用车-轨-线综合降噪减振技术、生态保护恢复技术、污染物收集处理技术、节能环保信息化技术、资源能源节约技术、碳减排技术等，打造更环保、更节能的新一代高速动车组技术平台，不断加强铁路能源高效利用和新能源应用开发，持续提升高速铁路绿色建设和运营水平，实现中国高速铁路的绿色低碳发展目标。

本书作者蒋辉团队近年来承担了多项国家重点研发计划项目、中国国家铁路集团有限公司科技研究开发计划课题和中国铁道科学研究院集团有限公司科研开发基金项目等重大课题，对噪声振动控制、生态环境保护、环境污染物防治、绿色低碳和节能减排等方面的若干关键科学问题开展了研究，涵盖高速铁路在全过程建设运营中遇到的“绿色”问题和需求，环境保护、节能减排等专业领域的理论、方法、技术、应用实践等。作者团队将这些阶段性研究成果进行了全面地总结和凝练，形成了本书。本书主要内容包括国内外绿色铁路发展现状介绍、高速铁路噪声振动控制技术、高速铁路生态环境保护技术、高速铁路环境污染物防治技术、高速铁路资源节约与节能减排技术等。本书可供高等学校铁路相关专业学生、铁路专业技术人员、铁路运营管理人员学习和参考。

本书特色主要集中在以下三个方面：

1. 系统总结我国高速铁路绿色技术成果

本书内容大多来源于作者团队2015年以后取得国家重点研发计划、科技研究开发计划课题的科研、咨询、工程等项目成果，诸多成果属于首次以图书形式公开发表。

2. 全面论述我国高速铁路绿色技术内涵

绿色高铁技术的内涵十分丰富，本书在编著内容和结构设置上充分考虑到这一点，将环境保护和节能减排融合在一起，让本书的综合性得到拓展和强化。

3. 详细论述我国高速铁路绿色技术应用

结合技术和工程案例，详细论述了我国高速铁路在建设和运营过程中应用的先进的绿色技术和前沿技术，以丰富读者视野和知识面。

本书由中国铁道科学研究院集团有限公司蒋辉编著，中国工程院院士卢春房主审。蒋辉负责图书整体结构的拟定、各章节内容的统筹协调和图书整体质量的把控，中国铁道科学研究院集团有限公司节能环保劳卫研究所孙铭、步青松负责协调各个章节内容的推进和图书质量的把控，宣晓梅、柳润东负责全书统稿、核正、进度推进，李静岩、曹孙喆参编第1章，尹皓、伍向阳、陆维姗、李志强、陈兴、谭辉参编第2章，吴剑华、陈泽昊、张洁瑜、王大鹏、方敏哲、李德良参编第3章，张士超、李思媛、洪蔚、刘海娇、贾同颖、李静岩参编第4章，王永泽、曹孙喆、马龙参编第5章，刘兰华、李刚、宣晓梅、满朝翰、曹宇静负责书稿的专业校正。

在开展绿色高速铁路关键技术的相关研究过程中，得到中国国家铁路集团有限公司、国家铁路局，以及中国铁道科学研究院集团有限公司、各相关高校、设计院、铁路局集团公司、工程局等单位的大力支持与帮助，在此表示诚挚的谢意。感谢绿色铁路体系架构及重点任务研究项目(合同编号:2022YJ359)给予的出版资助。

本书编著过程中参阅了大量国内外相关文献，在此一并向文献作者表示感谢。因水平有限，书中难免存在不足之处，欢迎专家和广大读者批评指正。

编著者

2024年6月

目　　录

第1章　绪　　论

1.1　绿色铁路内涵

作为国民经济的大动脉，铁路不仅是综合交通运输体系的骨干，在经济社会发展中有着至关重要的作用，同时相较于其他交通运输方式，铁路具有大能力、低成本、节能环保等技术经济优势，是符合我国国情和可持续发展的绿色交通运输方式，也是推动交通运输绿色发展的关键。因此，要利用科技创新等手段推动铁路绿色发展，助力交通运输行业清洁低碳转型。

绿色铁路(green railway，GR)最初表示为两侧路域植物丰茂的铁路，取其实际意义。后作为学术术语提出，兼取实际与象征意义。熊风等认为绿色铁路是一项复杂的系统工程和综合体系，提出"绿色铁路"的内涵以经济持续发展为目的、与社会不断进步相适应、以自然资源利用为前提、以生态环境保护和改善为约束条件，本质是实现经济、社会、资源和环境的协调发展。孙永福等提出绿色铁路的狭义概念是铁路系统本身的环境友好性，广义概念是实现可持续发展，达到安全、高效、低耗、环保、经济等目标的手段和方法。

我国绿色铁路发展经历了不同阶段的演进变化。Chen 等利用计量学软件对 1985—2021 年绿色铁路研究论文进行定量分析，总结了绿色铁路研究的发展阶段、前沿热点和演进趋势。研究结果表明，我国绿色铁路研究经历了新兴阶段(1985—1997 年)、横向拓展阶段(1998—2010 年)、纵向深化阶段(2010—2015 年)、整合拓展阶段(2016 年至今)四个主要阶段。四个阶段涌现出的研究课题分别是绿色设计与绿色施工、绿色通道与绿色物流、节能减排与绿色评价、多式联运和绿色发展，从重视施工建造、装备制造到关注运输组织、运营维护转变。

基于宏观政策和交通行业对铁路绿色发展所提出的要求，结合铁路自身特点，引申提出绿色铁路内涵，从狭义和广义两个角度理解绿色铁路发展的内涵。狭义的内涵即指铁路系统自身的节能环保。广义的内涵是站在交通运输体系视角对铁路低碳发展的全面理解，不仅包括狭义的内涵，而且更突出强调铁路对交通运输结构优化和低碳发展的功效作用。

1.1.1　铁路自身的绿色发展

铁路技术经济特征决定了它在低碳交通发展中具有明显的比较优势，但就其内部而言也存在节能降碳问题，必须贯彻绿色发展理念，落实生态文明建设发展要求，遵循铁路全生命周期低碳化发展，在规划、设计、施工、运营、管理等阶段贯彻绿色低碳发展理念、应用绿色低碳技术，在节能降碳、环境保护、生态平衡、安全舒适等方面达到人与自然、人与社会的和谐，实现可持续发展目标。

1. 绿色铁路意味着生态友好

铁路作为承载于生态环境系统中的线性工程和交通方式，铁路建设运营是一项对经济社会、生态环境、国土空间具有深远影响的开发活动，必然对生态环境或多或少造成一定程度影响，因此要最大限度减少对沿线生态环境的负面影响，加强生态保护，打造绿色廊道，实现铁路建设运营与生态环境的和谐友好，这是绿色铁路之所以“绿”的根本前提。

2. 绿色铁路意味着节能清洁

铁路与其他交通方式相比，资源能源消耗最少，污染物排放量最小，环境治理外部成本最低，节能清洁特征最为显著，但也要落实绿色发展要求，通过技术进步强化管理和优化结构，进一步提高资源和能源利用效率，进一步减少污染物排放甚至实现“零排放”，使绿色铁路更加节能、更加清洁、更加低碳，这是绿色铁路之所以“绿”的根本属性。

3. 绿色铁路意味着集约高效

铁路与其他交通方式相比，能够以较少的能源资源消耗快速完成更多社会运输工作量，单位能耗、单位面积、单位长度运营效能最优和承载能力最大，具有显著的大运力、全天候、快速度、集约化和高效率的比较优势，大大降低发展成本、物流成本和时间成本，加快要素快速流动，加快构建新发展格局，让流动的中国更具繁荣发展的活力，这是绿色铁路之所以“绿”的优势所在。

4. 绿色铁路意味着可持续性强

铁路不仅要实现自身可持续发展，同时作为综合交通运输体系重要组成部分要更好发挥自身绿色优势，承担更多客货运量，努力提高市场份额，引导构建绿色交通体系，推动交通绿色发展和可持续发展，实现全社会以最小的能源资源消耗、最低的生态环境代价、最大程度地满足经济社会发展对运输的需求，为后续发展留有空间，这是绿色铁路之所以“绿”的责任所系。

1.1.2 铁路绿色环保替代效应

充分发挥铁路在节能减排方面的比较优势，积极承接公路等高能耗运输方式转移的运量，进一步巩固和提升铁路在交通运输体系中的骨干作用，为构建绿色低碳交通运输体系作出更大贡献。主要体现在以下方面：

1. 资源节约集约

铁路作为资源节约型、环境友好型的运输方式，具有大运力、全天候、快速度、集约化和高效率等特征，与公路、航空等运输方式相比，能源消耗省、污染排放少、环境治理成本小，能以较少的资源消耗完成更多的运输工作量。加快铁路发展，提升铁路运输能力，有利于促进交通运输与能源、土地、生态等自然资源的承载能力相协调，降低物流成本和时间成本，为经济社会发展提供绿色低碳交通运输支撑。

2. 运输结构优化

鼓励使用公共交通绿色出行，铁路作为综合交通运输体系重要组成部分，应承担更多客货运量，努力提高市场份额，引导大宗货物和中长距离货物向节能低碳运输方式转移，优化铁路、公路、水运、民航等不同运输方式在交通运输客货运输中所占比重，降低交通运输整体碳排放水平。持续推进铁路货运增量，大力发展以铁路为骨干的多式联运体系，推进工矿企业、港口、物流园区等铁路专用线建设，助力运输结构优化。

发展低碳铁路的目的，不仅要提高自身安全水平、提升运输生产效率，提高节能环保水平，铁路在实现自身低碳发展需求基础上，应进一步发挥促进交通运输低碳发展的骨干作用，承担起节能降碳的重任。要充分利用铁路的比较优势，通过提高铁路的市场占有率，优化调整运输结构，推动整体交通运输体系的低碳发展。

1.2 我国绿色铁路发展现状

近年来，我国铁路基础设施建设稳步推进，2012—2023 年铁路营业里程增长了62.24%。2023 年底，全国铁路营业里程达到了 15.9 万 km，其中高速铁路营业里程达到 4.5 万 km。我国铁路行业绿色发展成效显著，管理基础不断夯实，科技攻关力度得以加强。

1.2.1 铁路运输绿色骨干优势逐步显现

铁路运输绿色骨干优势主要体现在对公路的替代，指因铁路运输市场份额提高或降低而实现的节能量，反映了铁路发展所导致运输结构变化而产生的节能降耗效应。

近些年铁路在提升客运市场份额方面成效显著，由 2015 年 39.79%上升至 2020 年的42.94%，如图 1-1 所示，在客运市场中充分发挥了铁路的绿色优势。自 2017 年至今由于铁路货运组织改革逐步深入、“蓝天保卫战”运输结构调整的开展，铁路货运市场份额开始呈上升趋势，更多的货运量转移至铁路上，铁路换算周转量占比也逐年提升，铁路的外部节能效益开始显现，铁路运输绿色供给能力也随之逐步形成，铁路绿色环保比较优势得以逐步发挥，对综合交通体系的绿色发展的推动作用逐步显现。

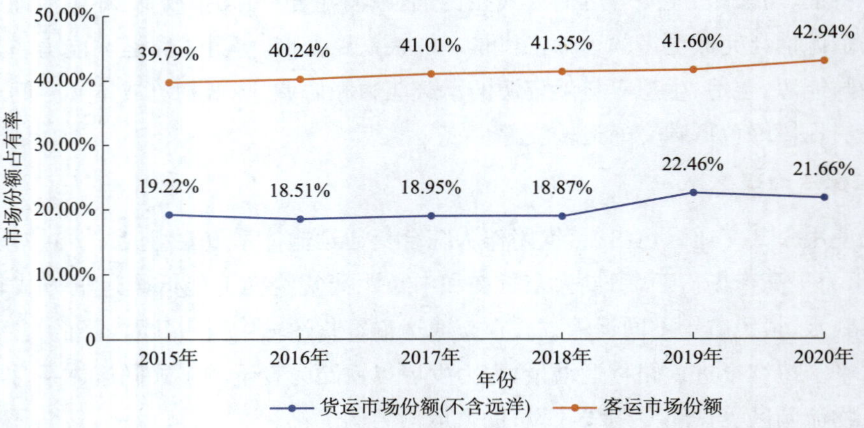

图 1-1　2015—2020 年铁路客货运市场份额变化

1.2.2　铁路绿色节能成效日益显著

铁路能源消耗类型主要包括电力、燃油、燃煤以及液化石油气、天然气、外购热力等。随着我国绿色铁路发展，铁路用能结构不断优化、能源消耗总量和单位运输工作量综合能耗均呈现下降趋势。从能源消耗总量看，铁路总能耗呈现稳步下降趋势，由 2016 年 1 596.9 万吨标准煤降低到 2022 年 1 512.6 万吨标准煤。铁路单位运输工作量综合能耗则持续下降，由 2016 年每百万换算吨公里 4.71 吨标准煤降低到 2022 年的 3.91 吨标准煤，下降幅度为 17%，如图 1-2 所示。

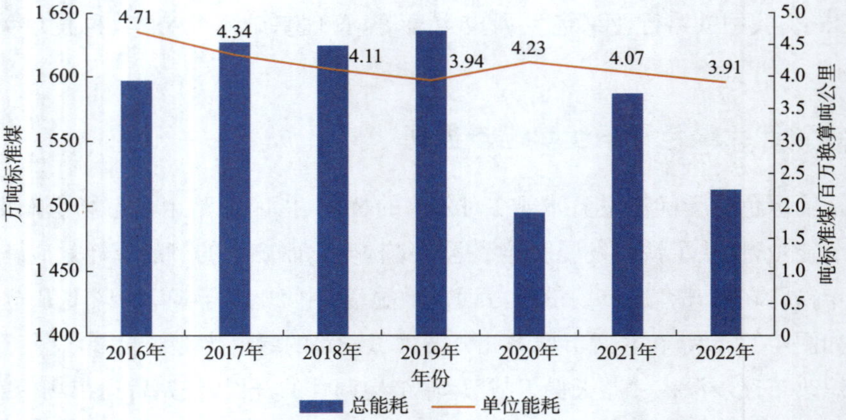

图 1-2　2016—2022 年铁路能耗量和单位运输工作量综合能耗

随着近年来铁路电气化水平的不断提升，铁路电力用能占比一直处于领先地位，铁路用能结构不断优化，如图 1-3 所示。2016 年，燃煤、油类和电力的比例分别为 6.7%、28.0%和

50.1%;到2022年,受“三供一业”改革[①]、大气污染严格治理、燃煤设施设备技术改造、集中供暖等影响,燃煤比例大幅下降,仅占总能耗的0.6%;由于内燃机车逐步被电力机车替代,油类占比降低一半以上,油类消耗占比下降至20.5%;由于既有线电气化改造以及新电气化线路开通,电力机车数量和承担的工作量明显提升,牵引用电量不断上升,电力使用比例高速增长达到69.6%,成为铁路主要用能来源,用能结构得到大幅优化。

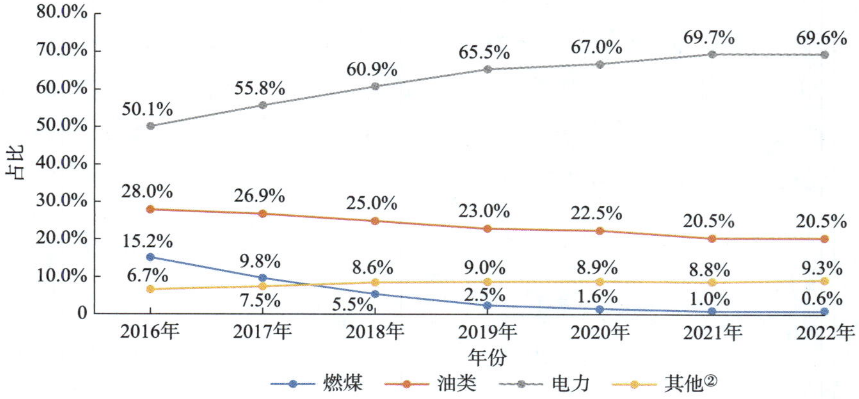

图1-3 2016—2022年全国铁路运输能源消费结构

1.2.3 污染物处理和生态修复能力提升

在污水处理方面,我国铁路的污水处理设施超过700套,主要承担站、段(所)的生产废水和生活污水的处理任务。铁路污水排放相对集中,排水量较大的机务段、车辆段、动车所等重点单位一般均设有污水处理设施和装置,可满足排放要求。近些年新开通铁路均按照环保部门提出的污水排放要求,设置了相应的污水处理装置,污水治理能力显著增强。

在废气治理方面,近年来我国铁路站段1蒸吨以上燃煤锅炉均设置了脱硫除尘装置,废气治理能力得到显著提升。随着集中供热、空气源热泵、煤改油、煤改气等工程实施,燃煤消耗量逐年降低,铁路二氧化硫排放量得到大幅削减。

在噪声治理方面,我国铁路十分重视噪声治理,特别是高速铁路大规模建设以后,采取了大量的噪声控制措施。铁路噪声治理主要采用声源消减、传播途径消减、受声点防护等方式,此外还部分采取了搬迁、房屋功能调整等措施,噪声治理成效显著,有效地缓解了列车运行噪声对沿线环境的影响。

在生态修复方面,近些年,我国铁路大力推进绿色通道建设工作,从绿化方案审查、施工

① 国企(含企业和科研院所)将家属区水、电、暖和物业管理职能从国企剥离,转由社会专业单位实施管理。

② 其他包含焦炉煤气、城市煤气、油田天然气、气田天然气、液化石油气、液化天然气、生物质燃料、外购热力、氢和醇基燃料。

过程监控、后期管护监督、新线开通验收等环节入手，采取多种措施，加强生态修复管理，广泛开展新线生态绿化，2019 年铁路运营线路绿化里程近 5.16 万 km，显著改善了铁路沿线生态环境，铁路绿色屏障作用进一步凸显，形成了一道道绿色优美的铁路风景线。

污染物处理和生态修复能力的提升大大改善了铁路污染物排放情况，污染物排放量逐年降低，统计资料显示，近些年我国铁路工业废水排放量、工业废水处理量、化学需氧量排放量、石油类排放量总体呈减少趋势，化学需氧量作为主要污染物，2022 年的排放量较 2016 年降低了 26.65%。而在大气环境方面，由于《大气污染防治行动计划》十条措施等环保政策严格执行、“三供一业”稳步推进、对供暖设备的节能技术改造、集中供暖等措施实施，废气排放总量、烟尘排放量以及二氧化硫排放量逐年降低，2022 年二氧化硫排放量较 2016 年下降 94.85%，对沿线大气环境改善效果明显，如图 1-4 所示。

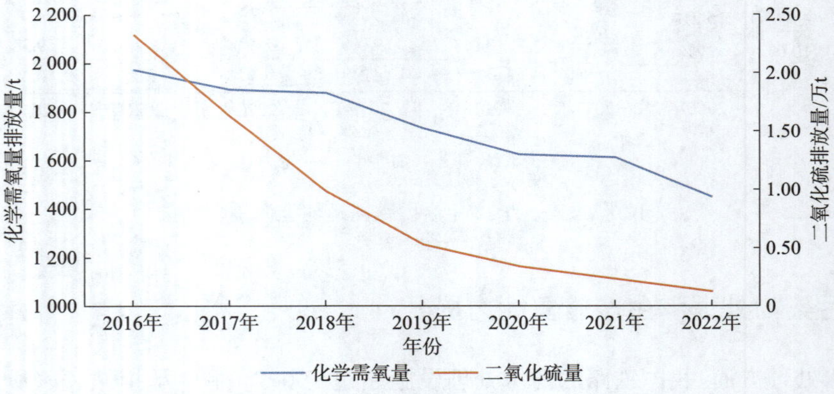

图 1-4　2016—2022 年主要污染物变化情况

1.2.4 资源利用效率竞争实力明显

1. 运输效率比较

根据表 1-1 中有关统计数据测算，2022 年铁路客运密度是公路的 26 倍左右，铁路货运密度是公路的 5 倍左右，换算运输密度大约是公路的 5.7 倍，铁路在运输效率方面明显优于公路。

表 1-1　铁路与公路运输密度比较

运输方式	旅客运输密度	货物运输密度	换算运输密度
铁路	424.36	2 319.08	2 743.44
公路	16.35	468.24	484.59

注：运输密度是指运输工具每公里所完成的客货周转量。旅客运输密度单位为万人公里/公里、货物运输密度单位为万吨公里/公里、换算运输密度单位为万吨公里/公里。

2. 土地利用率

根据现有研究成果，单线铁路与2车道公路、双线铁路与4车道公路、高速铁路与8车道高速公路用地相当。完成单位运输量所占用的土地面积，铁路仅为公路的1/10～1/5；在土地资源占用方面，完成每单位运输量，在美国公路占地是铁路的5.6倍，加拿大是7.1倍，法国是3.7倍，德国是6.6倍，日本是13.6倍，由此可见在土地资源利用方面，铁路较比公路具有显著的优势。

1.3　国外铁路发展现状

1.3.1　国外铁路绿色发展政策

1. 欧盟

受地理环境、资源禀赋和能源对外依存度高等因素的影响，欧洲主要国家高度重视绿色发展战略。欧盟委员会于2019年提出欧洲绿色新政，到2050年欧洲将建立一个气候中和的大陆，欧盟将实现温室气体零排放的目标。虽然欧盟自1990年以来整体碳排放逐步下降，但交通运输行业碳排放仍在持续增长。为了更好地实现交通运输行业碳减排，为欧盟运输系统实现绿色转型奠定基础，欧盟于2020年出台可持续和智能交通战略，提出2050年前要实现交通运输系统减排90%的目标，强调要充分挖掘铁路运输的发展潜力，增加铁路运输的市场份额，助力交通运输系统碳减排目标达成。

2. 德国

德国政府交通领域环保政策主要集中于以下几个方面：

(1)制定了交通基础设施建设计划必须开展环境影响评价的规定。

(2)设立了具体的环保目标，引导各行业采取切实有效的措施。

(3)加大了对铁路等基础设施的投资力度，提出要增强铁路货运的竞争力。

德国政府颁布了“安静的轨道”战略，指出要在噪声源头实施防护措施，并资助开展降噪领域创新技术；鼓励长距离货运优先使用铁路和水运，将和铁路、内河运输联运的卡车载重量限值由单独公路运输的40 t提升至44 t，多式联运的卡车免收高速公路通行费。

3. 法国

2015年8月，法国政府通过《绿色增长能源转型法》，构建了法国国内绿色增长与能源转型的时间表。随后，2015年11月，法国提出“国家低碳战略”，该战略是法国减少温室气体排放的路线图，旨在进行能源转型、建设“脱碳”社会。该战略提出两点目标：一是到2050年实现碳中和；二是减少法国人的碳足迹。法国政府提出一系列措施来实现交通运输行业的碳中和目标，包括加强城市公共交通系统、鼓励使用电动汽车、提高燃油经济性、推广可再生能源、改善物流效率、提高铁路电气化率等。

4. 美国

2021 年 11 月，美国政府发布迈向 2050 年净零排放长期战略，计划在未来 30 年内，通过清洁电力投资、交通和建筑电气化、工业转型、减少甲烷和其他非 CO_2 温室气体排放，使美国走在温控 1.5 ℃路径正确道路上，支撑构建更可持续、更具韧性和更公平的发展愿景。2023 年 1 月，为在 2050 年之前实现美国的净零排放，美国联邦运输部、能源部、住房和城市发展部以及环境保护局共同制定发布了交通部门脱碳蓝图，提出了铁路行业脱碳行动的三项关键措施：

(1)加强基础设施投资，包括改扩建电气化走廊、更新电力机车。

(2)强化政府监管部门与铁路公司等利益相关方合作，加快铁路技术的部署，减少排放，提高效率。

(3)推动研究与创新，包括提升客运铁路电气化率、研究可替代燃料、研发新型燃料机车等，减少铁路碳排放量。

5. 日本

2013 年，日本颁布交通政策基本法规定，为了控制交通温室气体排放，防止大气污染、海洋污染、噪声影响，减轻交通环境负荷，日本推动节能减排型机动车和其他货运机械机具的研发、普及和合理使用，促进货物运输向铁路和船舶转移(运输转型)，促进物流效率化。2021 年 5 月，日本国土交通省发布《交通政策基本规划 2021—2025》，规划再次提出推进公路货车运输的效率化、物流设施的低碳化(货运向铁路和船舶转移)，以进一步向更环保的运输模式转型，实现节能化、脱碳化的绿色物流。

1.3.2 铁路运输企业绿色发展目标

1. 德国

为达到 2015 年巴黎气候变化大会上的减排目标，2016 年 11 月德国政府结合实际情况制定了 2050 年气候保护纲要，调整了所设定的减排目标。为此，德国政府颁布环保政策，从 2021 年起征收 10 欧元/t 的 CO_2 排放税，这一举措使每升汽油和柴油价格上涨 3 欧分，2025 年这一税费将升至 35 欧元/t，2026 年后税费将升至 35～60 欧元/t。德国铁路公司提出的目标是到 2040 年实现气候中和，为此提出两步走：到 2030 年将 CO_2 排放量降低到 2006 年的 1/2，并将绿色电力在牵引供电中的占比提高至 80%；到 2038 年，牵引供电将 100%来自绿色电力。

2. 法国

法国国营铁路公司(SNCF)承诺持续应对客货运输、气候变化和环境挑战。2017 年法国国营铁路公司提出，2015—2025 年间创造条件以减少 20%的能源消耗，并减少 25%的

CO_2 排放。法国国营铁路公司致力于到 2030 年前将其温室气体的排放量减少 26%，与能源相关的温室气体排放量也减少 26%，法国国营铁路公司还要求其资产和服务供应商（涉及 70%的排放量）在 2024 年前确定“科学的减排目标”。

3. 美国

美国联合太平洋铁路公司于 2021 年 12 月 6 日宣布了其气候行动计划，旨在实现温室气体排放减少目标，获得了基于科学的减排目标的批准，计划到 2030 年将其运营中的温室气体排放量从 2018 年的基准减少 26%，并承诺到 2050 年实现净零排放目标，计划到 2025 年将低碳燃料消费量增加到总柴油消费量的 10%，到 2030 年增加到 20%。

4. 日本

日本铁路企业 JR 东日本铁路公司在 2018 年发布的经营愿景中将创建舒适城市、激发地区活力、铁路“走出去”作为三大举措，秉持绿色经营理念，积极促进能源多样化，减缓全球变暖。同时，提出将创建低碳交通、实现能源多样化，阶段性目标是相较于 2013 年，2030 年铁路客运能耗削减 25%；另于 2020 年 5 月制定《2050 零碳 · 挑战》规划，宣布铁路客运将于 2050 年实现 CO_2 净零排放的目标；2030 年度 CO_2 排放量削减 50%（与 2013 年相比），能源消费总量削减 40%。

1.3.3　铁路节能环保技术措施

1. 德国

德国西门子公司研发的 Velaro 系列高速列车，具有优良的空气动力学性能，采取摩擦焊接铝合金车体和碳化硅辅助变流器，总重量降低了 15%，配置了新型永磁牵引电机，实现纯电制动，牵引和制动效率分别提升 10%和 70%；研发的新型 SF7000 型转向架，整体重量下降了 36%～37%，在半径 1 000 m 的曲线上轮轨间摩擦功最大可降 75%，不仅减少了能耗，还大幅度降低了轮轨磨耗，节约车轮维修成本。

2. 法国

法国阿尔斯通公司研发了氢燃料电池列车 Coradia iLint，2018 年 9 月 16 日实现载客试运行。车厢顶部安装了大型氢气燃料电池，实现大气污染物的零排放；研发了 H3 型、H4 型混合动力机车，H3 型机车包含一个柴油发电机和一个燃料电池，可以减少 30%～50%的柴油消耗，H4 型氢动力机车将燃料电池和接触网系统结合，适用于非电气化铁路，可减少 15%的柴油消耗。

3. 美国

美国伯灵顿北方圣太菲铁路公司（BNSF）超过 60%的现役机车均配备了能源管理系统，通过优化油门和刹车的使用方式来最大限度地提高燃油利用效率。美国联合太平洋铁路公司一直在测试和评估各种替代燃料,包括生物柴油、丙烷、液化天然气和氢气。

4. 日本

日本三菱电机公司研发了基于车辆运转状态实施接触网电压控制的"供电优化控制系统",通过信息通信网络,实时向管理系统发送车辆位置和运转信息,并控制辅助电源装置和蓄电系统等设备,实现了设备的高效利用;采用整合地板设计、安装太阳能电池板、屋顶绿化、配备 LED 照明、高效空调、太阳能发电系统等技术,降低建设能耗。

1.3.4 经验启示

1. 政策支持

国外铁路发展较好的国家均制定了一系列政策法规为铁路绿色发展提供顶层支持。例如,德国政府制定了"安静的轨道"战略,法国制定了《环境协商会议的计划》《对于铁路货运的国家承诺》等政策文件,日本制定了《交通政策基本法》,明确了铁路交通绿色发展要求。

2. 目标引导

国外铁路发展较好的国家在政府和企业两个层面均提出了节能环保发展目标,引导铁路行业采取切实有效的措施。例如,德国铁路公司发布的《DB 2020》,日本川崎重工制定的《环境愿景 2050》等。

3. 技术创新

德国、法国、日本在高效低能耗高速列车、新能源混合动力机车、低排放内燃机车、轻量化低摩擦转向架、高效牵引供电系统等方面开展了大量研发和技术创新,取得明显的环境效益和经济效益。

参 考 文 献

[1] 黄民. 新时代交通强国铁路先行战略研究:全三卷[M]. 北京:中国铁道出版社有限公司,2020.
[2] 北京师范大学经济与资料管理研究所,西南财经大学发展研究院,国家统计局中国经济景气监测中心. 2016 中国绿色发展指数报告:区域比较[M]. 北京:北京师范大学出版社,2017.
[3] 樊桦. 提升铁路比较优势的发展和改革措施[J]. 综合运输,2011(1):31-35.
[4] 胡鞍钢. 中国:创新绿色发展[M]. 北京:中国人民大学出版社,2012.
[5] 黄民,张建平. 国外交通运输发展战略及启示[M]. 北京:中国经济出版社,2007.
[6] 交通运输部政策研究室. 推进绿色交通发展 服务交通强国[J]. 人民交通,2018(1):40-43.
[7] 史立新,黄茵,于娟. 交通能源消费及碳排放研究[M]. 北京:中国经济出版社,2011.
[8] 谢汉生,黄茵,马龙. 我国铁路能源利用效率和节能减排分析研究[J]. 铁路节能环保与安全卫生,2010,37(3):118-122.
[9] 杨立中,贺玉龙,熊春梅,等. 绿色铁路理论及评价[M]. 成都:西南交通大学出版社,2014.

[10] 周新军.交通运输业能耗现状及未来走势分析[J].中外能源,2010(7):9-18.

[11] 熊风,杨立中,罗洁,等."绿色铁路"基础理论研究及其评价指标体系的建立[J].生态经济,2007(6):57-60.

[12] 孙永福,唐娟娟,王孟钧,等.绿色铁路工程的内涵探析与研究展望[J].铁道科学与工程学报,2021,18(1):1-11.

[13] 曹孙喆.德国铁路公司碳中和发展策略探析[J].铁道运输与经济,2023,45(2):140-146.

第 2 章　高速铁路噪声振动控制技术

截至 2023 年底，我国高速铁路营业里程已达到 4.5 万 km，高速铁路技术水平步入世界先进行列，极大地促进了国民经济的发展，但其引起的噪声问题已经引起公众的高度关注，成为制约高速铁路提速和发展的关键因素。为了有效地控制高速列车产生的环境噪声污染，需要从控制噪声源、传播途径降噪、保护接受体三个方面进行综合考虑，而高速铁路噪声源发声机理与传播规律是制定有效噪声控制措施的基础。为此，我国铁路部门开展了大量的高速铁路噪声控制研究。本章结合高速铁路噪声振动控制研究工作的主要成果，系统介绍和论述高速铁路噪声振动控制专业领域的理论、方法、技术、应用实践。

2.1　高速铁路噪声振动基础理论

近年来，针对高速铁路噪声源发声机理、传播规律和噪声源识别开展了一系列综合试验和基础理论研究工作，结合高速铁路噪声振动基础理论研究主要成果，本节重点论述高速铁路噪声源和振动源产生机理、高速铁路噪声振动传播规律、高速铁路噪声源识别技术和高速铁路噪声自动监测技术。

2.1.1　高速铁路噪声源和振动源的产生机理及模型

2.1.1.1　高速铁路噪声产生机理及理论模型

从噪声产生机理角度分析，我国高速铁路运行辐射噪声主要由轮轨滚动噪声和空气动力气动噪声组成。从空间分布角度，下部轮轨区域是最主要的噪声源，所占比例随动车组运行速度的提高而下降，受电弓噪声随着运行速度提高增幅最为显著，逐步成为声级最高的噪声源。国内外学者针对轮轨滚动噪声和气动噪声产生机理及理论模型已经开展了大量研究。

1. 轮轨滚动噪声产生机理及理论模型

轮轨滚动噪声是由轮轨表面粗糙度激励引起车轮、钢轨和轨枕振动辐射的噪声。列车运行速度为 250 km/h 以下时，轮轨滚动噪声是高速铁路噪声最主要来源，并基于轮轨滚动噪声产生机理研究构建了系列理论模型。

(1)Bender 模型

Bender 于 1974 年基于轮轨接触模型研究轮轨滚动噪声，将钢轨视为无限长弹性基础支撑连续梁、车辆轮对视为集中质量块模型，推导了轨道系统阻抗计算公式，结合轮轨表面粗糙度谱和轮轨阻抗特性计算对轮轨系统响应特性进行分析。由于模型未考虑轮轨接触滤波效应，且忽略了轮轨接触刚度，因此无法获得轮轨噪声定量计算结果，仅获得趋势性结果。

(2)Remington 模型

Remington 在 Bender 模型的基础上进一步完善，考虑了轮轨接触滤波效应，其预测轮轨滚动噪声的方法为：将轮轨粗糙度作为激励输入，通过滤波将轮轨粗糙度样本中波长小于轮轨接触斑的波纹型磨耗剔除；同时假定轮轨接触力与相对接触位移满足赫兹公式，进而研究轮轨相互作用力；由于车轮径向和横向振动不同频域起主导作用，而钢轨横向振动对轮轨噪声影响较小，因此同时考虑车轮径向和横向振动，而钢轨仅考虑竖向振动；基于车轮和钢轨声辐射效率分析建立车轮和钢轨振动与声功率的关系，进而将车轮视为点声源、钢轨视为系列点声源构成的线声源分别计算车轮和钢轨对总噪声的贡献。

Remington 模型虽然考虑了轮轨接触滤波效应，实现车轮和钢轨噪声在总噪声中贡献的预测计算，但存在不少局限性，主要集中于车辆被简化为单轮对，忽略簧上质量对轮轨动力作用的影响以及车辆线性假设的局限性，未充分反映系统各部件的耦合等。为了解决上述问题，Remington 在后续研究对预测模型进行了修正，将车轮视为弹性圆环模型，轨道模型保持不变；轮轨接触考虑赫兹接触刚度；计算轮轨噪声声传播及频谱特性时考虑了地面效应的影响。模型修正后车轮噪声预测精度大幅提高。

(3)TWINS 模型

Thompson 对 Remington 模型进行了发展和扩展。Thompson 认为轮轨噪声计算除了考虑车轮和钢轨振动以外，轨枕振动也是噪声源。因此，Thompson 在其模型中考虑了轨枕声辐射。为进一步体现车轮高频振动特性，车轮采用有限元模型，钢轨模型扩展为轨道模型，采用 Timoshenko 梁模型①取代 Euler 梁模型②，支撑钢轨高频振动分析需求。模型中有三种满足不同分析要求的轨道模型：

①两层弹性离散点支承的 Timoshenko 梁模型。

②两层连续基础支承的 Timoshenko 梁模型。

③两层连续基础支承的 Timoshenko 梁模型(考虑钢轨轨头、轨底以及轨腰截面变形)。

Thompson 对轮轨滚动噪声进行预测和试验验证，二者基本保持一致。

欧洲铁路研究所(ERRI)C163 委员会在 Thompson 模型基础上，开发了轮轨滚动噪声

---

① 中文通常翻译为铁摩辛柯梁模型。

② 中文通常翻译为欧拉梁模型。

预测软件。经过大量现场试验验证，TWINS模型已经成为支撑欧洲铁路预测轮轨滚动噪声、指导新建线路噪声设计以及既有线改造降噪设计的主要计算工具。

(4)RIM模型

德国铁路公司委托科技公司基于轮轨阻抗模型所开发RIM软件，用于轮轨振动和噪声的计算，属于内部计算软件。其中，轨道模型扩展为由钢轨、垫层及轨下基础组成，车辆模型同时考虑车轮和簧上质量。但轮轨接触简化为线性弹簧模型，导致仅能实现频域求解。

我国对轮轨滚动噪声研究始于20世纪末，最早关于轮轨噪声的论著是焦大化编译的《铁路环境噪声控制》，介绍了国外轮轨噪声研究情况。我国早期研究多数以Remington模型为基础开展，后期研究大多基于TWINS模型开展，并根据国内研究成果进行了不同程度的改进。焦大化基于我国大量普速铁路轮轨噪声试验研究成果，研究提出轮轨滚动噪声呈现偶极子指向特征，并基于波动声学理论构建了普速铁路环境噪声预测方法，我国《铁路建设项目环境影响评价噪声振动源强取值和治理原则指导意见》(铁计〔2010〕44号)和《环境影响评价技术导则　声环境》(HJ 2.4)均采用该方法作为我国铁路建设项目环境噪声预测方法，指导了大量铁路建设项目声环境影响预测和评价。之后中国铁道科学研究院基于其1：1轮轨滚动试验台，采用复兴号动车组轮对和轴承，模拟动车组一系悬挂参数和轮轨粗糙度，研究动车组运行速度由60～350 km/h轮轨滚动噪声特性。翟婉明在《车辆-轨道耦合动力学》中系统分析和完善我国车辆-轨道耦合动力学模型，建立了整车轮轨动力学模型，降低了相邻轮对相互作用导致轮轨系统响应产生的误差，与单轮对模型和半列车模型相比计算结果和精度明显提升，对我国轮轨噪声的研究起了良好的支撑和指引作用，之后通过构建车辆-轨道-桥梁TTBDIM模型进一步研究桥梁结构噪声。魏伟针对轮轨系统高频振动特性开展了研究，结合轮轨粗糙度分析，利用轮轨系统导纳特性研究轮轨系统参数对轨道振动的影响。陈砚以轮轨表面粗糙度谱作为激励，应用Remington模型计算轮轨接触力，进而通过轮对振动计算获得声功率，应用统计能量方法对列车运行时轮轨滚动噪声进行预测，并对轮轨噪声影响参数进行分析。马心坦基于Remington模型计算思路建立轮轨滚动噪声模型，采用有限元分析车轮和轨道振动，并以轮轨滚动噪声影响最小为导向优化车轮和钢轨截面形状。刘林芽、雷晓燕在Remington等研究基础上建立了轮轨高频振动模型，对京九铁路南昌北站附近开展现场试验验证，但是由于我国尚无明确统一的轨道粗糙度谱，因此计算结果和实测结果存在较大差异。方锐采用有限元/边界元法建立轮轨振动声辐射模型，采用有限元实体单元模拟车轮、钢轨和轨枕，采用弹簧-阻尼单元模拟轨垫，分析轮轨滚动噪声特性。刘海平也采用有限元/边界元法，通过引入轮轨系统导纳特性研究了高速铁路无砟轨道轮轨声辐射特性。徐志胜研究优化车辆-轨道垂向耦合动力学模型，其中采用圆环模型模拟车轮，采用Timoshenko梁模型模拟钢轨，将轨枕视为集中质量块，同时考虑了钢轨垂向转动惯量和截面剪切的影响，结合声辐射理论和半解析振动-声辐射效率公式建立了轨道交通轮轨噪声预测模型。杨新文在轮轨噪声预测中引入导纳特性和虚拟激励法，增加了轮轨横向振动噪声预测，建立轮轨滚动与冲击噪声预测模型。

总体而言，国内外均已明确产生轮轨滚动噪声的激励源主要是轮轨表面存在的粗糙度，并基于轮轨动力学计算轮轨振动响应进而获得轮轨噪声，但存在如下问题：

①Remington 和 Thompson 轮轨滚动噪声模型主要基于 160 km/h 及以下普速铁路有砟轨道线路构建，模型仅针对明确的车轮和轨道条件，且不考虑同一轮对分别运行在两根钢轨上的噪声差异。

②我国针对轮轨滚动噪声的研究均以 Remington 和 Thompson 轮轨滚动噪声模型为基础，但计算结果与实际差异较大。其主要原因为：

a. 我国高速铁路以无砟轨道为主，轮轨动力响应特征与有砟轨道存在显著差异；

b. 我国对于高速铁路轮轨短波不平顺的研究时间较短，尚未掌握高速铁路轮轨联合粗糙度谱等关键参数，缺乏开展轮轨滚动噪声预测准确的输入激励；

c. 高速轮轨声源辐射特征与低速运行时差异较大。

③高速铁路轮轨区域同时存在较大的气动噪声和轮轨噪声，开展高速轮轨噪声的预测研究缺乏验证。

2. 气动噪声产生机理及理论模型研究

20 世纪 50 年代初莱特希尔(Lighthill)提出著名的 Lighthill 气动声学基本方程，解决了自由空间下气动声学的求解问题，开启了气动声学研究进程，但无法用于固体边界起主要作用的情况。1955 年柯尔(Curle)采用基尔霍夫方法将莱特希尔理论推广至考虑静止固体边界的影响，分析表明固体边界的存在导致整个固体边界分布偶极子源，且每个偶极子源的强度等于该偶极子源所处固体表面作用于流体的力的大小，因此在这种情况下声场是由偶极子和四极子组成，柯尔理论解决了湍流中静止小物体的发声问题以及圆柱旋涡脱落诱发的噪声问题，然而柯尔并未涉及运动物体边界与流体相互作用的发声问题。1969 年福茨威廉姆斯(Ffowcs-Williams)与霍金斯(Hawkings)应用广义函数法将柯尔的结果拓展至考虑运动固体边界的影响，建立了解决气动发声问题的基本方程 FW-H 方程。从 FW-H 方程可知，运动固体边界与流体相互作用产生的声场是由四极子、偶极子以及由于位移所产生的单极子源组成。

因此，根据气动声学理论，气动噪声主要由单极子、偶极子和四极子声源组成。其中，单极子声源是脉动质量引起的，膨胀收缩的脉动球(形体表面流体的同步排挤和填补，形体为固体或流体自身气泡)，即附加质量所致，又称厚度噪声，通常产生于有厚度的螺旋桨叶片体积空间置换对空气的扰动；偶极子源又称为脉动力源，由固体表面起伏力，即载荷所致；四极子源又称为流体内部应力源，由流体内部应力(如体积不变在一个直径方向凸起而在另一垂直方向凹进的涡团)，即形变所致。

2.1.1.2　高速铁路振动产生机理及理论模型

高速铁路的振动激励和传播机理复杂，虽然激励源为轮轨力，但是还受车辆、轨道、线路类型、周边土体、建筑物结构型式等诸多因素影响，且各因素间存在耦合作用。在《机械振动 轨道系统产生的地面诱导结构噪声和地传振动 第1部分：总则》(GB/T 33521.1—2017)中，将轨道交通系统引起的环境振动分成三部分，分别为振源(车辆轨道和支承结构系统)、传播途径(土体)和受振体(建筑物)。在这一体系下，列车沿铁路轨道运行时车轮对轨道的冲击引发车辆、轨道结构振动，并经由轨道以及路基、隧道或桥梁传递到周围的地层，进而通过大地介质向四周传播，进一步诱发沿线的环境振动与邻近建筑物的二次振动，如图2-1所示。

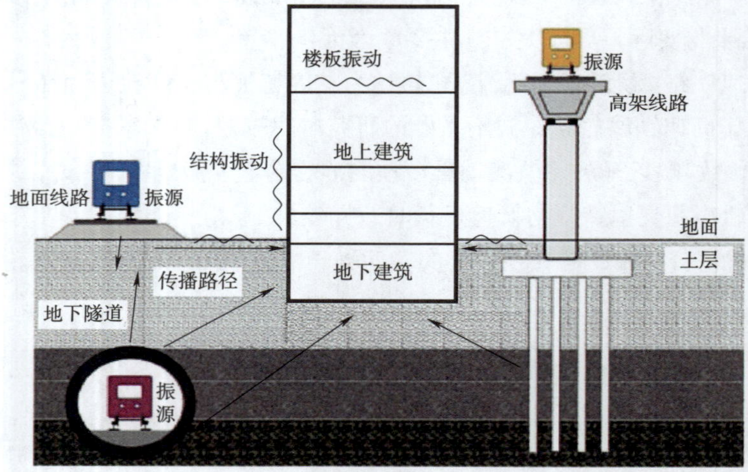

图2-1 振源、传播途径及受振体系统示例

1. 铁路环境振动研究主要评估方法

近年来国内外分别对振源的产生机理及车辆、轨道结构和状态、路基、桥梁、隧道等基础设施等关键参数对振源的影响、振动的传播和相关的减振措施开展研究工作。所采用的评估方法主要分为以下三类：

(1)理论预测方法

理论预测方法主要基于铁路环境振动激励机理和结构的复杂性，从最基本的物理公式入手，结合实际参数进行计算的方法。利用轮轨相互作用动力学理论，建立车辆-轨道-下部支承结构(路基、桥梁、隧道)-周围土体-建筑物的动力学仿真数值模型，研究振动在铁路振动系统的传递过程及各个关键参数对环境振动振源的影响。所采用的研究方法主要有解析法、数值法。理论研究主要目的是运用数学模型，研究环境振动内在的规律性，可以为参数优化设计、变化规律研究提供支撑。

(2)现场实测法

现场实测法是一种最直接有效的评估方法。通过选取适当的测试方法，在测点处布置振动传感器，可以直接测量关注位置处的振动加速度等参数，掌握高速铁路振动影响程度及时频衰减特性，为进一步分析振动的传递规律和空间分布特征提供支撑。此外，还可以通过措施测点和对照测点的同步测试，或者措施前后的对照测试，掌握措施的控制效果、控制频段以及不同措施的差异。

(3)经验预测评估方法

经验预测评估方法是利用已有的测试数据或经过验证的理论计算数据，通过对数据的回归分析，得出振动的影响规律。一般在铁路建设早期阶段的规划和可行性研究阶段应用，该方法能够快速、高效地给出铁路环境振动的整体影响程度，在经验范围内对高速铁路环境振动超达标情况给出判断，但某些特殊情况可能存在较大误差。

2. 高速铁路环境振动振源主要影响因素

高速铁路环境振动振源主要受到准静态激励、参数激励、不平顺激励、波速激励等共同影响。

(1)准静态激励

早期的研究大多认为地面的振动主要是由列车移动荷载作用下引起的，Yoshioka 从日本新干线的实测数据中分析得出了这种现象。Krylov 将通过列车模拟为施加于钢轨上的移动静态集中荷载列，利用准静态轮轴力求解地面振动的解析模型。Jones 和 Bloc 等研究发现对于低速列车，准静态激励对 0～20 Hz 范围内的低频响应有重要贡献。

(2)参数激励

当车轮以恒定速度通过钢轨时，由于钢轨支承刚度的变化，导致轮轴的垂向运动，对钢轨施加了周期性动力，其频率称为扣件通过频率，其基频为轮对通过轨枕的频率 $f=v/d$(v 是列车的运行速度，m/s；d 是轨枕间距，m)。Heckl 等建立模型研究这种激励。Wu、Tompson 在 Heckl 模型基础上发展了周期性支承钢轨的模型。

车辆速度和扣件支承间距确定了扣件支承通过频率。同理，轴距和车辆转向架间距产生了其对应的通过频率。当这些通过频率与车辆、轨道系统、桥梁或隧道结构等固有频率一致时，则会对它们及周围环境间产生相当大的激励。参量激励与车辆-轨道动力相互作用相关，频率相对较高。

(3)不平顺激励

车轮和钢轨的运行表面都不是完全平滑的。钢轨轨面和车轮踏面的几何形状、尺寸和空间位置与理想状态的偏差，通常称为不平顺。波长更短的不平顺一般称为粗糙度，主要由车辆制造公差和钢轨的磨耗等引起，一般产生较高频的振动成分，是轮轨滚动噪声的主要来源。与环境振动相关的不平顺的波长比声学粗糙度波长更长，并与速度相关。不平顺引起车轮和钢轨相互间产生相对运动。车轮通过不平顺轨道时，在不平顺范围内产生强迫振动，轨道及下部支承结构(道床、隧道和桥梁等)在运营中要承受很大的随机性列车动荷载反复作用，会出现钢轨顶面的不均匀磨耗，轨道不可避免地会产生不均匀变形，导致轨道不平顺增大，且随时间变化，情况严重时会导致波形磨耗。对应不同列车速度和振动频率的不平顺波长见表 2-1。

表 2-1　对应不同列车速度和振动频率的不平顺波长　　单位：m

振动频率/Hz	列车速度/(km/h)			
	40	80	160	300
4	2.8	5.6	11	21
8	1.4	2.8	5.6	10
16	0.69	1.4	2.8	5.2
31.5	0.35	0.7	1.4	2.6
63	0.18	0.35	0.71	1.3
125	0.089	0.18	0.36	0.67
250	0.044	0.089	0.18	0.33

注：▇ 代表“声学”粗糙度范围； ▇ 代表轨检车测的不平顺波长范围。

(4)波速激励

当列车速度接近或超过地层中的瑞利波波速(地面线)、剪切波速(地下线)或在轨道中传播的弯曲波的最小相速度时，将产生很大的轨道振动和地面振动。特别是对于软土地基，当高速列车的速度超过临界速度时很容易发生这种现象。在设计中，可在道床下设置加筋地基或混凝土桩板结构(桩基础达到较硬的地层)来减小这种振动机理。我国的高速铁路，无论是路基线和桥梁线路，均采取了刚度很大的桩基础结构，大大地减小了其振动响应水平，因此到目前为止没有观测到这种现象。而对于地下线隧道结构，我国的高速铁路地下线目前开通的速度较低，且高速铁路隧道结构设计标准高，隧道衬砌和仰拱提供的刚度大大减小了周围土体的振动响应。

3. 理论模型

对铁路引起的环境振动的理论研究方法是通过建立列车轨道相互作用模型及在土层的传播模型进行研究，研究不同工况下的振源特性及振动能量在均匀半空间土层的传播。既有文献中对于铁路环境振动的振源和传播的研究一般是分开进行的，即首先基于轮轨耦合作用得到轮轨力，其次，建立振动的传播途径模型，施加轮轨力激励，进而得到预测点的环境振动。Jones 和 Block 在 1996 年提出了货运列车低频振动(4～30 Hz)预测模型，考虑了车辆设计、轨道质量与结构、分层土传播衰减特性。模型分成两个部分，第一个部分是轮轨力计算模块，可用于计算轨枕的振动(包括准静态与动态)；第二个部分是地面振动计算主要通过轨枕和地面的传递函数进行计算。该模型对 5～30 Hz 轨道振动的预测值较为可靠，基本和实测值相符，但模型在预测地面振动时，则与实际不符。Fujikake、青木一郎等对交通车辆引起的振动激励机理，振动波在地下和地面的传播规律及其对周围居民的影响进行了研究，提出了环境振动预测方法。Auersch 通过有限元和边界元建立了车辆-轨道和大地系统模型，模型间利用节点耦合，分别研究列车移动荷载、轨道周期性支撑及轮和轨的不平顺对地面振动的影响。研究结果表明，地面低频振动主要由移动轴荷载引起，高频振动则主要由轮轨不平顺引起。通过柔度传递矩阵方法，Ditzel 等研究了移动列车荷载作用下分层土的振动响应，同时分析了铁路路基与大地振动的关系，得出轮轨不平顺激励产生的地面振动影响范围较远的结论。

建立高速铁路环境振动理论分析模型，需要综合运用车辆模型、轨道模型、轮轨接触模型、振动在土体的传播模型和建筑物结构模型。

振源由轮轨的相互作用产生，在振源的理论分析中，国内外学者主要通过构建车辆模型、轨道模型和相互作用模型来模拟轮轨的相互作用。但振源的预测主要基于轮轨系统间的耦合，而车辆与下部结构间的耦合动态作用则考虑不足。

根据动力学分析的目的不同，模型的简化方式和简化程度各不相同。例如，车辆模型，由简到繁可分别简化为集中力模型、单轮(多轮对)对模型、转向架模型、半车模型和整车模型。其中有代表性的是“半车-轨道”集总参数模型和整车模型。

轨道模型也是如此，由简到繁的简化过程分别有 Winkler 弹性基础上的简单无限长梁模型，模拟钢轨的 Euler-Bernoulli 模型和 Timoshenko 梁模型，Jones 和 Sheng 提出的忽略轨枕间距，模拟钢轨连续支撑的简化模型，Heckl 建立的考虑钢轨通过扣件离散支撑的支承轨道模型。考虑钢轨和轨道支承结构(包括轨枕、道床等)是紧密接触的单层模型和考虑钢轨和下部支承结构之间是黏弹性接触，具有相互作用的多层模型。

车辆模型、轨道模型通过简化，可以方便模拟车辆和轨道的相互作用，但在进一步预测环境振动的过程中，多采用分离模型，即通过轮轨模型计算得到的轮轨力，加载到轨道-土层-建筑物等环境振动系统模型中。优点是模型较为简单，计算量小，可以方便地进行规律性和趋势性的研究。但对于高速铁路环境振动的预测和评估而言，模型需要能够精准反映高速铁路实际的环境振动水平和特性，因此模型不能忽略车辆和轨道、下部结构隧道等的相互强耦合作用，需要用大系统耦合动力模型分析高速铁路地下线产生的环境振动问题。此外，车辆、轨道及基础设施的细部结构的过度简化会给环境振动的振动水平和频率分布特性预测计算产生影响，影响环境振动预测的精度。

既有理论模型，大多考虑准静态激励，对于不平顺模型，也主要基于国内外测得的波长较长的线路不平顺谱施加，这对于以较低速度运行、中低频振动成分突出的普速铁路和城市轨道交通的环境振动的预测是适用的，但对于中高频成分突出的高速铁路，如果忽略波长更短的短波不平顺的影响，则会影响中高频预测结果精度。

高速铁路振源模型需要根据高速铁路的环境振动特点，既要反映低频的环境振动成分，又要反映中高频成分突出的特点。因此，需要利用大系统耦合动力模型分析，对影响振动的各个子系统进行详细建模，并充分考虑各个子系统间的振动耦合，同时综合考虑各种激励机理，建立精细化的环境振动理论模型。

2.1.2 高速铁路噪声振动传播规律

2.1.2.1 高速铁路噪声传播规律

1. 高速铁路噪声传播特性

从噪声产生机理角度可以确定的是，动车组运行速度大于 200 km/h 时，应按照如图 2-2 所示的多声源模型计算噪声衰减。

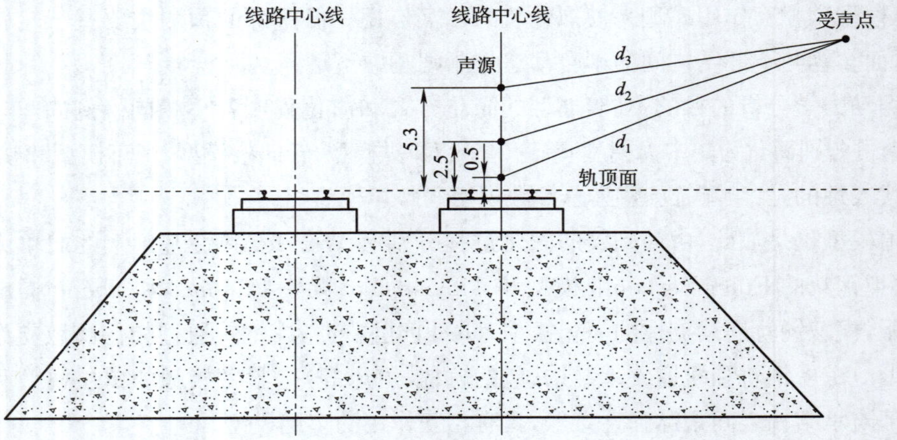

d_1—轮轨区域噪声源距受声点距离；d_2—车体区域噪声源距受声点距离；

d_3—集电系统噪声源距受声点距离。

图 2-2 高速铁路多声源模型(单位：m)

(1)基础声学理论

球面波波动方程为

$$\frac{\partial^2(pr)}{\partial r^2}=\frac{1}{c^2}\frac{\partial^2(pr)}{\partial t^2} \tag{2-1}$$

式中 p——声压，Pa；

r——距离，m；

t——时间，s；

c——声波在介质中的传播速度，m/s。

运动方程为

$$-\frac{\partial p}{\partial x}=\rho_0\frac{\partial u}{\partial t} \tag{2-2}$$

式中 ρ_0——空气密度，kg/m³；

u——质点速度，m/s。

根据上述两个公式，可以获得声强与声压的关系为

$$p^2 = I\rho_0 c \tag{2-3}$$

式中　I——声强，W/m³。

(2)受电弓运动偶极子源计算公式

受电弓在整个列车运行过程中对受声点均产生影响，因此不能简单将受电弓固定在某一位置进行预测计算，而应考虑其运动轨迹，如图 2-3 所示。

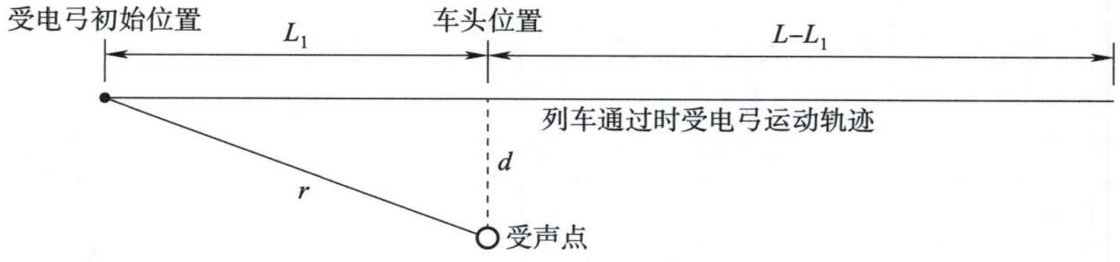

r—列车运行过程中受声点至受电弓的距离；d—受声点至声源的直线距离；

L—列车长度；L_1—列车车头距受电弓的距离。

图 2-3　运动偶极子源示意

受电弓声压级计算公式为

$$L_{PP} = L_{WP} + 10\lg\frac{1}{v} + 10\lg\left[\frac{1}{d}\arctan\frac{L-L_1}{d} + \frac{L-L_1}{d^2+(L-L_1)^2} + \frac{1}{d}\arctan\frac{L_1}{d} + \frac{L_1}{d^2+L_1^2}\right] - 5.4 \tag{2-4}$$

式中　L_{PP}——受电弓声压级，dB；

L_{WP}——受电弓声功率级，dB；

d——受声点至声源的直线距离，m；

L_1——列车车头距受电弓的距离，m；

v——列车运行速度，km/h；

L——列车长度，m。

(3)车体区域噪声计算公式

车体区域可视为由系列单极子源组成，除在近场车表面附近应视为单极子源组成的面声源外，均可视为有限长不相干单极子线声源，如图 2-4 所示。

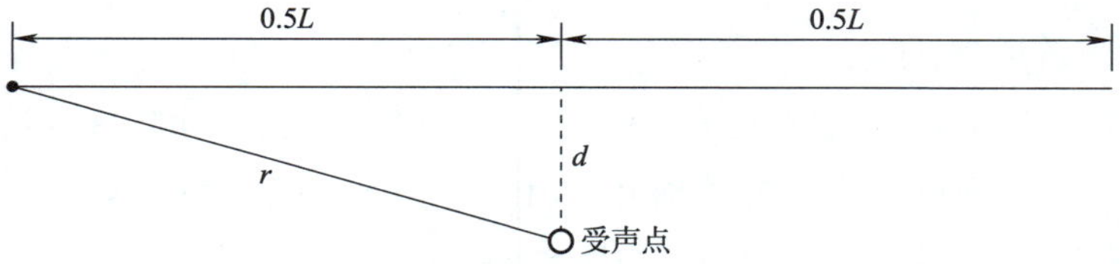

图 2-4　有限长不相干单极子线声源示意

车体区域声压级计算公式为

$$L_{PA}=L_{WA}+10\lg\left(\frac{1}{d}\arctan\frac{L}{2d}\right)-5 \tag{2-5}$$

式中 L_{PA}——车体区域声压级,dB;

L_{WA}——单位长度线声源声功率级,dB。

(4)轮轨区域噪声计算公式

轮轨区域的轮轨滚动噪声和轮轨区域气动噪声均为偶极子源,因此可将整个轮轨区域噪声视为有限长不相干偶极子线声源进行推导,如图 2-5 所示。

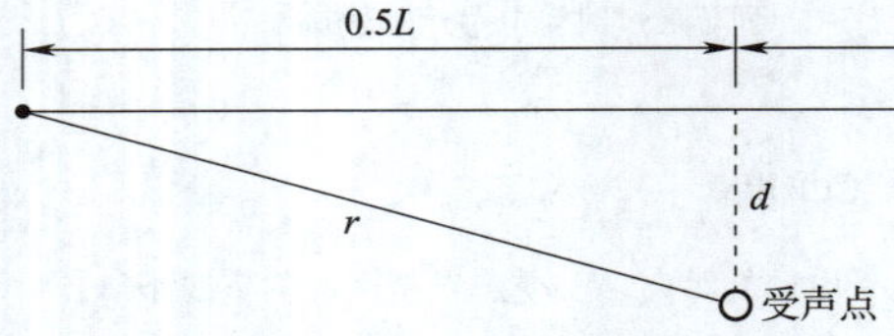

图 2-5 有限长不相干偶极子线声源示意

轮轨区域声压级计算公式为

$$L_{PR}=L_{WR}+10\lg\left(\frac{4L}{4d^2+L^2}+\frac{1}{d}\arctan\frac{L}{2d}\right)-8 \tag{2-6}$$

式中 L_{PR}——轮轨区域声压级,dB;

L_{WR}——单位长度线声源声功率级,dB。

(5)受声点声级计算

受声点接收到的总声级为

$$L_P=10\lg(10^{0.1L_{PP}}+10^{0.1L_{PA}}+10^{0.1L_{PR}}) \tag{2-7}$$

式中 L_P——总声压级,dB。

提出的预测模式通过与现场同步进行动车组噪声源识别以及环境噪声试验进行验证,可以得知距线路中心线 7.5～90 m 范围内,近场距线路 7.5 m 处差异较大为 1.6 dB,主要是由于近场处车体更接近面声源所造成的差异,而距离线路 15 m 以后,最大差异仅为 0.4 dB,符合高速铁路噪声预测的计算精度要求。

2. 高速铁路噪声传播

(1)辐射噪声传播规律

当复兴号动车组以 180～385 km/h 通过桥梁区段时,距离外侧轨道线路中心 7.5 m、25 m、60 m、100 m,轨面以上 3.5 m 处辐射噪声(以列车通过暴露声级 TEL 表示)随速度的变化趋势如图 2-6、图 2-7 所示,辐射噪声与距离的关系见表 2-2。

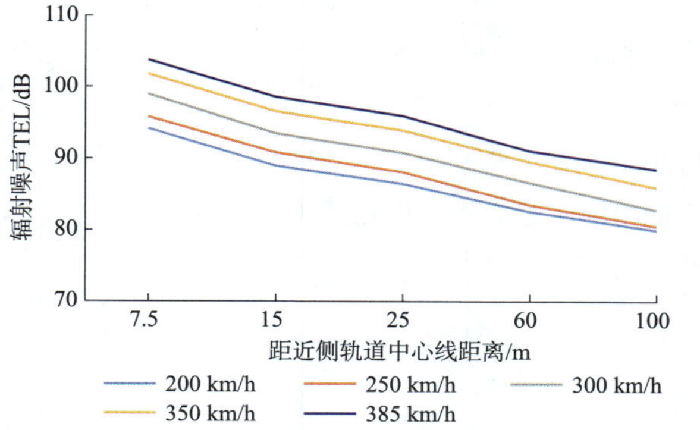

图 2-6 CR400AF 型动车组桥梁区段辐射噪声传播规律

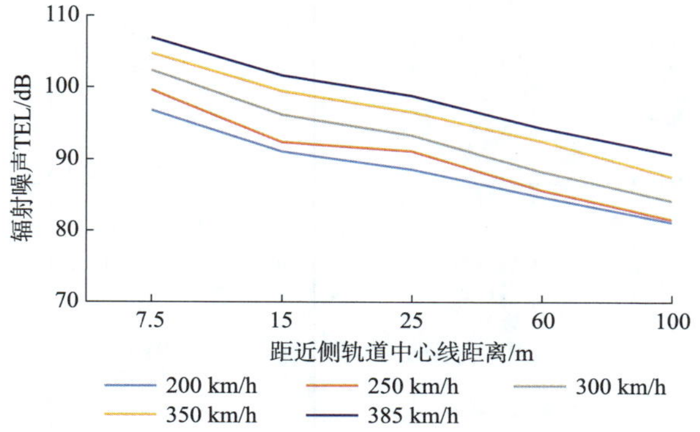

图 2-7 CR400BF 型动车组桥梁区段辐射噪声传播规律

表 2-2 列车通过桥梁区段辐射噪声与距离的关系 单位:dB

车速/(km/h)	CR400AF 型动车组	CR400BF 型动车组	备 注
200	$TEL=-13.6\lg\frac{r}{r_0}+b$	$TEL=-12.8\lg\frac{r}{r_0}+b$	7.5 m≤r≤100 m 式中,r 为距外轨线路中心水平距离,参考距离 r_0=25 m
250	$TEL=-13.9\lg\frac{r}{r_0}+b$	$TEL=-14.9\lg\frac{r}{r_0}+b$	
300	$TEL=-14.0\lg\frac{r}{r_0}+b$	$TEL=-12.9\lg\frac{r}{r_0}+b$	
350	$TEL=-13.5\lg\frac{r}{r_0}+b$	$TEL=-13.8\lg\frac{r}{r_0}+b$	
385	$TEL=-12.5\lg\frac{r}{r_0}+b$	$TEL=-13.3\lg\frac{r}{r_0}+b$	

当复兴号动车组以 200 km/h、250 km/h、300 km/h、350 km/h、385 km/h 通过典型桥梁区段时，列车通过辐射噪声 TEL 随距离增加减小；在试验速度范围内，辐射噪声值随距离对数的衰减系数在－14.9～－12.5 之间。

当复兴号动车组通过路基区段时，距离外侧轨道线路中心 15 m、25 m、45 m，轨面以上 3.5 m 处列车通过辐射噪声随速度的变化趋势如图 2-8、图 2-9 所示，列车通过暴辐射噪声 TEL 随速度变化的回归公式见表 2-3。

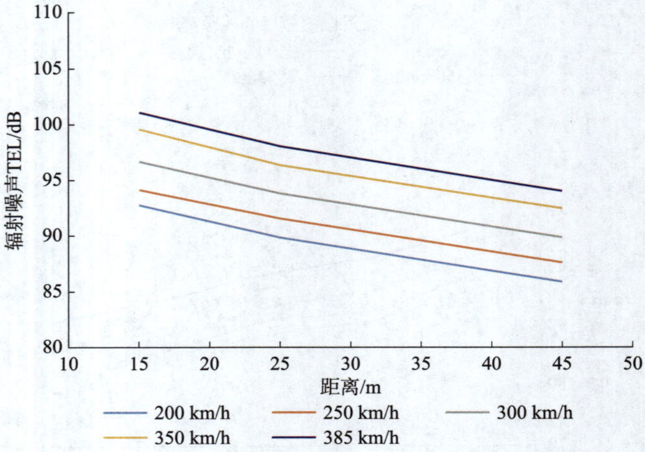

图 2-8　CR400AF 型动车组路基区段辐射噪声传播规律

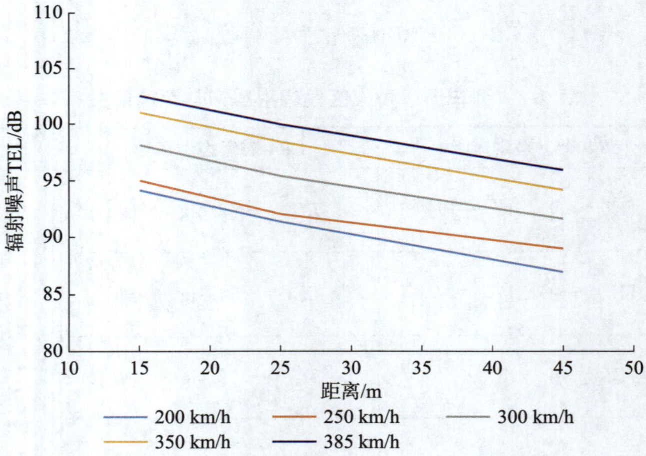

图 2-9　CR400BF 型动车组路基区段辐射噪声传播规律

表 2-3　列车通过路基区段辐射噪声与距离的关系　　单位:dB

车速/(km/h)	CR400AF 型动车组	CR400BF 型动车组	备　注
200	$TEL=-14.5\lg\frac{r}{r_0}+b$	$TEL=-15.1\lg\frac{r}{r_0}+b$	7.5 m≤r≤100 m 式中,r 为距外轨线路中心水平距离,参考距离 r_0=25 m
250	$TEL=-13.9\lg\frac{r}{r_0}+b$	$TEL=-12.6\lg\frac{r}{r_0}+b$	
300	$TEL=-14.1\lg\frac{r}{r_0}+b$	$TEL=-13.7\lg\frac{r}{r_0}+b$	
350	$TEL=-14.9\lg\frac{r}{r_0}+b$	$TEL=-14.5\lg\frac{r}{r_0}+b$	
385	$TEL=-14.9\lg\frac{r}{r_0}+b$	$TEL=-13.9\lg\frac{r}{r_0}+b$	

复兴号动车组以 200 km/h、250 km/h、300 km/h、350 km/h、385 km/h 通过典型路基区段时,辐射噪声 TEL 随距离增加减小;在试验速度范围内,辐射噪声值随距离对数的衰减系数在−15.1～−12.6 之间。

(2)辐射噪声垂向分布规律

复兴号动车组以 200 km/h、250 km/h、300 km/h、350 km/h、385 km/h 速度通过桥梁区段时,距离外轨中心线 7.5 m 处,CR400AF 型动车组和 CR400BF 型动车组垂向辐射噪声 TEL 与距轨面高度的关系如图 2-10、图 2-11 所示;距离外轨中心线 25 m 处,CR400AF 型动车组和 CR400BF 型动车组垂向辐射噪声 TEL 与距轨面高度的关系如图 2-12、图 2-13 所示。

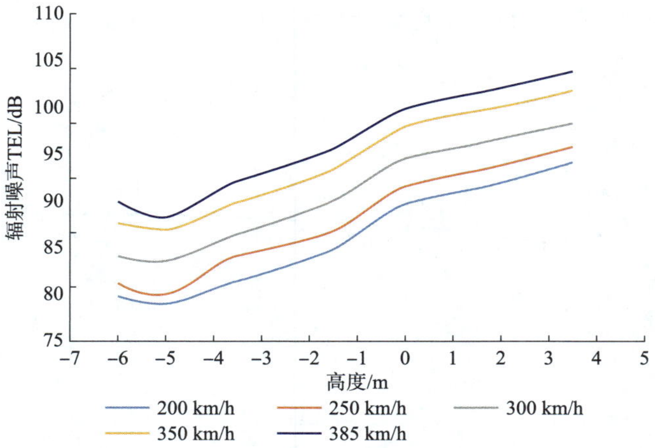

图 2-10　CR400AF 型动车组桥梁区段垂向辐射噪声分布规律
(距离外轨中心线 7.5 m 处)

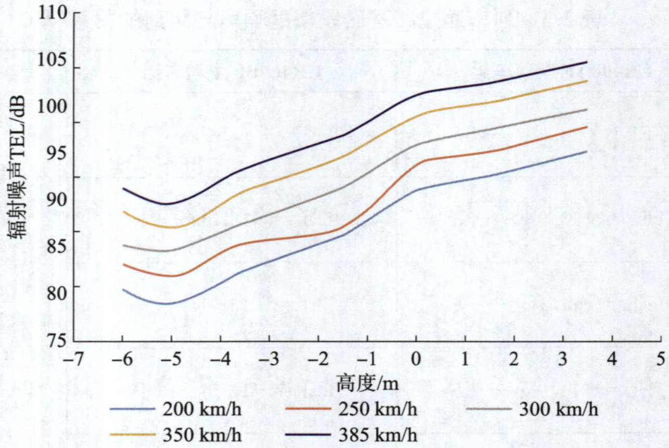

图 2-11　CR400BF 型动车组桥梁区段垂向辐射噪声分布规律（距离外轨中心线 7.5 m 处）

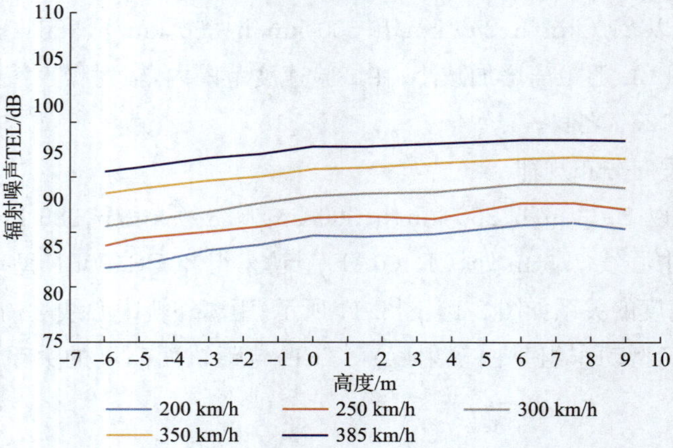

图 2-12　CR400AF 型动车组桥梁区段垂向辐射噪声分布规律（距离外轨中心线 25 m 处）

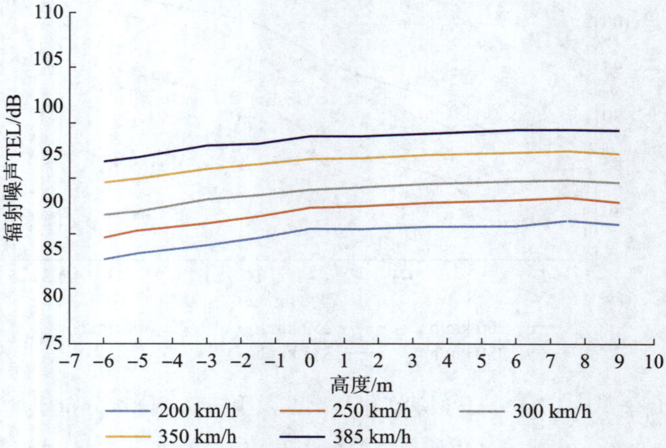

图 2-13　CR400BF 型动车组桥梁区段垂向辐射噪声分布规律（距离外轨中心线 25 m 处）

复兴号动车组以不同速度通过桥梁区段时，声级随高度的降低，噪声值减小；但与距离外轨中心线 25 m 处，距离外轨中心线 7.5 m 处声级随高度降低噪声值减小的更为显著。

复兴号动车组以 200 km/h、250 km/h、300 km/h、350 km/h、385 km/h 速度通过路基区段时，距离外轨中心线 25 m 处，CR400AF 型动车组和 CR400BF 型动车组垂向辐射噪声 TEL 与距轨面高度的关系如图 2-14、图 2-15 所示；距离外轨中心线 45 m 处，CR400AF 型动车组和 CR400BF 型动车组垂向辐射噪声 TEL 与距轨面高度的关系如图 2-16、图 2-17 所示。

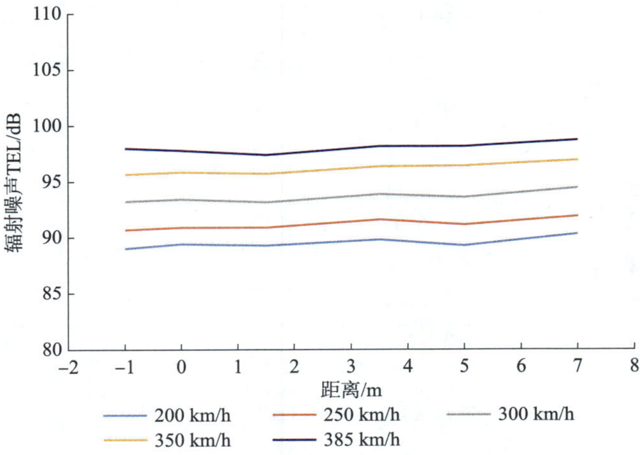

图 2-14　CR400AF 型动车组路基区段垂向辐射噪声分布规律（距离外轨中心线 25 m 处）

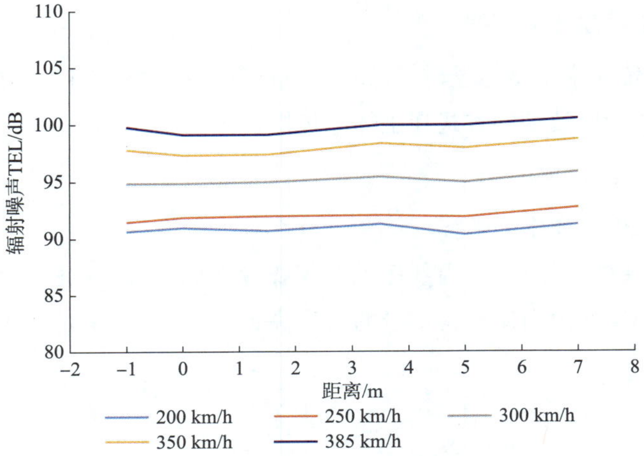

图 2-15　CR400BF 型动车组路基区段垂向辐射噪声分布规律（距离外轨中心线 25 m 处）

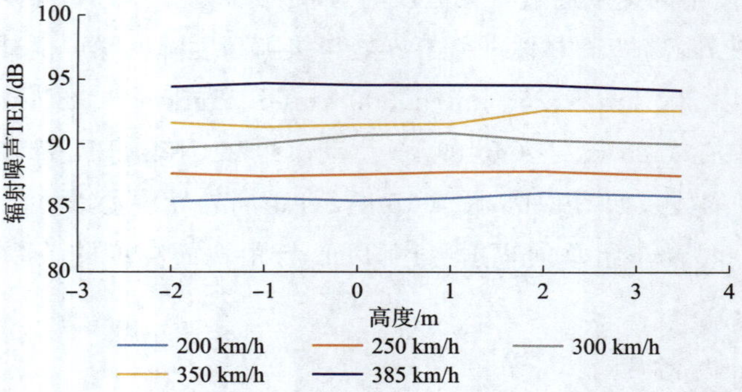

图 2-16　CR400AF 型动车组路基区段垂向辐射噪声分布规律
（距离外轨中心线 45 m 处）

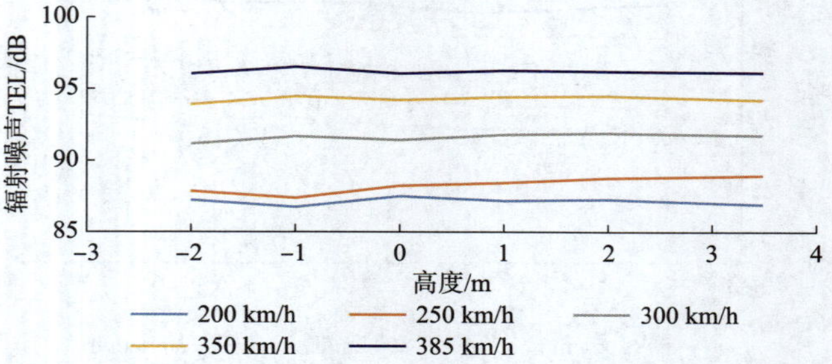

图 2-17　CR400BF 型动车组路基区段垂向辐射噪声分布规律
（距离外轨中心线 45 m 处）

复兴号动车组以不同速度通过路基区段时，声级随高度的降低，噪声值变化较小。

2.1.2.2　高速铁路振动传播规律

高速铁路振动传播主要是通过桥梁、路基、隧道等基础设施，将振动能量传播至线路以外的土体中，振动能量以波动的方式在土体中传播。

1. 振动波在土层中的传播规律

(1)波在均匀弹性介质中的传播

对于无限大的弹性固体材料，内部振动的传播存在剪切波（S 波）与压缩波（P 波）两种形式的体波，体波的波速由固体材料本身的参数决定，即剪切波速 c_1 和压缩波速 c_2，计算公式为

$$c_1=\sqrt{\frac{\lambda+2\mu}{\rho}} \tag{2-8}$$

$$c_2=\sqrt{\frac{\mu}{\rho}} \tag{2-9}$$

式中　λ,μ——拉梅常数，其计算公式为

$$\lambda=\frac{vE}{(1+v)(1-2v)}$$

$$\mu=\frac{E}{2(1+\nu)}$$

其中　E——杨氏模量，Pa，

ν——泊松比；

ρ——材料密度，kg/m^3。

可以看出，压缩波的波速大于剪切波，即 $c_1>c_2$。

实际的大地并非无限空间，对于地表面往往被视为水平的自由表面，大地便成为一个半无限空间介质，在这个半空间介质中，剪切波和压缩波等体波从内部传播至自由表面时，便会产生沿着地表传播的新的波动形式，被称为瑞利波。瑞利波是一种面波，波动过程中的质点做椭圆运动，呈逆进椭圆的形式传播，且质点的振幅随埋深增加迅速减小，即振动的能量主要集中在地表面附近。

瑞利波是半空间中波速最慢的波，波速大约只有剪切波的 87%～95%（与材料的泊松比有关），但是其衰减较慢，在一般的波动传播过程中，特别是在沿地表的较长距离传播时，瑞利波传递的能量反而占比最高。

(2)波在成层介质中的传播

真实的大地并不是一个均匀的半空间介质，大多数情况下都呈层状结构，具体的土层分布情况，与当地的地质条件、历史成因有关。大地的分层结构对不同频率的振动波的传播具有重要影响。

依靠现场测试来研究面波的传播不切实际，因为振动的随机性大，需要做大量的测试。为了研究在地层中振动波是如何传播的，需要建立理论模型。成层介质的理论模型主要分为两类：

①解析模型，用大地的波数表示。

②数值模型，使用有限元法或边界元法。

解析模型具备快速的计算方法，可以得出大地的振型和频散特性。1950 年，Thompson 和 Haskell 开发了水平成层土的动态弹性矩阵法。在 Kausel 和 Roesset 发表的论文中，提出了基于多层结构和均匀半空间的精确的动态刚度矩阵的二维波数域理论。对于半空间以上分层组合系统而言，在波数域进行傅里叶逆变换，从而获得空间域的解。相似的方法在三维成层土中得到了发展。该模型结合车辆和轨道模型，可以用于研究列车振动引起的相关问题。

数值模型中的有限元法是研究波动问题的有效手段，可以方便建立成层土的分析模型，研究振动的传播规律，但建立合适的大地波传播特性模型至关重要。通常假设大地相对于振动波通过所关注区域是一个无限大的半空间自由场，振动波在模型的边界没有反射，可以通过在边界采用无限元模型解决此类问题。

相对于有限元法，边界元法更适合于此类建模要求，一般采用有限元法对轨道、路堤、墙、隧道或者受振的建筑物等进行建模，用边界元法对无穷大的大地进行建模。将这两种方法充分地结合在一起，可以用于对轨道、结构以及大地进行建模。采用有限元或边界元法相结合的方式，对计算能力要求较高。

使用任何理论模型，都需要确定所在地区的场地土动力参数，包括不同土层的深度、波速和阻尼。可以采用当地地震勘测的方法，直接测量得到随深度变化的 P 波和 S 波的传播速度。

2. 高速铁路振动衰减规律

复兴号动车组以运行速度 200 km/h、250 km/h、300 km/h、350 km/h、385 km/h 通过桥梁区段时，距离线路外轨中心线 15 m、30 m、60 m 处，CR400AF 型动车组和 CR400BF 型动车组桥梁区段振级随距离变化如图 2-18、图 2-19 所示；桥梁区段环境振动与距离回归关系式见表 2-4。

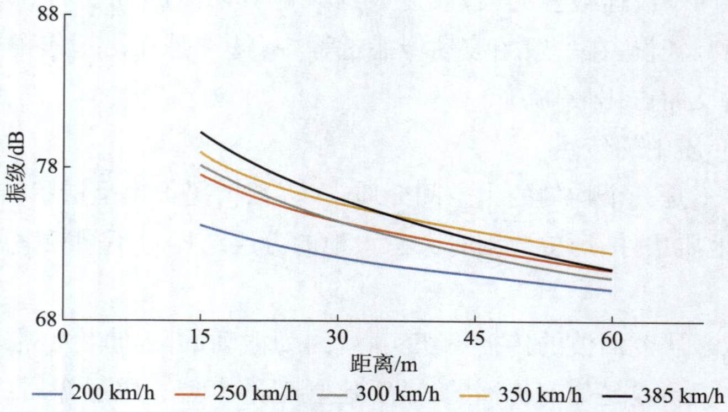

图 2-18　CR400AF 型动车组桥梁区段振级随距离变化曲线

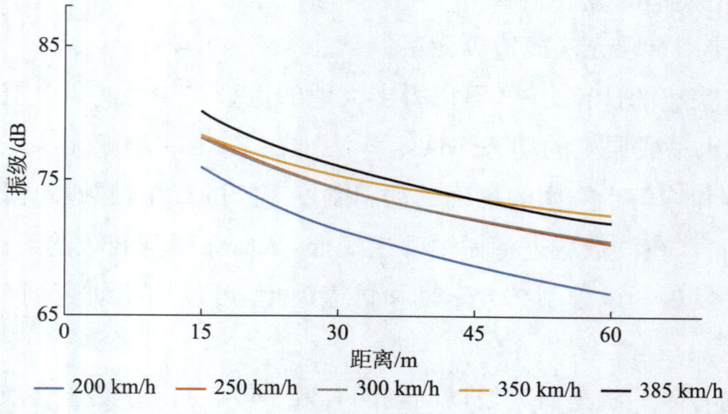

图 2-19　CR400BF 型动车组桥梁区段振级随距离变化曲线

表 2-4　桥梁区段环境振动与距离回归关系式　　单位：dB

速度/(km/h)	CR400AF 型动车组	CR400BF 型动车组	备　注
200	$y=-6.8\lg\frac{r}{r_0}+b$	$y=-15.4\lg\frac{r}{r_0}+b$	$15\leqslant r\leqslant 60$ m，$r_0=15$ m
250	$y=-10.0\lg\frac{r}{r_0}+b$	$y=-13.6\lg\frac{r}{r_0}+b$	
300	$y=-12.5\lg\frac{r}{r_0}+b$	$y=-13.0\lg\frac{r}{r_0}+b$	
350	$y=-10.5\lg\frac{r}{r_0}+b$	$y=-10.0\lg\frac{r}{r_0}+b$	
385	$y=-14.8\lg\frac{r}{r_0}+b$	$y=-13.6\lg\frac{r}{r_0}+b$	

复兴号动车组以运行速度 200 km/h、250 km/h、300 km/h、350 km/h、385 km/h 通过桥梁区段时，环境振动振级随距离增大而减小，环境振动振级随距离对数的衰减系数为 −15.4～−6.8。

复兴号动车组以速度 200 km/h、250 km/h、300 km/h、350 km/h、385 km/h 通过路基区段时，距离线路外轨中心线 30 m、45 m、60 m 处，CR400AF 型动车组和 CR400BF 型动车组路基区段振级随距离变化如图 2-20、图 2-21 所示；路基区段环境振动与距离回归关系式见表 2-5。

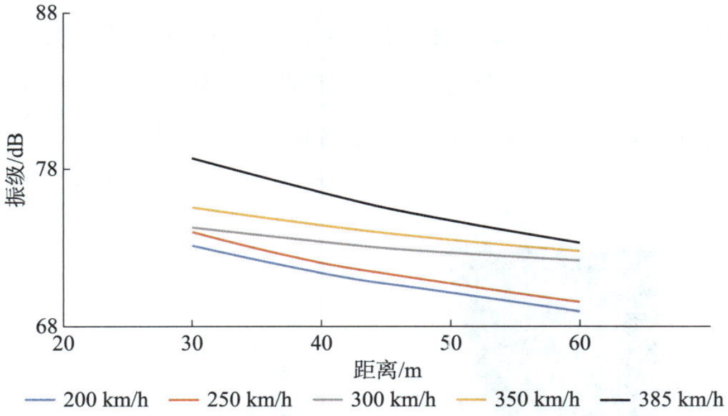

图 2-20　CR400AF 型动车组路基区段振级随距离变化曲线

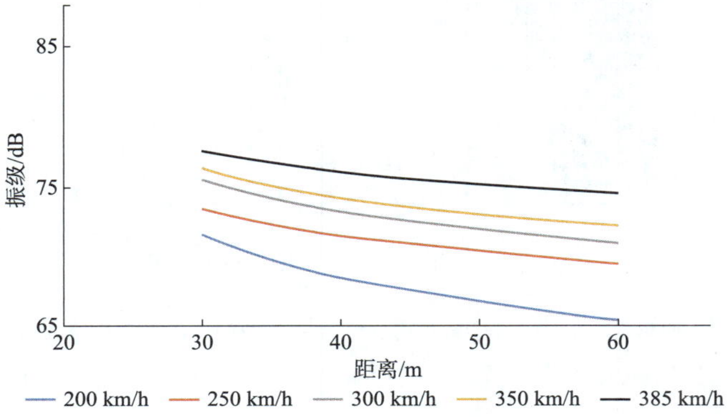

图 2-21　CR400BF 型动车组路基区段振级随距离变化曲线

表 2-5 路基区段环境振动与距离回归关系式 单位:dB

速度/(km/h)	CR400AF 型动车组	CR400BF 型动车组	备 注
200	$y=-14.2\lg\frac{r}{r_0}+b$	$y=-10.1\lg\frac{r}{r_0}+b$	$15\leqslant r\leqslant 60$ m, $r_0=15$ m
250	$y=-14.6\lg\frac{r}{r_0}+b$	$y=-6.3\lg\frac{r}{r_0}+b$	
300	$y=-7.0\lg\frac{r}{r_0}+b$	$y=-7.5\lg\frac{r}{r_0}+b$	
350	$y=-8.6\lg\frac{r}{r_0}+b$	$y=-6.8\lg\frac{r}{r_0}+b$	
385	$y=-18.0\lg\frac{r}{r_0}+b$	$y=-5.0\lg\frac{r}{r_0}+b$	

复兴号动车组以运行速度 200 km/h、250 km/h、300 km/h、350 km/h、385 km/h 通过路基区段时,环境振动振级随距离增大而减小,环境振动振级随距离对数的衰减系数为 −18.0～−5.0。

2.1.3 高速铁路噪声源的识别

1. 高速列车主要噪声源定位

复兴号动车组是当前世界上运营速度最高的动车组,也是我国发展更高速度动车组技术的基础平台。本书以复兴号动车组为研究对象,研究高速铁路噪声源分布特性。

为掌握复兴号动车组噪声源分布特性,基于高速铁路噪声源识别的声阵列技术,对复兴号动车组以 120～420 km/h 运行时噪声源特性进行研究,图 2-22 为现场安装试验阵列照片。

图 2-22 高速铁路噪声源识别现场测试

基于高速多普勒频移修正和迭代反卷积波束形成分析,CR400AF 型动车组以不同速度通过桥梁区段时,车外噪声源识别结果(有效分析频率 200～5 000 Hz,下同)如图 2-23 所示。

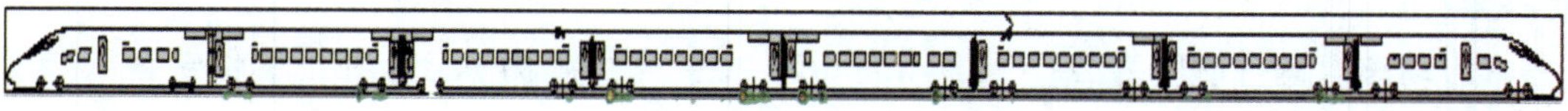

(a)运行速度为 120 km/h

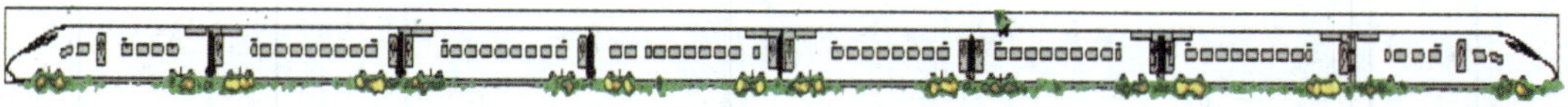

(b)运行速度为 200 km/h

(c)运行速度为 250 km/h

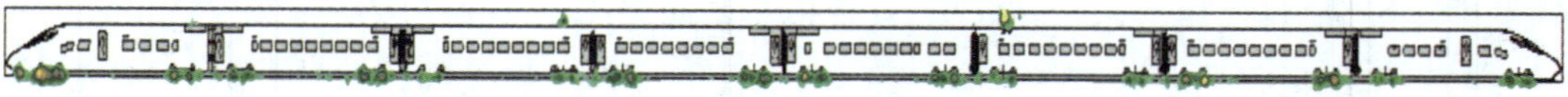

(d)运行速度为 300 km/h

(e)运行速度为 330 km/h

(f)运行速度为 350 km/h

(g)运行速度为 380 km/h

(h)运行速度为 400 km/h

(i)运行速度为 420 km/h

图 2-23　CR400AF 型动车组以不同速度运行通过桥梁区段时噪声源声强级分布

识别结果分析表明：

(1)动车组运行速度低于 200 km/h 时，噪声源主要分布在下部轮轨区域，其中动力车转向架区域噪声高于拖车转向架区域噪声，为动车组声强级最高的噪声源。与轮轨区域相比，受电弓等噪声源声强级水平较低，但增幅最为显著。声强级最高的噪声源依次为动力车转向架、拖车转向架、下部设备舱、受电弓、头车排障器以及车尾区域。

(2)动车组运行速度为 200～300 km/h 时，主要噪声源仍然分布在下部轮轨区域，但受电弓区域、头车排障器等噪声源增幅最为显著。其中运行速度为 250 km/h 及以上时，声强级最高的噪声源已经转变为动力车转向架、受电弓、拖车转向架、头车排障器、下部设备舱以及车尾区域。整车声强级最高的噪声源仍为动力车转向架；头车第一转向架已经成为拖车转向架中声级最高的噪声源，表明头车第一转向架气动噪声已经占据重要地位；受电弓噪声源主要集中在滑板，其次是铰链座。

(3)动车组运行速度为 300～350 km/h 时，受电弓开始成为声强级最高的噪声源，受电弓主要声源区域进一步扩大，主要集中在滑板、上框架、下臂杆等高于车顶的杆系部件，其次是铰链座，声强级最高的区域依次为受电弓升弓区、头车第一转向架、动力车转向架、头车排障器、受电弓降弓区、尾车末端转向架、其他拖车转向架以及车尾区域。

(4)动车组运行速度为 350～380 km/h 时，受电弓为声强级最高的噪声源，主要集中在滑板、上框架、下臂杆等高于车顶的杆系部件，其次是铰链座。声强级最高的区域依次为受电弓升弓区、头车第一转向架、动力车转向架、受电弓降弓区、尾车末端转向架、头车排障器、其他拖车转向架以及车尾区域。

(5)动车组运行速度为 380～400 km/h 时，受电弓为声强级最高的噪声源，声强级明显高于其他噪声源，主要集中滑板、上框架、下臂杆等高于车顶的杆系部件，其次是铰链座。声强级最高的区域依次为受电弓升弓区、头车第一转向架、头车排障器、动力车转向架、受电弓降弓区、其他拖车转向架以及车尾区域。受电弓升弓区高于除头车第一转向架、头车排障器以外其他区域 10 dB 以上。尾车末端转向架与其他拖车转向架声级水平基本一致，除头车转向架以外的其他拖车转向架声级水平与动力车转向架逐渐趋近，表明在各转向架区域气动噪声开始占据主导地位。

(6)动车组运行速度为 400～420 km/h 时，受电弓为声强级最高的噪声源，声强级明显高于其他噪声源，主要集中在滑板、上框架、下臂杆等高于车顶的杆系部件。声强级最高的区域依次为受电弓升弓区、头车排障器、头车第一转向架、受电弓降弓区、动力车转向架、尾车末端转向架、其他拖车转向架以及车尾区域。受电弓升弓区高于头车第一转向架、头车排障器 5 dB 以上，高于其他声源 10 dB 以上。除头车第一转向架以外，其他转向架声强级基本一致。

同边界条件下，CR400BF 型动车组以不同速度通过桥梁区段时，车外噪声源识别结果如图 2-24 所示。

(a)运行速度为 120 km/h

图　2-24

(b)运行速度为 200 km/h

(c)运行速度为 250 km/h

(d)运行速度为 300 km/h

(e)运行速度为 330 km/h

(f)运行速度为 350 km/h

(g)运行速度为 380 km/h

(h)运行速度为 400 km/h

(i)运行速度为 420 km/h

图 2-24　CR400BF 型动车组以不同速度运行通过桥梁区段时噪声源分布

识别结果分析表明：

(1)动车组运行速度低于 200 km/h 时，与 CR400AF 型动车组噪声源分布特性基本一致。噪声源主要分布在下部轮轨区域，其中动力车转向架声强级高于拖车转向架，为动车组声强级最高的噪声源。与轮轨区域相比，受电弓等区域噪声源声级水平较低，但增幅最为显著。声强级最高的噪声源分别为动力车转向架、拖车转向架、下部设备舱、头车排障器以及受电弓区域。

(2)动车组运行速度为 200～300 km/h 时，与 CR400AF 型动车组噪声源分布特性基本一致。主要噪声源仍然分布在下部轮轨区域，但受电弓区域、头车排障器等噪声源增幅最为显著。声强级最高的噪声源主要分布在动力车转向架、拖车转向架、受电弓、头车排障器、风挡、下部设备舱以及车顶空调区域。

(3)动车组运行速度为 300～330 km/h 时，头车第一转向架开始成为声强级最高的噪声源，受电弓次之，受电弓主要声源区域进一步扩大，主要集中在滑板、上框架、下臂杆等高于车顶的杆系部件，其次为铰链座，声强级最高的区域依次为头车第一转向架、受电弓升弓区、动力车转向架、其他拖车转向架、受电弓降弓区、头车排障器、头车司机室车门下端、风挡、车顶空调区域以及车尾区域。

(4)动车组运行速度为 330～350 km/h 时，受电弓已经成为声强级最高的噪声源，主要集中在滑板、上框架、下臂杆等高于车顶的杆系部件以及铰链座。声强级最高的区域依次为受电弓升弓区、头车第一转向架、头车第二转向架、头车司机室车门下端、动力车转向架、尾车末端转向架、其他拖车转向架、受电弓降弓区、头车排障器、车顶空调区域、风挡区域以及车尾区域。

(5)动车组运行速度为 350～380 km/h 时，受电弓为声强级最高的噪声源，声强级明显高于其他噪声源，主要集中滑板、上框架、下臂杆等高于车顶的杆系部件，其次是铰链座。声强级最高的区域依次为受电弓升弓区、头车第一转向架、头车第二转向架、动力车转向架、拖车转向架、受电弓降弓区、头车司机室车门下端、风挡以及车尾区域，且除头车转向架以外的其他拖车转向架声级水平与动力车转向架逐渐趋近。

(6)动车组运行速度为 380～400 km/h 时，受电弓为声强级最高的噪声源，主要集中在滑板、上框架、下臂杆等高于车顶的杆系部件，其次为铰链座。声强级最高的区域依次为受电弓升弓区、头车排障器、头车第一转向架、头车第二转向架、动力车转向架、受电弓降弓区、其他拖车转向架、车顶空调、车尾区域以及风挡。

(7)动车组运行速度为 400 km/h 时，受电弓为声强级最高的噪声源，主要集中在滑板、上框架、下臂杆等高于车顶的杆系部件，其次为铰链座。声强级最高的区域依次为受电弓升弓区、头车第一转向架、动力车转向架、受电弓降弓区、头车排障器、拖车转向架、车顶空调、车尾区域以及风挡。受电弓升弓区与头车第一转向架声强级比较接近。

(8)动车组运行速度为 420 km/h 时，受电弓为声强级最高的噪声源，主要集中在滑板、上框架、下臂杆等高于车顶的杆系部件，其次为铰链座。声强级最高的区域依次为受电弓升弓区、头车第一转向架、受电弓降弓区、尾车末端转向架、头车排障器、动力车转向架、其他拖车转向架、车顶空调、车尾区域以及风挡区域。

2. 高速铁路主要噪声源变化

动车组运行速度低于 200 km/h，动车组整车声功率随运行速度的 1.8 次方成正比，与传统轮轨噪声源声功率随运行速度的 2 次方成正比基本一致，表明运行速度 200 km/h 以下，轮轨滚动噪声是主要噪声源。动车组运行速度为 200～300 km/h 时，整车声功率约随运行速度的 2.5～2.6 次方成正比，初步分析仍以轮轨噪声为主，但气动噪声已经越发显现。

动车组运行速度为 300 km/h 及以上时，动车组整车声功率随运行速度的 4.5～4.8 次方成正比，已经开始逐渐接近气动噪声变化规律。动车组运行速度为 350 km/h 及以上时，受电弓、头车转向架等关键气动部位声强级明显高于其他区域，表明在该速度下气动噪声已经占据主要作用。

复兴号动车组集电系统声源声功率随运行速度变化如图 2-25 所示。

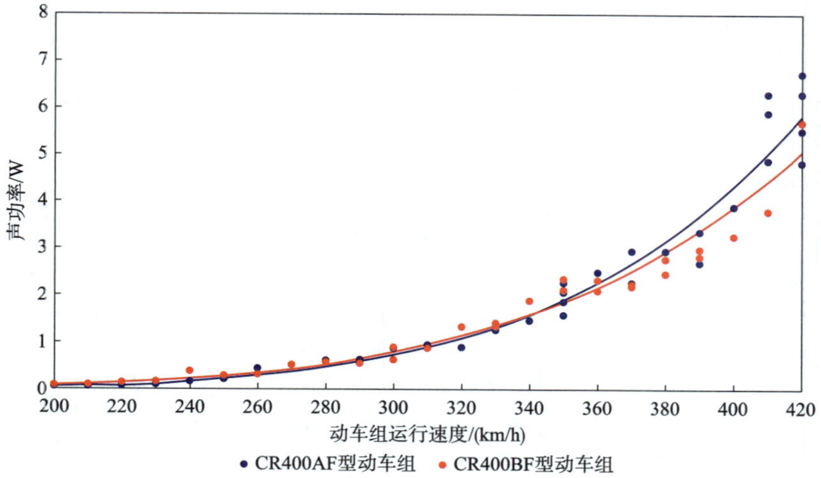

图 2-25 复兴号动车组集电系统声源声功率随运行速度变化

集电系统(含受电弓升弓区和降弓区)噪声源声功率随运行速度的 5.5～6.1 次方成正比，基本符合气动偶极子源随运行速度的 6 次方成正比。

复兴号动车组车体区域声源声功率随运行速度变化如图 2-26 所示。

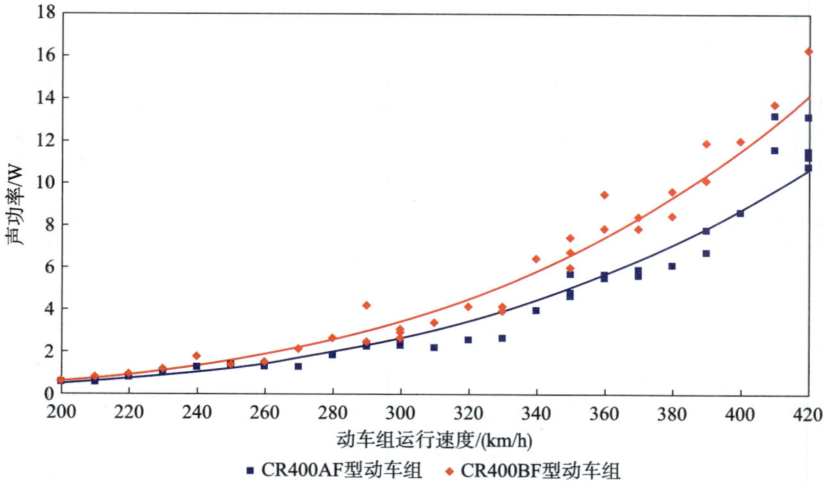

图 2-26 复兴号动车组车体区域声源声功率随运行速度变化

车体区域声功率随运行速度的 4.1～4.3 次方成正比，符合气动单极子和气动偶极子组合噪声特征。

复兴号动车组轮轨区域声源声功率随运行速度变化如图 2-27 所示。

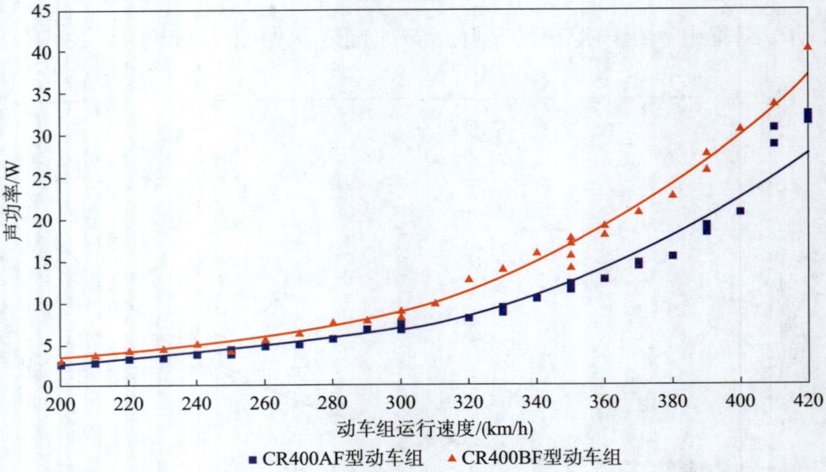

图 2-27　复兴号动车组轮轨区域声源声功率随运行速度变化

动车组运行速度为 200～300 km/h 时，轮轨区域声功率级随运行速度的 2.4～2.5 次方成正比，表明以轮轨滚动噪声为主，但气动噪声也越发显现；运行速度为 300 km/h 及以上时，轮轨区域声功率级随运行速度的 4.3～4.4 次方成正比，是一种由轮轨滚动噪声和气动噪声共同组成的噪声源，且随着速度提高，气动噪声贡献更大。

复兴号动车组头车排障器声源声功率随运行速度变化如图 2-28 所示。

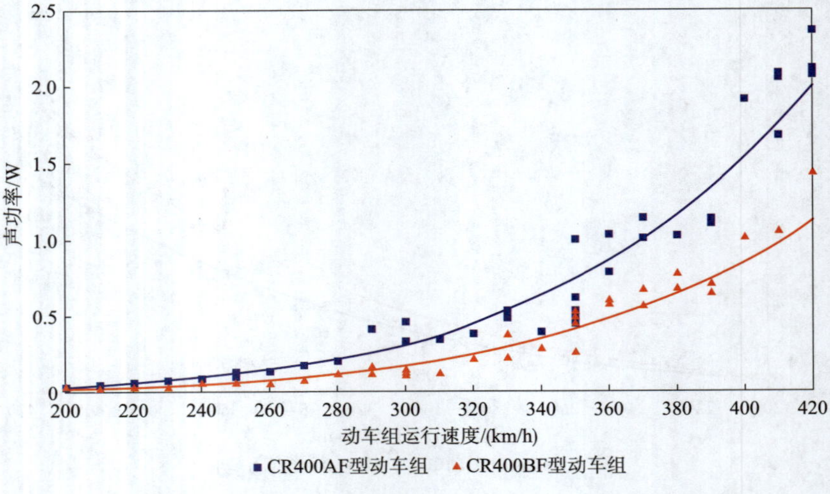

图 2-28　复兴号动车组头车排障器声源声功率随运行速度变化

动车组运行速度为 200～420 km/h 时，头车排障器声功率随运行速度的 5.5～5.6 次方成正比。

复兴号动车组车尾声源声功率随运行速度变化如图 2-29 所示。

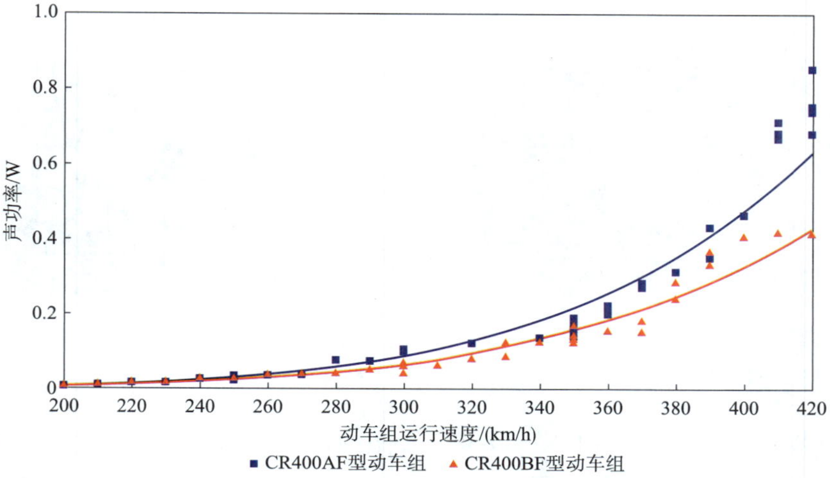

图 2-29 复兴号动车组车尾声源声功率随运行速度变化

动车组运行速度为 200～420 km/h 时，车尾声功率随运行速度的 5.5～5.9 次方成正比，表明车尾噪声主要为气动偶极子源。

3. 高速列车主要噪声源贡献

为了体现整列动车组中各噪声源贡献和占比，以动车组在桥梁区段运行为例，结合关键声源声功率随速度变化，进一步按照集电系统、车体以及下部轮轨区域等不同高度主要噪声源分布方式，分析各关键部位声源声功率占比。

动车组运行速度为 200 km/h 以下时，主要噪声源贡献比重如图 2-30 所示。

(a)CR400AF 型动车组　　(b)CR400BF 型动车组

图 2-30 复兴号动车组以 120 km/h 运行时车外主要噪声源贡献比重

动车组以 200 km/h 以下运行时，噪声源主要集中在下部轮轨区域，占 98%及以上。

动车组运行速度为 200 km/h 时，主要噪声源贡献比重如图 2-31 所示。

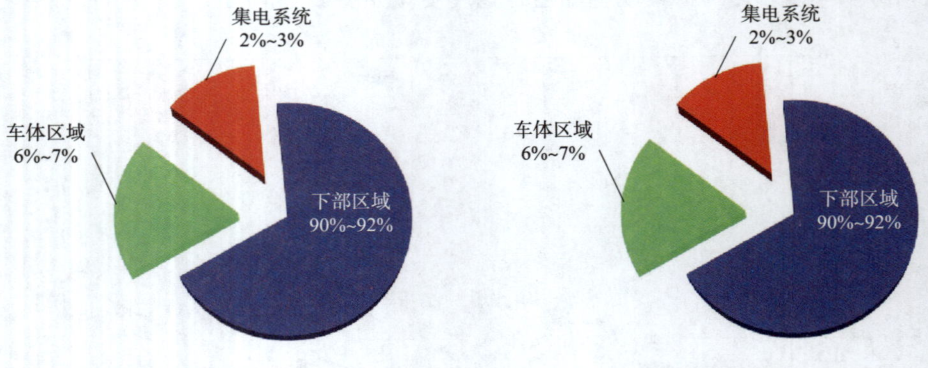

(a)CR400AF 型动车组　　(b)CR400BF 型动车组

图 2-31　复兴号动车组以 200 km/h 运行时车外主要噪声源贡献比重

动车组以 200 km/h 运行时，噪声源仍主要集中在下部轮轨区域，占整车声功率 90%～95%，集电系统、车体区域噪声贡献比例增幅显著。

动车组运行速度为 250 km/h 时，主要噪声源贡献比重如图 2-32 所示。

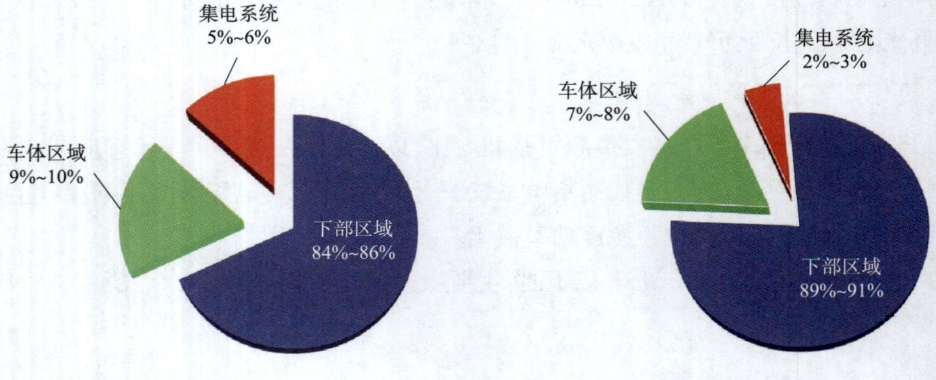

(a)CR400AF 型动车组　　(b)CR400BF 型动车组

图 2-32　复兴号动车组以 250 km/h 运行时车外主要噪声源贡献比重

动车组以 250 km/h 运行时，下部轮轨区域占总声功率 84%～91%，为最主要噪声源；主要原因在于受电弓、头车转向架、风挡等关键气动部位噪声进一步凸显，但轮轨噪声仍是最主要的噪声源。

动车组运行速度为 300 km/h 时，主要噪声源贡献比重如图 2-33 所示。

随着动车组运行速度为 300 km/h 及以上时，受电弓、头车转向架、风挡等关键气动部位噪声进一步凸显，受电弓逐渐开始成为声强级最高的噪声源。由于受电弓发声面积小，总声功率贡献明显低于轮轨区域。

动车组运行速度为 350 km/h 时，主要噪声源贡献比重如图 2-34 所示。

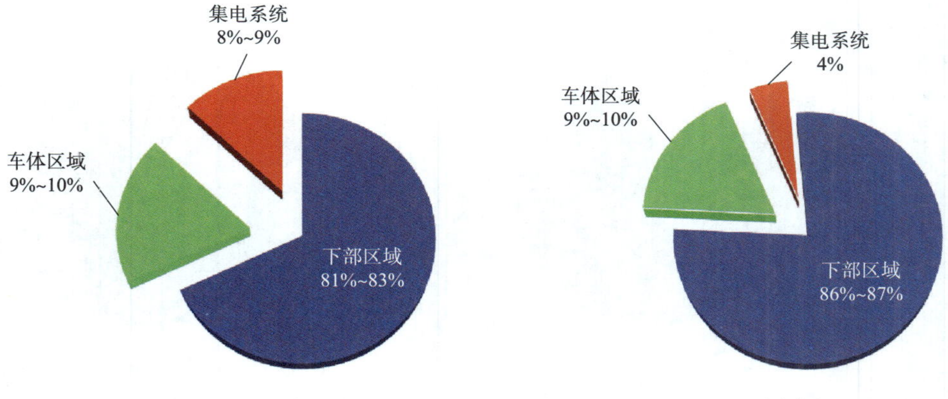

(a)CR400AF 型动车组　　(b)CR400BF 型动车组

图 2-33　复兴号动车组以 300 km/h 运行时车外主要噪声源贡献比重

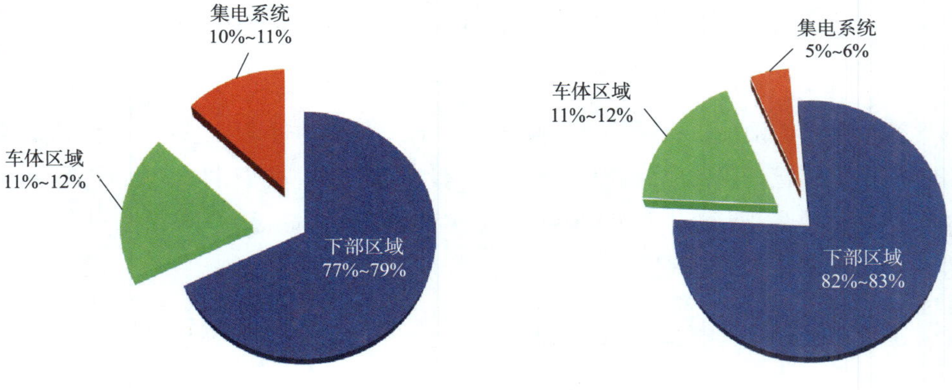

(a)CR400AF 型动车组　　(b)CR400BF 型动车组

图 2-34　复兴号动车组以 350 km/h 运行时车外主要噪声源贡献比重

动车组运行速度为 350 km/h 时，由于受电弓、头车转向架等关键气动部位共同成为声级最高的噪声源。集电系统声功率所占比例为 5%～11%，车体区域为 11%～12%，下部轮轨区域声功率所占比例为 77%～83%。结合前面分析可知，气动噪声已经成为最主要的噪声源。

动车组运行速度为 400 km/h 时，主要噪声源贡献比重如图 2-35 所示。

动车组运行速度为 400 km/h 时，集电系统声功率所占比例为 6%～11%，车体区域为 13%～14%，下部轮轨区域声功率所占比例为 75%～80%。

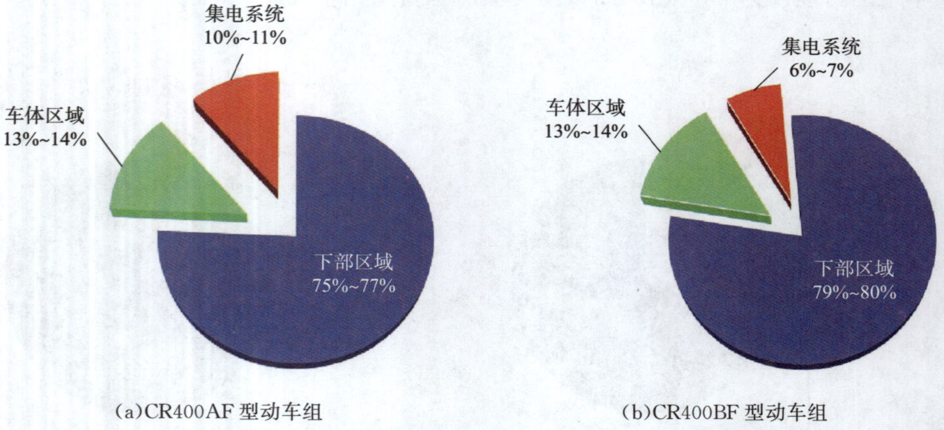

图 2-35 复兴号动车组以 400 km/h 运行时车外主要噪声源贡献比重

2.2 高速铁路噪声振动测试与评价技术

高速铁路噪声振动测试技术是开展噪声振动研究的基本手段，是保障噪声振动准确评价的基本条件。结合高速铁路噪声振动测试技术发展和研究成果，本节重点介绍和论述高速铁路噪声振动测试及评价方法、高速铁路轮轨状态声学特征提取与识别技术和高速铁路噪声自动监测技术。

2.2.1 高速铁路噪声振动测试方法

2.2.1.1 高速铁路噪声振动测试方法

1. 列车运行辐射噪声

我国通用的铁路列车运行辐射噪声测试标准为《声学　轨道机车车辆发射噪声测量》(GB/T 5111—2011)，自发布以来，对我国高速铁路的型式试验、联调联试及源强识别和降噪等科研工作提供了较好指导。

(1)我国铁路列车运行辐射噪声测量方法

①测试量。《声学　轨道机车车辆发射噪声测量》(GB/T 5111—2011)规定列车运行辐射噪声测试的测试量为列车通过等效连续 A 声级 L_{Aeq}、A 计权最大声压级 L_{Amax}、列车通过暴露声级 TEL 以及噪声频谱。TEL 计算公式为

$$\mathrm{TEL}=10\lg\left[\frac{1}{T_{\mathrm{p}}}\int_0^T\frac{p_{\mathrm{A}}^2(t)}{p_0^2}\mathrm{d}t\right] \tag{2-10}$$

式中　T——测量时间段，s；

T_p——列车通过时间，s；

$p_A(t)$——瞬时 A 声压，Pa；

p_0——基准声压，$p_0=20\ \mu Pa$。

通过的 A 计权声级，时间段 T 应足够长以包括所有与该事件相关的声能量，即至少要考虑比 T_p时间段内开始与结束时 L_{pA}值低 10 dB 时间段内的声能量。测量时间 T 及列车通过时间 T_p如图 2-36 所示。

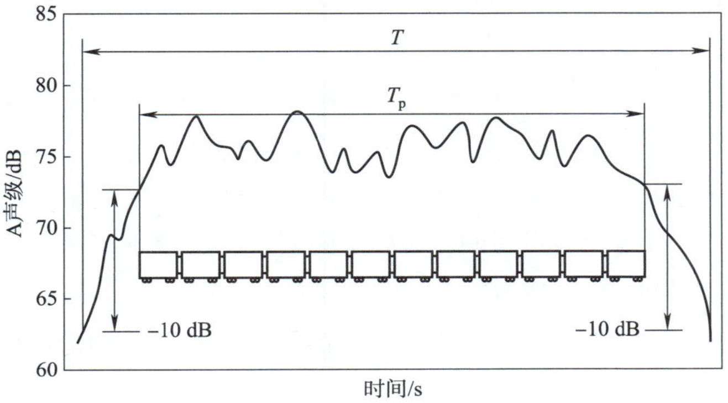

图 2-36　测量时间 T 及列车通过时间 T_p

②测试点位。《声学　轨道机车车辆发射噪声测量》(GB/T 5111—2011)规定列车运行辐射噪声测试的测试点位置为：传声器轴线应始终处于水平位且垂直指向轨道，传声器应置于轨道轴线两侧 7.5 m、距轨顶面以上 1.2 m，或距轨道轴线两侧 25.0 m、距轨顶面以上 3.5 m。测量时，如在被测车辆上部有重要的声源如排气管或受电弓，应在距轨道中心线两侧 7.5 m、距轨顶面以上 3.5 m 处附加测点。《声学　轨道机车车辆发射噪声测量》(GB/T 5111—2011)用于测量匀速列车的侧面传声器位置如图 2-37 所示。

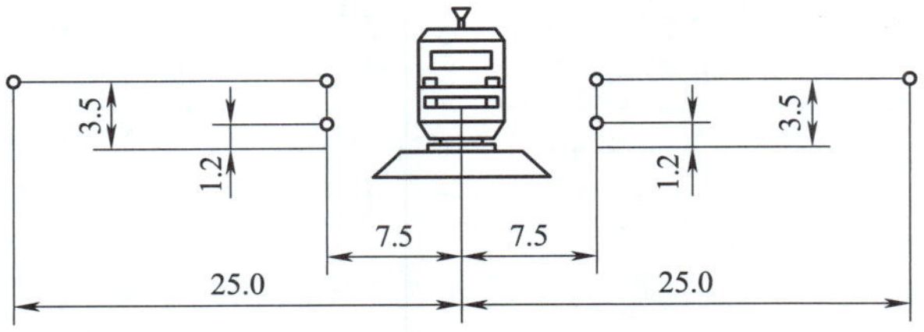

图 2-37　用于测量匀速列车的侧面传声器位置(单位：m)

(2) *Acoustics —Railway applications—Measurement of noise emitted by railbound vehicles*(ISO 3095：2013)对噪声测量的相关规定

Acoustics—Railway applications —Measurement of noise emitted by railbound vehicles (ISO 3095：2013)主要用于标准有砟轨道条件下的列车型式试验，包括范围、规范性引用文

件、术语和定义、仪器与校准、定置试验、匀速运行试验、从静止到加速试验、减速试验、测试质量、试验报告及附录资料等章节。*Acoustics —Railway applications —Measurement of noise emitted by railbound vehicles*(ISO 3095:2013)对于高速列车噪声型式试验所要求的环境条件(声环境、气象条件、背景声压级)、轨道状态(一般条件、曲线半径、轨道结构、轨道质量、钢轨声学短波不平顺、轨道动力性能、特殊情况等)、车辆状况(一般、负载和操作条件、车轮踏面状态、列车编组)、测试点位(标准测点、附加测点)、测试量、试验程序(一般规定、通过速度、记录和测量时间间隔)、数据处理(标准处理程序、附加处理程序)等方面做了详细的规定。

①测试量。相较于我国现行列车运行辐射噪声测试标准《声学 轨道机车车辆发射噪声测量》(GB/T 5111—2011),*Acoustics —Railway applications —Measurement of noise emitted by railbound vehicles*(ISO 3095:2013)列车运行辐射噪声测试评价量由 TEL 改为 $L_{p\text{Aeq},Tp}$,同时测试列车速度和通过时间 T_{p},规定必要时可测量频谱等。

②测试点位。*Acoustics —Railway applications —Measurement of noise emitted by railbound vehicles*(ISO 3095:2013)对列车运行辐射噪声测试时,根据速度给出了以下具体的测点位置:

a. 标准测点:列车运行速度低于 200 km/h,测点位于距轨道中心 7.5 m,距轨面高度 1.2 m 处;列车运行速度大于或等于 200 km/h,测点位于距轨道中心 25 m,距轨面高度 3.5 m 处。

b. 附加测点:若被测车辆上部有重要的声源(如动力单元),在距轨道中心线 7.5 m、轨面以上 3.5 m 处增设测点。

用于测量匀速列车的侧面传声器位置如图 2-38 所示。

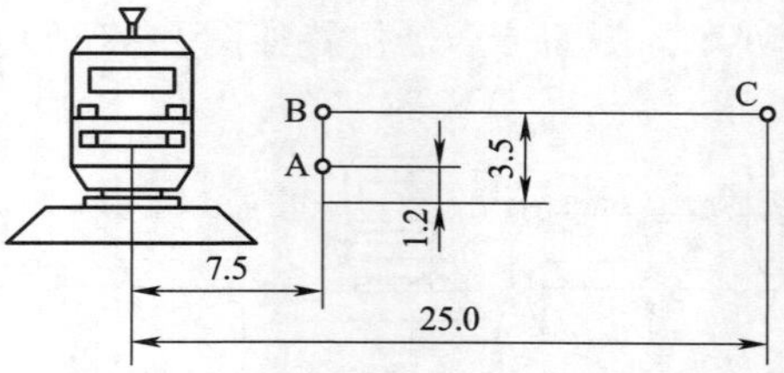

图 2-38 用于测量匀速列车的侧面传声器位置(单位:m)

(3)关键测量参数的选取

①测试量。有鉴于以下三点:

a. TEL 与 $L_{\text{Aeq},Tp}$ 相比,TEL 获取更为复杂,且易出现人为误差。

b. TEL 和 $L_{\text{Aeq},Tp}$ 的差异较小且稳定。

c. ISO 和国际铁路联盟(UIC)评价高速列车运行辐射噪声均采用 $L_{\text{Aeq},Tp}$,国际化、统一化的测量量不仅可以消除差异,也有利于我国高速铁路"走出去"。

②测试点位。我国高速列车运行辐射噪声测试中，以距轨道中心 25.0 m、距轨面高度 3.5 m 和距轨道中心 7.5 m、距轨面高度 3.5 m 两个测点作为标准测点。

2. 铁路排放噪声测试方法

铁路排放噪声测试主要依据《铁路边界噪声限值及其测量方法》(GB 12525—1990)、《铁路环境测量　环境噪声测量》(TB/T 3050—2022)进行。

(1)测试内容及测试量

测试内容应包括各测点昼间和夜间相应测量时段内的等效连续 A 声级和背景噪声的等效连续 A 声级；采用等效连续 A 声级 $L_{eq,1h}$(纯铁路噪声)作为铁路排放噪声测试量。

(2)测试点位

《铁路边界噪声限值及其测量方法》(GB 12525—1990)规定：铁路边界噪声测点原则上选在铁路边界高于地面 1.2 m，距反射物不小于 1 m 处。

《铁路环境测量　环境噪声测量》(TB/T 3050—2022)做了进一步细化，规定：对只含铁路线路的区段，测点设在距铁路近侧线路中心线 30 m 处。每个典型区段和典型位置至少应设 1 个边界测点。在不同典型区段之间或典型区段接近典型位置处应增加测点。铁路线路与站场(如车站、机务段、折返段、车辆段、编组站、动车所等)邻接时，测点应设在厂界处。当边界测点与公路、河流、绿化带等区域邻接时，可将测点位置移至铁路对侧或平移至公路、河流、绿化带等区域外。边界测点传声器一般应置于高于地面 1.2 m，距离反射物不小于 1 m。

(3)测量时间

《铁路边界噪声限值及其测量方法》(GB 12525—1990)规定：昼间、夜间各选在接近其机车车辆运行平均密度的某一个小时，用其代表昼间、夜间。必要时，昼间或夜间分别进行全时段测量。

《铁路环境测量　环境噪声测量》(TB/T 3050—2022)做了进一步细化，规定如下：

①至少应在昼间和夜间各选择一次有代表性的时段进行测量。昼间应在 6:00—22:00，夜间应在 22:00—(次日)6:00 进行。对昼间、夜间的划分另有规定时，应按规定进行。测量时段不应小于 1 h。

②以列车运行噪声为主的测点，代表性时段内车流密度不应小于昼间或夜间的平均车流密度。测量时段内通过的列车不宜小于 6 列车。对于车流密度较低的线路，可测量各类型列车通过时的暴露声级，计算昼间或夜间的连续等效 A 声级。

③以作业噪声为主的测点，应按照《工业企业厂界环境噪声排放标准》(GB 12348—2008)中 5.4 条的规定确定测量时间。

(4)测量仪器

《铁路边界噪声限值及其测量方法》(GB 12525—1990)规定：测量仪器应符合《电声学　声级计　第 2 部分：型式评价试验》(GB/T 3785.2)中规定的 2 型或 2 型以上的积分声级

计或其他相同精度的测量仪器。

随着噪声测量技术的不断进步，在对我国铁路沿线环境噪声测量设备应用情况调研分析基础上，依据《声学　轨道机车车辆发射噪声测量》(GB/T 5111—2011)，《铁路环境测量　环境噪声测量》(TB/T 3050—2022)对测量仪器进一步作出了规定：测量应采用符合《电声学　声级计　第2部分：型式评价试验》(GB/T 3785.2)中1级设备技术要求的声学设备进行测试，采样频率不应低于40 kHz，传声器频率响应范围为16 Hz～20 kHz，测量过程中应加戴防风罩。

2.2.1.2　高速铁路振动测试方法

铁路环境振动测试主要依据《城市区域环境振动测量方法》(GB/T 10071—1988)、《铁路环境振动测量方法》(TB/T 3152—2007)进行。

1. 测量内容及测试量

《城市区域环境振动测量方法》(GB/T 10071—1988)规定：铅垂向Z振级为测试量。

《铁路环境振动测量方法》(TB/T 3152—2007)做了进一步细化，规定：铅垂向的$VL_{Z,max}$，$VL_{Z,eq}$和$VL_{Z,10}$为测试量。测量内容包括：各测点每次列车通过时段的$VL_{Z,max}$；各测点每次列车通过时段的$VL_{Z,eq}$(不采用等效Z振级作为评价量和参考量时，可不做此项测量)；各测点背景振动的$VL_{Z,10}$。

2. 测试点位

《城市区域环境振动测量方法》(GB/T 10071—1988)规定：测点置于各类区域建筑物室外0.5 m以内振动敏感处。必要时，测点置于建筑物室内地面中央。

《铁路环境振动测量方法》(TB/T 3152—2007)做了进一步细化，规定如下：

(1)测试点分为距铁路外轨中心线30 m处测点和敏感测点。

(2)距铁路外轨中心线30 m处每个典型位置和典型区段至少应设1个测点。对于仅用于评价敏感点或敏感区的测量，可不布设距铁路外轨中心线30 m处测点。

(3)每个敏感点或敏感区至少应在距铁路最近的建筑物室外设1个敏感测点。敏感区内应在相应的距铁路外轨中心线30 m测点位置设置垂直于铁路走向的测量断面，每个测量断面上应布设2～3个敏感测点。距离铁路最远的测点位置不宜大于100 m。

(4)测点置于建筑物室外0.5 m以内振动敏感处。必要时，测点置于建筑物室内。

(5)测点布设宜远离公路、工厂、施工现场等非铁路振动源。当无法远离时，应在测量时间上避开这些非铁路振动的干扰。

3. 测量方法

《城市区域环境振动测量方法》(GB/T 10071—1988)规定：读取每次列车通过过程中的最大示数，每个测点连续测量20次列车，以20次读值的算术平均值为评价量。

《铁路环境振动测量方法》(TB/T 3152—2007)规定：测量每次列车车头至车尾通过测

点时的 $VL_{Z,max}$ 和 $VL_{Z,eq}$。每个测点分别连续测量昼、夜间 20 次列车；对于车流密度较低的线路，可以测量昼间不小于 4 h、夜间不小于 2 h 内通过的列车。测量结果以昼间、夜间所测数据的算术平均值表示。

2.2.2 高速铁路噪声振动评价方法

2.2.2.1 高速铁路噪声评价方法

1. 列车运行辐射噪声

(1)评价量

同高速列车运行辐射噪声测试量一致，采用 $L_{Aeq,Tp}$ 作为高速列车运行辐射噪声评价量。

(2)评价限值标准

我国铁路机车车辆运行辐射噪声限值标准为《铁道机车辐射噪声限值》(GB 13669—1992)，该标准规定列车运行辐射噪声测点位于距轨道中心线 25 m、高于轨面 3.5 m 处，电力机车车外运行辐射噪声不超过 90 dB，内燃机车车外运行辐射噪声不超过 95 dB。由于制定年代较早，未考虑高速列车运行噪声影响，无法用于高速列车运行辐射噪声评价。

随着我国高速铁路的发展，中国国家铁路集团有限公司(以下简称国铁集团)参考国际标准和我国高速铁路技术水平，发布了《CRH 系列动车组噪声等评价指标暂行规定》(铁总科技〔2014〕210 号)文件(以下简称《评价指标》)和《时速 350 公里中国标准动车组暂行技术条件》(铁总科技〔2014〕50 号)(以下简称《标动技术条件》)。2017 年 6 月 25 日，中国标准动车组改为复兴号动车组。

《评价指标》规定列车运行辐射噪声测试方法按 ISO 3095:2013 要求进行，测点位置位于距轨道中心线 25 m、轨面以上 3.5 m 处，测量量为 TEL，分别规定了 200 km/h、250 km/h、300 km/h 和 350 km/h 四个速度列车运行辐射噪声限值，每个速度对应限值分为 2 个等级，即“优”和“良”，见表 2-6。

表 2-6　《评价指标》规定车外运行辐射噪声评价指标 TEL

等　级	不同速度等级的动车组恒速通过时的车外噪声限值/dB			
	200 km/h	250 km/h	300 km/h	350 km/h
优	87	87	91	94
良	90	90	94	97

注：所有限值允许 1 dB 容差。

根据表 2-6 可知，当动车组运行速度为 200 km/h、250 km/h、300 km/h 和 350 km/h 时，动车组运行辐射噪声为“优”时，TEL 分别不大于 87 dB、87 dB、91 dB 和 94 dB；为“良”时限值比“优”高 3 dB，即 90 dB、90 dB、94 dB 和 97 dB。

《标动技术条件》规定列车运行辐射噪声测点位于距轨道中心线 25 m、轨面以上 3.5 m 处，测量量为 TEL，分别规定了 200 km/h、250 km/h、300 km/h 和 350 km/h 四个速度列车运行辐射噪声限值，每个速度对应限值分为 2 个等级，即“限值”和“目标值”，见表 2-7。

表 2-7 《标动技术条件》规定动车组运行时的车外噪声限值 TEL

等　级	不同速度等级的动车组恒速通过时的车外噪声限值/dB			
	200 km/h	250 km/h	300 km/h	350 km/h
目标值	85	88	91	93
限值	88	90	94	95

根据表 2-7 可知，当动车组运行速度为 200 km/h、250 km/h、300 km/h 和 350 km/h 时，动车组运行辐射噪声“目标值”分别不大于 85 dB、88 dB、91 dB 和 93 dB；“良”分别比“优”高 2～3 dB，即 88 dB、90 dB、94 dB 和 95 dB。

2. 铁路排放噪声

(1)评价量

采用等效连续 A 声级 $L_{eq,1h}$(纯铁路噪声)作为铁路排放噪声评价量。

(2)评价限值标准

根据《铁路边界噪声限值及其测量方法》(GB 12525—1990)的规定，铁路边界噪声限值见表 2-8、表 2-9。

既有铁路、改、扩建既有铁路，铁路边界铁路噪声按表 2-8 的规定执行。既有铁路指 2010 年 12 月 31 日前已建成运营的铁路或环境影响评价文件已通过审批的铁路建设项目。

表 2-8 既有铁路边界铁路噪声限值(等效声级 L_{eq})

时　段	噪声限值/dB
昼间	70
夜间	70

新建铁路(含新开廊道的增建铁路)边界铁路噪声按表 2-9 的规定执行。新建铁路指自 2011 年 1 月 1 日起环境影响评价文件通过审批的铁路建设项目(不包括改、扩建既有铁路建设项目)。

表 2-9 新建铁路边界铁路噪声限值(等效声级 L_{eq})

时　段	噪声限值/dB
昼间	70
夜间	60

2.2.2.2　高速铁路振动评价方法

1. 评价量

铅垂向 Z 振级 $VL_{Z,max}$。

2. 评价限值标准

依据《城市区域环境振动测量方法》(GB/T 10070—1988)，高速铁路振动评价限值见表 2-10。

表 2-10　铅垂向 Z 振级标准限值　　单位:dB

适用地带范围	昼　间	夜　间
铁路干线两侧	80	80

注:"铁路干线两侧"是指距每日车流量不少于 20 列的铁道外轨 30 m 外两侧的住宅区。

2.2.3　高速铁路轮轨状态声学特征提取与识别技术

2.2.3.1　异常短波短时信号特征提取与声学诊断技术

1. 钢轨波磨的声学特征

根据长期跟踪测试的轮轨异常短波和噪声数据进行总结提炼分析，得到钢轨波磨声学特征如图 2-39 所示。

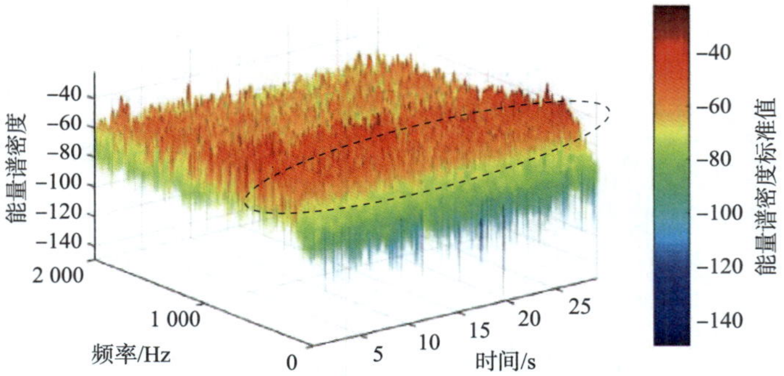

图 2-39　钢轨波磨的声学特征

可以看出，钢轨波磨声学特征应同时在时、频域内两个维度进行考量，在频域内表现为一般在 200～2 000 Hz 内的某一单频纯音特征，在时域内表现为持续几秒内的连续高能量纯音，从时、频域的瀑布图中表现为平缓曲面上的脊线特征。

2. 钢轨粗糙度声学修正方法

从声学角度，粗糙度还要考虑轮轨表面微小峰谷的位置和角度，因此进行声学修正能够更精确地反映粗糙度对轮轨滚动噪声的影响程度。

采用钢轨粗糙度小车进行粗糙度测量，测量数据处理过程中要进行削峰和曲率修正。曲率修正是对粗糙度的微观几何不平顺进行声学修正，以还原钢轨粗糙度对轮轨相互作用的影响。

所测钢轨粗糙度数据可以表示成车轮周长 x 的函数 $r(x)$，对其进行滤波预处理和频谱分析，得到粗糙度频谱 $r(\lambda)$。其中 λ 为波长。

计算修正后的声学粗糙度 r_k 的有效幅值（每个 1/3 倍频程所有波长对应的 $r(\lambda)$ 的均方根值 L_{rms}），换算得到粗糙度等级 L，换算公式为

$$L=10\lg(L_{rms}/r_0) \tag{2-11}$$

式中　r_0——钢轨表面粗糙度参考值，取 1 μm。

对测试得到的连续、随机的钢轨粗糙度时程曲线进行声学修正和频域变换，得到 1/3 倍频程波长谱。

3. 基于本征模态函数分量能量比的钢轨波磨声学识别方法和判别指标

本征模态函数（intrinsic mode function，IMF）由车下声信号经集成经验模态分解（ensemble empirical mode decomposition，EEMD）后得到，其可以反映信号从高频到低频的振动模态。IMF 能量比（p_i）计算公式为

$$p_i=\frac{E_i}{E} \tag{2-12}$$

式中　E_i——第 i 个 IMF 分量的能量，其计算公式为

$$E_i=\int_{-\infty}^{\infty}x^2(t)\mathrm{d}t=\int_{-\infty}^{\infty}\sum_{i=1}^{n}x_i(t)^2\mathrm{d}t$$

其中　n——IMF 分量的个数，

t——时间，s；

E——总能量，其计算公式为

$$E=\sum_{i=0}^{n}E_i$$

经验模态分解（empirical mode decomposition，EMD）可以根据数据自身的时间尺度特征将非线性非平稳信号分解为有限个 IMF，是一种自适应的时频局部化分析方法。EEMD 是在 EMD 的基础上发展起来的。EMD 对异常事件（如脉冲干扰等）的信号会存在物理叠加，即产生 IMF 的模态混叠问题。EEMD 方法可以通过白噪声多次分解求平均，减缓异常事件的局部干扰。

IMF 需要满足以下两个条件：

（1）序列中极值点数与过零点数必须相等或者最多相差一个。

（2）在任意时间点上，由信号局部极大值确定的上包络线和由局部极小值确定的下包络线的均值为 0。

采用钢轨粗糙度测量小车对某高速铁路两个典型路基区段钢轨粗糙度进行现场测试的测试结果如图 2-40 所示。

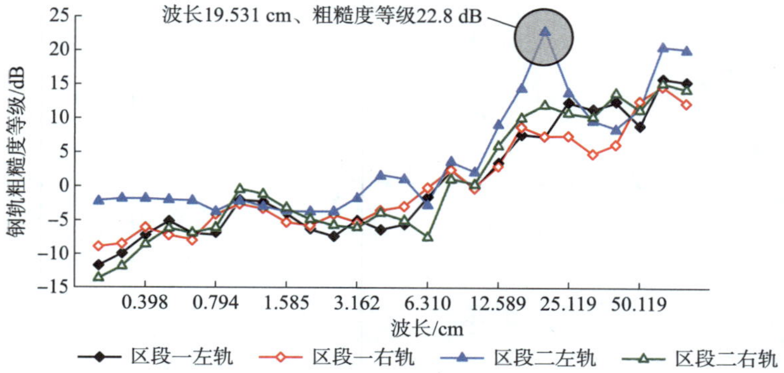

图 2-40　路基区段钢轨粗糙度测试结果

图 2-40 显示，在 19.531 cm 的中心波长下区段二左轨粗糙度等级出现了明显突变。此时粗糙度等级为 22.8 dB，对应的幅值为 13.8 幅值。通过现场确认，区段一为无波磨区段，区段二左轨为有波磨区段。

对图 2-41 中的声信号进行 EEMD，得到 IMF 分量，对分解得到的各阶 IMF 分量的均值频率和能量比进行统计和计算，结果如图 2-42 所示。

(1)无论有无波磨，区段 IMF 分量的能量均集中在前 4 阶。

(2)有波磨区段、无波磨区段第 2 阶分量的能量比分别为 43.8%、23.5%，两者能量比相差 20.3%，说明第 2 阶 IMF 分量出现了明显畸变，符合钢轨波磨声学特征。

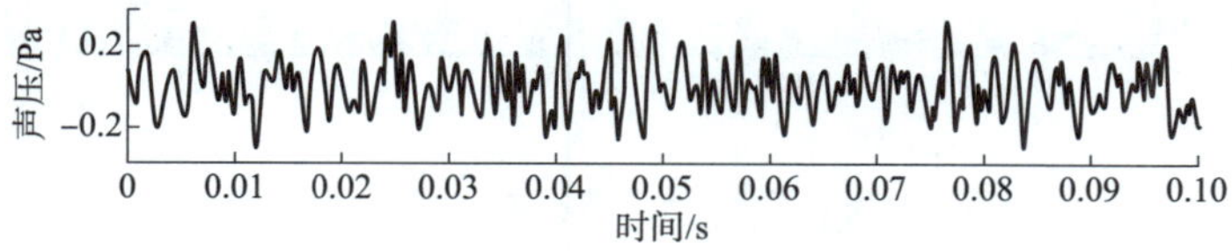

(a)有波磨区段

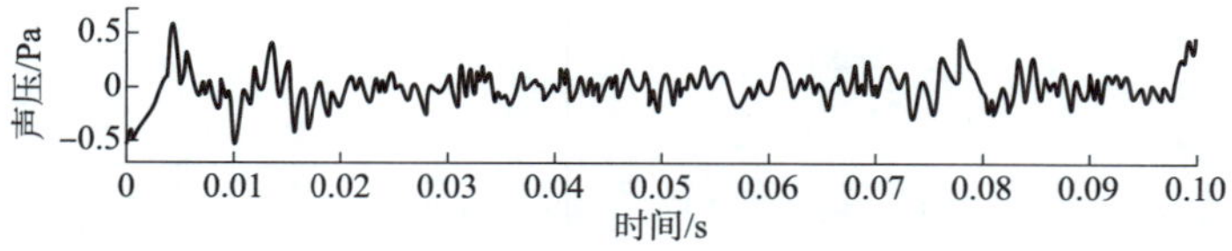

(b)无波磨区段

图 2-41　滤波处理后的声信号时域图

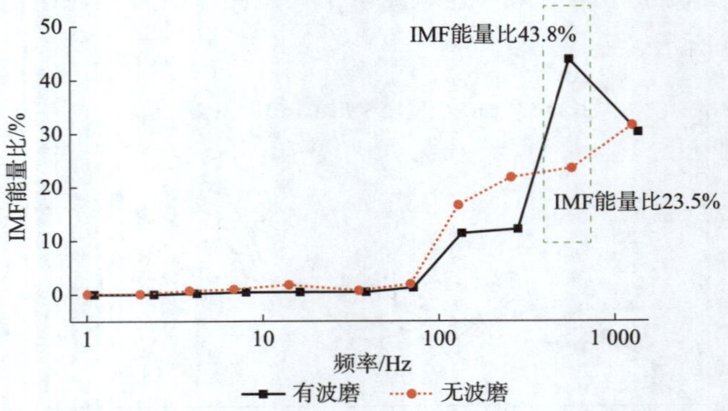

图 2-42　有、无波磨状态下 IMF 分量能量比

对波磨区段第 2 阶 IMF 分量进行希尔伯特(Hilbert)变换,得到 Hilbert 谱及其边际谱,如图 2-43、图 2-44 所示。可见 IMF2 的瞬时峰值频率为 441.2 Hz,与测量得到的钢轨波长 19.531 cm 下对应的运营时速声学特征频率 426.7 Hz 相差 3.3%,证明了基于 IMF 能量比方法进行高速铁路钢轨波磨的诊断应用的可行性和准确度。

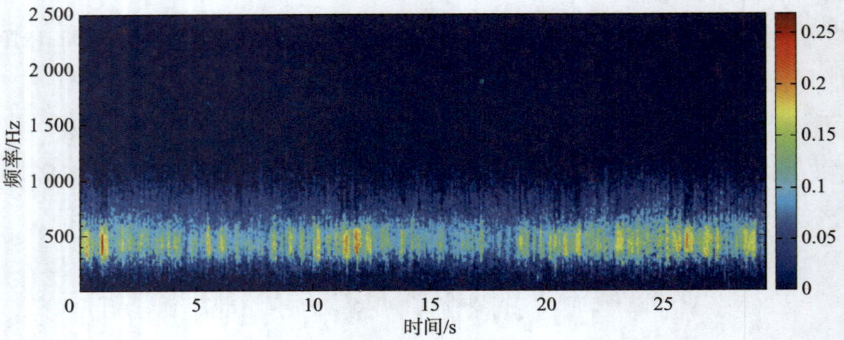

图 2-43　有波磨状态下的 IMF2 的 Hilbert 谱

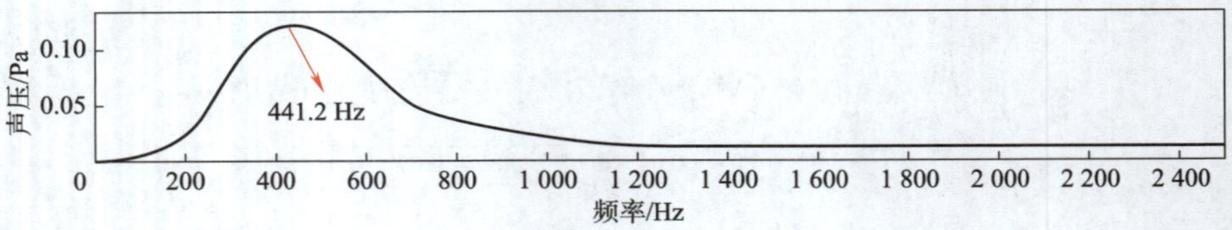

图 2-44　有波磨状态下的 IMF2 的 Hilbert 边际谱

2.2.3.2　钢轨波磨声学实时监测系统

钢轨波磨实时监测系统,可以实现声信号采集、故障特征提取、实时监测和预警、数据高级后处理等数据分析功能,同时具备车速(GPS)、定位等功能,并预留与车辆通信接口和扩展通道。

系统硬件主要包括用于控制数据采集和存储的下位机硬件、安装于车轴两侧的声学传声器和加速度传感器、惯性导航系统等。

系统的软件功能设计从数据采集、存储和分析几个方面来展开。在数据采集之前，软件可以进行通道配置、传感器配置，对数据文件存储、采集启动方式等选择设置。软件界面可以在采集模式和回放模式间互相切换。在采集模式下，界面显示采集文件名称信息、列车在地图上的位置信息以及在两站之间的里程进度信息、列车速度和加减速信息、声学传感器的波形以及实时分析出来的视图信息、系统实时判定出来的钢轨波磨的位置、波长等信息。在回放模式下，可以支持对采集的声音文件及其波形进行回放，可以选取某一段时间的信号，对其进一步分析，分析功能包括声压级、功率谱、自相关、互相关、滤波、色谱图等。

系统采用上位机和下位机相结合的方式，下位机承担数据采集和存储功能，下位机算法简单，可以充分保证数据采集和存储的完成。上位机来进行分析功能的复杂算法，同时也对数据进行存储，对数据存储实现"双保险"。上位机可以通过无线网络对下位机实现远程监控。在进行算法修改时，只需要在上位机中直接进行修改。可以选择实时采集和离线采集，上位机可以在实时采集下直接进行分析，也可以通过离线采集后将下位机数据下载到上位机在进行分析，为系统的运用提供极大的便利。

2.2.4　高速铁路噪声自动监测技术

既有的噪声自动监测技术主要应用于环境噪声监测中，如城市区域声环境功能区环境噪声自动监测、道路交通噪声自动监测及机场噪声自动监测。在环境噪声自动监测技术应用中，监测设备安装在固定点位，获取逐小时监测数据。高速铁路噪声自动监测，系统整体架构不仅要考虑噪声数据的采集处理、气象条件的影响，而且还要获取高速动车组的车速、车组号，以及精确的列车通过噪声及其频谱值。既有的环境噪声测试设备，无论是从硬件还是软件系统，均无法满足高速铁路噪声自动监测的要求，特别是无法针对每一列通过列车进行噪声、车速、车号、气象数据的自动采集和处理。因此，基于既有噪声监测技术和高速铁路噪声自动监测需求，开发了高速铁路噪声自动监测系统。

2.2.4.1　系统设计

1. 系统组成

高速铁路噪声自动监测系统，包括前端数据采集子系统和后端数据管理子系统两个部分，整个系统能够实现高速铁路噪声、车速、车号、气象等数据的实时采集、处理、传输等数据监测功能，以及对数据的存储、查询、分析、预警、下载、展示等数据管理功能。高速铁路噪声自动监测系统组成如图 2-45 所示。

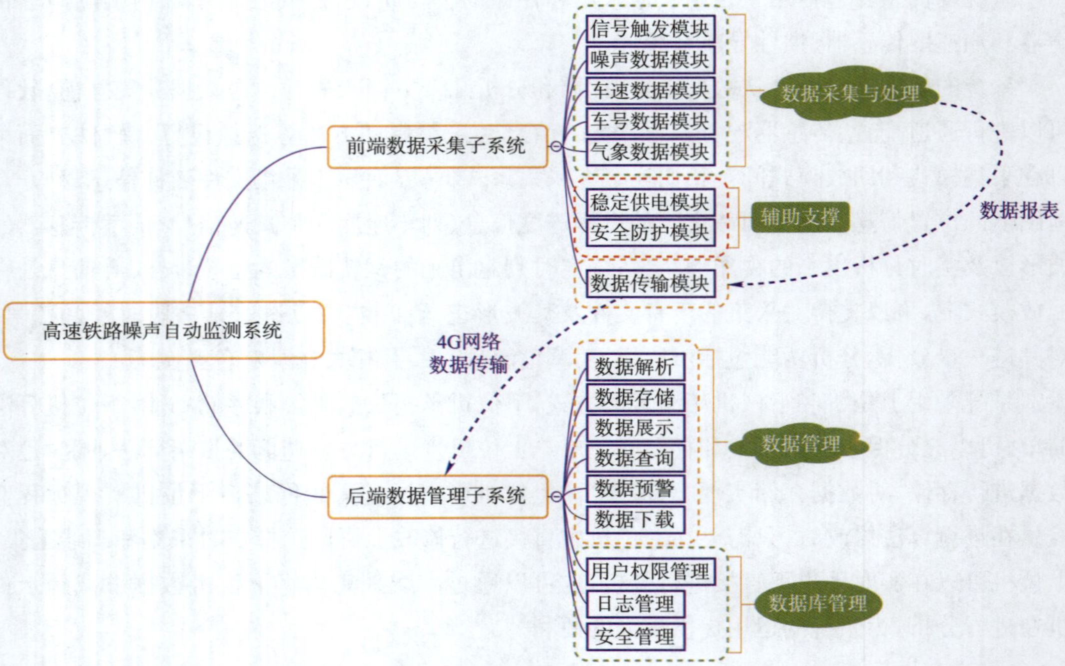

图 2-45　高速铁路噪声自动监测系统组成

2. 系统要求

(1)前端数据采集子系统需要满足以下目标:

①噪声数据采集满足《声学　轨道机车车辆发射噪声测量》(GB 5111—2011)和 *Acoustics—Railway Applications—Measurement of Noise Emitted by Railbound Vehicles* (ISO 3095:2013)标准的相关规定。

②噪声数据采集与处理平台的性能满足一级设备的技术要求。

③动车组速度测量范围为 100～400 km/h。

④自动识别通过动车组车型车号。

⑤气象数据上报频次满足每分钟 1 次。

⑥监测站具备数据传输功能,且传输速率不低于 1 M/s。

⑦动车组列车通过监测站后系统自动处理数据并上传至数据管理平台。

⑧监测站具备自动供电功能,且能满足 5 d 阴雨天气的储能。

⑨监测站具备自我防护功能。

⑩监测站具备运行状态自检及故障报警功能。

⑪系统满足铁路电磁兼容标准。

(2)后端数据管理子系统需满足以下目标:

①具备自动抓取监测站数据的功能。

②具备数据存储、备份的功能。

③具备数据查询、预警、展示、下载的功能。

④具备自动统计报表功能。

⑤具备安全防护功能。

2.2.4.2　前端数据采集子系统设计

前端数据采集子系统包括数据处理、数据采集、数据远程传输、供电保障和安全防护模块等部分。

1. 数据采集与处理设计

高速铁路噪声数据采集与处理,应具有开发容易、可扩展性高、组合简易、上位机程序灵活、结构紧凑、体积小等优点。

高速铁路噪声自动监测系统采用美国国家仪器有限公司的模块化硬件平台 cDAQ9136 控制器,cDAQ9136 适用于在将数据记录到板载或可移动 SD 存储器的同时,执行波形采集和在线软件分析,与其适配的 C 系列模块能够提供高精度 I/O 和针对特定测量的信号调理功能,能够提供广泛的标准连接和扩展选项,如 USB、以太网、CAN/LIN 和 RS232 串行,可运行 NI Linux 实时操作系统或 Windows 操作系统,可以使用包括 LabVIEW 在内的多种编程语言自定义和部署测量应用程序。高速铁路噪声数据采集与处理软件,采用美国国家仪器有限公司系统设计软件 LabVIEW 进行软件开发,该软件可实现高速铁路噪声监测系统的自动触发,噪声、车速、车型车号、气象等数据的实时连续采集与处理,信号波形显示、被测参数实时输出与存储、设备状态自检等功能。

2. 数据采集传感器要求

(1)噪声传感器

由于高速铁路噪声自动监测站常年处于野外,因此噪声传感器需具备耐腐蚀、耐高温、低温、高湿等耐候性特性,具有灵敏度高、动态方位宽、固有噪声低、稳定性好等优点,并具备在户外环境连续使用 1 年而不需要进行灵敏度的重大调整。

(2)气象传感器

气象传感器具备测量气象六因素(温度、湿度、气压、降雨量、风速、风向)的功能,6 个传感器集成于一体,体型小巧、便于安装;具备标准的 RS-485 数据接口,自身拥有大容量内存。

(3)车速与触发传感器

根据高速铁路和噪声采集的特点,车速测量和信号触发可采用接触式和非接触式两种工作模式。最常用的接触式传感器为磁钢,在钢轨上安装一对磁钢传感器,当列车轮对切割第一个磁钢的磁感线时,传感器发出一次脉冲信号,为整个数据采集系统提供触发信号,当此轮对切割第二个磁钢的磁感线时,再次发出一个脉冲信号,两个传感器的距离与两次脉冲信号时间差的比,即为通过列车的运行速度。最常用的非接触式传感器为激光传感器,即在线路一侧安装一对激光传感器,信号触发与车速测量原理与磁钢基本相同。

(4)车号识别传感器

车号识别模块采用线阵扫描相机采集通过列车的图像,同时加装激光光源对相机进行补光,最后利用深度学习的图像识别技术对动车组车组号进行识别,得到通过列车的车型、车号。

3. 数据传输模块设计

数据传输模块需具备双向通信功能,实现噪声监测站数据上传至数据服务器,以及管理中心对监测站的通信控制;支持在没有 4G 信号或 4G 信号弱的环境下,自动切换到 3G 网络;支持信号受到干扰等原因造成临时数据传输中断后,对数据进行存储,待信号恢复正常后继续进行数据传输。

4. 稳定供电模块设计

通过对高速铁路噪声自动监测站各模块耗电量的统计,整个前端数据监测站的耗电量为 150 W/h,设计工作时间为 18 h/d,而且需保证恶劣天气下 5 d 的稳定供电;系统设计采用太阳能发电站+锂离子电池方案进行供电,太阳能和储能电池数量设计冗余。

5. 安全防护模块设计

高速铁路噪声自动监测站安全防护采用"硬件+软件"双模方式进行。

(1)硬件防护设计如下:

①在测量杆周围安装铁栅栏,上部加装刺笼。

②控制箱安装在离地面一定高度的测量杆上。

③测量杆上张贴安全防护标志。

④测量杆顶安装全景网络摄像头,能够实时查看现场状态。

(2)软件防护设计:当供电受到干扰、数据传输中断或设备箱遭到破坏时,系统能够自动向用户发送报警信息和实时视频数据。

2.2.4.3 后端数据管理子系统设计

后端数据管理子系统是对前端数据采集子系统传输回来的数据进行存储、查询、分析、展示、下载等的管理与应用,以及对前端监测站进行控制的系统。

1. 系统性能要求

高速铁路噪声自动监测数据管理平台应具备以下性能:

(1)灵活性。系统采用 B/S 结构,不需要安装其他软件,用户使用浏览器即可实现数据的管理和访问,满足多地办公需求,方便安装配置和维护。

(2)可操作性。中文操作界面、简洁友好、易于操作;对各项操作具有详细的在线帮助提示信息,提示信息应简洁、清楚;符合科研、试验人员的使用习惯,适合高速铁路噪声监测数据种类多、数据量大的特点。

(3)可扩展性。系统具备灵活的用户自定义功能,可自主定义基础数据库、数据模板、报告模板、提示报警信息等。

(4)兼容性。系统预留接口,可以与技术兼容的其他第三方分析工具进行集成。

(5)安全性。系统必须采用身份验证、访问控制、电子签名等多层次的安全技术手段加以保证,对相关的主机系统、应用数据库提供严密的保护;对上传到系统的数据进行校验;提供操作日志和操作审计跟踪的功能。

(6)可靠性。系统维护方便,备份及数据恢复快速简单;系统应采用先进的仪器连接、计算机和网络技术,保证整个系统的正常运行;当系统一旦出现意外,能够提供快速有效的恢复机制,保障数据的安全性,并使系统的损失降至最低,确保系统数据万无一失。

(7)知识共享。具有丰富的统计分析和查询功能,能够满足各种日常查询需要、自动生成报表和报告。

2. 数据管理模块设计

高速铁路噪声自动监测数据管理模块包括数据存储、数据查询、数据展示、数据预警、数据下载和报告生成等。

(1)数据存储。前端监测站处理后的结果数据,通过公网传送到数据存储服务器上,系统自动解析文件获取指定位置的数据;前端监测站采集到的原始数据,人工拷贝、人工现场备份后,本地上传到数据存储服务器上。

(2)数据查询。根据设定的不同条件查询需要的数据,主要查询条件包括测试时间段、线路、监测站、速度、车辆编组、车型、车号、气象参数等。

(3)数据展示。数据展示包括对监测站实时状况、实时监测数据、预警数据、自动统计分析图表等信息的展示。

(4)数据预警。根据线路条件、列车类型、行车速度、测点位置等参数,设定噪声阈值,当噪声数值高于或低于设定阈值时,系统自动将相应数据归档至预警模块,同时向用户发送预警信息。

(5)数据下载。根据用户权限,单独下载、打包下载原始数据、处理后数据或统计分析数据等。

(6)报告生成。根据预设模板或自定义模板自动生成需要的图表及报告。

3. 前端控制模块设计

系统支持与高速铁路噪声自动监测站之间的通信和控制。

(1)系统开闭。支持整个系统或某个模块的开闭或重启。

(2)视频监控。通过公网对前端监测站的网络摄像头进行开闭、拍摄、方向等参数调整。

(3)参数修改。支持对前端数据采集系统的参数进行修改。

(4)数据传输。支持对选定的原始数据、结果数据、视频数据等进行定向传输。

4. 安全管理模块设计

与其他任何信息系统相同,需要从用户管理、角色管理、登录管理、审核跟踪、系统日志、帮助系统等方面对系统进行管理。

(1)用户管理。系统的安全性首先体现在为访问系统的每一用户定义唯一的账号(用户名),用户可以设定和修改自己的口令(密码)。

(2)角色管理。系统在角色管理模块中可以设置每一个角色能够进入的各功能模块,并细化到使用模块中各功能都必须经过授权。通过角色授权后,每一客户只能进入自己角色范围内的功能模块。

(3)登录管理。系统对登录用户的基础权限进行检查,将符合当前登录人员访问权限的数据显示出来,符合权限后,才可继续后续的操作(编辑、删除、数据上传等)。

(4)审核跟踪。审核跟踪功能记录每个操作人员对所有原始数据的修改,包括修改时间、修改前后的数据。

(5)系统日志。系统管理员可以观察当前所有进入系统的人员和登录所在的工作站,以及所有人员登录的历史记录,同时也可以记录进出系统的人员、访问的模块、停留时间及对数据做出的改动。

(6)帮助系统。系统具备在线帮助系统,可在操作的同时打开对应的帮助页面,全方位提供帮助信息。

2.3 高速铁路减振降噪技术

高速铁路过大噪声不仅严重影响列车内乘客的舒适度,对高速铁路周边环境也会产生很大的影响。高速铁路作为国家的关键基础设施,需按照生态文明建设要求,发展绿色高效的运输方式。噪声影响问题直接关系到高铁的实用性和可持续发展,如何降低噪声是高速铁路发展中亟待解决的关键技术问题之一。为有效控制高速列车运行引起的环境噪声污染,国内外研究者从控制噪声源、传播途径降噪、保护接受体三个方面出发,分别发展和提出了不同的降噪技术措施。本节将重点介绍国内外常用高速铁路降噪技术措施的研究现状以及取得的应用成果,为新型降噪技术的开发提供参考和依据。

2.3.1　高速铁路车辆降噪技术

高速动车组噪声主要来源于轮轨噪声、机械噪声、空气动力噪声、集电系统噪声等。本节主要介绍动车组噪声控制采取的主要措施及研究状况。

2.3.1.1　车体平顺化

1. 车头外形

高速列车头部外形对高速列车的空气动力学性能影响很大，高速列车外形特别是头部的流线型设计依然是设计的重点。

早期的研究主要集中于头型气动性能的研究，近年来其气动噪声问题逐渐得到了较多的关注。刘加利等通过 LES 整车缩比数值研究指出，优化列车头部形状及车身外形、减少凹凸物对气流的扰动是降低气动噪声的有效方法。高阳等对我国 CRH380C 型动车组和 CRH3 型动车组车头进行了全封闭状态、半封闭状态和真实状态三类状态的噪声风洞缩比试验，得出从气动噪声角度考虑，CRH380C 型动车组头型优于 CRH3 型动车组头型，尤其在转向架位置附件的外形结构对改善转向架部位的气动噪声较为明显。张军等的缩比数值模拟研究表明，车身的曲面曲率较大会使得噪声及波动幅度也较大；在车尾部，气动激励噪声主要取决于尾流区的纵向涡拟序结构。

另外，车体周围的空气会因黏性效应在长大的车体表面发展出湍流边界层，研究表明，车顶与侧表面中上部的边界层厚度较薄，由于地面效应和转向架区域阻滞作用，边界层厚度由车体中部至底部显著增加。湍流脉动应力是平整光滑表面上边界层噪声的机制所在。Latorre 和 Thompson 等认为，湍流边界层是强度相对最弱的气动声源，但很难被削弱。相比于高速铁路其他噪声源，车体表面上的湍流边界层产生的气动噪声并不占主导地位，但在中、低速条件下不能完全忽略。

2. 车体表面凹腔

动车组车体表面凹腔尺度的不同，会出现纯音共振或者前后沿的气流振荡诱发噪声。孙振旭等采用 NLAS 方法和 FW-H 方程对 CRH3 型动车组的近场及远场气动噪声进行了研究，发现在车厢间隔下游存在相对强烈的涡/边界层干扰。黄莎等对动车组车厢间隔部位的气动噪声进行数值模拟，结果表明车厢间隔区域主要是宽频气动激扰，采用全风挡方案较无风挡时有效避免气流在凹腔内剧烈扰动，气动噪声平均降幅为 4 dB。

另外，如受电弓底部安装平台凹腔，其上游边缘分离的剪切层会再附着于腔底，并且伴随着回流和涡旋的出现。这种由凹腔诱导的流动噪声很有可能会与受电弓本身的气动噪声处于同一水平。Brick 等利用声学风洞，对安装在真实车顶模型凹腔内的全尺寸受电弓进行测量，指出噪声的产生依赖于流动速度，整体声压级服从 6 次方律，并且有意思的是，凹腔处产生的噪声在湍流存在的情况下也遵循该规律，但在无湍流状况下，却是与速度的 7 次方成正比。

应该注意到，车体表面的凹腔效应与当地附面层特征关系很大，与之对应的凹腔发声问题应该充分考虑当地附面层的发展，这是研究中缺失的部分，该部分的仿真既要考虑大尺度涡结构的边界作用，又需要考虑附面层的小尺度扰动影响，且具有较高的敏感度，对当地的网格尺度和模型精度提出了较高的要求。

2.3.1.2 车体减振及吸隔声

尽管客室噪声控制相对理想，但客室两端与中部相比还有差距。之所以造成这种现象，原因是两车端连接处车外噪声大，而车体端部密封性不好，造成车外噪声泄入客室。客室降噪措施主要有提高车端部件设计、制造与装配的精度，尽量减小缝隙，提高隔声性能；所有车外进入车内的孔均要采用耐老化气密元件或填充密封胶，同时要善用吸声材料和隔声贴；受电弓及空调机组下方可根据需要增加隔音装置。另外，应加大振动噪声传递路径的研究，只有掌握噪声的传递路径，才能有针对性地解决问题。

1. 避免车体共振

为了避免车体的固有频率与转向架的振动频率相重合，一般要求在整备状态下车体的最低自振频率要大于 10 Hz，车体的弯曲振动频率与转向架点头和浮沉振动的频率比值大于 114。不同的车体结构，其共振频率有很大差异，车体设计时应正确选取，避免转向架、牵引电机、空调机的共振频率或激振频率与车体各板件的共振频率相一致，同时应将车顶、侧墙、底架的共振频率互相错开，以防止产生强烈的共振噪声。轮轨的激励使车体振动，车体振动会引起牵引电机、空调机等部件的振动，而牵引电机、空调机等部件的振动又反过来传给车体。为防止这种反馈现象，可采用试验的方法或模态分析的方法确定牵引电机、空调机等部件的最佳安装位置和支承刚度，使整车各部件固有频率实现最佳匹配。一般来说，从车体结构本身出发，解决共振问题有三项措施：

(1)改变振动部位结构的固有频率，避开与振源频率接近而产生振动的放大现象，即避开与相连部件固有频率接近的现象。

(2)改变结构振动部位的固有振型，从根本上减小振幅。

(3)增加结构阻尼以衰减振幅。

2. 控制车体辐射的振动和噪声，避免车内共鸣

防止或消除车内共鸣与共振，调整设计车体固有频率，有效利用吸声材料或控制轮轨激励振动传递系统，在噪声反射系统上调节振动特性，以改善车内空腔共鸣问题。在车体各构件中，板件振动对车身噪声影响最大。这是因为板件的声辐射效率较高。为减弱板件的振动，可给它设置加强筋以提高其刚度；也可加装阻尼材料或贴减振材料，以增加振动的衰减。另外，在板件上涂阻尼材料，降低其声辐射效率，对减少噪声也很有效果。一般说来，涂料覆盖量为 0.125 g/cm^{2}时，隔声效果最佳。

3. 降低噪声源的噪声辐射

消除或减弱噪声源的噪声辐射，降低每一个噪声源辐射能量，对车内噪声控制都是有利的。例如，对转向架、受电弓、牵引电机等采取屏蔽处理，可以达到显著的降噪效果；在车下柴油机的屏蔽罩壁板上涂敷阻尼层，可大大降低车内噪声和振动。

4. 采用隔声材料和隔声结构，隔绝传播途径

利用隔振、隔声和密封等措施，隔绝噪声传播途径。可利用具有弹性和阻尼的材料隔断振源与车体之间的振动传递，利用加泡沫橡胶垫、阻尼黏胶等改善车体内饰件的隔声性能。这些措施均可以减弱车辆行驶过程中传入车内的噪声。为防止向车内透过二次固体噪声，应在转向架、牵引电机、齿轮箱、柴油发电机、空调机组等振动、噪声源附近的车体上重点加隔声材料，增加这部分车体结构的隔声性能；对在隧道里运行的地铁车辆，为防止通过车辆两侧车窗玻璃向车内传播噪声，应采用双层玻璃窗。

为了有效控制噪声，在结构和材料上还可以采取多种降噪隔声措施，如改进风道结构以降低空调噪声、铝合金车体采用声响衰减率大的双层表皮结构；车顶和侧墙的 2 层表皮间的桁架内部填充减振树脂发泡、车体地板加装减振材料或在地板上部安装隔声钢板、在车体侧底边的桁架加宽部位充填 50%的发泡状减振材料等。

5. 采用吸声处理，降低车内混响声

对车内顶板、地板和侧墙板采用吸声处理，如选用软装饰、衬垫时，尽量使用吸声性能好的材料，同时综合考虑隔声和阻尼，都可起到降低车内混响声的作用。

6. 在噪声源附近加吸声材料和吸声结构

为防止轮轨噪声通过空气向外界传播，在转向架的上部和侧面安装裙板并加吸声材料可降低噪声 2 dB。

7. 加强车体的隔声，减少噪声的透射

为防止车外噪声通过空气向车内传递，安装具有气密结构的车窗和密封性好的车门，是减小车内噪声的有效措施之一；再辅以密封措施减小车内壁板的孔隙数和尺寸，可阻断固体传声和削弱气体传声。

8. 控制车辆设备的振动和噪声

为了减小车辆的振动和噪声，必须控制大部件的振动和噪声指标，对牵引电机、齿轮箱、柴油发电机、空调机组、风动门、电扇、集便装置的振动和噪声加以控制，提高标准，加强检测，从而减小整车的噪声。

9. 控制滚动噪声和轮轨冲击

车体的振动主要来自轮轨冲击时轨道产生的随机激励，一般是通过转向架弹簧悬挂系统的衰减吸振来减小振动和噪声。

(1)降低车轮噪声的主要措施是采用消声车轮。设计思想是改变车轮在轴向和径向的机械阻尼,使车轮不易产生振动或改变其自振频率,或者在车轮上装消声器和阻尼大的材料,用来吸收车轮振动的能量,起到减小车轮噪声的目的。弹性车轮的结构就是在轮箍和轮心之间装有防振橡胶,使车轮在垂向、横向和扭转方向新增了一系弹性悬挂,因此簧下质量(只是轮箍)比一般车轮的簧下质量减小了80%,相应的轮轨之间的打击力也会显著减小,噪声将明显降低。国外噪声测试表明,采用弹性车轮后,噪声可降低5~6 dB。

(2)车辆运行噪声的主要声源是车轮和钢轨的固体振动。为了隔断车轮的高频振动通过车轴、轴箱、弹簧、构架、摇枕等部件向上传递到车体各部,在轴箱与弹簧之间设置防振橡胶垫,同时中央弹簧选用对高频振动隔离性能较好的空气弹簧,可使一次固体噪声大大减小。

(3)为了防止钢轨的高频振动向下传递,可在钢轨下铺设橡胶垫,起到减振的目的。城市轻轨车辆的线路一般采用水泥混凝土的刚性路面,轮轨之间冲击力较大,若在钢轨下面铺设防振橡胶垫,则可提高线路的弹性,减小轮轨之间的冲击作用力,从而起到减振降噪的目的。

(4)对于轮轨振动发出的滚动声,如果经常消减钢轨的凹凸不平处,可大幅度降低滚动噪声。

(5)轮轨冲击产生的振动和噪声直接作用在转向架上。转向架上普通减振器的阻尼系数是一定的,当减振器的阻尼系数较小时,车体共振频率的振动变大;当减振器阻尼系数加大时,共振频率的振动会变小,而高频振动会变大。日本的500系和700系列车转向架上采用的半主动横向减振器,是一种可变阻尼减振器,随着车体的横向振动增大,减振器的阻尼力也增大,反之则减小。这种可变阻尼减振器还能对共振频率和高频振动进行抑制。而当切断控制电源时,该装置具有与普通减振器相同的特性。

10. 控制车辆端部的振动与噪声

列车在运行中,如果遇到加速、减速、起动、停车、上下坡道、通过曲线时,车辆都会受到变化的纵向力、横向力、扭转力的作用,使车辆的端部产生较大的振动、冲击和噪声,为此优化车辆端部的结构也是减振降噪的重点。

(1)防冲撞结构

高速动车组前端一般都设置了列车防冲撞吸能装置,有的车头中还装设了若干个吸能元件,在正常情况下能够吸收约0.17 MJ的碰撞能量,而头车前端在撞车的情况下可吸收的总能量达415 MJ。前端车体在挡风玻璃以上区域能够吸收300 kN的冲击力,挡风玻璃以下的区域则能承受700 kN的冲击力。

(2)车端减振装置

采用车端减振装置和车体间的纵向减振器,对抑制两车体间的侧滚运动非常有效。法国TGV列车、德国ICE列车和日本新干线电动车组都非常重视车端减振装置对提高列车舒适度的作用,实现的方式和结构技术特点也各不相同。法国 TGV 列车采用铰接式车体结构,其特点是纵向减振器分上下 2 层布置在车端 4 个角上,主要作用是衰减车体间的相对点头及摇头运动;横向减振器布置在车体与风挡之间,主要衰减车体间的相对横移和侧滚运动。

(3)采用双包折棚风挡

德国 ICE 列车采用具有足够刚度和阻尼的大尺寸双包折棚风挡以抑制车体侧滚、摇头等相对运动,通过压缩外框上的小孔,使空气流动产生减振节流的作用,可以有效地约束和衰减车体间的相对振动。

(4)车端阻尼装置

日本新干线电动车组采用的专用车端阻尼装置是在车端垂直安装减振器,在车体间纵向安装减振器。该车端减振器通过反对称拉杆相互连接,具有防止摇头和侧滚振动的作用。

(5)采用可变阻尼减振器控制尾车的振动

高速列车在隧道内运行时,尾部的振动比其他各节车辆的振动大;后端转向架处车体部分的振动比前端转向架车体的振动大;尾车摇头振动频率比在隧道外的要大,且出现连续大幅度振动。为了减少尾车的横向振动,必须加大横向阻尼力。为改善尾车横向舒适度,尾车上采用了可变阻尼减振器。这种可变阻尼减振器已在日本新干线 500 系和 700 系列车的尾车上采用,有效地改善了尾车的横向振动性能。

2.3.1.3 受电弓及风挡降噪

受电弓系统是从接触电网取得电能并提供给电力牵引机车的电气设备,是高速列车的重要组成部件,其外形结构复杂,处于整个列车最顶部,是高速列车最重要的噪声源。受电弓主要有单臂式和双臂式两种,均由滑板、上框架、下臂杆(双臂弓用下框架)、底架、升弓弹簧、传动气缸、支持绝缘子等部件组成。受电弓系统产生的噪声主要包括受电弓弓头滑板与高压电线接触网的相对滑动噪声;受电弓离开接触网时产生的离线电弧噪声;受电弓系统自身产生的气动噪声。其中,滑动噪声和离线电弧噪声均可以通过改善受电弓滑板与电网导线之间的解除条件(接触压力、接触面积、滑板表面粗糙度等)来降低。而气动噪声主要来自受电弓系统对气流的阻挡和扰动作用产生的高频噪声,占受电弓系统总噪声的主要部分。

Takaishi 等运用涡声理论,分析了弓头和支撑部位的涡激噪声。Noger 等在低噪声风洞试验中发现,弓头背风侧是主要气动噪声源。Lauterbach 等对 1/25 的 ICE3 高速列车模型进行风洞试验研究,分析了受电弓区域风吹声的频谱特征和几何尺度激励特征。Yu 等应用结合 FW-H 方程的混合数值方法,研究了当动车组以 350 km/h 速度运行时全尺寸受电弓的气动噪声问题。Zhang 和 Tan 进一步数值全面阐述了该区域的涡结构尺度发展和气动激励的关联性问题。Latorre 等则试图借鉴航空声学领域的相关经验构建半解析化的受电弓噪声预测模型。

在受电弓本体结构优化方面的研究较多。刘加利详细研究了单臂受电弓表面偶极子噪声源特性。日本研究者通过优化弓头形状、采用 PS207 型低噪声受电弓、敷设多孔吸声材料的方法,达到了 1～2 dB 的降噪效果。石磊则对受电弓进行改进设计,降低了弓头部位的气流激扰。肖友刚等则仿真研究了受电弓绝缘子截面形状的气动声学优化问题。

受电弓周围结构的耦合影响效应明显。Yu 等数值对比三种 DSA350 型受电弓导流罩结构,得到采用类似风屏障结构的导流罩优化设计。Zhang 等对受电弓导流罩的不同结构和双式受电弓不同升弓方式等进行数值模拟研究,得到远场噪声最优的受电弓布置方案。Kim 等则初步研究了受电弓底部安装凹腔对其发声的影响问题。

可以明确的是,受电弓区域的研究主要集中于其本体发声特征,受模型精度和计算规模的限制,极少考虑受电弓与安装位置、安装平台、导流结构以及上下游其他附属结构之间的相互耦合干涉作用,这些都需要整车、全尺寸的精细化气动声学仿真技术和高精度的试验数据支撑。而这些因素很明显会对受电弓区域的气动发声特征产生影响,有待进一步探讨。

2.3.1.4 转向架气动噪声

已有研究表明,转向架区域噪声能量占比为 37.5%～60%,随着速度增加,转向架区域噪声增大,列车以 350 km/h 速度运行时,气动噪声已超过轮轨噪声成为主要噪声源,转向架是主要气动噪声源区。

转向架区域噪声的研究一直是关注的热点。Wakabayashi 等通过全尺寸模型的线路测试方法,对整车的全部转向架区域设置全包裙板的 FASTECH360 S 型高速列车进行噪声测试,结果表明较 E2-1000 型高速列车的转向架区域噪声减小 1 dB 左右。Zhu 等针对缩比 1∶10 的简化转向架、采用 DDES+FW-H 声学模型进行计算研究,指出在单一轮对周围的涡旋脱落和流动分离是气动噪声产生的关键,进而探讨了轮对转动效应对噪声指向性和分布贡献的影响。李辉等的仿真结果表明,转向架车轴和构架横梁的上、下表面为偶极子声源集中部位;前轮对在垂直于气流方向的竖直平面上和平行于气流方向的竖直平面上引起的噪声比后轮对大,在平行于气流的水平平面上比后轮对小。黄莎等采用 LES+FW-H 声学模型对高速列车转向架部位的气动噪声进行数值模拟,结果表明,转向架部位气动噪声在低频时幅值较大,但随着频率的升高而下降,1/3 倍频程 A 计权声压级主要集中在 315～1 250 Hz 频率范围内;在列车转向架部位设置裙板后,运行速度为 300 km/h 时,车外声压级幅值较无裙板时有所减小,平均降幅约为 8%,总声压级平均降幅 1.3 dB。

应该注意到,转向架区域结构复杂、地面边界和车轮存在多种相对运动,气流流经转向架区域时产生严重的分离和掺混现象,且滚动噪声与气动声源严重混叠。在模型试验和数值计算研究中,往往采用过度简化/缩比的转向架结构和边界条件,对组成转向架的各个部件以及真实的运动边界条件影响研究较少。对其气动发声机理的研究精度有待进一步验证和改进。

2.3.2　高速铁路轨道降噪技术

2.3.2.1　吸声式无砟轨道

1. 吸声式无砟轨道降噪性能设计

利用 Virtual. Lab Acoustics 声学软件，建立吸声式无砟轨道的噪声计算模型。车辆二维截面尺寸根据高速列车的基本截面尺寸选取，轨道结构截面参考了 CRTS Ⅲ型板式无砟轨道的截面尺寸，考虑到轮轨区噪声为列车运行时的主要声源，因此在车辆底部两个轮轨接触位置处，设置两个单极子点声源，其频谱特性采用列车运行速度 300 km/h 的车外噪声声源。

影响吸声板降噪效果的主要因素是吸声板的孔隙率和厚度。利用吸声板三维边界元模型，可得到吸声式无砟轨道对高速列车辐射噪声传播的影响，并分析流阻和厚度对吸声式无砟轨道降噪效果的影响。考虑吸声式无砟轨道对高速列车辐射噪声的影响。通过比较有吸声式无砟轨道和无吸声式无砟轨道两种情况，计算得到计算距线路中心 3 m、5 m 和 8 m 的声压级频域结果，如图 2-46 所示。

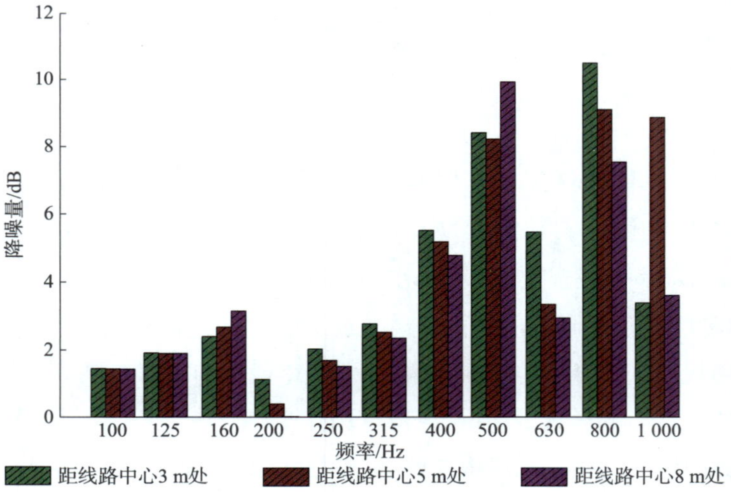

图 2-46　吸声板降噪效果频域分析

从结果可知，由于吸声式无砟轨道具有吸声特性，有明显降低车外辐射噪声的作用。在 400 Hz 以下频段内，平均降低 2 dB；400～1 000 Hz 频段内，吸声板降噪较好，大约降低 6～10 dB。随着距线路的距离增大，降噪量减小，说明吸声板对近声源区的降噪效果大于远声源区的降噪效果。

吸声材料的吸声性能与流阻紧密相关。厚度一定时，孔隙率降低，造成材料越密实，使得材料的流阻增大，减少声波穿过量，导致结构的吸声系数下降。密度越小的吸声材料，孔隙率越大，消耗声音的孔道越多，则吸声性能越好。但是密度过小的混凝土，强度不够好，应用存在困难。为了从声学角度为吸声材料选取合适的流阻，分别考虑吸声板流阻为 1 000 Ns/m^4、2 000 Ns/m^4、5 000 Ns/m^4、10 000 Ns/m^{4}和 30 000 Ns/m^{4}五种情况时，辐射噪声的变化如图 2-47 所示。

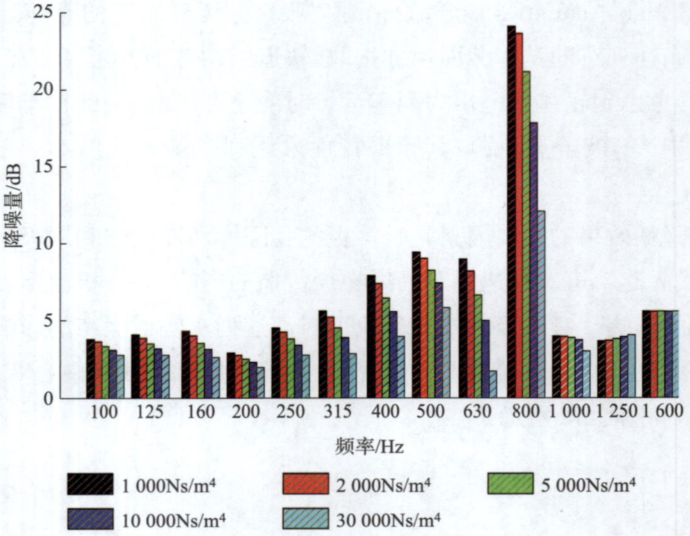

图 2-47　不同流阻的轨道吸声板在 3 m 处降噪量对比

结果表明，在 1 000 Hz 左右有一吸收峰值，说明此频率下吸声板降噪效果更为显著；在 1 000 Hz 以下频率范围内，材料流阻为 1 000 Ns/m^{4}时，吸声板吸音效果最好，材料流阻为 30 000 Ns/m^4 时，吸声板吸音效果最差；在 1 000 Hz 以上频率范围，流阻为 1 000 Ns/m^4 时，其吸音效果低于其他流阻值的。由此说明过高或过低的材料流阻均使吸声板吸音效果降低，因此，吸声板应选择合适的材料流阻，才能获得最佳的吸声效果。

多孔材料的厚度影响对其吸声系数有着重要的影响。一般来说，厚度的增加可以使低频吸声系数得到改善。为确定吸声板厚度，设置为 0.09 m、0.12 m 和 0.15 m 三种情况，计算辐射声场。图 2-48 给出在距线路中心 3 m 处，不同厚度吸声板降噪性能的差异。

结果表明，声波进入厚度较小的轨道板，其通道较短使声波消耗率低，则材料的吸声效果较小。当增加材料的厚度时，声波受到长通道里的阻挡次数增多，发生的能量损失增多，所以吸声效果随材料厚度的增加一般总是增大。但材料增至一定厚度时，再增加厚度吸声性能的增加不多，而且在吸收峰值处的大致趋势为厚度 0.12 m 的吸声板吸声效果最好。

考虑到高速铁路吸声板位于轨道板表面，不仅承受冻融、酸碱腐蚀、温度变化、雨雪等自然条件，而且经受每趟高速列车经过时，由于气动作用引起的吸和压交替作用力，同时也要满足正常巡道和正常养护维修的附加荷载，因此高速铁路吸声板需要满足如下要求：

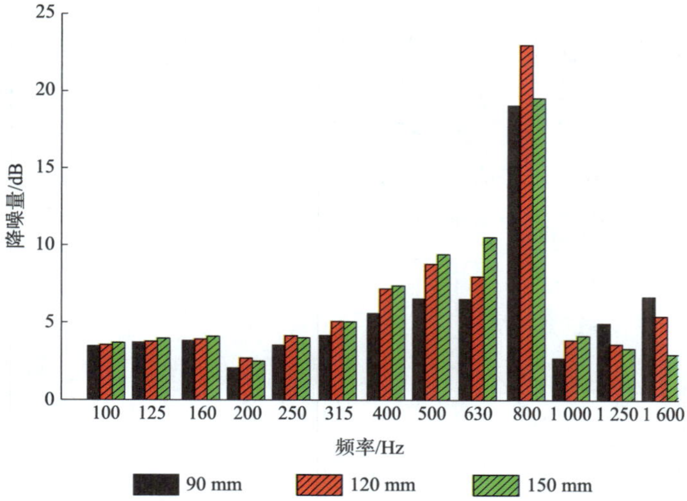

图 2-48　不同厚度的轨道吸声板在 3 m 处降噪量对比

（1）力学性能：高速铁路吸声板需具有足够的强度满足安全性能，能够承受巡道人员正常行走及适当负载下的荷载；承受气动吸力及压力；承受温度梯度引起的温度效应。

（2）吸声性能：在中低频段内具有良好的吸声性能，有效降低轮轨区域辐射噪声。

（3）耐久性能：满足气动作用下的疲劳荷载；满足冻融、环境腐蚀等耐候指标。

（4）环保性能：在安装及使用阶段不会对周围环境产生破坏，影响车上、轨道附近区域或巡道人员的安全。

（5）良好的性价比：须具有良好的性价比，满足推广应用基础。

（6）耐火性能：高速铁路吸声板材料需满足相应耐火指标，正常情况下不会燃烧损坏或损坏相关设施。

（7）耐水性能：吸声板为露天使用，承受正常的雨雪天气及南方湿润天气，吸声板材料在雨水侵蚀后能够快速回复吸音性能。

综合以上相关指标，对现有的吸声材料进行比选分析，有机纤维材料防火、防潮以及防腐性能差。无机纤维材料疏松、易脆、易形成粉尘污染环境；吸水后吸声性能大降。泡沫玻璃、泡沫铜等吸声系数较小。水泥基陶粒混凝土、水泥基珍珠岩混凝土、泡沫混凝土强度相对较低，随使用时间的增加，容易剥落掉渣。结合当前吸声材料的发展，在满足高速铁路使用要求的情况下，力争达到先进性和创新性，分别选择聚合微粒材料和泡沫铝两种吸声材料，研发相应的两种类型的轨道吸声板。基于对无砟轨道吸声板的降噪性能分析，分别对聚合微粒材料和泡沫铝两种吸声材料的声学性能进行测试。通过阻抗管试验，可得到聚合微粒材料和泡沫铝两种吸声材料的声学性能；通过混响室法，可得到聚合微粒吸声结构和泡沫铝吸声结构的声学性能。

聚合微粒材料与结构的吸声性能。采用聚合微粒材料制作直径 100 mm 和 30 mm，厚度为 60 mm 试件，进行阻抗管试验，试验结果如图 2-49 所示。试验表明，聚合微粒在 200～500 Hz、1 250～5 000 Hz 具有较好的吸声性能，500～1 250 Hz 吸声系数降低。聚合微粒降噪系数为 0.68。聚合微粒吸声板混响室吸声系数测试结果如图 2-50 所示。聚合微粒吸声板在 250～5 000 Hz 吸声系数均达到 0.9 以上，降噪系数（NRC）为 1.0，且没有吸声系数下降频段。聚合微粒吸声板整体吸声性能较好。

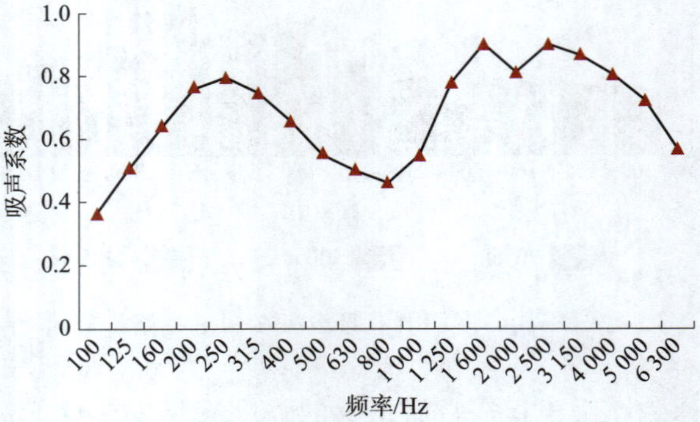

图 2-49　聚合微粒阻抗管试验

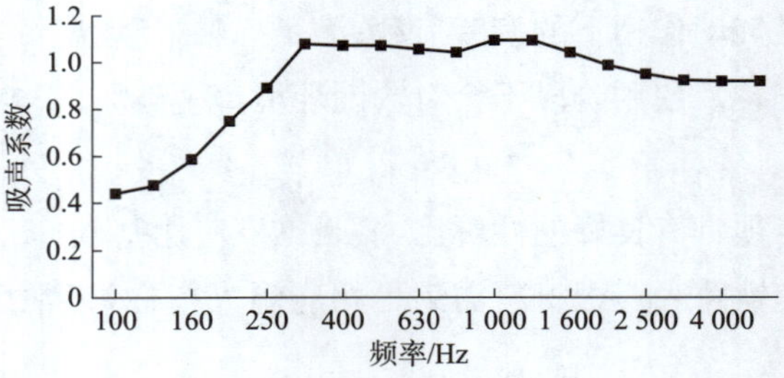

图 2-50　国家铁路产品质量监督检验中心测试结果

泡沫铝材料与结构的吸声性能。采用泡沫铝制作直径 100 mm 和 30 mm 试件，分别测试低频和高频吸声系数。阻抗管试验采用双层泡沫铝，上层泡沫铝采用 10 mm 厚度，内层泡沫铝采用 10 mm 厚度闭孔泡沫铝。上层泡沫铝与内层泡沫铝之间空腔深度为 30 mm，内层泡沫铝和底部空腔深度为 50 mm。试验结果如图 2-51 所示。试验表明，泡沫铝在 250～2 500 Hz 具有较好的吸声性能。聚合微粒降噪系数为 0.77。聚合微粒吸声板混响室吸声系数测试结果如图 2-52 所示。采用双层泡沫铝结构时，吸引板在 250～2 000 Hz 吸声系数均较大，降噪系数（NRC）为 1.0，吸声性能满足设计要求。

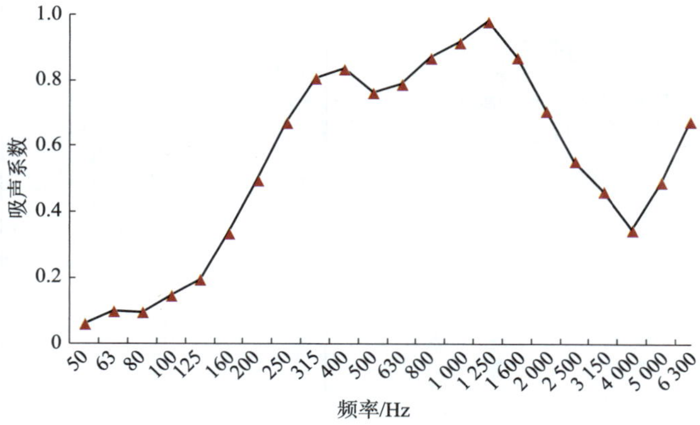

图 2-51　泡沫铝阻抗管试验

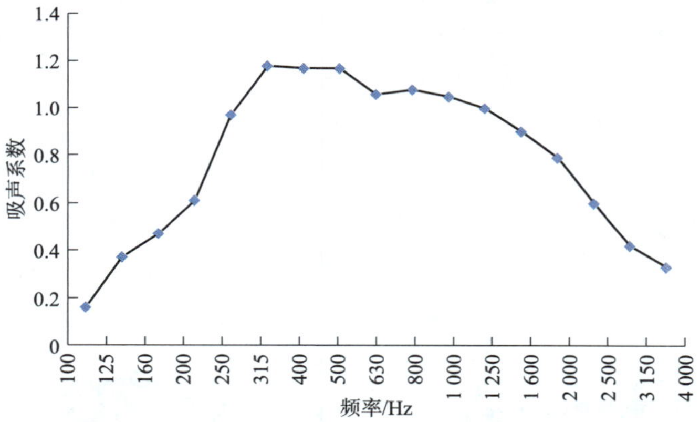

图 2-52　国家铁路产品质量监督检验中心测试结果

2. 吸声式无砟轨道结构设计

(1)聚合微粒吸声板。采用聚合微粒材料进行高速铁路无砟轨道吸声板设计。根据布置位置不同可分为 A 型和 B 型,其中 A 型吸声板布置于钢轨中间,B 型吸声板布置于钢轨两侧,如图 2-53 所示。吸声板长度和宽度受列车经过时气动压强分布特征、制造工艺、运输和施工便捷性、使用时荷载效应等影响。气动压强在沿线路方向分布上随长度的增加急剧衰减,增加吸声板长度有利于增强稳定性;尽可能宽的设计可以增强吸音效果;而较短的长度和宽度有利于制造、运输和施工。综合考虑以上因素,吸声板沿纵向连续布置,吸声板长度确定为 3 个扣件间距。聚合微粒吸声板 A 型板宽 540 m,高度为 180 mm;聚合微粒 B 型板宽 274 mm,高度为 180 mm。吸声板尺寸基于 CRTS Ⅲ型轨道结构设计,当轨道结构不同时,尺寸可作略微调整。在不影响养护维修的条件下,承轨台部分遮盖,使吸声板顶面形成标准矩形结构,整体整洁美观,且增大吸声面积。

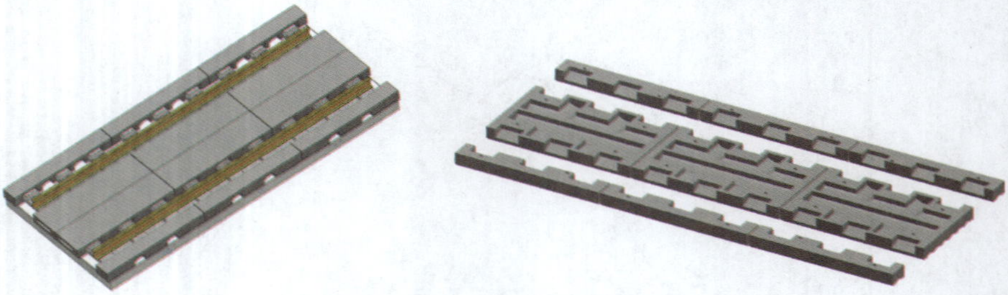

(a)A 型　　(b)B 型

图 2-53　聚合微粒吸声板布置

吸声板总厚度为 180 mm，为增强吸声效果采用空腔设计，顶面为 50 mm 厚聚合物板，内部 100 mm 采用拱形结构形成空腔，上拱为矢跨比 1∶5 的圆形拱，空腔四周密闭，拱形加矩形的空腔设置有利于吸声板受力及制造过程中脱模。根据力学分析和制造工艺的便捷性，单个孔径跨度为 225 mm。根据阻抗管垂直入射法测试结果，空腔高度易大于 80 mm。将日常养护维修等效为 100 kPa 的等效荷载，在 100 kPa 的均布荷载作用下，吸声板最大拉应力仅为 0.3 MPa，小于聚合微粒材料抗力。吸声板满足日常使用强度。在高速铁路国家重点实验室进行无砟轨道吸声板力学试验，如图 2-54 所示。模拟吸声板局部受力情况，加载面积 250 mm×100 mm，通常人体重取考虑动力系数情况下极限荷载 200 kg，特殊情况下取 5 倍于人的体重，即 1 000 kg 进行加载，验证吸声板静力作用下受力性能。取 0.6～3 kN 进行 300 万次疲劳试验，验证吸声板的疲劳性能。最后进行极限破坏试验。

图 2-54　现场加载示意

试验结果表明，正常行人荷载下，吸声板变形在弹性范围之内；特殊荷载即 10 kN 作用下，吸声板变形仍然具有良好的弹性；300 万次疲劳试验后，吸声板力学性能基本保持不变；疲劳试验后，对吸声板进行极限加载即 100 kN，根据吸声板应变曲线，吸声板仍然没有压坏，吸声板具有足够的承载强度。

(2)泡沫铝吸声板。泡沫铝吸声板吸声原理、尺寸设计影响因素与聚合微粒大体相同。泡沫铝吸声板分为 A 型和 B 型，A 型吸声板布置于钢轨中间，B 型吸声板布置于钢轨两侧，如图 2-55 所示。泡沫铝吸声板 A 型板宽 406 m，高度为 180 mm；聚合微粒 B 型板宽 274 mm，高度为 180 mm。吸声板沿纵向连续布置，每块吸声板长度为三个扣件间距。泡沫铝吸声板由泡沫铝和纤维混凝土组成。泡沫铝采用 15 mm 厚度材料，布置于吸声板的顶面以及靠近钢轨一侧，其余面及底座采用混凝土浇筑。泡沫铝实现吸声功能，混凝土起到支撑泡沫铝、增加配重、形成空腔增强吸声的作用。混凝土采用纤维钢筋进行加强，增强结构的抗力。

图 2-55　泡沫铝吸声板布置

疲劳和强度试验结果表明，正常行人荷载下，吸声板变形在弹性范围之内；特殊荷载即 10 kN 作用下，吸声板变形仍然具有良好的弹性；300 万次疲劳试验后，吸声板力学性能基本保持不变；疲劳试验后，对吸声板进行极限加载，当加载力为 20 kN，根据吸声板应变曲线及状态观测，吸声板表面变形过大，故吸声板极限承载强度为 20 kN。

2.3.2.2　桥面降噪措施技术

矮屏障主要用于低速铁路和城市轨道交通中，并且现场维护和安全问题尚无令人满意的经验，尚需对高速铁路桥面降噪控制措施开展相关研究。

1. 新型高速铁路桥面降噪措施设计

近轨矮屏障的降噪机理和声屏障相似，通过阻断轮轨区噪声传播至受声点的传播途径，实现降噪的效果。由于近轨矮屏障距离声源较近，通常认为其具有更高的降噪效率。矮屏障降噪性能设计的关键在降噪材料的设计及矮屏障高度的选取。

（1）矮屏障降噪性能设计

考虑到矮屏障需长期在户外工作，选择微孔岩和泡沫铝两种材料作为矮屏障的吸声层。通过研究吸声层的厚度、空腔深度、多层吸声材料复合的结构形式对结构吸声性能的影响，最终确定矮屏障吸声层的参数和结构。

（2）矮屏障结构设计

①微孔岩。吸声表层面板 2 cm 厚，背板采用更为致密的微粒聚合而成，两板间形成内部封闭空腔，如图 2-56 所示。经过后期吸声效果研究优化，在空腔内辅以软质吸声材料，经

过混响室试验验证，内置吸声材料后，微孔岩板降噪系数(NRC)从 0.8 提高到 0.95，效果明显。

图 2-56　微孔岩结构

②泡沫铝。吸声表层面板 1 cm 厚，背部为隔声板，内部采用 1 cm 吸声板将空腔分割成两部分，形成双层结构，通过驻波管试验验证，通过调整双层结构厚度和空腔厚度，能有效提高吸声效果。

采用矮屏障安装在防护墙上方方案，H 钢立柱采用 WH125×125，立柱距线路中心大于 2.0 m。考虑不同线路安全界限不同，确定时速 250 km 线路立柱顶部距桥面最大高度 1.2 m，时速 350 km 线路立柱顶部距桥面最大高度 1.15 m。立柱纵向间距 2 m，在两立柱间安装吸声板。

2. 新型高速铁路桥面降噪措施性能测试分析

微孔岩矮屏障和泡沫铝矮屏障铺设长度均为 200 m。测点分别为距铁路轨道中心线 7.5 m、轨面以上 1.2 m 高和 3.5 m 处，距铁路轨道中心线 25 m、轨面以上 3.5 m 高处以及距铁路轨道中心线 25 m，地面以上 1.2 m 处。

(1)微孔岩矮屏障

测试结果表明，距离线路中心 7.5 m、轨面以上 3.5 m 处的插入损失为 3.5～4.1 dB；距离线路中心 7.5 m、轨面以上 1.5 m 处的插入损失为 7.6～8.9 dB；距离线路中心 25 m、轨面以上 3.5 m 处的插入损失为 3.7～7.5 dB；距离线路中心 25 m、地面以上 1.2 m 处的插入损失为 5.3～8.2 dB。微孔岩矮屏障对低频降噪效果有限，其吸声系数具有频率相关性，主要吸声频段在 100 Hz 以上，对 2 000 Hz 附近噪声具有较好吸声效果。

(2)泡沫铝矮屏障

测试结果表明，距离线路中心 7.5 m、轨面以上 3.5 m 处的插入损失为 1.4～3.7 dB；距离线路中心 7.5 m、轨面以上 1.5 m 处的插入损失为 4.7～7.5 dB；距离线路中心 25 m、轨面以上 3.5 m 处的插入损失为 3.9～7.3 dB；距离线路中心 25 m、地面以上 1.2 m 处的插入损失为 5.9～8.7 dB。微孔岩矮屏障对低频降噪效果有限，其吸声系数具有频率相关性，主要吸声频段在 100 Hz 以上，对 2 000 Hz 附近噪声具有较好吸声效果。

2.3.3　高速铁路声屏障技术

2.3.3.1　声屏障降噪计算方法

插入损失计算是声屏障声学设计与声环境影响评价基础，属于声波衍射问题。根据声屏障降噪理论的发展历程与特点，插入损失计算方法可分为三种，即几何与波动声学理论计算方法、数值计算方法和试验与半经验的计算方法。

1. 几何与波动声学理论计算方法

基于波动声学理论，声屏障对声场的影响通过求解具有一定边界条件的波动方程，分析衍射声场中各接收点的声压变化情况。Sommerfeld 最先研究平面声波入射到刚性尖楔工况，根据惠更斯—菲涅耳原理，在亥姆霍兹—基尔霍夫积分定理基础上，运用格林定理求解，得到了声场分布的理论解析解。由于仅对于少数几种特定的边界条件存在理论解析解，该方法一般不能直接用于处理实际工程问题。

为此，Pierce 在 Keller 几何光学模型的基础上将几何光学衍射理论应用于声屏障的声衰减计算中，得出薄屏障的插入损失。Fujiwara 在 Keller 理论的基础上采用全“硬”和全“软”边界的平均值来表示全吸收性边界的情况，计算结果和试验室缩尺模型试验结果接近，但是与声屏障在工程中实际应用效果相差较大，还有待进一步的研究。此外，Medwin 等人还将脉冲技术引入衍射问题，运用傅里叶变换来求得声屏障的插入损失与频率的关系。

几何与波动声学理论是声屏障降噪理论的基础，但它仅仅局限于对全刚性或全柔性两种理想边界的求解，这与实际应用中的声屏障表面是有限阻抗或变化阻抗不相符合。对于声屏障为复杂断面时，声波入射到声屏障表面其反射和衍射都比较复杂，这时利用几何与波动声学理论求解声屏障的插入损失就异常复杂了。此外，几何与波动声学理论是假定波长较小的情况下建立的，因而该理论只适用于声屏障中高频段插入损失的计算。

2. 数值计算方法

实际工程中为了在不增加声屏障高度的前提下提高降噪效果，通常会对声屏障外形或结构进行设计，发展不同形式的声屏障，数值计算方法为分析此类问题提供了有效的解决途径。

数值计算方法可模拟高速铁路多声源及其宽频带频谱，可考虑声屏障复杂结构形式和边界条件，常用于声屏障的设计。主要的数值计算方法有边界元方法和有限元方法，常用软件有 Sysnoise、Comsol、Ansys 和 Ordens 等。

有限元法对空间域进行离散，将弹性力学偏微分方程转化为代数方程，通过迭代计算，得到空间声场分布。当计算模型的网格数量大或时间步长短时，会存在计算效率低、迭代误差控制等问题。

边界元方法仅在边界上离散和插值，使计算的维数降低，减少了单元的自由度。同时，边界元法的离散误差只产生在边界上，减少了计算误差的累积。应用边界元理论求解声屏障的插入损失，可以很方便地考虑声屏障的不同几何形状、声源的指向性以及地面和屏障的表面吸声条件。为了提高计算精度，要求边界单元尺寸小于1/5的波长，由此对于高频，边界单元数目很大，计算量也很大，更适合于中低频声屏障插入损失的计算。此外，边界元法同样存在声源定义问题，且计算域中声速和地面阻抗是常数，无湍流等非线性因素。利用边界元法来模拟分析不同形状和声学特性的声屏障的降噪效果可以有效而快速。

3. 试验与半经验的计算方法

试验和半经验法是结合几何声学理论和试验结果所得到的经验公式法，它仅仅预测声场中的声强度分布，其代表人物有 Maekawa、Pierce、Kurze 和 Anderson 等。它以单一的无量纲量菲涅耳数 N 为参量来计算垂直刚性声屏障的插入损失值，实际工程中声屏障插入损失计算多采用此法。

《声屏障声学设计和测量规范》(HJ/T 90—2004)要求，推荐用单声源模式进行声屏障插入损失预测，计算公式为

$$A_{\mathrm{bar}}=\begin{cases}10\lg\dfrac{3\pi\sqrt{1-t^2}}{4\arctan\sqrt{1-1/t+t}} & t=\dfrac{40f\delta}{3c}\leqslant 1\\[2ex] 10\lg\dfrac{3\pi\sqrt{t^2-1}}{2\ln(t+\sqrt{t^2-1})} & t=\dfrac{40f\delta}{3c}>1\end{cases}\tag{2-13}$$

式中 A_{bar}——声屏障插入损失，dB；

f——声波频率，Hz；

δ——声源与受声点之间，绕射声与直达声的程差，m；

c——空气中的声速，通常取为 343 m/s。

应用时为了简化声屏障对宽频带噪声插入损失预测，一般基于噪声源的频域特征，确定噪声源的等效频率 f_e，用该频率插入损失的预测值来代表整体的降噪效果。对于铁路声屏障设计，单声源模型主要考虑了轮轨噪声，而高速铁路主要噪声源还包括弓网噪声与车体气动噪声，声源的幅值、频率等特性随列车行驶速度呈动态变化，采用单声源公式和等效频率计算得到的插入损失通常高于实际测量结果。

几何与波动声学理论对于求解横断面简单变化的声屏障是可行的，对于声屏障为复杂断面时，求解就异常复杂了，此外该理论只适用于声屏障中高频段插入损失的计算；试验与半经验法采用单一无量纲量菲涅耳数，计算非常简单，该方法仅能对刚性垂直薄屏障进行插入损失计算；应用边界元法求解声屏障的插入损失，可以很方便地考虑声屏障的几何形状、声源的指向性及地面和声屏障的表面吸声条件，在声屏障领域的实际应用较少。无论哪种声屏障降噪理论都避免不了的问题就是声源的定义问题，即主要噪声源的源强、位置、频谱特性等，这是声屏障降噪效果计算的关键。也就是说高速铁路声源识别研究结果是深化声屏障降噪理论研究的基础。

基于高速动车组噪声源识别结果以及各主要噪声源特性，在高速铁路多声源等效模型的基础上，构建声屏障插入损失计算模型。高速铁路多声源等效模型如图 2-57 所示。

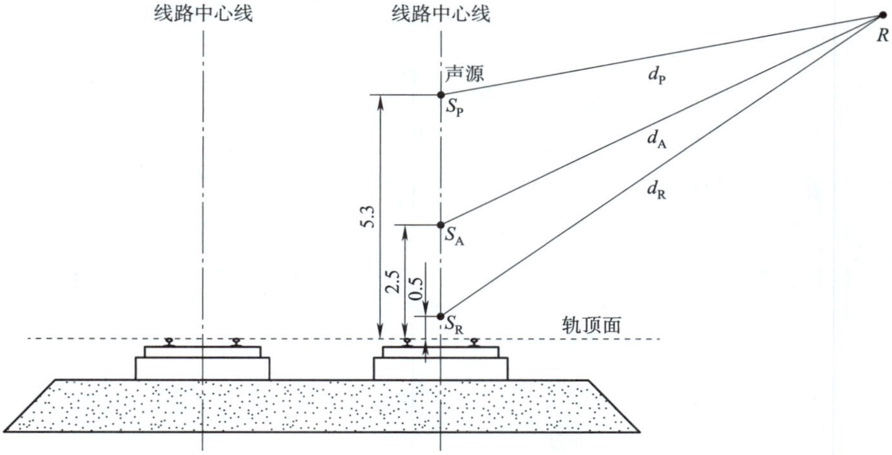

S_R—轮轨区域噪声源；S_A—车体区域噪声源；S_P—集电系统噪声源；
R—受声点；d_R—轮轨区域噪声源距受声点距离；
d_A—车体区域噪声源距受声点距离；d_P—集电系统噪声源距受声点距离。

图 2-57　高速铁路多声源等效模型示意(单位：m)

高速铁路声屏障降声传播途径如图 2-58 所示。

按照集电系统、车体区域、轮轨区域分别计算声屏障插入损失。

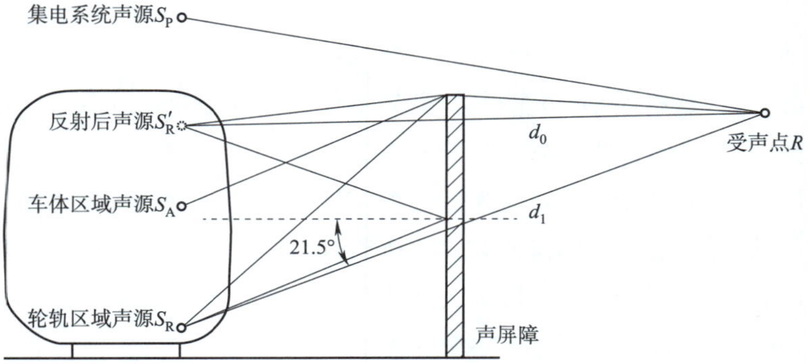

图 2-58　高速铁路声屏障降声传播途径示意

轮轨区域噪声声屏障插入损失值 $A_{bar,R}$ 按最大指向角度，考虑一次反射，计算公式为

$$A_{bar,R}=-10\lg\left\{10^{-0.1A_{b0}}+10^{0.1\times\left[10\lg(1-NRC)-10\lg\frac{d_1}{d_0}-A_{b1}\right]}\right\} \tag{2-14}$$

式中　$A_{bar,R}$——轮轨区域噪声声屏障插入损失，dB；

NRC——声屏障的降噪系数；

A_{b0}——安装声屏障后，受声点处声源顶端绕射衰减，可参按照式(2-13)计算，dB；

A_{b1}——安装声屏障后，受声点处一次反射后等效声源位置的顶端绕射衰减，可参照式(2-13)计算，dB，当受声点位于一次反射后等效声源位置与声屏障的亮区时，可取为5；

d_0——受声点至声源 S_0 直线距离，m；

d_1——受声点至一次反射后等效声源位置 S_1 直线距离，m。

车体区域噪声屏障插入损失值 $A_{bar,A}$ 采用《声屏障声学设计和测量规范》(HJ/T 90—2004)中规定的计算方法，按式(2-13)计算。

集电系统噪声屏障插入损失值 $A_{bar,P}$ 可采用点声源通过声屏障顶端绕射衰减方法，计算公式为

$$A_{bar,P}=-10\lg\left(\frac{1}{3+20N_1}\right) \tag{2-15}$$

式中 $A_{bar,P}$——集电系统噪声声屏障插入损失，dB；

N_1——声屏障顶端绕射的声程差 δ_1 相应的菲涅耳数。

声屏障插入损失计算方法为

$$IL=10\lg\left(10^{0.1L_{PR}}+10^{0.1L_{PA}}+10^{0.1L_{PP}}\right)-10\lg\left[10^{0.1(L_{PR}-A_{bar,R})}+10^{0.1(L_{PA}-A_{bar,A})}+10^{0.1(L_{PP}-A_{bar,P})}\right] \tag{2-16}$$

2.3.3.2 声屏障技术研究与应用

1. 声屏障分类

声屏障有不同的分类方法，可按声屏障形状、结构、屏障材料、声学特性等进行分类。按材料可分为混凝土类、金属类、透明材料类等；按声学特性可分为吸声型和反射型两类；按结构形式可分为整体式声屏障、砌体式声屏障和插板式声屏障。声屏障按外观形状可分为直立式、宽顶式、(半)封闭式、带有顶部装置的直立式等。日本等国家从20世纪六七十年代就已开始了声屏障结构形式的研究，除直立式声屏障外，铁路已采用的声屏障结构形式主要有宽顶式声屏障(如倒L形、T形和Y形等)、顶部带有装置的直立式声屏障、半封闭式和全封闭式声屏障等，而正处于研究阶段的有源噪声控制声屏障等。

(1)直立式声屏障

直立式声屏障是铁路声屏障中最为常用的结构形式。我国高速铁路主要的声屏障结构形式为插板式金属、非金属声屏障，通过4～6块单元板堆叠而成。此外还设有少量的混凝土插板式、整体式声屏障。

国外高速铁路声屏障措施一般可降低列车运行噪声6～10 dB。为了提高直立式声屏障的降噪效果，增加声屏障高度是一种易于理解的方式。根据道路声屏障设计经验，直立式声屏障每增高1 m，插入损失约增加1.5 dB。由于高速铁路的噪声特性不同于以轮胎噪声

为主的公路噪声，周信等人将高速铁路噪声源定义为多声源模型，计算分析得到声屏障增高 1 m，插入损失约增加 3 dB。吴小萍等人进一步说明，声屏障高度对降噪效果的影响与噪声源的位置紧密相关。将高速列车噪声源等效为下部线声源（轨面以上 1 m）和上部点声源（轨面以上 4 m）进行数值模拟，结果表明声屏障的高度与降噪效果不遵循简单的线性关系，声屏障高度从 3 m 增加到 4 m 对降噪效果的提高有限，从 4 m 增加到 5 m 时降噪效果显著提高，而超过 5 m 后再增加声屏障高度附加降噪效果并不明显。这表明只有当声屏障能有效遮挡噪声源的直达声时，才能获得较为显著的降噪效果。

（2）宽顶式声屏障

宽顶式声屏障常见的结构形状有 T 形、倒 L 形、Y 形、多重边缘形等。模型试验结果表明，在几种顶部结构改良的声屏障中，顶部为 Y 形结构的声屏障降噪效果最好，在距离铁路 12.5 m 的地面 1.2 m 高度测点，较 2 m 高的直立式声屏障可降低 6.3 dB。但综合考虑顶部采用倒 L 形、Y 形、T 形结构可能影响安全建筑限界，因此现场应用较少；此外现场应用实测降噪效果也仅附加衰减 2 dB 左右。

Crombie 及 Fujiwara 等学者先后对多重边缘的声屏障进行了研究，以尽可能多地降低衍射声。多重边缘屏障设计基本思想是，在原有单层障板上面增加二道（或更多）边板，边板最好置于原主障板的声源一侧，这明显增大屏障的声衰减量，一般可获得 3 dB 左右的附加衰减量（高频区的附加衰减量比低频区大）。多重边缘屏障板上一般不加吸声材料，因为吸声材料对该类屏障降噪作用不大。

（3）顶部带有装置的直立式声屏障

早在 1976 年 Pawlins 首次提出，附在刚性障板的边缘上的“声学软表面”能阻碍声屏障顶部绕射声的传播。后来，Alfredson、Fujiwara 等人继续研发“声学软表面”结构屏障，这些声屏障的一个共同特征是，在原声屏障上边缘附着一层或一个带管状“声学软表面”结构。用常规材料难以制成软表面，该类声屏障开发的关键问题是寻找一种合适的“声学软表面”材料。

①声屏障顶端吸声柱体和“T 形”吸声体

顶部带吸声圆柱体的声屏障，仅这种圆柱体本身就可以带来 2～3 dB 的降噪效果；在普通吸声屏障上边缘放置由两吸声圆柱构成的横截面似哑铃状的结构物（两吸声圆柱分置屏障两侧）。模型试验结果表明，在一定范围内可获得较等高普通吸声屏障高 5 dB 以上的噪声衰减量。但是其中低频性能仍相对较差。

“T 形”吸声体又分为阻性吸声体、抗性吸声体和阻抗性吸声体。阻性吸声体在中高频段降噪效果提高 1～1.5 dB；抗性吸声体在某一频率附近能将降噪效果提高 3 dB，但降噪效果主要集中于此一频率，其他频带效果相对减少；阻抗性吸声体的有效频带得到改善，降噪效果提高至 4 dB。

②声屏障顶端降噪器

国外对声屏障顶端降噪器的研究始于 20 世纪 60 年代，20 世纪 70 年代中后期研究开发了具有不同声学结构的声屏障顶端降噪器，20 世纪 90 年代中后期少数国家对声屏障顶端降噪器的研发和工程应用进行了大量研究。直到 21 世纪初，已有四大类 20 多种产品问世，应用于公路、铁路和轻轨等交通领域。日本、韩国等工程应用的声屏障顶端降噪器按其声学原理大致可分类为吸声型、干涉型、共振型以及混合型四种。在声屏障顶部增加顶端降噪器，可附加降噪 2 dB 左右。

(4)半封闭式和全封闭式声屏障

半封闭式和全封闭式声屏障是指在线路上安装隧道式的隔声结构，把线路和车辆完全隔离在屏障内，同时也把车辆运行产生的噪声隔离在声屏障内，大大提高了声屏障的效果。此类声屏障降噪效果好，但构造复杂，造价昂贵，主要用于对声环境有特殊要求的地段。

(5)有源噪声控制声屏障

根据菲涅耳衍射理论，对于无限长屏障来说，只有靠近屏障上边缘的入射声场对绕射声场有明显贡献，这种贡献可以等价地看成是由屏上端边缘处虚线声源产生的，基于此，可以设想，如果通过引入次级源使得屏上端边缘处处声压为零，就能获得控制效果。根据有关资料，在距离铁路中心线 25 m，距地面高 1.2 m 处，主动噪声控制(active noise control，ANC)装置声屏障的降噪效果对于常见的直立式 2 m 高声屏障，一般可提高降噪效果 6～10 dB。

2. 声屏障技术应用现状

声屏障在一些国家率先实现了工程应用，设置于高速公路、城市轨道、铁路等交通干线两侧，已逐渐发展成为最普遍采用的噪声控制措施，如图 2-59～图 2-61 所示。

图 2-59　德国铁路声屏障

图 2-60　日本新干线声屏障

图 2-61　我国高速铁路桥梁插板式声屏障

日本新干线声屏障主要有三类：一是在铁路桥梁区段设置全混凝土 2 m 高屏障；二是在有噪声敏感点的路段，在 2 m 高屏障上加装隔声屏障；三是在噪声敏感点路段设置插板式吸声屏障；H 型钢立柱采用 HW150，底部现浇混凝土一起施工，形式有直立式和折角式两种，采用珍珠岩混凝土吸声板、金属单元板内附玻璃棉吸声或安装顶部降噪装置增加降噪效果。此外，为进一步提高降噪效果，日本还广泛的采用了 Y 形、倒 L 形等宽顶式声屏障，以及顶部降噪装置等声屏障结构形式。

日本的倒 L 形声屏障有三种形式：

(1)用钢板做成声屏墙，顶部向线路方向弯曲成直角，竖直部分 2.2 m 高。

(2)现场浇注钢筋混凝土的直墙和顶棚弯折部分。

(3)采用预制的新型预应力轻质空心混凝土板代替钢筋混凝土板，可使声屏墙重量由 10 kN/m 减小到 3 kN/m。

此外，日本还研制了增强纤维混凝土声屏板，每块尺寸 2 m×1 m×0.1 m，重 100～150 kg，利用这种声屏板拼装的声屏墙重量相当于现场浇注的钢筋混凝土板重量的 1/8。

韩国声屏障的主要形式为直立插板式，板体由铝合金穿孔面板、吸声材料、钢背板组合而成，透明材料采用 10 mm 厚 PC 板。为进一步提高降噪效果，韩国铁路也较大量的应用了声屏障顶部降噪装置。

德国高速铁路声屏障桥梁区段声屏障材料以铝合金、亚克力透明材料为主，路堤区段声屏障材料以非金属材料、铝合金、亚克力透明材料为主，结构形式为 H 形钢直立插板式，声屏障距外轨中心线不小于 3.8 m。

法国铁路声屏障的主要结构形式为直立拼装式，路基声屏障距外轨中心线不小于 4.5 m，材料为混凝土、铝合金。通过对声屏障顶部声绕射影响问题开展理论和应用研究，改进声屏障顶部结构，法国 TULIPE 声屏障有效地提高了声屏障措施的降噪效果。

总体看，国外高速铁路声屏障主要采用的结构形式为插板式，采用立柱通过螺栓与基础连接或不采用螺栓、直接插入与底部遮板混凝土浇筑在一起，立柱间安装插板。采用的材料主要有金属板、混凝土板、透明板等，立柱一般采用 H 形钢或钢筋混凝土立柱。总之，直立插板式声屏障作为一种适合于高速铁路噪声防治的有效措施在国外取得了广泛应用，倒 L 形、折角形声屏障在工程实际中也有较多应用，日本和韩国铁路还大量应用了声屏障顶部降噪装置以进一步提升降噪效果，声屏障的设计形式趋于多样化。

我国已实施的高速铁路声屏障总长度超过 7 000 km。按运行速度可分为 250 km/h 客运专线和 350 km/h 客运专线声屏障，按照线路形式可分为路基段声屏障和桥梁段声屏障，按照声屏障的材质可分为金属类和非金属类声屏障。已实施的声屏障主要为金属及混凝土两种材质的直立式声屏障，桥梁段以金属声屏障为主，路基段有金属和非金属两种材质的声屏障。对部分有特殊要求的低速路段设置了 5～8 m 直立式声屏障或折角式、半封闭声屏障和全封闭式声屏障。为进一步降低声屏障顶部绕射声影响，部分铁路如京九线广安门路段、沪昆客运专线上海段应用了声屏障顶部降噪装置。

2.3.3.3 声屏障降噪效果及适用范围

本节主要分析各类声屏障不同速度时的插入损失及频谱特征，分析给出不同结构形式、不同材质声屏障的适用范围和降噪效果。

我国常用铁路声屏障形式和特点见表 2-11。

表 2-11 常用铁路声屏障形式和特点

序号	立面形式	结构形式	描 述	特 点
1	直 立	插板式	常用形式	安装简便，外形单一
2		整体式	多用于台风地区	维护简便，但结构自重较大
3		砌体式	采用具有吸(隔)声功能的砌块砌筑而形成	结构稳定，降噪效果好；一般结构厚度较厚，自重较大，不适用于桥梁
4			可与植物结合形成生态墙	具有生态、绿化、景观性的砌体式屏体
5	折 臂	插板式	下部直立，顶部折臂	能够增大声屏障有效高度，提高降噪效果，但易与铁路附属构筑物相互干扰
6	弧 形	插板式	多用于有景观要求的地段	能够增大声屏障有效高度，提高降噪效果；弧形能与桥梁遮板协调，景观性较好，但弧形结构对吸声板的制作和安装要求高
7	半封闭	插板式	设置在线路单侧，半包围结构	降噪效果好，常采用门式结构，但制作安装较难，造价偏高
8	全封闭	插板式	声屏障呈拱形包围线路	降噪效果很好，但门式结构复杂，安装难度大，造价高

1. 桥梁插板式金属声屏障

桥梁插板式金属声屏障典型高度为 2.15 m，距离外轨中心线 3.4 m。同一线路上桥梁插板式金属声屏障的插入损失随着速度增加呈递减的趋势，降噪效果约为 7～14 dB，运行速度为 300～350 km/h 时插入损失约为 7～9 dB。

2. 路基插板式金属声屏障

路基插板式金属声屏障典型高度为 2.95 m,距离外轨中心线 4.7 m 左右。同一线路上路基插板式金属声屏障的插入损失随着列车速度增加呈递减的趋势,降噪效果约为 8～16 dB,车速在大于 300 km/h 时插入损失约为 7～10 dB。相对于桥梁插板式金属声屏障,插入损失提高了 1～2 dB,主要原因在于路基声屏障吸隔声材料面积大于桥梁声屏障,以及桥梁区段的防护墙客观程度上也降低了声屏障降噪效果。

3. 桥梁插板式非金属声屏障

插板式非金属声屏障多用于速度不超过 300 km/h 的线路。桥梁插板式非金属声屏障典型高度有 2.15 m 或 2.5 m,距离外轨中心线 3.4 m。同一线路上桥梁插板式非金属声屏障的插入损失随着列车速度增加呈递减的趋势。在运营速度 200 km/h 时插入损失约为 9～12 dB,在运营速度 250 km/h 时插入损失约为 8～12 dB,在运营速度 300 km/h 时插入损失约为 7 dB。

4. 路基插板式非金属声屏障

路基插板式非金属声屏障的典型高度为 2.95 m 或 3.0 m,距离外轨中心线 4.6～4.7 m。同一线路上路基插板式非金属声屏障的插入损失随着列车速度增加呈递减的趋势。在运营速度为 200 km/h 时插入损失约为 11～14 dB,在运营速度为 250 km/h 时插入损失约为 10～12 dB,在运营速度 300 km/h 时插入损失约为 8～11 dB。

5. 桥梁整体式非金属声屏障

桥梁整体式非金属声屏障的典型高度有 2.5 m 和 3.0 m,距离外轨中心线 3.4～4.1 m。同一线路上桥梁整体式非金属声屏障的插入损失随着列车速度增加呈递减的趋势。在运营速度为 200～280 km/h 时 2.5 m 高和 3 m 高桥梁整体式非金属声屏障的插入损失约为 4.0～9.0 dB;在运营速度为 300 km/h 时 2.5 m 高和 3.0 m 高整体式非金属声屏障插入损失约 4～6 dB。

6. 路基整体式非金属声屏障

路基整体式非金属声屏障的典型高度有 2.95 m 和 3.0 m,距离外轨中心线 4.6 m。同一线路上路基整体式非金属声屏障的插入损失随着列车速度增加呈递减的趋势。路基整体式非金属声屏障的插入损失在 5.0～8.0 dB。在运营速度为 200 km/h 时路基整体式非金属声屏障的插入损失约为 6.0～7.0 dB;在运营速度为 250 km/h 时路基整体式非金属声屏障插入损失大于 5 dB。

7. 半封闭及全封闭声屏障

国内已开通运营铁路项目中,封闭式声屏障从声屏障主体结构使用材料上划分有金属式和混凝土式,绝大部分工程采用金属式结构;从声屏障屏体设置位置上划分有单侧封闭式和双侧封闭式；从声屏障断面形式上可分为门式结构和圆拱式结构。部分铁路封闭式声屏障降噪效果见表 2-12。

表 2-12　部分铁路封闭式声屏障降噪效果　　单位：dB

项目名称	结构材料	屏体设置位置	单元板安装方式	断面形式	线路形式	降噪效果
沪昆高速铁路	金属式	单侧封闭	插板式	门式	桥梁	15.5～16.5(实测值)
深茂铁路	金属式	双侧封闭	插板式	圆拱式	桥梁	16～18(实测值)
哈齐客运专线	金属式	单侧封闭	外敷式	门式	桥梁	12.1～14.4(实测值)
京沈高速铁路	混凝土式	双侧封闭	—	拱式	路基	20.1～20.8(模拟值)
京雄高速铁路	金属式	双侧封闭	插板式	圆拱式	桥梁	19.8～20.1(实测值)

8. 声屏障降噪效果频谱特征

根据声屏障降噪效果分析，低频段声屏障降噪效果普遍较差，低于 320 Hz 时插入损失约为 5 dB，高于 320 Hz 时插入损失逐步升高到 10～15 dB。声屏障现场测试插入损失的频谱特征与检验中心测试的隔、吸声频谱特征吻合，反映了声屏障吸声和隔声能力的组合。在低频段，声波容易绕射声屏障背面，吸声材料的吸声系数也较低，因此声屏障低频降噪能力较差；在 315～800 Hz 吸声材料的吸声系数提高，同时隔声量逐渐增加，整体降噪效果逐步提高；超过 800 Hz，大部分吸声材料的吸声系数减小，但声屏障的隔声量仍较大，声屏障的插入损失维持在较高水平。

9. 声屏障空间降噪特性

动车组以 300 km/h 通过桥梁断面时，桥梁和桥梁声屏障断面噪声空间分布如图 2-62 和图 2-63 所示。

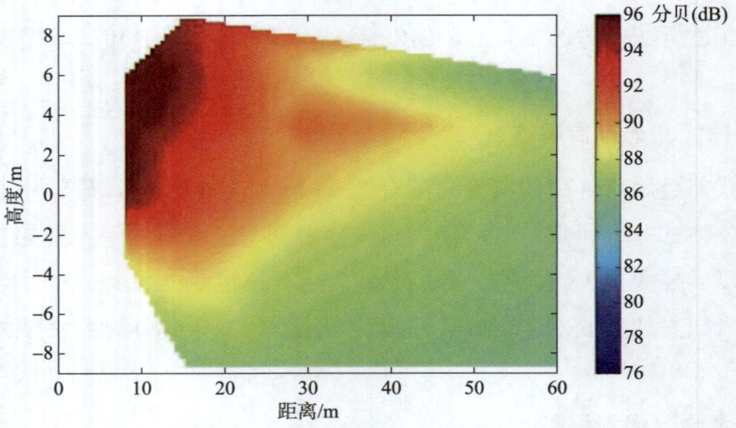

图 2-62　桥梁区段声场分布

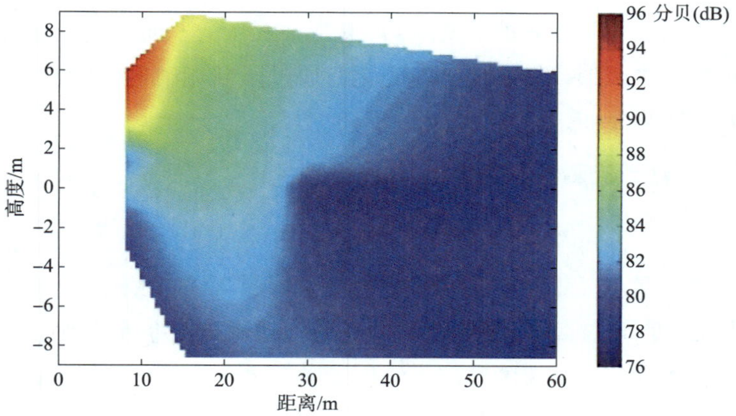

图 2-63　桥梁声屏障区段声场分布

由于高速铁路多声源特征显著，车外噪声声场空间分布复杂，与典型单声源辐射声场差异较大，加上两侧桥梁宽度造成的遮蔽效应，主要影响区域在轨面以下 2 m 区域到轨面以上 8 m。距线路中心线 7.5 m 处不同高度测试结果表明，动车组整车高度覆盖范围内声压级较高，峰值集中在与轮轨区和弓网区域等高的位置，如图 2-62 所示。在轨面以上 4 m 处，不同水平距离噪声衰减较慢，主要是由于高速铁路噪声最大声源指向引起的。动车组通过桥梁声屏障区段时，噪声空间分布如图 2-63 所示。采取声屏障措施后，高速铁路辐射噪声得到一定程度地降低，尤其是轮轨噪声对应的声影区处，声屏障降噪效果较为显著。声屏障对于高速铁路空间声场的分布规律具有较大的影响，声影区和声亮区分界比较明显。

为了进一步明确声屏障的有效防护范围，图 2-64 给出了声屏障降噪效果空间分布。

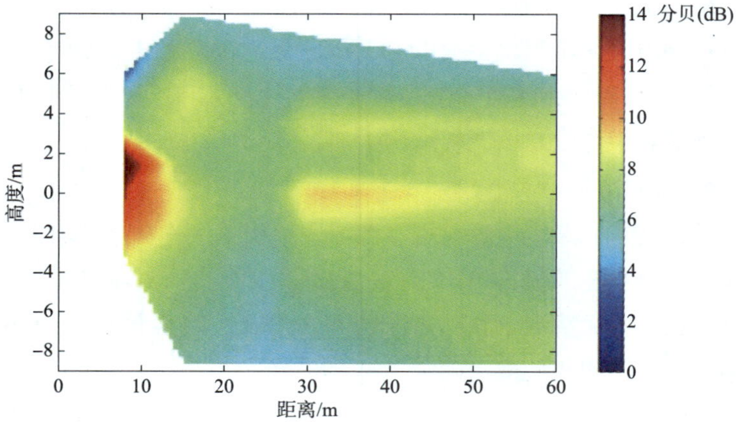

图 2-64　桥梁声屏障的插入损失空间分布

研究结果表明，声屏障的降噪效果具有一定的空间衰减性。靠近声屏障的区域，插入损失超过 10 dB；在 30～60 m 范围内、轨面高度 5 m 以下，声屏障插入损失约为 4～9 dB。这充分表明声屏障有明确的降噪防护范围限制，主要原因在于不同高度处声影区向声亮区的转变以及不同距离处噪声频率组成成分的变化。通过阻断轮轨区域的直达声，高速铁路噪声空间指向性发生明显改变。

2.3.3.4 声屏障气动效应测量及评价

1. 研究现状

国外有关高速铁路声屏障气动力的研究主要在德国、英国、法国、韩国等国开展，针对不同列车车型、列车速度、声屏障类型和端部/中部的气动风压等进行了动力响应测试，并在高速铁路声屏障脉动风压测量结果的基础上给出了脉动风荷载的计算公式。

我国相关科研院所对声屏障的脉动风压等进行了试验测试分析研究和数值仿真计算，得到了不同工况条件下的声屏障脉动力结果，对比分析了试验测试和仿真计算结果。我国在高速铁路声屏障气动力测试分析研究和仿真计算研究方面做了大量工作，但尚未建立完整有效的高速铁路声屏障气动效应测量与评价方法。

2. 高速铁路声屏障气动效应测量及评价方法

国外声屏障气动效应测量的主要目的在于通过测量确定作用于声屏障结构上的载荷，通过结构计算模型对声屏障进行动力分析和模拟，以便对其结构性能做出可靠的计算和预判。我国对时速 250 km 及以上高速铁路，联调联试中应对线路两侧的声屏障进行声屏障结构气动力测试，以便为评估其在高速行车过程中是否安全可靠提供参考，因此必须有相应的评判标准来进行判定，国内尚无正式颁布的针对高速铁路声屏障结构气动力的评判标准。

(1)测量(试)方法

我国采用的结构动力性能测点布置在声屏障表面距端部(5±1) m 处；插板式声屏障脉动风压测点布置在钢轨轨面至钢轨柜面以上 1 m 范围内的立柱上，动变形测点布置在立柱顶部和单元板结构中部，动应力测点布置在声屏障立柱根部和单元板结构中部，固有频率测点应布置在立柱顶部和中部以及单元板结构中部。

(2)评判依据及评价方法

①脉动风压。在高速铁路声屏障通用参考图中给出了列车气动风压取值，可直接采用此值作为脉动风压的评判标准值，以真实反映与设计的符合性；对于其他声屏障中心距轨道中心距离和列车运行速度情况，评判标准值可根据《铁路声屏障工程设计规范》(TB 10505—2019)第 5.2.4 条的相关规定确定。

②动变形。《铁路声屏障声学构件》(TB/T 3122—2019)规定：声屏障构件最大动变形(弹性挠度)不应超过 $L_A/100$(L_A为声屏障构件最大自由长度)。高速铁路声屏障通用参考图中规定：最不利荷载组合下，H 形钢立柱最大动变形(挠度)不超过 $L/200$(L 为声屏障立柱最大自由长度)。实车试验中测得的挠度值一般不是最不利荷载组合下的挠度。因此，需

结合检测工况进一步完善评判要求。

③固有频率。声屏障固有频率远高于脉动风压频率时，结构动力学响应接近静态特性；而在声屏障固有频率接近于脉动风压频率的情况下，动力放大作用显著。因此，声屏障结构动力参数设计应避免动力放大现象，声屏障固有频率应远高于脉动风压频率。

3. 我国高速铁路声屏障结构气动力影响状况分析

（1）脉动风压随动车组运行速度的变化

图 2-65 为脉动风压随动车组运行速度变化统计分析结果。统计分析结果表明，动车组通过声屏障时，其脉动风压最值随速度增加而增大，大体与车速的平方成正比；声屏障顶部脉动风压值增长变化并不明显，相同高度处各测点压力值大小相近。

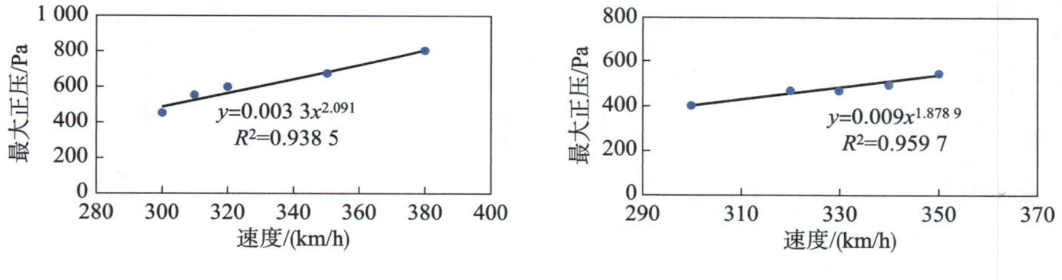

（a）CRH380AL 型动车组正压　　（b）CRH3 型动车组正压

图 2-65　脉动风压随动车组运行速度的变化

（2）脉动风压随声屏障高度的变化

图 2-66 为脉动风压随声屏障高度变化统计分析结果。统计分析结果表明，当动车组通过 2.15 m、3.15 m 高声屏障时，风压的最大值出现在声屏障的根部至约 1 m 高处。

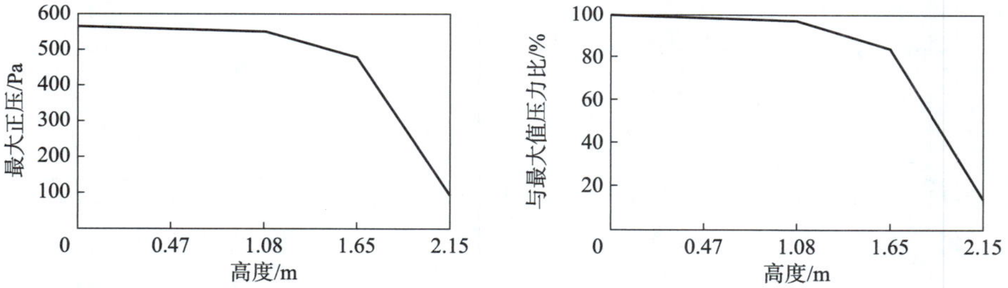

（a）最大正压　　（b）与最大值压力比

图 2-66　脉动风压随声屏障高度的变化

（3）声屏障端部脉动风压分布

图 2-67 为距声屏障端部不同距离处最大正压比较分析结果，图 2-68 为声屏障端部脉动风压分布统计分析结果。统计分析结果表明，在声屏障相同高度处，从距声屏障端部 2.5 m 始，直至距离声屏障端部 25 m 处时压力仍然基本维持不变，而到屏障末端时压力下降到 50%以下。

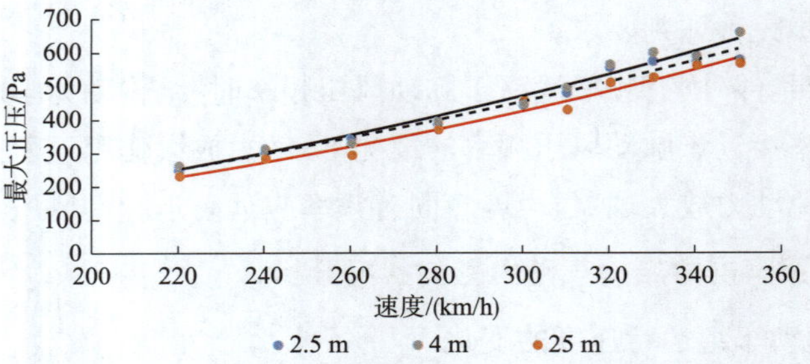

图 2-67　距声屏障端部不同距离处最大正压比较

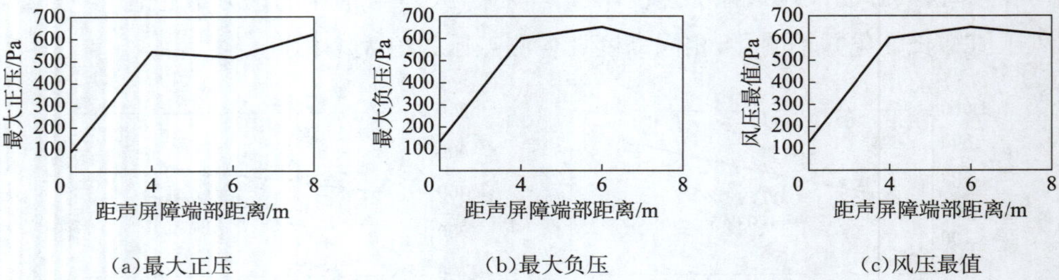

图 2-68　声屏障端部脉动风压分布

(4)脉动风压时程特性

动车组运行速度 350 km/h 时，3. 15 m 高声屏障最大正压约为 1 000 Pa，最大负压约为 850 Pa。动车组运行速度 350 km/h 时，2. 15 m 高声屏障最大正压约为 620 Pa，最大负压约为 540 Pa。最大压力发生点的时程曲线如图 2-69 所示。

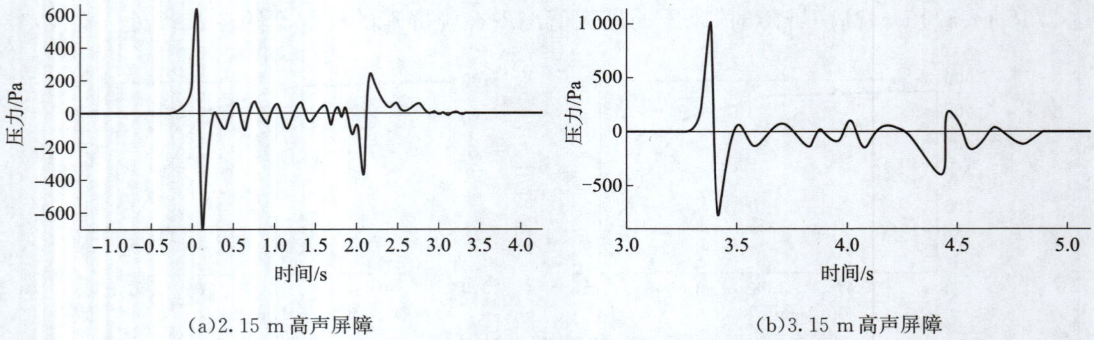

图 2-69　最大压力发生点的时程曲线

(5)声屏障动变形

动车组通过声屏障时，声屏障最大动变形随着列车速度的增加而增加，但对速度的敏感性不同。H 形钢立柱动变形随速度的增加缓慢增大，铝合金单元板动变形的增长趋势更为明显。H 形钢立柱最大动变形发生部位为距声屏障末端 4 m 处的 H 形钢立柱上，与风压场的分布规律较为一致；铝合金板上最大动变形发生部位为距声屏障末端 5 m 处的单元板上，其最大正(负)动变形是 H 形钢立柱最大正(负)动变形的数倍，说明铝合金单元板自身变形对动变形的贡献量明显大于声屏障整体变形对动变形的贡献量。声屏障动变形随速度变化曲线如图 2-70 所示。

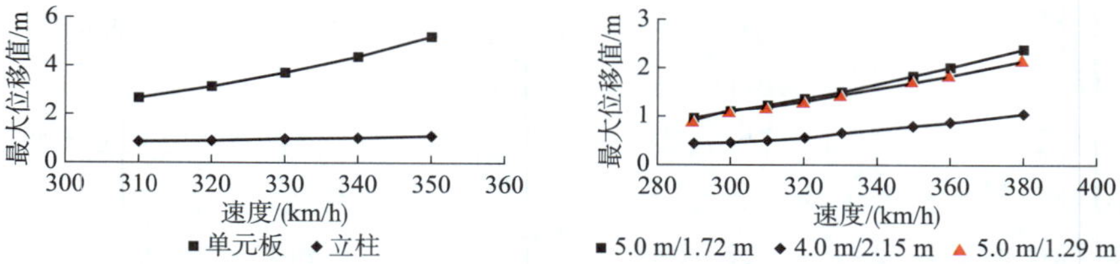

(a)2.15 m 高声屏障单元板、立柱　　(b)2.15 m 高声屏障不同距离/高度处

图 2-70　声屏障动变形随速度变化曲线

2.3.3.5　高速铁路声屏障存在的主要问题及发展趋势

1. 深化声屏障降噪理论和技术研究

声源定义问题是声屏障降噪效果计算以及新型声屏障研发的关键技术问题之一。因此，需在高速铁路噪声源特性、传播途径、关键影响参数及机理研究的基础上，加强高速铁路声屏障对不同噪声源的屏蔽特性，降噪效果的空间分布规律，列车类型、速度、线路类型对声屏障降噪特性的影响等开展理论和应用研究工作。为新型声屏障结构和材料的研发提供技术支持，为声屏障插入损失的预测模型计算方法改进提供理论上的支撑。

2. 加强新型声屏障结构和材料的研发

国外高速铁路声屏障措施一般可降低列车运行噪声 6～10 dB。根据我国高速铁路现场测试结果，2.05 m 直立式声屏障对距外轨中心线 30 m 不同高度敏感点的降噪效果一般在 3～8 dB 之间，半封闭式声屏障降噪效果超过 10 dB；直立吸声式声屏障对 500 Hz 以上的中高频噪声具有较好的降噪效果，但对 250 Hz 以下的中低频噪声效果不大。根据试验室测试结果，我国声屏障大多在 400 Hz 以上具有较好的隔声性能、250～800 Hz 范围内具有较好的吸声性能，低频隔、吸声性能较差(图 2-71)。从近年来采用纤维类吸声材料的经验教训来看，由于长期处于大流量列车振动和交变风压的影响，纤维材料的脆性断裂和粉尘化使原来的均质结构不复存在，不能有效起到吸声降噪作用。

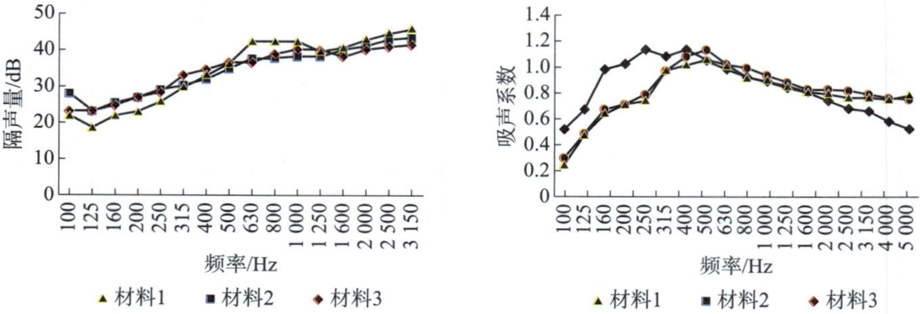

(a)隔声量与频率关系　　(b)降噪系数与频率关系

图 2-71　声屏障单元板隔声、吸声性能试验室测试结果

3. 完善声屏障结构动力性能设计与评价方法

我国对声屏障的脉动风压等进行了大量试验测试分析研究和数值仿真计算工作,得到了不同工况条件下的声屏障脉动力结果,但缺乏完整和有效的高速铁路声屏障气动效应分析与评价方法,动应力评判标准值尚需深入研究确定。

因此,研究和发展新型吸声材料、提高声屏障的插入损失与结构安全可靠性、加强中低频噪声的降噪效果是声屏障的发展方向。对于混凝土声屏障,其发展方向是轻质、多孔、预制。对于铁路金属插板式声屏障,解决吸声材料老化问题、免维护和少维护问题等是新型声屏障结构和材料研发所应关注的重点。

2.3.4 高速铁路综合站区减振降噪技术

高架车站是高速铁路建筑类型中的一种典型建筑,其候车厅主要分为高架和线下候车厅两大类型。若对候车厅内高速列车运行产生的声学环境影响控制不当,则会降低旅客候车环境的舒适性。国内尚无针对高速铁路高架车站候车厅声学环境的控制指标,亟须制定适宜的声学要求,以便在高速铁路客运站建设时纳入设计、施工中,保证运营后的高速铁路高架车站具有良好的候车声学环境,提高我国高速铁路客运站的声学品质,实现以人为本、绿色建筑的设计理念。

2.3.4.1 典型高架车站候车环境噪声传播规律

为掌握我国高速铁路高架车站内环境噪声影响状况,选择典型高架车站的高架候车厅和线下候车厅内布设测点,测量其声学环境质量现状。综合考虑在主要候车区域、车站工作人员常驻区域以及能够反映候车厅受列车运行噪声影响最大位置处布设测点。同时利用候车厅的轴对称性,在受噪声影响最大的位置周围,按一定距离在轴线一侧布设多个测点,以反映不同区域声场传播规律。噪声具体测点布置如图 2-72 和图 2-73 所示。

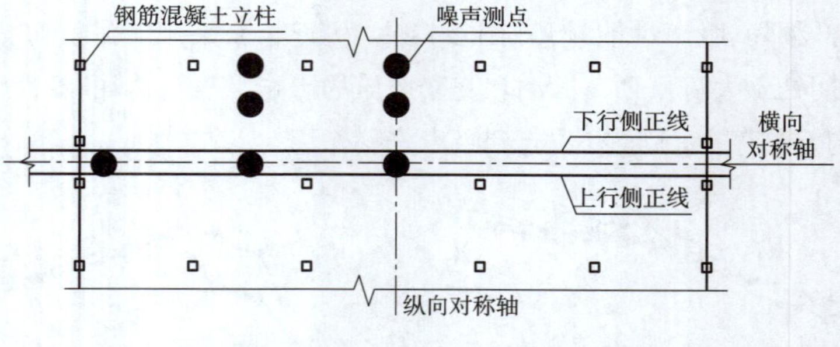

图 2-72　高架候车厅噪声测点布置示意

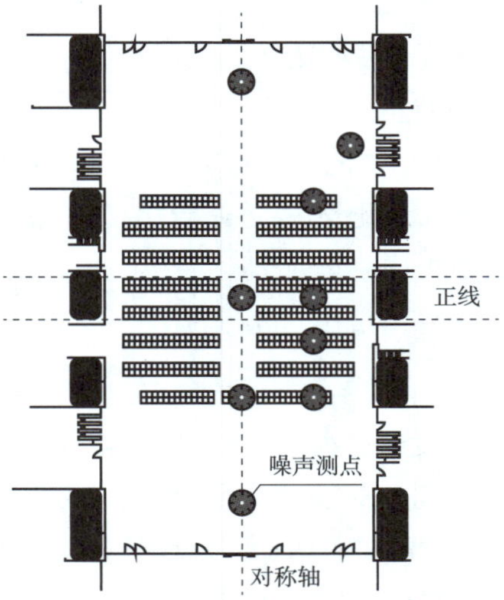

图 2-73　线下候车厅噪声测点布置示意

1. 噪声影响状况

高架车站候车厅内噪声影响状况见表 2-13。当高速列车以 200～300 km/h 的速度通过高架车站时，高架候车厅内各测点的列车通过暴露声级 TEL 为 72～78 dB；线下候车厅内各测点的 TEL 值为 77～85 dB(该声级水平与候车厅内的公共广播声级水平接近)。这说明高速列车运行时，线下候车厅的噪声影响状况高于高架候车厅。列车进出站时，对高架候车厅或线下候车厅的噪声影响，低于或接近候车厅内的背景环境噪声水平。若仅考虑高速列车运行产生的噪声影响，高架候车厅内小时等效声级 $L_{\mathrm{Aeq,1h}}$ 为 54～56 dB，较候车人群背景噪声等效声级 65～75 dB 低近 10 dB，候车厅内总等效声级为 65～75 dB；线下候车厅内 $L_{\mathrm{Aeq,1h}}$ 为 60～63 dB，较候车人群背景噪声等效声级 67～72 dB 低近 5 dB，候车厅内总等效声级为 68～73 dB。

表 2-13　高架车站候车厅内噪声环境影响状况

候车厅类型	车速/(km/h)	列车通过暴露声级 TEL/dB	受列车运行影响小时等效声级 $L_{\mathrm{Aeq,1h}}$/dB	背景噪声等效声级/dB	公共广播声级/dB	候车厅内总等效声级/dB
高架候车厅	200～300	72～78	54～56	65～75	75～85	65～75
线下候车厅	200～300	77～85	60～63	67～72	80～85	68～73

2. 声场分布特性

我国高速铁路高架候车厅的总容积一般达 $(7\sim15)\times10^5\ \mathrm{m}^3$，建筑物内的长或宽尺寸远大于高度尺寸，导致候车厅内声场分布不够均匀合理。候车厅水平面方向各测点声级差值较大，约为 2～6 dB；垂直于地面方向各测点声级差值较小，约为 1～2 dB。线下候车厅的总容积一般在(3～15)×10⁴ m³，水平面方向各测点声级差值较小，约为 2～3 dB，但垂直于地面方向各测点声级差值较大，靠近正线桥梁下方处的声级水平高于候车座椅高度的声级水平约 4～5 dB，反映出高速列车通过正线时对线下候车厅内噪声影响较大的特点。

高架候车厅和线下候车厅内的水平面方向声级均随着距离正线的增大而衰减，对应正线桥梁正下方区域，噪声影响最大。此外，靠近站台层楼梯、滚梯位置区域或透光玻璃板处的声级高于其他区域，该声场分布特性与列车运行产生的直达声影响、建筑结构振动引起的二次辐射噪声影响及候车厅围护结构隔声量较低有关。

3. 声场频率特性

当高速列车以 300 km/h 速度通过高架车站时，高架候车厅和线下候车厅内的噪声频谱特性，均在 31.5～125 Hz 中心频率处出现显著峰值，如图 2-74 所示。根据已有研究结果，该低频噪声将导致人们烦恼度的显著增加。现场试验研究结果同时表明，该频率特性与线下候车厅内的各测点振动峰值频率对应。针对该影响特性，为改善高架车站内环境噪声影响，应重点研究低频段减振降噪技术方案。

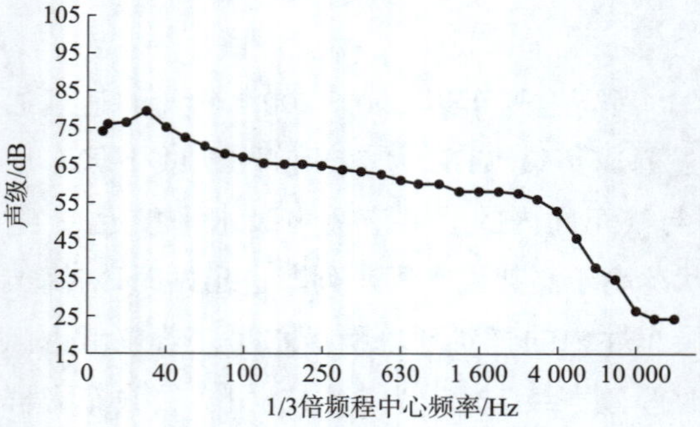

(a)高架候车厅

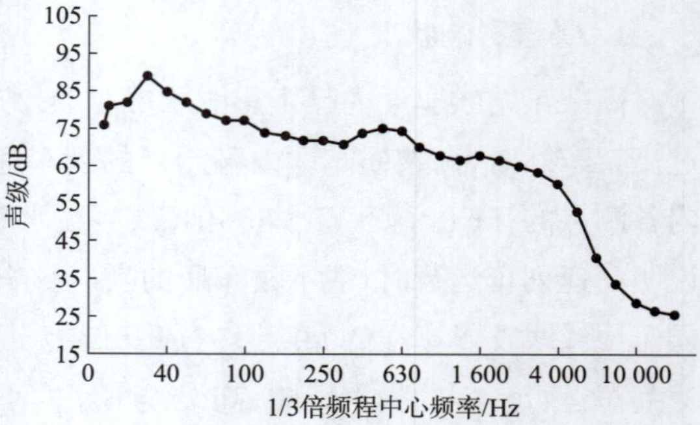

(b)线下候车厅

图 2-74　典型高架车站候车厅内噪声频率特性

2.3.4.2　高架车站候车厅内混响时间和语音清晰度

高速铁路高架车站候车厅作为厅堂建筑中的一种形式，应具有合适的混响时间和语言清晰度，以保证室内音质，避免造成候车旅客因混响时间过长或语言清晰度不高而听不清车站播音，影响旅行。我国高速铁路典型高架车站候车厅内 500 Hz 混响时间(T_{60}，500 Hz)及扩声系统语言传输指数 S_{TIPA} 测量结果见表 2-14。

表 2-14　高架车站候车厅混响时间及扩声系统语言传输指数测量结果

候车厅类型	候车厅几何尺寸/m	候车厅总容积/m³	候车厅最高聚集人数/人	混响时间(T_{60}，500 Hz)/s	扩声系统语言传输指数 S_{TIPA}
高架候车厅	177×266×18～177×266×30	130 000	3 000	3.8～6.2	0.33～0.39
线下候车厅	56.3×28.8×4.1	6 648	3 000	2.4～2.7	0.40～0.44

由表 2-14 可知，我国高速铁路高架车站候车厅内 500 Hz 混响时间（T_{60}，500 Hz）较长，均高于 2 s。因为高架候车厅容积很大，除顶棚处安装有吸声吊顶外，四壁均为玻璃幕墙，地板为花岗石地面，室内吸声量低，其内部空场（无座椅）状态下候车区域的 500 Hz 混响时间（T_{60}，500 Hz）范围为 3.8～6.2 s，即使考虑运营时聚集最高人数及安装座椅后产生的吸声量，500 Hz 混响时间（T_{60}，500 Hz）的预测值仍达 5.9 s；线下候车厅在空场状态下 500 Hz 混响时间（T_{60}，500 Hz）也达 2.44～2.7 s。对于一般厅堂建筑尺度的空间，当 500 Hz 混响时间（T_{60}，500 Hz）达到 4 s 以上时，将直接影响到厅堂内的语音清晰度。

在厅堂设计中当混响时间达不到限值要求时，可引入扩声系统语言传输指数 S_{TIPA} 评价高架车站候车厅内的广播系统语音清晰度。我国高速铁路高架车站 S_{TIPA} 仅在 0.33～0.44 间，根据《公共广播系统工程技术规范》（GB 50526—2021）要求，高架车站候车厅内的公共广播系统语言清晰度有待改进。

2.3.4.3　高架车站候车厅声学环境要求

1. 评价量

国内外用于评价铁路环境噪声影响的评价量，主要以等效声级和列车通过暴露声级为主。考虑到旅客在候车厅内逗留时间一般不超过 1 h，因此受列车通过噪声影响的小时等效声级为

$$L_{Aeq,1h} = 10\lg\left[\frac{1}{t_2 - t_1}\int_{t_1}^{t_2}\frac{p_A^2(t)}{p_0^2}dt\right] \tag{2-17}$$

式中　$L_{Aeq,1h}$——小时等效声级，dB；

$t_2 - t_1$——规定的时间间隔，取 1 h；

$p_A(t)$——噪声瞬时 A 计权声压，Pa；

p_0——基准声压，20μ Pa。

考虑到候车环境中旅客有语言交流和接听电话的需求，对瞬间声级水平也应加以规定，即列车通过暴露声级，其计算公式为式（2-10）。

另外，对于候车厅环境，因具有厅堂建筑特征及公共广播要求，评价量还应包含室内混响时间和扩声系统语言传输指数。混响时间依据赛宾定义，即当声源停止发声后，室内声能密度从稳态值衰减到 60 dB 所经历的时间为

$$T_{60} = 0.161\frac{V}{-S\ln(1-\alpha)} \tag{2-18}$$

式中　V——房间容积，m^3；

α——室内平均吸声系数；

S——房间内表面积，m^2。

语言传输指数是由语言信号调制指数在传输过程中的变化而导出的，是评价语言可懂

度的客观参量。扩声系统的语言传输指数 S_{TIPA} 是语言传输指数的一种简化形式，用于客观评价扩声系统(包括公共广播系统)的语言传输质量。

2. 评价指标

(1)小时等效声级 $L_{Aeq,1h}$

候车厅内人群的背景噪声水平已达 65～75 dB，参考美国运输部对铁路运输项目噪声影响评价方法及评价指标，对不同现状环境噪声可规定不同的新建项目噪声水平：当现场环境噪声为 65 dB 时，可接受的新建项目噪声水平为 60 dB；当现状环境噪声为 75 dB 时，可接受的新建项目噪声水平为 65 dB。可以认为，在高速铁路高架车站候车厅内，当背景噪声级为 65～75 dB 时，受高速列车运行噪声影响的等效声级 $L_{Aeq,1h}$ 为 60～65 dB，则从环境影响角度考虑是可接受的。因此，可将 60～65 dB 作为候车厅内小时等效声级限值的取值范围。

(2)列车通过暴露声级 TEL

根据《公共广播系统工程技术规范》(GB 50526—2021)，业务广播系统应备声级≥83 dB。在对国内已投入运营的高速铁路高架车站候车厅内公共广播系统的声级水平测试可知，候车厅内候车区域的广播系统声级水平一般在 80～85 dB。由此分析，列车通过暴露声级的限值应低于此声级，从而可不影响旅客接收出行广播信息。因此，可将 80～85 dB 作为候车厅内列车通过暴露声级限值的取值范围。

(3)500 Hz 混响时间(T_{60}，500 Hz)及扩声系统语言传输指数 S_{TIPA}

对语言交流环境有要求的建筑，还需要保证候车厅内具有较短的混响时间和较高的语言清晰度，一般采用 500 Hz 混响时间作为厅堂音质的评价指标。我国对电影院、音乐厅、多功能厅的混响时间要求一般为 1.0～1.5 s，对体育馆、游泳馆的混响时间要求为 1.2～2.5 s，一般厅堂的容积越大，允许的混响时间相对可适当加长。若混响时间过长，应加强对车站扩声系统的设计和布置等要求，以保证广播系统播音的语言清晰度。依据文献，可要求候车厅内的 500 Hz 混响时间(T_{60}，500 Hz)≤2.0～2.5 s。

《公共广播系统工程技术规范》(GB 50526—2021)中要求，对于一级业务广播，扩声系统语言传输指数 S_{TIPA}≥0.55；对于二级业务广播，扩声系统语言传输指数 S_{TIPA}≥0.45；上述限值可作为高速铁路高架候车厅内语言清晰度的评价指标。

(4)高速铁路高架车站候车厅声学环境要求

综合考虑高架车站候车厅声学环境影响现状及人们的环境要求，将高速铁路高架车站候车厅内的声学环境要求分为鼓励限值和允许限值 2 个等级，允许限值建立在现阶段技术可控基础上；鼓励限值旨在保障旅客候车舒适性，并需加强候车厅内的声学设计和采取噪声控制措施后方可达到。具体声学环境要求见表 2-15。

表 2-15　高速铁路高架车站候车厅声学环境要求

限　　值	评价指标			
	小时等级声效 $L_{Aeq,1h}$/dB	列车通过暴露声级 TEL/dB	混响时间 (T_{60},500 Hz)/s	扩声系统语言传输指数 S_{TIPA}
鼓励限值	60	80	2.0	0.55
允许限值	65	85	2.5	0.45

2.3.4.4　高架站减振降噪综合技术方案

1. 结构减振

高速铁路高架车站基本采用“建桥合一”的结构形式,其中站房结构与正线桥梁分开,但共用承台基础,雨棚柱、部分吊顶层桁架、部分结构柱支承在到发线桥墩及承台上。正线桥梁与车站结构分离的站房结构形式,可较大程度的减小高速列车通过时桥梁振动对站房建筑的振动影响。

2. 桥梁结构减振

高架车站正线、到发线桥梁梁部一般采用简支箱梁,箱梁是一种整体性较好的结构形式。在满足桥梁结构安全、满足桥梁动力性能要求的同时,提高了梁部竖向、横向刚度,提高梁部自振频率,减少梁部跨中挠度,减小了桥梁振动的振幅。

3. 站房结构减振

高架车站一般采用各线独立的桥墩结构形式。正线桥墩与到发线桥墩相互独立,且正线桥墩与站房建筑脱开布置,可降低高速列车通过时正线桥梁振动对站房建筑的影响。部分房建结构支承在到发线桥墩上,由于站房范围到发线桥通过列车车速很低,桥梁振动相对较小。正线及到发线桥墩及基础在满足结构安全的前提下,适当提高了桥墩总体刚度,增加了对桥梁振动的抑制。桥墩基础采用桩基,对抑制振动也有一定的作用。

4. 线下候车厅隔声吸声降噪技术

大多数高架车站线下候车厅站房设计方案是在站台下候车厅站房屋面采用 50 mm 厚度聚苯乙烯夹芯钢板屋面(0.8 mm 厚度压型彩钢板),加贴 50 mm 厚挤塑聚苯板。下方候车厅吊顶采用钢框架结构,未设置吸声吊顶。针对现有站房设计方案及噪声振动传播特性,建议线下候车厅的隔声吸声措施主要包括以下几个方面:

(1)空气声传播途径控制:站台通道口维护结构+通道吸声吊顶,如图 2-75 和图 2-76 所示,该项措施预计降低候车厅内噪声 3 dB。

(2)结构声传播途径控制:强化屋面隔声,如图 2-77 所示。

(3)混响声控制:增设吸声吊顶,如图 2-78 所示。

上述综合措施预计降低候车厅内噪声 4～6 dB。

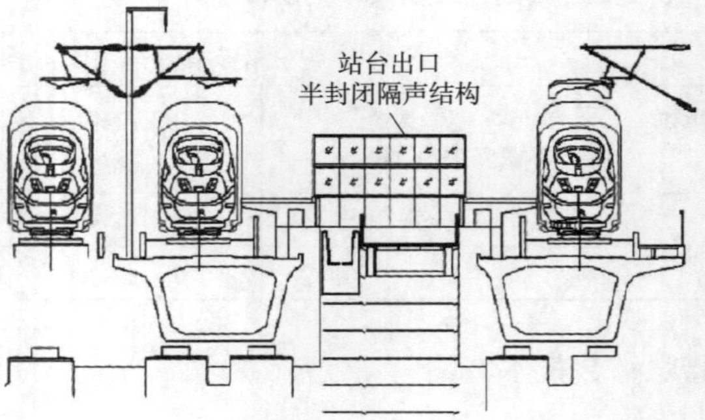

图 2-75 站台楼梯口增设半封闭维护结构

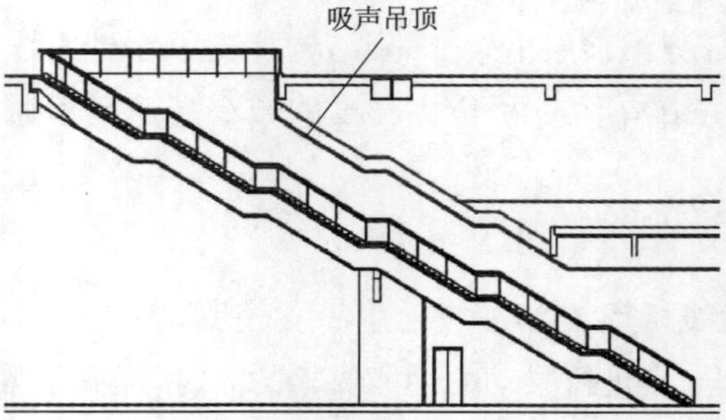

图 2-76 楼梯通道增设吸声吊顶

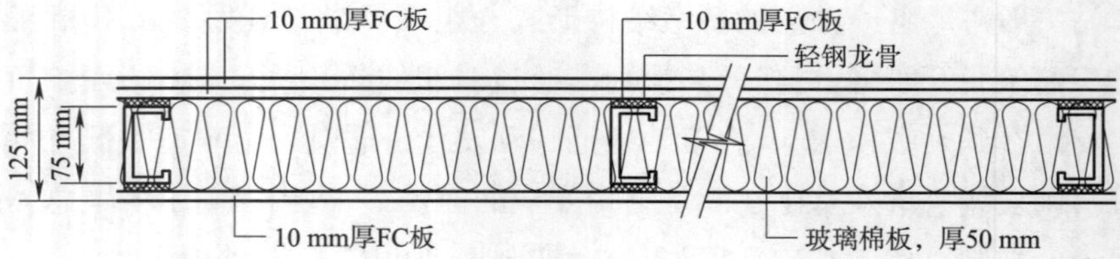

图 2-77 FC 夹芯板结构示意

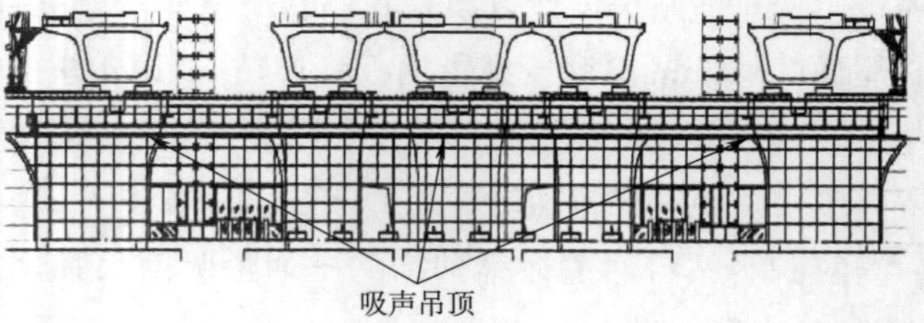

图 2-78 候车厅分区域设置吸声吊顶

预计采取上述减振降噪综合技术方案后，高速动车组列车以 350 km/h 速度通过高速铁路高架车站时，线下候车厅内列车通过噪声水平可低于 80 dB。

参 考 文 献

[1] 焦大化，钱德生. 铁路环境噪声控制[M]. 北京：中国铁道出版社，1990.

[2] 戴维. 铁路噪声与振动：机理、模型和控制方法[M]. 中国铁道科学研究院节能环保劳卫研究所，译. 北京：科学出版社，2014.

[3] 翟婉明. 车辆-轨道耦合动力学[M]. 4 版. 北京：科学出版社，2015.

[4] 魏伟. 铁路轮轨系统高频振动[D]. 成都：西南交通大学，1997.

[5] 马心坦. 轮轨滚动噪声预测与控制研究[D]. 北京：北京交通大学，2007.

[6] 刘林芽，雷晓燕. 轮轨噪声的预测[J]. 铁道学报，2004，26(1)：101-104.

[7] 方锐. 轮轨系统振动-声辐射特性研究[D]. 成都：西南交通大学，2008.

[8] 刘海平. 高速铁路轮轨滚动噪声建模、预测与控制研究[D]. 上海：上海交通大学，2011.

[9] 徐志胜. 轨道交通轮轨噪声预测与控制的研究[D]. 成都：西南交通大学，2004.

[10] 杨新文. 高速铁路轮轨噪声理论计算与控制研究[D]. 成都：西南交通大学，2010.

[11] 黄莎. 高速列车车外气动噪声数值模拟研究[D]. 长沙：中南大学，2009.

[12] 刘加利. 高速列车气动噪声的理论研究与数值模拟[D]. 成都：西南交通大学，2009.

[13] 伍向阳. 高速铁路运动声源几何发散模型及声屏障插入损失[D]. 北京：中国铁道科学研究院，2020.

[14] 韩立. 高速铁路轮轨声振特性及周期性短波不平顺声学诊断研究[D]. 北京：中国铁道科学研究院，2022.

[15] 苏卫青，潘晓岩，叶平. 高速铁路声屏障声学计算模式研究[J]. 中国铁道科学，2013，34(1)：126-130.

[16] 刘兰华. 我国高速铁路噪声源强特性变化试验研究[J]. 铁道建筑，2016，56(8)：160-163.

[17] 韩立，伍向阳，刘兰华，等. 基于本征模态函数分量能量比的高速铁路钢轨波磨声学诊断方法[J]. 铁道建筑，2021，61(9)：117-120.

[18] 韩立，辜小安，伍向阳，等. 基于预应力的高速列车车轮振动声辐射特性[J]. 中国铁道科学，2019，40(6)：86-94.

[19] 辜小安，伍向阳，邵琳，等. 高速铁路典型高架车站减振降噪技术方案探讨[J]. 铁路节能环保与安全卫生，2016，6(3)：109-111.

[20] 辜小安，王澜. 高速铁路高架车站候车厅声学环境要求的研究[J]. 中国铁道科学，2012，33(4)：120-125.

第3章 高速铁路生态环境保护技术

高速铁路具有占用土地少、运输能耗低、污染物排放较少的优势，是一种绿色交通方式。尽管如此，高速铁路项目建设仍然需要开挖大量土石方、占用土地、影响植被和周围生态系统，施工、运营过程也会产生一定的噪声等污染，间接影响沿线动植物和生态环境。因而高速铁路的建设和发展，在带动经济发展的同时也带来了一些生态环境问题。

同时，随着社会经济水平的提升，人们对环境也有了较高的要求，生态环境保护已成为当前高速铁路全过程必须秉承的发展理念。经过多年的实践分析，在深入理解生态环境保护理论的基础上，对高速铁路沿线的生态环境变化做出科学分析，探究铁路所造成的生态环境影响，通过采取各种有效的保护技术，减缓影响、提升沿线生态环境质量。

3.1 高速铁路生态环境保护理论体系

高速铁路是陆地生态系统中十分重要的人文景观之一，建设与自然和谐相处的铁路生态系统是铁路建设者和生态环境保护者所追求的目标。近年来，我国的铁路建设尤其是高速铁路建设取得了飞速发展，铁路设施在方便人们出行的同时，也对生态环境造成了一定影响。铁路在建设、运营时期所引起的景观分割、土地占用、植被破坏、水土流失等问题已经引起人们的重视。已经开展的一些研究，不断推动着我国高速铁路生态环境建设走向深入。

3.1.1 高速铁路生态环境保护基础理论

从不同的生态学尺度来看，高速铁路对生态环境影响的对象和过程不同。从具体某段线路来看，铁路对沿线生态环境的影响主要在于对生态系统（植物、动物、生境）的影响。从区域的尺度来看，铁路网对于生态环境的影响在于一定条件下对景观的切割，可能造成斑块的破碎化。因此，针对不同尺度的对象，具有不同的高速铁路生态环境保护基础理论。

3.1.1.1 高速铁路生态系统保护基础理论

生态学是研究生物与环境相互关系的科学，生态系统研究是探索生物系统与环境系统之间相互关系的一种综合体，生态环境保护实际上就是对各种生态系统进行保护。高速铁路施工由于周期长、规模大，对生态环境的负面影响主要集中于施工期。铁路工程施工对生态系统的主要影响为主体工程对土地的占用和分割改变了土地利用性质；路基的填筑和开挖，取、弃土（渣）场等破坏了局部地表植被和地形地貌；工程活动改变了原有的自然生态和环境，这会对沿线动、植物的生长、分布及栖息地等产生一定不利影响。

高速铁路建设除路基等主体工程会对土地永久性占用并降低植被覆盖率外，施工期间的制梁场、拌和站、材料场、施工便道和取、弃土（渣）场等对土地的临时性占用，以及施工作业、人员活动等都会破坏原有植被。尽管工程对路基边坡、铁路用地范围进行植草或植树以恢复植被，但其生产力和维持自然系统稳定性方面相较于原有植被将有所下降。高速铁路工程征地改变了土地原有的生态功能，使地表植被和沿线宝贵的耕地资源遭受损失；原有的自然生态环境或农业生态环境改变为以铁路线性廊道为主的人工生态环境，对完全依靠农业收入的农业人口产生了直接影响。另外，施工期取、弃土（渣）场等临时用地中部分为农田，这些都将对当地土地资源造成一定影响。高速铁路工程建设尽管在设计中较为合理地设置了线路方案，但仍不可避免地要占用一定数量的林地和草地，造成一定范围内某些植被类型面积的减少，引起原有植物景观资源的丧失，从而对一定范围内植被生物量和自然体系生产力产生负面影响。工程范围生物量损失主要为路基面、路基边坡砼制块、桥墩及房屋建筑等永久占地范围内植被的损失，对沿线植被的影响主要是施工期和自然恢复期工程范围内生物量的损失。此外，铁路工程施工产生水土流失主要是由于施工导致地表植被破坏，原生地表土层结构改变引起的。

对于上述高速铁路生态环境问题，在进行保护的过程中，必须要以生态学理论原则为指导，采取行之有效的措施和对策。换言之，生态学规律和原理是高速铁路生态环境保护的理论基础。铁路生态环境保护过程中常用到的生态学原理有以下原理：

1. 物种共生原理

在自然界中存在着性质不同的各种生态系统，各系统以及同一系统内的各种生物都有着错综复杂的联系，特别是在生态位和化学信息通信系统方面。一个系统或系统内一个物种的变化对生态系统的结构和功能均有很大的影响，这种影响有时能在短时间内表现出来，有的则需要较长的时间。充分认识到这一点，提高物种和生态系统的多样性，便能获得更高的互助共生的效益。

2. 能量流动和物质循环原理

在自然生态系统中，能量的单向流动和物质循环是生态系统的基本规律。显然能量在生态系统内沿食物链转移时，每经过一次营养级，有一部分能量就要以热能的形式逸散到空气中，无法再次回收利用。因此在开发利用资源时，应该设计多级利用系统。而物质在生态系统中是循环利用的，这种循环是一切自然生态系统自我维持的基础。如果系统内存在有毒物质，在循环的过程中，有毒物质会在循环过程中放大，对系统和人类均有直接和间接的危害。

3. 物种相生相克原理

生态系统中的相生相克源于系统中的食物链，系统中的能量通过食物链转化，物质通过食物链传递，延长食物链，增加食物链的分支，有利于生态系统的稳定和环境保护。

4. 生态位协调稳定原理

生态位主要指某一物种或种群在生态系统内能最大限度的利用环境中的物质和能量的最佳位置，即人们通常所说的给物种在生态系统中定位。生态位和种群是一一对应的，也就是说一个生态位只能容纳一个特定的生物种群。在自然生态系统中，随着系统的演替向顶极群落阶段发展时，其生态位数目渐增，物种多样性指数增加，空白生态位逐渐被填充，生态位逐渐被饱和，从而构成复杂稳定和网络结构的生态系统。人工生态系统由于物种单一，生态位不饱和，是一种偏途顶极，当人为控制因素消除后人工生态系统易发生变化，是一种不稳定的生态系统。

3.1.1.2 高速铁路景观生态保护基础理论

景观生态学(landscape ecology)是研究在一个相当大的区域内，由许多不同生态系统所组成的整体(即景观)的空间结构、相互作用、协调功能及动态变化的一门生态学分支。廊道、斑块和基底是景观的三个重要组成部分。景观生态学一般认为是比生态系统更高一层次。现代景观地理学的研究主要向两个方向发展：一个方向主要是强调分析、研究和综合景观的整体特征；另一个方向是研究景观内部的土地结构，探讨如何开发利用、治理和保护景观。景观生态规划通过分析土地生态景观的特性分析、综合评价提出土地生态的最优利用模式。其目的是使景观内部社会活动和土地生态环境特征在时间和空间上的协调发展，达到土地生态的最优利用，即实现生态、经济、社会效益的共同发展。通过景观生态研究提出发展生态环境保护的方案，为地区经济、社会、生态的健康、持续发展提供依据。

高速铁路是线性工程，铁道线路在景观生态学中被认为是廊道。线路路基作为屏障对动物活动、两侧人员的农作出行、车辆交通以及地表径流会产生一定的阻隔影响，一般通过修筑涵洞等方式缓解。隧道、路堑开挖时，如揭开地下水含水层时，将引起地下水直接从路堑开挖面流失，引起下游地区地下水补给减少，进而造成局部丰水和局部用水缺失现象，对植被、农作物生长产生不利影响。跨河桥梁墩台修建会局部影响水流，使桥前水位壅高，将有一定的回水长度，对河道局部水流产生一些影响。隧道工程开挖山体将扰动表层植被，改变局部地貌。高速铁路的修建不可避免地会对周围景观造成影响。高铁车站站场的营建总的来说可以提升城市形象，刺激周边地区的旧城改造，以适应现代化都市新貌的需要。但因其高速、高架等特点，也会带来与周边既有人文、自然景观的差异，一定程度改变景观的连通度。

景观生态学的理论基础是整体论和系统论。本书将对景观生态学的几个基本理论进行简单介绍。

1. 尺度及其有关概念

尺度一般是指对某一研究对象或现象在空间上或时间上的量度，分别称为空间尺度和时间尺度。此外，组织尺度的概念，即在由生态学组织层次（如个体、种群、群落、生态系统、景观）组成的等级系统中的位置，也广为使用。

2. 等级理论

等级理论是 20 世纪 60 年代以来逐渐发展形成的，关于复杂系统的结构、功能和动态的系统理论。它的发展是基于一般系统论、信息论、非平衡态热力学、数学以及现代哲学的有关理论。根据等级理论，复杂系统具有离散性等级层次。据此，对这些系统的研究可得以简化。一般而言，处于等级系统中高层次的行为或动态常表现出大尺度、低频率、慢速度特征；而低层次行为或过程的行为或动态则表现出小尺度、高频率、快速度的特征。不同等级层次之间还具有相互作用的关系，即高层次对低层次有制约作用，而低层次则为高层次提供机制和功能。

3. 格局与过程

景观生态学中的格局，往往是指空间格局，即斑块和其他组成单元的类型、数目以及空间分布与配置等。空间格局可粗略地描述为随机型、规则型和聚集型。更详细的景观结构特征和空间关系可通过一系列景观指数和空间分析方法加以定量化。与格局不同，过程则强调事件或现象发生、发展的程序和动态特征。景观生态学常常涉及的生态学过程包括种群动态、种子或生物体的传播、捕食者和猎物的相互作用、群落演替、干扰扩散、养分循环等。

4. 景观连通度

景观连通度是对景观空间结构单元相互之间连续性的量度。它包括结构连通度和功能连通度。前者指景观在空间上直接表现出的连续性，可通过卫片、航片或视觉器官观察来确定。后者是以所研究的生态学对象或过程的特征尺度来确定的景观连续性。例如，种子传播距离、动物取食和繁殖活动的范围，以及养分循环的空间幅度等，都与景观结构连续性相互作用，并一起来确定景观的功能连通度。因此，景观连通度密切地依赖于观察尺度和所研究对象的特征尺度，即某现象集中出现的尺度。

3.1.2 高速铁路生态环境保护基本体系

高速铁路项目作为大型交通基础设施项目，其生态环境影响主要集中在建设期（包括前期规划）。生态环境保护基本体系主要指建设期环境保护和水土保持（以下简称环水保）管理体系。高速铁路环水保管理体系依托于项目管理体系而建立。我国铁路建设项目管理体系的建立与完善源于铁路工程项目建设实践。孙永福院士以青藏铁路、京九铁路等项目建设管理实践总结了建设目标体系的实施与控制要素。卢春房院士总结铁路建设管理“六位一体"(质量、安全、工期、投资、环保和稳定为一体)目标控制体系实践成果。通过不断总结和发展,相对成熟的项目管理体系为开展环水保管理工作提供了基础。

3.1.2.1 高速铁路生态环境保护体系框架

铁路建设项目生态环境保护体系框架包括目标体系、标准体系、支撑体系、保障体系。其中,目标体系包括总体目标和各项环水保内容的具体目标;标准体系主要包括管理标准(考评标准)、技术标准、作业标准;支撑体系主要依靠信息化技术,包括信息管理平台、信息采集终端、智能分析系统等;保障体系主要依靠管理手段,包括组织机构、管理职责、管理制度、考核激励等。铁路建设项目环水保管理体系框架如图 3-1 所示。

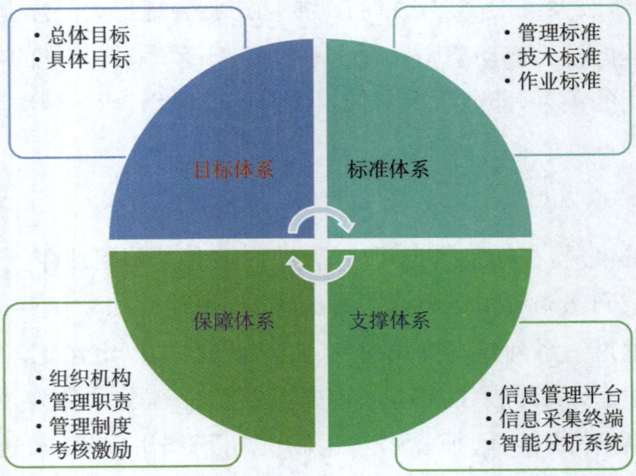

图 3-1 铁路建设项目环水保管理体系框架

通过体系框架可见,环水保管理标准体系的建设与完善、信息化技术支撑体系的建设是当前行业主管部门迫切希望推进实现的目标。

3.1.2.2 高速铁路生态环境保护体系规范化建设实践

为推进管理体系完善建设,随着国家环水保政策的变化,行业主管部门出台了一系列管理办法,完善铁路建设项目全过程环水保管理。通过总结铁路建设中环境保护好的做法,以现场会或提炼管理经验的方式进行全路固化、推广和应用,满足环水保实际工作、管理需求。

1. 从设计源头推动规范化管理

(1)弃土(渣)场、拌和站、制梁场按照"一场一图"要求进行专门设计,隧道排污按照"一洞一图"要求进行设计。

(2)建立其他专业与环境保护、水土保持专业审核联签制度,确保各项环境保护、水土保持措施与主体工程同时设计。环境敏感区或重要噪声敏感点路段相关专业施工图未经环境保护、水土保持专业审核不得交付实施。

2. 完善“三同时”制度落地的过程监督

(1)建设项目环境影响评价、水土保持文件完成批复后,严格控制重大变动,确实构成重大变动的,及时组织完成评审或报批程序。

(2)按设计文件规范施工,特别对敏感区路段工程施工进行重点管理。例如,对弃土(渣)场重点查处“未批先弃”的行为,对不具备弃土(渣)场工点施工图设计、施工组织方案批复、作业指导书、征用手续批复等前提条件的,不得弃土(渣);强制要求隧道正式开挖前必须先实施完成施工废水处理装置,并经组织检查验收合格。

3. 执行内审制度强化验收管理

(1)实行内部审查制度,制定环水保工程静动态验收办法,强调弃土(渣)场稳定性评估和声屏障、隔声窗等设施在动态验收前实施完成。

(2)按照主管部门有关要求认真履行环境保护、水土保持验收主体责任,组织开展环境保护、水土保持验收工作。规定在项目开通运行前完成环境保护、水土保持自主验收工作,并将验收情况纳入年度考核。

4. 组织规范制定完善了技术基础

(1)制订环境保护与水土保持技术管理办法。该办法明确环水保工作的管理内容、管理体系和重点工作,从前期阶段、施工阶段、竣工验收阶段等三个阶段分别规定工作内容、管理重点和技术要点,并明确变更设计管理和资料整理归档的程序。

(2)制订铁路隧道施工期生产废水处理技术管理办法。依托成兰铁路工程试验技术成果,结合铁路隧道施工废水特点,明确铁路隧道施工期生产废水处理的建设管理职责,制订工艺设计标准和施工组织要求,对运行管理和环境检测进行了规范管理。

(3)制订铁路建设项目弃土(渣)场技术管理办法。依托成兰铁路、商合杭铁路的管理经验,对弃土(渣)场管理提出基本要求,规范设计方法和施工组织方案,对弃土(渣)场的质量控制和变更设计做出规定,制订验收移交的工作程序和管理流程,并提出信息化管理和监控的方案。

(4)制订环境保护与水土保持管理考核标准。在京雄城际铁路建设中,结合项目特点,制订“绿色工地”环水保管理考核标准,从技术角度规定建设单位、监理单位、检测单位、施工单位的考核内容、评价标准、结果判断等,形成完整的考核标准范例。

3.2　高速铁路生态保护与植被恢复技术

高速铁路具有提高交通运输效率、促进区域经济发展等优点,但其建设与运营过程不可避免地会干扰到周边区域的生态系统。例如,铁路建设过程中路基等工程的施工会直接损害地表植被或间接干扰植物正常生长;铁道线路可能阻隔野生动物的迁徙路线;无防护的路堤边坡在雨季可能产生大量的泥沙造成水土流失,以及铁路沿线周边自然景观格局的破碎化等。尤其是当铁路项目涉及自然保护区、水源保护区、风景名胜区等生态敏感地带时,若不采取预防和保护措施,可能会对区域生态环境造成累积性的、永久的破坏。野生动植物保护和生态恢复(边坡绿化、植被恢复)是解决这些高速铁路沿线生态问题的重要途径,开展高速铁路生态保护和植被恢复工作对于提高铁路的生态环境效益和社会效益具有重要意义。

3.2.1 高速铁路野生动物保护技术

铁路项目对珍稀野生动物产生的影响主要为生境的局部破坏、污染,以及施工作业对野生动物的惊扰。施工过程产生的不良影响较为明显。但竣工以后,各类施工作业影响将不再存在,随着生态恢复措施的效果逐步显现,其对生境的影响也将减小到最低。因此,在项目实施过程中采取有效的管理,严格落实各项野生动物保护措施,可以最大限度减轻铁路建设项目对野生动物的不良影响。

3.2.1.1 铁路对野生动物的主要影响

铁路施工建设和运营对沿线野生动物及其栖息地可能产生影响,铁路工程永久或临时占地,使野生动物失去一部分活动空间。铁路工程占用和破坏部分植被资源,使野生动物减少了相应的食物来源。

中国科学院动物研究所的多项研究报告均提及,线性工程对动物的影响主要表现在工程路基占地、开挖和施工人员活动增加等干扰因素将缩小野生动物的栖息空间,树木的砍伐使动物食物资源的减少,从而影响部分陆生动物的活动区域、迁移途径、栖息区域、觅食范围等,从而对动物的生存产生一定的影响;施工人员及施工机械的噪声,引起动物的迁移,使得工程范围内动物种类、数量减少,动物分布发生变化。施工期间,临时征地区域,对陆域野生动物的活动有一定的影响,受到施工噪声的惊吓,也将使其被迫离开原来的栖息地。夜间车辆运行及照明灯光对夜间活动的动物造成影响。铁路施工和运营会产生的噪声、振动和灯光,对野生动物的生存和活动环境形成干扰,使它们容易遭受惊吓,增加不安全感。噪声对鸟类生息的影响,主要考虑因噪声影响可能发生的动物放弃建巢场所,以及栖息地被噪声干扰后由此引发的动物繁殖率改变,食饵链的变化,迁徙路径的改变等。

铁路路基、桥梁均会对某些陆生动物有一定的阻隔效应。铁路工程主体建筑的突起,对野生动物的活动和迁移产生视觉障碍和通行困难。对大熊猫、黑熊、东北虎、普氏原羚、蒙古野驴、鹅喉羚、林麝、黑叶猴、白头叶猴、丹顶鹤等一些国家重点野生保护动物生境破碎化问题的研究发现,道路工程使生境斑块数量显著增加,是导致生境破碎化的重要原因之一。例如,大熊猫栖息地内的道路总里程已达到 1 339 km,公路、铁路以及低等级的县道、乡道持续增加,路网密度进一步增大,加重了种群间的隔离。1986—2006 年,江苏盐城滨海湿地的丹顶鹤生境斑块数量增加了 1.3 倍。综合来看,维持栖息地的连通度是降低道路工程破碎化程度的关键。

噪声对鸟类生息的影响主要关注鸟类的栖息地被噪声干扰情况，以及由此引发的动物繁殖率改变，食饵链的变化，迁徙路径的改变等；公路、铁路运营过程中的突发噪声对线路两侧 1.5 km 范围内的候鸟栖息地产生干扰，可能对其繁殖率造成影响。鸟类可听到频率为 300～6 000 Hz 的声音，可听取的最佳频率在 2～4 000 Hz，而人类可听到的频率在 3 000～16 000 Hz。自然背景噪声包括风声、雨声、瀑布、鸟虫鸣叫等，属于低频率噪声，一般小于 4 000 Hz，人类活动如工业生产、建筑、运输等噪声也多低于 5 000 Hz，交通噪声频率一般在 2～4 000 Hz，正好处于鸟类最佳听力范围。黑颈鹤在环境噪声提高时，首先会因警惕行为而驻足倾听，而后随环境噪声增至60 dB 时出现避让奔逃的现象，至距离噪声源 60 m 以上时停止奔逃，但群体仍处于躁动状态直至平静。关于鸟类撞击事故的研究结果，大部分指向导致鸟类撞击的主要原因之一是灯光诱导作用，加拿大、美国和北欧在夜间人工照明致鸟死亡问题上的探索性研究活动开展很早。由于许多鸟类是在夜间迁徙，有时会把灯光当成黎明的光线，这种趋光性造成许多鸟在夜间撞上亮着灯光的建筑物或车辆。同时，这种趋光性还与灯光闪烁类型、光照强度等相关，高频闪烁的障碍灯能起到较好降低死亡率的作用。

3.2.1.2　野生动物保护设计原则

1. 栖息地保护原则

根据对铁路项目施工建设和运营野生动物影响特点、保护措施研究的结果，一般地，铁路项目建设工程路基占地、开挖和施工人员活动增加等干扰因素也锁了野生动物的栖息空间，树木的砍伐使动物食物资源的减少，从而影响部分陆生动物的活动区域、迁移途径、栖息区域、觅食范围等。从栖息地保护角度，可以归纳出以下主要原则：

(1)最小化施工扰动

前期评估和设计阶段绕避野生动物的重要栖息活动区域，包括尽量避免直接穿越野生动物保护核心区和可能产生明显影响的区域；无法完全绕避的，采取扰动小的穿越方式，如隧道或桥梁等。对于临时占地，在进行选址时也应根据最小化施工扰动原则实施。例如避免在野生动物可能经常活动、藏匿的沟谷地带进行弃渣等，避免在野生动物觅食、饮水的地区附近建设大型施工场地及道路等。

施工过程的野生动物栖息地生态环境保护，包括严格控制施工和人员活动区域；优化施工组织方案，避免在野生动物繁殖、迁徙期和夜间产生明显的施工干扰，采用对环境影响小的施工工艺和施工机械设备；加强施工污染防治，防止污水、生活垃圾等对野生动物栖息地水源、觅食等活动产生不利影响。

(2)栖息地生态修复

对施工扰动区域进行生态修复和必要的生态补偿。对施工产生的地表破坏、临时占地等，实施工程防护和绿化恢复的措施，并在树草种选择、景观设计等方面注重原貌恢复和修复;对原有栖息地破坏较严重难以恢复的,可以通过生态补偿方式实施异地重建条件类似的栖息地,并进行物种的人工繁殖和培养,间接实现保护作用。

对野生动物的重要迁徙活动通道进行恢复和重建。野生动物通道是栖息地的一种重要功能设施,自然形成的动物通道应尽量原貌保持,无法避免破坏的,可以进行恢复和重建。野生动物通道根据线路及周边环境情况选择最为适宜的形式,如以桥代路,其次路基方式则采用缓坡、上部通道等,再次以涵洞、涵管方式供野生动物迁徙通过。

2. 专项保护措施设计原则

列车运行中,对外界产生的噪声、夜间车辆照明灯光,是对野生动物、鸟类等造成影响的主要因素。在栖息地保护的基础上,进一步针对特定影响因素,实施专项保护措施,做到精准、有效保护。

(1)降低影响源强

针对列车运行的振动和噪声,通过道床、轨道的减振设计和材料、技术等,降低其源强。减振降噪源强措施一般包括如采用弹性道砟垫、弹性扣件,特殊减振措施如浮置板道床、阻尼钢轨等,轨道采用无缝长钢轨。此外还可根据需要,采用组合方式同时采取多种减振措施。

(2)隔声屏障措施

对噪声敏感的野生动物、鸟类等,可以进一步采取隔声屏障的措施,从传播途径减缓噪声的影响。隔声屏障措施的设计和实施应该综合考虑距离、环境背景条件情况、野生动物对噪声的适应性等因素。现有的声屏障的基本类型包括直立式、半封闭、全封闭式等,材质包括金属、非金属等。

(3)防光照措施

灯光防护措施主要采用遮光屏障,同时需要降噪的,可以与隔声屏障一并设计。防光照屏障的设计应该对车灯照射的距离、角度等进行深入分析,经过精确计算,保证长度、高度满足要求。此外从光源角度,随着列车制造技术的不断提高,自动化驾驶逐步实现,对于车灯的设计可采用低强度、环境友好的光源,在满足照明需求的前提下,降低或消除车灯照射影响。

(4)防撞措施

针对高速行驶列车可能对鸟类产生的撞击影响,采用特定的防护工程措施,包括防撞设施和防撞警示等。防撞措施除避免鸟类等野生动物与高速行进的列车之间有效隔离,同时需要保证对动物个体不造成其他附带伤害。警示措施包括涂装色彩、图案、声音等。

3. 专项管理措施原则

(1)运行管理措施

车速、灯光控制。对特定路段减速、禁鸣等管理措施。灯光照明管理,取消非必要的照明措施。运行管理措施在环保工程措施的基础上，通过人为管理，在特定路段控制列车速度，减少或取消不必要的、对鸟类和野生动物有特定影响的操作，可起到有效的保护作用。

与运营期环保工作相结合，对线路本身可能产生污染排放，如货运线路可能产生的散装货物大气污染，影响沿线野生动物生存栖息地环境的，以及车站产生的废水、废气等污染物，对沿线水体可能造成污染的，进行严格管理、处置。

(2)跟踪监测

根据对野生动物影响的特点、所采取的环保措施情况，应进行持续的跟踪观察，对发现的问题采取补救措施等。

①野生动物基本情况跟踪观测主要包括野生动物的种群数量、分布活动范围等。对比线路实施前后两侧的野生动物数量、活动范围的变化，对于减少、远离等情况，要进一步分析原因，尤其是结合对专项保护工程措施的效果进行跟踪观测、评估。此外要对除铁路工程建设运营以外的其他环境变化因素进行综合考虑，科学、客观、准确判断问题原因。

②专项保护工程措施效果观测。对栖息地生态修复、重建，野生动物通道、防护屏障等各类措施和工程进行观测评估，是否达到设计目的，即对野生动物繁衍、保护，补偿工程建设产生的破坏影响、防护运营噪声、灯光影响等发挥了作用。此外还包括，工程措施是否需要进一步维护、完善等内容。

③野生动物适应性调查。对于已经产生影响的线路，除基本情况观测、保护措施效果观测外，可进一步进行野生动物适应性调查分析。通过一定时期的跟踪观测，调查了解野生动物对铁路建成运营新环境的适应性和适应程度。对适应性的调查还应考虑对野生动物个体、种群生物节律及其健康性的分析，此外尽可能与未实施专项保护措施、环境条件类似的其他区域野生动物情况进行比对，为后期新建项目措施设计提供参考。

3.2.1.3　野生动物保护技术措施

1. 野生动物通道

20世纪50—60年代是野生动物通道实践和研究的起步阶段。为了更好地指导野生动物通道的设计和管理，在全面评估了已建工程及其减缓措施后，欧洲、美国均出台了相关指南。至今，已有成百上千个动物通道分布在全球各地，以欧洲、北美洲和澳大利亚居多。截至2008年，整个北美洲陆生野生动物通道的数量达到684个以上。Forman早在1998年就提出了道路工程的封闭和阻隔影响将取代线路交通碰撞致死影响成为动物保护的新焦点，并提出了采取动物通道的措施将可以明显减缓这一措施。在对肯尼亚察沃国家公园动物通道设置研究中，对蒙内铁路的动物通道进行了研究，并根据与肯尼亚动物保护管理局的沟通，认为根据沿线动物物种的特点，通过保存通道周围的自然状态，在通道两端根据被保护动物的习性采取诱导和保护措施，如抛撒动物粪便、修建饮水坑、投放食物等方式营造通道环境，可大幅提高通道的使用效果。

铁路主体工程一般设置有以下两种基本的野生动物通道形式：

(1)桥梁下方通道

铁路建成后，只要能很好恢复桥梁下原始景观，野生动物就可以自然通过。对于下方有水的桥梁，通过增加引桥高度和恢复引起下方的景观，野生动物在取食、饮水时也可以自然通过，这种形式的通道特别适合草原有蹄类动物通过，桥梁下方通道示意及实景情况如图 3-2 所示。

(a)示意图　　(b)实景图

图 3-2　桥梁下方通道

(2)隧道上方通道

铁路建成后，恢复好隧道洞口附近破坏的植被，在隧道进出口增加一些必要的防护措施等，可以作为野生动物的通道。这种类型特别适合高山山地类型动物通过。隧道上方通道示意及实景情况如图 3-3 所示。

(a)示意图　　(b)实景图

图 3-3　隧道上方通道

从对青藏铁路设置的桥梁下方和隧道上方两种类型野生动物通道的监测数据来看，两种类型的通道对沿线野生动物种群交流均起到了积极的作用，藏羚等野生动物已逐步熟悉和利用通道，并且对其利用率逐年上升，通过监测中未发现有藏羚迁徙被铁路阻隔的现象。对新疆既有铁路两侧的野生动物迁徙情况研究表明，在 4～5 km 间隔距离范围设置动物通道，对于野生动物的迁徙影响最低。

2. 声光屏障

列车夜间灯光会对沿线的野生动物造成较明显的惊扰，迫使其离开原本适宜的栖息地，影响其生存繁殖。通过在不同的人造光源强度、照射方向条件下对鸟类的影响程度实验，得出鸟类对刺眼的光源亮点比较敏感，尤其是高压钠灯和金卤灯灯光，当飞行经过光源直射区域时往往被亮光源照晕而辨不清方向，同时显色性地的光源照明会导致周围环境可视度的降低。浩吉铁路在环境影响评价阶段，针对大天鹅保护提出了在三门峡黄河大桥两侧建设 4.5 m 高隔声遮光屏障 3.8 km，防止夜间列车车头灯光对天鹅的照射对其产生惊扰。

列车噪声不仅对沿线人群会产生不良影响，对野生动物也具有惊扰和改变生存习性等影响。

为减缓高速铁路对“小鸟天堂”鸟类产生的噪声惊扰影响，线路在该段设置了全封闭声光屏障 2 036 m，区别于开放式的针对人群设置的声屏障，以期达到最佳效果。

为降低线路通过野生动物分布区及鸟类分布区夜间灯光及列车运营噪声对野生动物的干扰，在线路通过保护区的路段可设置折壁式高声光屏障。采用声光屏障降噪、遮光措施，最大可能地减小列车对野生动物的影响。“小鸟天堂”又称鸟的天堂，是一个以独特的鸟类生态风景为主题，集生态旅游、文化旅游、健康旅游、休闲旅游于一体的旅游风景区。该景点位于江门市新会区天马河的河心沙洲上，是全国最大的天然赏鸟乐园之一，这里拥有全世界最大的独木古榕，栖息着夜鹭、牛背鹭和小白鹭等 40 多种珍稀鸟类。深茂铁路从小鸟天堂旅游景区穿越而过，线路距小鸟天堂核心区大榕树约 800 m，距生态区规划边缘约 300 m，距离较近。

为减缓深茂铁路在运行期间对鸟类产生的灯光及噪声惊扰影响，线路在穿越景区路段采用全封闭拱式声屏障措施，由拱形钢构架和金属吸、隔声板及 ECC 混凝土隔声板组成，共计 2 036 m、安装吸声板 4.2 万余块，此外在两端设置 1 700 m 遮光屏障，总投资近 1.87 亿元，声屏障现场情况如图 3-4 所示。

(a)外部

(b)内部

图 3-4　全封闭拱式声屏障

3. 防护栅栏

为保护铁路运营安全的同时保护动物安全，在大熊猫、藏羚羊等野生动物分布频繁区域的隧道洞口和路基可设置防护栅栏。若线路为全封闭铁路，线路两侧用地界可采用防护栅栏封闭，可防止运营期野生动物进入铁路轨道造成伤亡。

在大熊猫、藏羚羊等野生动物分布区域的隧道及其辅助坑道的洞口上方及两侧结合隧道专业落石防护措施设置被动防护栅栏，可防止山区隧道洞口附近不具飞行能力的哺乳类野生动物跌落。

防护栅栏采用柔性网，高度 5 m，防护栅栏共两层，外部为环形网，内部为钢丝格栅。防护栅栏主要设置于动物通道桥梁隧道复合通道及隧道顶部通道处的隧道洞顶及洞口两侧，防护网布置沿等高线走向。

4. 鸟类防护网

已开通的西成客运专线穿越陕西秦岭的汉中朱鹮国家级自然保护区，为防止在保护区内飞行活动的朱鹮在不利天气条件下受到高速运行的列车的撞击，西成客运专线在保护区内的桥梁两侧共设置了高度 4 m 金属编织防护网共 33.8 km。

汉中朱鹮国家级自然保护区位于陕西洋县境内，保护区总面积 37 549 hm^2，核心区面积 11 390 hm^2，缓冲区面积 9 930 hm^2，实验区面积 16 229 hm^2。保护区的主要保护对象为朱鹮及其栖息地。西成客运专线在汉中洋县总长 29.8 km，其中穿越朱鹮保护区的试验区 16 km，受影响区域包括朱鹮的 3 个主要觅食地和 2 个主要夜宿地，距离较近。

朱鹮为鹳形目鹮属的一种鸟类，是世界濒危的我国特有种群，列为国家一级重点保护野生动物。以陕西洋县为主要栖息地的野外朱鹮种群是全球唯一的野生朱鹮种群，拥有极其重要的科学研究价值和重大国际影响。朱鹮平时栖息在高大的乔木上，觅食时才飞到水田、沼泽地和山区溪流处。朱鹮的食物以鱼类、两栖类、软体动物等动物为主，兼食植物性食物。朱鹮为留鸟，秋、冬季节成小群向低山及平原作小范围游荡。4—5 月份开始筑巢，每年繁殖一窝，每窝产卵 2～4 枚，由双亲孵化及育雏，雏鸟大约 30 天破壳，经哺育约 40 天后离巢。

为了保证朱鹮的“过路”安全，防止在不利天气条件下发生高速运行列车与朱鹮的撞击事故。西成客运专线 2017 年 12 月开通运营，在保护区内采取“以桥代路”的形式穿越，可使朱鹮在飞翔时有明显的障碍标识；同时利用鸟类天生具有回避障碍物的特性，在桥梁两侧设置了高度 4 m 金属编织防护网，共计 33.8 km。该防护网采用了朱鹮易识别的蓝色立柱＋细密金属网，立柱用醒目的蓝色、反光效果明显，金属网内侧安装了黄色的反光条，对鸟类有视觉上的警示作用。通过对朱鹮的飞行体态观测、骨骼受力安全检验的计算等方法，分析研究了防撞网对朱鹮的防撞效果，认为该设施能够基本满足碰撞发生时朱鹮不产生骨骼损伤。防护网现场情况如图 3-5 所示。

图 3-5　朱鹮自然保护区金属防护网

3. 2. 2　高速铁路边坡绿化技术

高速铁路工程开展边坡绿化可以利用灌木、乔木或草等植物，通过植物的叶、茎和根系与被保护岩土体的共同作用，保护边坡免受大气降水与地表径流的冲刷，达到稳固边坡、保持水土、改善环境、防御灾害的目的。边坡绿化通过加固、遮护效应可以有效提高边坡稳定性，减少表面侵蚀冲刷，同时可以起到恢复受损区域生态环境、改善工程沿线景观效果的作用。

高速铁路边坡按工程形式划分有路基(路堤和路堑)边坡、桥梁桥台锥体边坡、隧道洞口边仰坡、站区边坡，以及取弃土(渣)场边坡等。开展边坡绿化主要考虑因素为边坡性质(土质和石质)和边坡坡率，其他还需考虑土壤、气候、乡土植物等。边坡绿化措施与工程防护措施相结合，如“混凝土骨架＋植被绿化”等，兼顾考虑美观效果，毗邻自然保护区、风景名胜区或城镇规划区内的铁路，还应与当地的自然及人文环境相协调。

3. 2. 2. 1　高速铁路边坡绿化设计原则

边坡绿化植物根据立地条件、种植目的及经济适用性等确定，宜灌则灌、宜乔则乔、宜草则草，以优良的乡土植物为主，并符合以下原则：

1. 因地制宜、适地适种原则

在植物选择上遵循“选用乡土植物、物种组合优选”的思路，采用因地制宜、适地适种原则。

(1)植物适应环境，抗逆性强，可抵抗公害、病虫害，易养护；选择易成活、生长快、萌根性强、茎矮叶茂、覆盖度大和根系发达的多年生木本植物或草本植物。

(2)一般地区宜选择树形较好的速生落叶和常绿灌木、乔木。寒冷地区宜选择耐寒、耐阴湿的落叶和常绿灌木、乔木。干旱、半干旱地区宜选择耐旱、耐土地贫瘠的灌木，并考虑阴面、阳面植物长势差异，有条件的地区可种植落叶和常绿乔木。风沙地区应选择耐干旱、耐沙埋、耐日灼、抗风蚀的沙生草、灌植物。

(3)要根据坡面的地形地貌、坡面组成物质的特征选择物种，如向阳坡和背阴坡应分别选择喜光耐旱和喜阴不耐旱的物种；坡度较陡的岩石坡面可选择能攀缘生长的藤本植物；不同坡率的边坡设计不同类型的群落。

(4)避免使用未经生态环境影响评估的外来物种；避免种植油脂性植物和名贵树种，不宜种植经济类植物。

2. 物种多样性原则

物种多样性是生物多样性的重要组成部分，一般可以认为它是群落内物种数目和每一个物种的个体数量。

(1)要避免单一种的大量使用，尽可能地采用混播，如采取禾本科与豆科、菊科混播，乔、灌、草混播等，多物种的混播可形成优势互补，能保持质量的稳定，同时还能提高人工草地的抗寒、抗旱、耐热等抗性，提高观赏性和整体美观的效果。

(2)注重地区(大范围)物种的“绝对”丰富和地段(小范围)物种的“相对”丰富，即整个地区的群落类型和物种数目尽可能地多，局部路段的物种数目相对稳定。例如植草的边坡，物种数目以 3～5 种为宜，将先锋植物、中期植物和目标植物合理搭配种植。这样可避免由于种间竞争，使初期投入的很多物种发芽后难以存活。

(3)对外来种的引入应特别注意，避免人为造成外来物种入侵，确保区域生态安全。

3. 护坡效果原则

边坡生态恢复的主要目的是保护坡面和恢复生态。在进行植被设计时必须要考虑到护坡对植物的要求。

(1)要求选用速生植物种，尽快在坡面形成植被覆盖层。只有当植被层迅速形成之后，外力对坡面的侵蚀才有可能被植被层的阻挡而被化解。

(2)要求选用根系比较发达的植物，因为发达的根系可以牢牢地抓住土壤，与植物的叶茎的覆盖作用相结合，达到保护坡面的效果。

4. 美化景观原则

边坡绿化恢复应通过植物群落设计，立足于将铁路景观充分融入自然环境中，创造和谐、自然的景观。

(1)借鉴地域植物群落的种类组成、结构特点和演替规律，以植物群落为绿化基本单元，科学而艺术地再现地带性群落特征的路域生态景观。

(2)顺应自然规律，构建层次多、结构复杂和功能多样的植物群落，增强系统的稳定性和抗逆性，实现人工的低度管理和景观与周围环境协调统一的可持续维持和发展。

(3)应实现基础建设与自然美化的协调，随着季节变化，植被中不同花期叶色的植物，营造出优美的生态自然风光，使铁路融入周边自然环境，成为与之水乳交融的重要组成部分。

3.2.2.2　高速铁路边坡绿化技术措施

高速铁路边坡常用绿化防护技术有栽植灌木和乔木、种植灌草或喷播植草(灌木)、植生袋植草(灌木)、植生带植草(灌木)、客土植生、喷混植生等。同时近年来，以材料学、植物学、土壤学、岩土工程等学科理论为指导，采用更环保材料或更先进技术的新型绿化防护技术进行了探索。

1. 常用边坡绿化技术措施

(1)栽植灌木和乔木。采用鱼鳞坑开挖方法，将灌木和乔木栽植入鱼鳞坑内，其中乔木应种植在水沟外侧，并定期浇水，保证植物存活率。

(2)喷播植草。将草(灌木)种子、化肥、土壤改良剂、土壤稳定剂、种子黏结剂(纸浆)、水等充分混合后，用专用机械均匀地喷射到边坡上，用无纺布覆盖，适当洒水养护使种子发芽生长，以形成植被的植草方法。

(3)植生袋植草(灌木)。将植物种子混合在种植基材中，装填在可自行降解的网袋里形成袋状植物建植材料。

(4)植生带植草(灌木)。将筛选好的草籽(或按比例混合的草籽)均匀地撒在两层载体之间，复合而成有草籽带状草地建植材料。

(5)客土植生。当种植地的表层土质不适宜植物生长时，采取在种植地铺设或置换一定厚度适宜植物生长的土壤(或混合材料)，种植灌木、乔木或草等植物的坡面或场地绿化方法。

(6)喷混植生。采用专用的喷射机，将拌和均匀的种植基材喷射到坡面(或挂网的坡面)上，植物依靠基材生长发育，形成坡面植物防护。

高速铁路边坡绿化技术及适用条件见表 3-1。

表 3-1　高速铁路边坡绿化技术及适用条件

绿化技术类型	适用条件	
	边坡性质	边坡坡率
栽植灌木和乔木	土质、软质岩和全风化的硬质岩石边坡	不陡于 1∶1.5

续上表

绿化技术类型	适用条件	
	边坡性质	边坡坡率
种植灌草或喷播植草(灌木)	土质边坡	不陡于1∶1.25
植生袋植草(灌木)	砂类土或碎石类土边坡、硬质岩边坡或弱风化软质岩边坡、盐碱地边坡	不陡于1∶1
植生带植草(灌木)	砂类土或碎石类土边坡、全风化的硬质岩石或强风化软质岩边坡	不陡于1∶0.75
客土植生	漂石土、块石土、卵石土、碎石土、粗粒土和强风化的软质岩及强风化、全风化的硬质岩石路堑边坡,或由其弃渣填筑的路堤边坡	不陡于1∶1
喷混植生	漂石土、块石土、卵石土、碎石土、粗粒土和强风化、弱风化的岩石路堑边坡	不陡于1∶0.75

高速铁路边坡采用植物防护时,天然土层厚度不宜小于30 cm,边坡土(岩)质不适宜植物生长时,可采取土质改良、客土、喷混植生等措施,客土厚度不小于20 cm,喷混植生厚度不小于10 cm。填充于骨(框)架、土工格室内的种植土应含有植物生长必需的平衡养分和矿物元素,粒径不大于30 mm。

砂类土、碎石类等土壤薄的路堑边坡,种草、灌木种子时宜在坡面上开挖水平横沟或挖坑,水平横沟行距宜为20～40 cm,深度不小于20 cm,沟内或坑内回填种植土或放置植生带。必要时可采用客土植生、喷混植生等措施。边坡坡面较光滑,植物种子着落困难时,应采取在坡面上挖槽、沟或蜂窝状浅坑等增大坡面粗糙度的措施。

石质路边坡植物防护应综合考虑岩体结构、结构面产状、风化程度、边坡坡率与高度、地下水、气候条件等因素,对于岩石风化呈土状的边坡,栽植灌木或灌草结合防护;强风化软质岩边坡,结合土工网、土工网垫、立体植被护坡网、土工格室等进行客土植生,或采用植生带植草、灌植物防护;硬质岩边坡或弱风化软质岩边坡坡率不陡于1∶1时,结合空心砖、骨架或框架梁内客土植生、植生袋植草或喷混植生防护;硬质岩边坡或弱风化软质岩边坡坡率陡于1∶1时,宜采用植生袋(外挂网固定)植灌草、挂网喷混植生或挂网预埋植生带后进行喷混植生防护。

部分高速铁路边坡绿化效果如图3-6～图3-9所示。

图3-6　北沿江高速铁路边坡绿化效果

图3-7　赣深高速铁路边坡绿化效果

图 3-8　商合杭高速铁路边坡绿化效果

图 3-9　杭黄高速铁路边坡绿化效果

2. 新型边坡绿化技术措施

（1）纤维团粒喷播技术。借助喷播机械将预先加入并拌和均匀的植物纤维、壤土、泥炭土、肥料、保水剂、黏合剂或团粒剂、植物种子、水等混合物经喷播枪口喷附到铁路路基坡面，在喷播的瞬间发生团粒化反应，制成纤维缠绕土粒且具有空隙结构的喷播体，并强烈黏附在路基边坡上。该技术具有施工高效、快速出苗、减少养护等优点，在京雄城际铁路建设中开展了试验应用。纤维团粒喷播技术现场作业情况如图 3-10 所示。

图 3-10　纤维团粒喷播技术现场作业

（2）三维排水柔性生态系统。由装满营养土和生长剂的生态袋、带毛刺的连接锁扣形成柔性紧锁结构、与植被根系的稳固作用相结合，形成复合稳定的生态边坡系统，组件主要包括生态袋、扎口带、缝袋线及满足多向排水功能与强度要求的三维排水联结扣等。该方法采用环保柔性材料代替混凝土，可以作为永久性防护工程，后期基本无需养护管理，在成绵乐客运专线、新建云桂铁路路基边坡防护中开展应用。三维排水柔性生态系统现场作业及效果如图 3-11 所示。

（3）插播式绿化技术。利用植生载体插播种植的一种人工建植技术，植生培育装置采用腐殖土和可自然降解的植物纤维、农业废弃料等混合压制而成，由天然纤维或超吸水纤维材料进行内部分隔，各分隔区的空隙添加植生基质。

(a)现场作业　　　　(b)效果

图 3-11　三维排水柔性生态系统

载体在前期能起到稳固破面的作用，防止基质流失，为植被生长提供一个稳定的生长条件，在后期当载体降解后，又可为植被提供营养物质，并具有节水保墒的作用，可保证在不利条件下的草种、乔、灌木移植或扦插成活率，为营造稳定的坡植物群落提供条件。

(4)植被纤维毯绿化技术。植被纤维毯建植技术采用椰壳、棕榈纤维、麦秸、稻秸、聚丙烯等材料制作成为纤维毯，将草种、肥料、添加剂等按一定配比植入到纤维毯上，并经过滚压、针刺等定位工序，加工成为植被纤维毯。植被纤维毯可以直接铺设在平整好的土壤表面，用“∩”形锚杆固定即可，具有保墒保温、适应性强、施工速度快等优点。

(5)厚层基质绿化技术。将人工配制的植物生育基质与植物种子、防侵蚀材料等混合在一起，采用专用设备(灰浆喷射机)，通过高压空气将其喷射出去附着在边坡表面的一种植被建植方法。这种方法可使附着在坡面上的植物生育基质的厚度达到 3～12 cm，比种子喷播和客土喷播在坡面上所形成的基质厚度要厚，因此被称为厚层基质喷附(也有称之为厚层基材喷附)。由于这种技术在基质喷射时不使用水，所以也叫作干法喷播。

3.2.3　高速铁路脆弱环境植被恢复技术

3.2.3.1　铁路工程植被恢复相关研究

国外对交通工程沿线生态环境的保护与生态恢复非常重视，已经由普通绿化发展到生态交通工程或景观生态交通工程。它强调交通工程建设应综合考虑生态功能、景观美化功能，和周边环境协调功能、交通附属设施功能等多方面的完美结合，使交通工程建设与大自然融为一体。存在两种不同模式，以欧美为典型的高养护型-湿式喷播快速植草技术和以日本为典型的高投入型-客土及厚层生长基础喷播技术。

法国铁路建设的生态保护工程措施主要是人工植草或飞机喷播草籽，瑞士在修建高速公路时尽可能地保护公路沿线所有的植物，且在桥上覆土种植与周围环境中相似的乔灌树木和草类。日本交通绿化的思想可以归纳为两点：一是尊重自然，二是以人为本。尊重自然、正视自然、顺应自然、保护自然。为了将线路对环境带来的不利影响控制在最小限度，在进行线路的选线、进行线形设计、施工方法的研究以及树木的栽植等各个阶段都充分考虑了生态环保措施。同时尽最大努力恢复原来的自然群落，采取诸如回填表土、移植原有树木、建设动物通道等措施。日本交通工程的坡面绿化技术已逐渐发展到工程措施与植物措施相结合，绿化工程法有十多种，如客土喷播技术、复合绿生袋技术等。

我国铁路工程生态恢复技术在研究和应用方面起步较晚。20 世纪 50 年代，包兰铁路穿越腾格里沙漠东南缘流沙区，为保障铁路的畅通，建立了工程方法和植物固沙结合的“阻、固”防沙体系，之后我国又相继建设了兰新、兰青、乌吉和包神等穿越流沙或戈壁的铁路线，在固沙方面取得了可喜的成绩，同时也有一些经验教训。1972 年以后，中国科学院兰州沙漠研究所在内蒙古自治区奈曼旗进行了铁路两侧严重荒漠化土地的治理试验。

青藏铁路建设时，为保护青藏高原脆弱的生态环境，一批专家学者在生态环境保护措施方面，进行了探索和实践并取得了一定的效果。提出从两个方面采取措施进行生态恢复，一是在工程设计及施工过程中落实相关环境保护措施，尽量减少工程对生态环境的影响；二是施工结束后根据沿线自然条件，进行植被恢复。程昊分析了青藏铁路荒漠生态系统的特点以及铁路建设对荒漠地区的生态影响，并系统提出了植被恢复技术。江腊沙分析了青藏铁路唐拉段建设对高寒生态系统影响，并对恢复措施进行了系统研究。季维生对青藏铁路临时施工便道恢复进行了研究，提出了临时施工便道恢复方案。席新林总结了青藏铁路建设中采取的环保措施，并分析了实施效果。实践表明，青藏铁路在设计和建设中采取的各项环保措施取得了显著的环保效果，为高原生态环境保护起到了积极作用。

近年来，随着我国铁路建设的高速发展，临时工程对生态、土地等造成的影响和破坏等问题更加突显出来。据估算，我国因建设工程等各种人为因素破坏的土地约 1 333 万 hm^2 左右，约占耕地总面积的 10%以上，其中仅铁路临时工程破坏的土地面积就达约 8.5 万 hm^2。杨文杰以宁杭城际轨道交通项目江苏省段为例，对高速铁路临时用地土地破坏类型预防控制措施等进行了研究。杨锐锋以贵广铁路贵州段为例，提出了取弃土(渣)场、便道、施工营地等临时工程结合不同地类及地形地貌采取相宜的表土剥离临时挡护措施、土地复垦区的排灌系统及生态植被系统等工程技术方案，较好地恢复原有土地的生态功能，对恢复和改善铁路沿线的生态环境和景观环境都起到了一定的作用。

3.2.3.2　高速铁路对土地和植被的影响

1. 取土场、弃土(渣)场对土地和植被的影响

一般取土场对土地的破坏主要表现在以下几个方面：

(1)地形地貌发生了改变。取土区占取土场地的一部分，取土后形成三面为坡地，一面开口，中间为平地的近似簸箕状地形；或者为山坡取平的地形。弃土(渣)场对土地的破坏方式主要是压占，在沟谷间弃土(渣)场产生较大的坡坎，弃土堆成的土方不稳，易发生土流失、滑塌。

(2)植被破坏。地表的树木、杂草等被除掉，很难自然恢复。

(3)取土场经过取土后，剩余土层经过车辆碾压变得紧实。弃土(渣)场土质及土层发生变化，土质多为砂石或渣石，土壤自然结构遭到破坏，表层为裸露砂石，耕植困难。

2. 拌和站对土地和植被的影响

拌和站对土地的破坏方式主要是压占和挖损，主要形式是地面固化，拌和机、配料机基础的设置，使土地的使用功能显著降低，项目区原地貌也发生了巨大的改变。拌和站对土地的破坏主要表现在以下方面：

(1)土壤物理性质和结构被破坏。原土地表层 20 cm(或 30 cm)的土壤被剥离，失去了适合植物生长的腐殖质层，土层结构发生了变化。剥离后地表经过压实处理，使土壤紧实，透水、通气性极差，物理性质发生了变化。

(2)地面被固化或压实。拌和站场区内设有不同的区域，进行了不同程度的混凝土固化、压实或铺垫碎石。

(3)地上建筑了生产生活房屋建筑物。地面上建筑了生产生活的房屋、围墙、锅炉等建筑物，生活区、办公区采用活动板式房建筑，锅炉房采用砖混建筑。

(4)地下埋设拌和机及输料罐基础。地面除用混凝土固化外，在生产区域也要进行地基处理，一般拌和机和储料机的地上地下均有 1 m 高左右的混凝土立柱。

3. 制梁场对土地和植被的影响

制梁场施工对土地的破坏十分严重，破坏的主要方式是压占和挖损，其制梁、存梁设施数量多、重量大，需要的固化面积大，造成地表强烈扰动，从而改变土壤的物理性状，使水土保持功能急剧下降。施工后，项目区地表将到处是混凝土，原地貌将彻底发生改变。预制场对土地的破坏主要表现在以下方面：

(1)破坏土壤结构。原土地表层 30 cm 的土壤被剥离，失去了适合植物生长的腐殖质层，土层结构发生了变化。剥离后地表经过压实处理，使土壤紧实，透水、通气性极差，物理性质发生了变化。

(2)场区地面被混凝土固化或经过压实处理。地面上建筑了生产生活的房屋、围墙、锅炉等建筑物，生活区、办公区采用活动板式建筑，锅炉房采用砖混建筑。例如，生活办公区、小型机具库房地表根据地表情况一般会浇筑 10～20 cm 混凝土；制梁场中有设置拌和站情况的，拌和站场地固化形式及对土地的破坏程度同第 2 节，此部分临时用地划分到制梁场中。其他场区内地面分别进行了不同程度的固化。

(3)基础制梁、存梁区在地面固化的同时也要做地基处理，基础部分采用钢筋混凝土制作。制梁台的钢筋混凝土基础地下部分宽 1.2 m，深度 0.7 m，长度视场区大小及所制梁的长度而定，一般在 30～100 m 之间。

4. 钢筋加工场对土地和植被的影响

钢筋场地对土地的破坏主要表现在由于原土地表层的土壤被剥离，失去了适合植物生长的腐殖质层，而且剥离后地表经过压实处理，使土壤紧实，透水通气性极差，水土保持功能急剧下降。再加上地面上建筑了钢筋加工人员生活的房屋、围墙等建筑物。钢筋加工区地表浇筑的20 cm厚混凝土，在钢筋存放区在地表浇筑的基础上砌筑宽30 cm、高50 cm的矮墙（长度及数量视每个场地加工数量确定）供钢筋原材料存放，这些场地的固化，使土壤结构彻底被破坏。

5. 施工营地对土地和植被的影响

施工营地对土地的破坏主要表现在由于原土地表层的土壤被剥离，失去了适合植物生长的腐殖质层，而且剥离后地表经过压实处理，使土壤紧实，透水通气性极差，水土保持功能急剧下降。再加上地面上建筑了生产生活的房屋、围墙等建筑物，生活区、办公区采用活动板式房建筑和生活区地表浇筑的10～20 cm厚混凝土，使土壤结构彻底被破坏，该破坏对土壤环境产生的影响与钢筋场地的建设对土壤产生的影响类似。

3.2.3.3　高原地区植被恢复技术

铁路穿越高原地区路段通常存在生态环境脆弱、植被破坏后难以恢复的问题，如不严加保护，可能会造成高原草地退化，加重高原上的水土流失，影响野生动物生存和繁殖，还可能造成高原冻土环境的变化，造成铁路路基塌陷，影响铁路运营安全，同时对高原生态景观也会造成一定影响。

施工对植被的影响，主要表现在路基工程、取弃土（渣）场、桥梁工程、施工便道、砂石料场、站场及临时施工营地场地等施工对植被造成的破坏，尤其是取弃土（渣）场、施工场地植被和地表结构的破坏，造成新的水土流失，使当地因放牧过渡逐渐退化的草场进一步退化，裸露的地表会形成新的沙尘源。冻土区地表植被的破坏还直接影响冻土层的稳定性，造成冻土的融沉塌陷。

高原地区生态恢复应当依据土地利用总体规划及相关规划，按照因地制宜的原则，在充分尊重土地权益人的意愿的前提下，根据原土地利用类型、土地损毁情况、公众参与意见等，在经济可行、技术合理的条件下，结合项目和实际情况遵循下列原则：

（1）统一规划、源头控制、预防和复垦相结合。

（2）因地制宜、综合利用，根据所在区域水热条件优先用于农业复垦，尽量将破坏的土地恢复利用，尽可能增加有效的耕地面积，为国家和地方的耕地总量动态平衡服务。

（3）统一规划、统筹安排，局部利益服从整体利益，眼前利益服从长远利益，经济效益、生态效益和社会效益相结合。

（4）土地复垦规划与土地管理措施、土地利用总体规划、项目区规划相协调，宜农则农，宜林则林，宜建则建，并做到生态恢复与生产建设同步设计、同步施工，遵循“边建设、边恢复”的恢复原则。

高原地区植被恢复技术通常有以下几种：

1. 草皮回铺技术

高原地区修建铁路需对路基基底、取土场、施工便道等工程的表层熟土保存和植被异地保存和移植，同时针对高寒草地，提出了植物草皮移植技术，施工工艺流程如图 3-12 所示，用之于路基边坡和草皮水沟施工中。

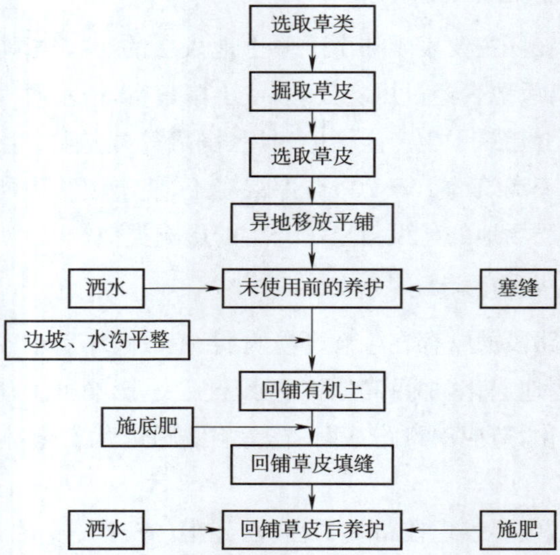

图 3-12　草皮移植工艺流程

该施工要点包括以下内容：

(1)判别即将挖取草皮的类别，掌握其生物特性

高原干旱、半干旱区，主要是属于多年生草类。它们地上部分的枝条，每年在生长季节结束后死亡，同时在来年春夏季由蘖节、根茎、根茎处的芽形成新的枝条。

高原高寒草原、高寒草甸的植物种类不一，其根系大小、长短不一，必须在起挖前判定不同种类草皮根系的深浅(或植毡层厚度)，减少起挖时对草皮根块的破坏。

(2)切割草皮

挖取草皮一般选在草地植物的分蘖期及结实期，即 5—8 月间。为保证根系的完好性，切割草皮的块度一般为 0.5 m×0.5 m，厚度 30 cm，保证移植草皮的成活率。

(3)草皮临时存放养护

草皮挖取后，如果有地方能及时移植上去当然最好，如果施工条件不许可，就需要暂时置放路基两侧空地上。草皮不应叠放，而应平铺，以有效改善草皮附着土壤的通气条件，提高土壤的透水性和透气性。平铺堆放的草皮在堆放时，用腐殖土填塞缝隙。根据环境条件及时洒水养护。

(4)表层土保存

铁路沿线的土壤以草毡土、寒钙土为主体，土壤发育年轻，土层薄，可给态养分含量低，草皮取走后，将草皮下的有机土集中堆放保存，以便回植草皮时使用，对移植草皮再生十分重要。

(5)草皮回铺

草皮回铺前需先进行路基边坡、挖水沟等平整作业，再回铺 0.2～0.3 m 厚有机土层，在有机土里掺和一些适宜所选草类生长的有机肥及化肥，并洒水使有机土层保持湿润，再回铺草皮。草皮回铺时，顶面要求平顺，草皮块厚度不一时，用其底下的有机土找平。草皮块与块间的缝隙用细土填塞，起到根部保湿的作用。

(6)草皮养护

刚移植完的草皮，由于降水时间及降水量均不可能完全符合草地植物生长发育的需要，可能会发生萎缩，因此，必须根据实际环境条件和草地植物生长发育的季节需要，及时进行施肥和洒水养护，防止土壤干裂。施肥时，根据植物不同的生长时期进行施肥，移铺前以有机肥为主。

2. 生态袋技术

生态袋技术在高原边坡修复中发挥了重要作用。生态袋护坡技术被称作“三维排水柔性生态护坡技术”。原材料为聚丙烯(PP)或聚酯纤维(PET)，具有不变形、抗老化、抗冻融、耐酸碱、无毒、不溶于污染液体的可回收等特点。生态袋的水土保持能力强，对幼苗具有深根锚固、浅根加筋的功能；在长时间的自然作用下，生态袋会逐渐地被微生物降解分化，并为植物的生长提供充足养分。现阶段，该技术被广泛用于水土保持、河道护岸、水库和湖泊防护等工程建设中心，生态袋防护技术在生态治理工作中的应用也逐渐深入。从施工过程来看，生态袋防护技术施工具有施工便捷、稳定性好、生态效益的突出的特点。利用生态袋防护技术开展生态治理，能在改善土壤面貌的基础上，加快修复区地表植被的恢复与稳定，有效促进社会生态的绿色、可持续发展。

在生态袋现场准备阶段，要求做好生态修复区的地面沉降控制，在确保地面平整的基础上，开展绿化施工调查，然后系统准备铁夯、铁锹、坡度尺等施工工具。最后生态袋防护施工包含较多的材料应用，除种植土、生态袋外，排水管、复合防水膜、防水彩条布等都是生态袋防护施工需要准备的材料，系统准备这些材料，能为下一阶段的防护施工创造良好条件。

生态袋主体施工要点包括以下方面：

(1)在完成修复区边坡放样后，结合坡比设计情况，开挖边坡台阶，并进行台阶码砌处理；随后采用联结扣将土工格栅和生态袋连接在一起，提高修复区边坡稳定性。

(2)进行生态袋的装袋和存放处理，在生态袋装袋阶段，要求每装袋 1/3 时应对其进行敦实处理，要求袋体填充饱满，然后将扎口拉紧。所有装好的生态袋应尽可能当前砌完；对于当天砌筑剩余的生态袋，需采用防水彩条布进行遮盖处理，避免生态袋淋雨、暴晒。

(3)按照分区段、分组操作的要求进行生态袋砌筑施工，要求所有的生态袋层层错缝、相接紧密；完成砌筑后，采用尼龙线进行砌筑生态袋的平整度和纵向顺直控制，要求生态袋上下层形成一个统一整体，且整体“顺直、平整、密实”。

(4)对完成砌筑的生态袋进行预沉降试验，通过预沉降试验充分保证生态袋砌体的稳定性。

(5)开展生态袋主体防排水及坡体覆土施工。生态袋防水施工中，要求将最上一层的生态袋横向放置，并在其底部铺设一层防水膜，避免地面水大面积渗入生态袋砌成的坡体内部。而在生态袋砌体排水施工中，要求所有排水管按照梅花状的样式进行布置，确保排水管间隔保持在 2 m，排水管向外的坡度不小于 5%。此外应利用无纺土工布包裹所有排水管的进水口处，避免排水管堵塞。后期生态袋覆土中，要求覆土厚度保持在 2～3 cm，且所有覆土中应含有与生态袋填充土比例相同的有机肥料。

边坡绿化是生态修复工程生态袋防护技术施工的关键环节，在边坡绿化中，首先应重视绿植选择及布置形式的优化，要求所选择的绿色植被根系发达、易于成活，且与当地的气候、土壤特色相适宜；在绿色植被布置阶段，按照从坡顶自上而下的顺序进行植被种植；并且在植被种植中，需考虑不同类型植被的特殊种植需要。例如，生态袋边坡灌木种植中，卫矛、红叶石楠种植的纵向间距分别保持在 1.5 m 和 3 m；两种植物的冠径均需保持在 30 cm 以上。而在花卉、草种种植中，要求其行距、纵距分别保持在 20 cm、15 cm；花卉、草种的穴深保持在 5～6 cm，每穴栽种的植被控制在 2～3 株等。其次合理选择绿色植被的种植时间，通常我国北方地区生态袋防护工程多在春、夏两季进行边坡绿化施工；而南方地区可选择春、夏、秋三个季节进行生态袋防护工程绿化施工。在生态袋绿化施工苗木运输过程中，要求采用根部垫湿草、沾泥浆包裹的方式，做好苗木裸根的有效保护；在高大苗木运输中，按照水平或倾斜放置的要求进行运输；而灌木苗及高度低于 1.5 m 的带土球苗木，需采用直立装车的方式进行运输。最后做好生态袋防护工程边坡绿化种子发芽实验，在该实验中，不仅要分析边坡土壤性质、边坡坡率；而且需要考虑种子发芽率、千粒重、覆盖率等因素，然后系统化地进行种子成活率计算。在边坡绿化植被养护中，应重点做好绿化植被的洒水养护处理，要求尽可能选择 10:00 前或 15:00 以后进行洒水，提升绿化植被的成活率。

3. 生态垫技术

现今生态垫技术相对较为成熟，生态垫材料主要是秸秆稻草，有的也用棕榈，共同点就是用废弃材料制成的一种新型环保的覆盖材料。生态垫有多种作用，能有效涵养水分、防风固沙、改变土壤养分含量、调节土温等作用。

(1)生态垫铺设后，主要是切断了土壤表层和大气的交换，使土壤水分蒸发而形成的气态水在土壤表层凝结、集聚，从而使土壤表层含水量增加。另一方面，铺设生态垫后能够明显改善土壤的孔隙状况，使 0～5 cm 土壤表层的孔隙度降低，却使 5～20 cm 土壤层的孔隙度增加。由于铺设后改善了土壤的孔隙状况，从而，土壤下层水分能够通过毛管借助于毛管力的作用使水分源源不断的运送到土壤表层，从而使土壤表层即使在干旱的季节都能够保持很高的含水量。

研究表明，铺设生态垫后，壤土 0～20 cm 和 20～40 cm 层土壤含水量年平均分别提高了 23.9%和 31.1%，砂土 0～20 cm 和 20～40 cm 层土壤含水量年平均分别提高了 23.5%和 10.8%。

(2)在低温季节且温度增长的季节，由于生态垫遮挡了太阳辐射，土壤温度上升缓慢，日均温未铺设的要比铺设的高，铺设下的土壤平均温度比不铺设时高 3 ℃～5 ℃。而在剧烈降温的季节，生态垫下的温度要高于不铺设的，主要是生态垫下的土壤失热速度慢于不铺设的。因而，生态垫在低温季节的增温作用会促进早期作物的生长发育，提高作物的防旱抗冻作用，使作物提早成熟。

(3)生态垫铺设以后，可以有效地防止杂草的生长，在河滩造林中研究表明生态垫的杂草抑制率达到了 80%以上；杂草生长越旺盛的林地，杂草抑制率越高；大苗和冠幅较大的树种，抑制杂草的效果更优，另外在农田运用生态垫也能够明显抑制杂草的发生。生态垫不仅能够抑制林地、农田、果园中的杂草，而且可以改变局部地区的微环境，促进植物的生长。

(4)生态垫中富含大量的有机物质，分解后归还到土壤里，可以改善土壤的营养状况，并且可以促进植物的固氮作用和菌根菌的形成。

(5)铺设生态垫以后，可以保护植物避免受到外间环境的机械损伤，同时又可以改善土壤结构，使土壤疏松多孔，并且增加土壤微生物数量，从而提高土壤有机物质的含量和土壤的分解活力，促进微生物活动，提高土壤呼吸。

3.2.3.4　荒漠化地区植被恢复技术

我国西北大部分地区处于半干旱、干旱和极端干旱或高寒地带，天然降水少且分布不均，植被稀疏，生态环境非常脆弱，最集中的表现是土地荒漠化趋势日益严重，对该地区经济社会可持续发展构成严重威胁。

荒漠化地区铁路植被恢复主要采取以下几种技术措施：

1. 耕作层腐殖质土剥离及堆放

作为复垦工作来说，耕作层腐殖土的剥离及堆放对于荒漠化地区尤其具有重要的意义，耕作层腐殖土不仅是复垦土地覆土来源，也是减少复垦投资，保护自然资源的重要措施。

耕作层腐殖土中土壤具有层次性，由于人类生产和自然因素的综合作用，使耕地土壤产生层次划分，其剖面从上而下大体可分为表层土，厚度约在 30 cm 左右；心土层，位于表土层以下，厚度约为 20～30 cm；底土层，一般位于土体表面 50～60 cm 以下的深度，此层植物根系分布较少，而建设项目复垦时，人工堆造的土体构型常常是覆盖土层、土岩混合层及砾石层，若不考虑复垦要求，最终形成的地表层则可能通体为土岩混合层，表层肥沃的腐殖质土壤是土地复垦时进行再种植成功的关键。因此，必须妥善就近储存并与底土分别堆放，禁止岩石混入使土质恶化，尽可能做到恢复后保持原有的土壤结构，以利种植。

剥离建设项目表层土壤以备复垦工程用，依据剥离区的表土性质特征、数量、分布以及复垦后的用途来决定应保留的表土，剥离厚度耕地为 30 cm(其他地类为 20 cm)，考虑到复垦所需的覆盖土或其他表土替代土的成长，剥离表土的储存与二次搬运费用远小于借土进行覆土的费用，因此要求保留表土，以降低复垦成本。

根据项目主体工程区和各临时工程区的立地条件和土层厚度，确定不同的剥离厚度和堆放地点。表土在临近复垦单元境外的地方建立临时的表土堆放场或就近存放至弃土(渣)场，贮存表土。取土场、弃土(渣)场、预制场、拌和站、钢筋场地、施工营地等临时场地的表土可就近堆放在厂区的一侧，表土堆放高度不超过 5 m，土堆坡降为 1∶1.5，四周采用编织袋挡土墙进行围挡，雨季、大风季节用土工布遮挡，因为雨水淋溶后有机质含量下降，四周设置临时排水沟，底宽 0.3 m，深度 0.3 m，边坡 1∶1，纵坡为自然坡，导入周围排水沟或沟道。表土临时堆置场地应地势平坦，不易受洪水冲刷，并具有一定的稳定性，雨季采集土壤会损失土壤肥力，土壤压紧后会损失其本身的肥效，所以土壤的采集和堆放最好是在其解冻和自然湿润的条件下进行，并禁止在堆土区域反复碾压，最好将土堆筑成短而宽的形状。

2. 混凝土固化物拆除及转运措施

一般用风镐和挖掘机自带油锤(又称破碎锤)，拆除建筑物内的混凝土，利用挖掘机、装载机、冲击钻等机械设备，对混凝土固化物进行拆除和破碎，包括固化地面、混凝土立柱部分、贮水池地面及池壁等部分，破碎块最大边小于 20 cm，以上破碎物可用于周边乡村路的填方，剩余部分利用汽车转运至就近取土场进行取土后的回填，并使回填后的取土场土壤与周围保持一致。

3. 放坡措施

土体稳定性主要依靠土体的抗剪强度来维持平衡，土体抗剪程度来孕育土体的内摩擦力和黏结力(内聚力)。土体塌方的本质是剪应力大于抗剪程度，剪应力形成主要包括开挖过深、土质较差、放坡太小，水的侵入等综合因素。防止土体塌方的主要措施是放坡。例如，对于平地取土会形成三面陡坡，平地弃土会形成四面陡坡。为防止水土流失和塌方，应根据各地块的地质条件和高差情况的不同采取放坡处理。坡面放坡时，必须布置山坡排水沟，泄水槽等排水系统，以防止放坡后形成径流或坡面上方地表径流对坡面的冲刷，放坡后尽可能形成缓坡，边坡比小于 1∶1.5，坡面要进行压实处理，防止土体不稳而造成水土流失。

4. 修建挡土墙

本着“先挡后弃、分级挡护”的原则，对弃土(渣)场采取浆砌片石重力式挡墙防护，为减小主动土压力，重力式挡土墙一般采用仰斜式。常见的重力式挡土墙设计中，墙高为 6 m 时，墙背坡度为 1∶0.25；墙高为 2 m 时，墙背坡度为 1∶0.1。

5. 排(截)水工程

由于弃土(渣)场形成边坡坡面土壤松散,抗冲性差,当上部汇流沿坡面下滑时,易对坡面表层土壤造成严重的冲蚀甚至形成冲沟,造成水土损失,因此在取弃土(渣)场坡上两侧,修建排水沟。在施工中要做到水沟的沟壁平整坚实,沟内不留有松土,沟底平顺,无反坡,排水通畅,无阻水现象,将水引至排水系统,排水沟设计断面为梯形,底宽 0.35 m,沟深 0.3 m,上口宽 0.95 m,采用素土拍实,急流段用编织袋装土衬砌,沿坡面纵向每间隔 100 m 在形成的边坡上设置排水沟,弃土深度超过 8 m 时,在弃土台阶上设置截水沟,将所有汇水引出场地外。

6. 场地覆土措施

将以采集或就近路基剥离的耕作层土壤均匀地铺覆在平整后的场地表面,使场地表层土壤能够达到耕作、种植的要求,覆土厚度根据土方量和复垦后的土地利用方向确定,一般在 20～30 cm,在保证最小铺覆厚度的基础上,尽可能增加表土层的厚度,以便复垦后土地满足生态要求。

3.2.4 高速铁路洞渣综合利用与渣场生态防护技术

高速铁路建设项目建设中,隧道开挖会产生大量的洞渣。这些洞渣往往结构松散、孔隙度大、降水入渗快,且处于欠固结状态,处置不当容易发生垮塌或水土流失。高速铁路建设项目中的洞渣通常选择集中堆放处置和防护,形成弃土(渣)场,但洞渣在集中堆放处置过程中会占用大量的土地和防护资源,因此往往在处置高速铁路建设项目中的隧道洞渣时通过对洞渣的综合利用进行资源化和减量化,对于无法综合利用的洞渣选择弃土(渣)场进行堆放处置。因此,在高速铁路隧道施工过程中,洞渣综合利用和弃土(渣)场生态防护是洞渣处置的重点工作内容。

3.2.4.1 洞渣综合利用

高速铁路建设过程中部分铁路隧道占比较高,隧道开挖过程中产生的大量弃渣处理,如不能合理减少弃渣的数量,将会在铁路建设沿线布设大量的弃土(渣)场,对沿线周边的生态环境会造成巨大挑战。

1. 洞渣综合利用方法

洞渣的综合利用,不仅可以有效减少弃土(渣)场的数量和占地面积,也可以节约成本并使资源最大限度地有效利用。可通过调查隧道围岩地质、围岩组成、岩石成分及其物理、力学指标,结合分析地质勘察资料、设计图纸和相关资料,咨询隧道勘探人员、设计人员和其他专业技术人员,确定弃渣的利用方向。洞渣的利用主要包括以下几方面:

(1)制备机制骨料。我国河砂资源分布不均,随着我国河砂限采和禁采政策的实施,河砂资源获取困难且成本高。若将部分洞渣用于制备铁路建设需要的砂石骨料,可有效缓解砂石资源获取和洞渣堆存问题。

(2)制备道砟。铁路线路的有砟轨道结构中道床使用的道砟用量比较大,新线约 2 500~3 000 m^3/km/单线。若在满足道砟技术要求的前提下,应用洞渣加工成的道砟,不仅可节约道砟采购的成本,也可大大降低洞渣量。

(3)制备路基填料。路基填料从材料本身、施工性能、建成路基整体性能等方面均有不同的要求。通过分析隧道洞渣的母岩特性、施工工艺、建成路基的强度与变形等关键因素,若满足路基填料的基本要求,隧道洞渣可用于路基填料,进一步减少洞渣量。

(4)其他建设项目

隧道洞渣可根据其他建设项目(公路、水利等)建设需要,可用于公路路基填料、河流堤防加固等工程措施。

(5)地方基建项目

根据地方政府规划,铁路建设项目弃渣可应用于地方填挖造地、场地建设、道路填方等工程措施。

2. 洞渣综合利用案例

以某铁路为例,水土保持方案中涉及弃土(渣)场 57 处,实际启用弃土(渣)场 20 处,剩余弃土(渣)场 37 处均未启用。该铁路在施工过程中产生的弃渣主要用于建设养殖场、造地、政府存储砂石料等,同时签署了弃渣综合利用协议,合理合法控制了生态环境的破坏。

弃渣综合利用在响应生态环境保护要求的同时,为地方政府和企业解决了取渣难题,既实现了弃渣的生态效益,又实现了弃渣的经济效益,达到共赢的效果。弃渣综合利用效果如图 3-13 所示。

图 3-13　畜种繁育中心及养殖产品加工厂(弃渣造地)

3.2.4.2　弃土(渣)场生态防护技术

弃土(渣)场的设置在很大程度上破坏了原有的地貌,造成较多的危害隐患。其主要原因包括弃土(渣)场不合理的选址和未采取合适的防护措施,可能对下游或周边地区产生危害。因此,弃土(渣)场生态防护是铁路建设项目环水保管理工作的关注重点。铁路建设项目弃土(渣)场的生态防护措施涉及阶段主要包括两个阶段:选址阶段和工程实施阶段。

1. 选址阶段

弃土(渣)场的选址以“安全可靠、生态环保、依法合规”为总体原则。在安全弃渣的基础上,做到较大程度的恢复原地貌,并符合法律法规等相应要求。弃土(渣)场选址是后期有效实施弃土(渣)场生态防护措施的重要保障。弃土(渣)场选址既可以为后期弃土(渣)场生态防护措施实施提供基础条件,也可以为后期弃土(渣)场稳定弱化影响因素。在选址过程中,应尽量减少在弃土(渣)场工程实施阶段施工对生态环境的破坏、降低项目工程对人身安全和物质财产的威胁。

渣场的选址需结合当地的地质特点以及水土流失特征特点,按照临时保护措施、中期保护措施及长期保护措施的体系建立健全有效的防排水体系,形成有效的综合防治体系,合理地布设水土保持措施。在选址过程中,主要的影响因素包括生态保护红线、环境敏感性、防洪安全、地形地貌、弃渣占地扰动面积、弃渣运距、弃渣道路建设、可能发生的水土流失及其危害、弃渣安全、弃渣防护工程量及投资、弃土(渣)场后期利用及景观可恢复性等。选址原则如下:

(1)不得影响周边工业企业、居民点、公共设施等的安全原则,禁止在重要的交通基础设施以及对地方经济发展有重要影响的位置布设渣场。

(2)不得影响行洪安全,不得在湖泊、河道管理范围内设置弃土(渣)场。

(3)避开生态保护红线范围。

(4)避开不良地质条件地段,避开汇水面积和流量大的沟道,应保证后期生态防护措施的有效性。

(5)避开降雨量较大地势低洼的位置,尽量选择汇水面积小的区域、不占用耕地,对永久性建筑需保障渣场对其的安全性不受影响,避免在河道堆置渣体的同时需考虑渣场的选址可以节省弃渣的运输费用,合理考虑出渣位置与堆渣位置的距离。

(6)按照“因地制宜,安全可靠,切实可行,经济合理”的原则,紧密与当地生产规划、土地利用以及土地合理利用相结合,以恢复原土地利用类型为主,为恢复原土地利用类型创造条件。

2. 工程实施阶段

弃土(渣)场的生态防护技术在工程实施阶段主要包括植物种类调查、表土剥离、基底清除、基底填筑、拦渣工程、斜坡防护工程、防洪排导工程、土地整治工程和植被恢复或复耕、苫盖、拦挡、排水、绿化、围挡和洒水。弃土(渣)场生态防护措施应以工程措施为主,植物措施和临时措施为辅;工程措施、植物措施和临时措施有机结合;临时性措施与永久性措施相结合。有序开展生态防护措施,可有效防止弃土(渣)场水土流失,保持弃土(渣)场稳定性,做好弃土(渣)场生态恢复工作。

(1)植物种类调查

植物种类调查应在表土剥离前进行,对于其中植物种类调查应满足以下要求:

①调查应包括弃土(渣)场位置所在地存在的草本、乔木、灌木等植物。

②调查①所包含植物的天敌植物。

③调查①所包含植物不受影响且易存活的植物。

④调查①所包含植物种子在泥土中的深度情况;为弃渣后的植被恢复做准备。

植物种类调查是对表土剥离在后期植物护坡和植被恢复过程中的一种有效的补充手段。对于表土贫瘠,沙化严重等区域,植物种类调查是弃土(渣)场前期准备工作的重点内容。

(2)表土剥离

表土剥离厚度应根据熟化土厚度确定,应优先选择土层厚度不小于 0.3 m 的扰动地段。表土剥离量应根据复耕要求、后期绿化、植被恢复措施的面积来定。根据表土厚度及分布均匀程度、土壤肥力和施工条件等因素,确定表土剥离的施工方式。高寒草原草甸地区,应对表层草甸土进行剥离、养护和回覆利用。其中,分区表土剥离厚度可参考表 3-2。

表 3-2 分区表土剥离厚度参考值

分　区	表土剥离厚度/m	分　区	表土剥离厚度/m
西北黄土高原区的土石山区	0.30～0.50	南方红壤丘陵区	0.30～0.50
东北黑土区	0.30～0.80	西南土石山区	0.20～0.30
北方土石山区	0.30～0.50		

注:黄土覆盖深度地区可不剥离表土。

对于表土贫瘠区域,表土量较少,可采用附近其他工点熟化土或直接购买当地熟化土的方式。对于高寒草原草甸地区,草甸产生破坏后难恢复,因此必须剥离表土,后期恢复过程中采用剥离表土。典型表土剥离施工效果如图 3-14 所示。

图 3-14 典型表土剥离施工效果

(3)基底清除

基底清除的方式主要为利用推土机、平地机等施工机械对弃土(渣)场表土剥离后的不良土壤进行清理。基底清除深度应根据现场地质情况和弃渣容重确定,并对底部进行处理,以达到底部填筑的条件。

对于地质岩性较差的区域,必要时可进行现场地质勘查,确保基底清除深度满足在经过底部填筑等措施后不易发生软弱基层的塌陷。

(4)底部填筑

基底清除和底部填筑相辅相成。在基底清除完成后,应根据弃土(渣)场底部基底清除后的承受能力、弃渣容重、地形环境等因素,选择底部填筑的材料和形式。

对于地质岩性较差的区域,良好的基底清除和底部填筑,可以有效防止堆渣完成后沿基底接触面的滑坡和沿地基软弱层的滑坡。典型基底处理施工效果如图 3-15 所示。

图 3-15　典型基底处理施工效果

(5)拦渣工程

不同类型的弃土(渣)场选择的拦渣工程的方式不同,稳定性较差的渣场设置拦渣坝,稳定性较好的设置挡渣墙。沟道型弃土(渣)场一般设置拦渣坝或拦渣堤,临河型弃土(渣)场一般设置拦渣堤,坡地型弃土(渣)场一般设置拦渣墙,平地型弃土(渣)场一般设置拦渣围堰或拦渣墙,库区型弃土(渣)场一般设置拦渣堤或拦渣墙。不同形式的拦渣工程在施工时,根据弃渣量、地形、地质条件等因素设计拦渣工程。主要设计内容包括拦渣工程埋深、地基处理、排水功能、伸缩性、尺寸等。

①拦渣工程埋深应根据地形、地质,以及结构稳定和地基整体稳定要求确定。涉及冻土层时,应结合冻土深度确定基底最小埋深,基底最小埋深应大于冻土层 0.25 m。其中,当冻土层大于 1 m 时,冻土层下 0.25 m 的地基土应更换为弱冻胀材料,防止基底破坏。涉及河流时,应结合河流的冲刷深度确定。

②拦渣工程基底应力应满足土质地基和软质岩石地基上小于地基允许承载力,最大基

底应力小于地基允许承载力的 1.2 倍，基底应力最大值与最小值之比小于 3.0，其中松软地基小于 2.0，中等坚硬、密实的地基小于 3.0。

③拦渣工程排水功能应满足当地近年来最大降雨量和行洪量要求。拦渣工程排水系统主要包括泄水管、盲管、墙底排水层、对渣面反滤层等。拦渣工程伸缩缝应保持不大于 15 m。拦渣工程尺寸应通过抗滑稳定、抗倾覆稳定和基底应力计算等确定。

对于降雨频繁、汇水流量大或行洪区等区域，拦渣工程，应在满足上述条件下，加强排水设施的完善，必要时增加泄水孔数量、直径和加强墙角排水引流，防止弃土(渣)场内部积水及墙角积水。典型拦渣墙泄水孔如图 3-16 所示，典型拦渣墙伸缩缝如图 3-17 所示。

图 3-16　典型拦渣墙泄水孔

图 3-17　典型拦渣墙伸缩缝

(6)斜坡防护工程

斜坡防护工程主要包括削坡开级、工程护坡、植物护坡。在弃土(渣)场完成拦挡工程措施后，弃土(渣)场开始弃渣。弃土(渣)场在弃渣过程中应满足分层堆渣、自下而上、硬质粗颗粒在下，软质细颗粒在上的要求。

①削坡开级根据弃渣介质的不同，削坡开级高度不同。其中，黄土质边坡小于 6 m，石质边坡小于 8 m，其他土质和强风化岩质边坡小于 5 m。开级台阶宽度石质边坡大于 1.5 m，土质边坡大于 2 m。削坡比应由渣场稳定性计算确定，一般设置在 1∶1.3～1∶3.6 之间。典型削坡开级施工如图 3-18 所示。

②工程护坡主要包括干砌片石、浆砌片石、混凝土砌块护坡、格状框条护坡等。干砌片石的主要特点是砌筑时选用大片石，并应错缝相挤紧密、不松动，砌石边缘应直顺、圆滑、牢固，主要靠石块与石块之间的嵌挤力，稳定性较浆砌片石差。浆砌片石是采用砂浆与毛石料砌筑的砌体结构，稳定性较好。混凝土砌块护坡是以人工预制混凝土砌块作为护面层单元的一种铺砌式斜坡保护结构，具有较强抵御水流冲刷的作用。格状框条护坡用预制构件在现场装配或在现场直接浇制混凝土和钢筋混凝土的保护结构。典型工程护坡工程如图 3-19 所示。

图 3-18　典型削坡开级

图 3-19　典型工程护坡

③植物护坡是工程护坡的补充内容。在工程护坡的基础上，增加植物护坡，能有效防止坡面水土流失及边坡失稳。在弃渣介质为硬质、表土贫瘠并沙化严重区域，弃土(渣)场保水性差，可采用铺设草垫等保水方式开展植被恢复，增加植被恢复率。植物护坡是在弃渣削坡开级的基础上，结合工程护坡对弃土(渣)场边坡进行一种边坡防护。植被和工程的结合不仅可以有效保持坡面稳定，也可以增加景观舒适度。植物护坡植物选取应根据植物种类调查内容综合考虑选取。典型植物护坡工程如图 3-20 所示。

图 3-20　典型植物护坡

对于表土贫瘠，沙化严重等区域，斜坡防护工程可适当采取干砌片石、混凝土砌块护坡等工程护坡方式，在有效防护弃土(渣)场边坡的同时，为后期植被恢复浇灌提供固定支点。对于降雨频繁、汇水流量大或行洪区等区域，斜坡防护工程应在工程措施的基础上增加植物措施，阻挡地面径流，减缓冲刷。

(7)防洪排导工程

防洪排导工程主要包括弃土(渣)场底部排水系统和弃土(渣)场坡面排水系统。弃土(渣)场底部排水系统一般设置盲管或盲沟引流，避免弃土(渣)场底部积水导致失稳。弃土(渣)场坡面排水系统一般设置截水沟和坡面排水沟；截水沟应保证截留上部汇水，满足汇水流量，坡面排水沟应根据坡面原始水沟设计，最终引入地表排水系统。

弃土(渣)场底部盲管或盲沟应满足当地近年来最大降雨量排水量和地表排水量，一般主干管或主沟间距小于 25 m。弃土(渣)场底部应设置坡度,坡向盲管或盲沟。盲管上应包裹无纺布防止堵塞,铺设后用大石掩埋,防止弃渣破损盲管。典型盲管铺设工程如图 3-21 所示。

弃土(渣)场坡面排水系统应满足当地近年来最大降雨量排水量和地表排水量。截水沟根据现场条件设置尺寸和形式,一般采用梯形或矩形断面。排水沟应根据弃土(渣)场坡径流位置大小设置位置和尺寸。截水沟和排水沟将排水最终引入原地表径流系统,与自然水系顺接,并布设消能防冲措施。典型坡面排水系统如图 3-22 所示。

图 3-21　典型盲管铺设

图 3-22　典型坡面排水系统

对于降雨频繁、汇水流量大或行洪区等区域,防洪排导工程应满足当地近年来最大降雨量排水量和地表排水量。弃土(渣)场底部排水系统在满足地表水排放的同时,应保证地面的渗透性。

(8)土地整治工程

当弃渣完成后,弃土(渣)场表层应进行表土回覆。表土回覆是利用已剥离表土,对弃土(渣)场表层进行覆盖,覆盖深度与弃土(渣)场后期利用方向有关,分区覆土厚度见表 3-3。当原始地貌表土较为贫瘠,表土剥离量较少或未剥离出表土时,可采用其他工区富余表土或购买当地熟化土等方式。当弃土(渣)场表土回覆后,弃土(渣)场表层进行土地平整及土地改良等工程措施进行土地整治。土地平整及土地改良需根据弃土(渣)场后期利用方向进行整治,铁路建设项目弃土(渣)场原则上根据占地性质、类型和土地的适宜条件确定土地利用方向。

表 3-3　分区覆土厚度

分　区	覆土厚度/m		
	耕地	林地	草地(不含草坪)
西北黄土高原区的土石山区	0.60～1.00	≥0.60	≥0.30
东北黑土区	0.50～0.80	≥0.50	≥0.30
北方土石山区	0.30～0.50	≥0.40	≥0.30

续上表

分　区	覆土厚度/m		
	耕地	林地	草地(不含草坪)
南方红壤丘陵区	0.30～0.50	≥0.40	≥0.30
西南土石山区	0.20～0.50	0.20～0.40	≥0.10

(9)植被恢复或复垦

当弃渣完成后，对弃土(渣)场进行植被恢复或复垦。原土地类型为荒地、林地等类型的，应进行植被恢复。植被恢复应尽量利用表土内的植物种子进行恢复，若表土种子含量较少，可选择播撒草籽和移植乔灌。选择植被恢复的植物应满足前期植物种类调查要求。原土地类型为耕地的应复耕，弃土(渣)场按照复耕要求对土地进行覆土及平整等土地整治。典型弃土(渣)场复耕效果如图 3-23 所示。

对于表土贫瘠，沙化严重等区域，植被恢复困难，植被恢复需采用植物种类调查中当地易存活、生长快速的植物种类。但该区域土质保水性差，可在植被恢复期采用增加草垫等保水措施，减少浇灌频次，增加植被恢复率。典型弃土(渣)场植被恢复如图 3-24 所示。

图 3-23　典型复耕

图 3-24　典型植被恢复

(10)临时措施

弃土(渣)场在工程实施阶段主要的临时措施包括苫盖、拦挡、排水、绿化、围挡、洒水等，应根据现场环境和施工特点选择临时措施。苫盖、拦挡、排水、绿化、围挡和洒水是其他生态防护技术的辅助技术，可有效防护其他技术的有效实施和防止扬尘。对于沙化严重、表土存储要求高、动物出现频繁的弃土(渣)场需加强实施。

表土剥离完成后，需存储至弃渣完成后阶段，存储周期一般为 2～3 年，周期较长。为防止存储期间表土的水土流失及二次扬尘污染，对表土进行苫盖、拦挡、排水、绿化等临时措施。表土存放地点根据运输成本及管理方便，一般选择弃土(渣)场周边或弃土(渣)场内部不影响弃渣位置。苫盖材料一般为密目网，长期处于外部环境下，易风化破损，需定期更换；密目网等苫盖材料在高原等紫外线强烈区域，可增加更换频次，满足苫盖要求。拦挡措施一般为填土编织袋挡墙和混凝土挡墙，在堆砌时，编织土袋应相互咬合、搭接，搭接长不小于编织土袋的 1/3；编织袋材料主要为聚乙烯和聚丙烯，由于混凝土挡墙耗费原材料和增加弃渣量，一般优先选择编织袋挡墙。典型表土存储临时措施如图 3-25 所示。

图 3-25　典型表土存储临时措施

对已完成削坡开级部分及未施工的堆渣应进行苫盖，防止水土流失和扬尘。现场弃渣运输车辆及施工时，会产生大量扬尘，因此，洒水可及时有效的抑制扬尘造成大气污染。

在弃土(渣)场完成弃渣进行恢复前期，坡面防护措施脆弱，易造成动物及人为破坏，可采取围挡措施，可有效保证弃土(渣)场恢复的有序进行。

3.2.5　高速铁路生态监测技术

生态监测是高速铁路生态保护的重要内容，其不仅是铁路生态保护的有效手段，同时也是检验铁路生态保护工作成果的重要依据。生态监测技术水平的高低直接关系到铁路生态环境管理工作的科学化程度，其作为铁路生态保护的一项基础性工作，也成为铁路生态环境管理决策的一个重要依据。

在某新建铁路施工期生态环境监测中，研究人员曾结合红外相机监测法和人工样线调查法对拉林铁路工程沿线的野生动物进行监测。2015—2020 年，研究人员在铁路沿线设置 8 台红外相机和 76 条动物样线，最终连续 5 年的动物监测表明，隧道、桥梁、路基以及辅助坑道、施工便道、弃土(渣)场等附属工程施工期对动物活动和栖息地的具有一定影响，导致动物回避、施工区域周边动物多样性降低和小环境改变，但对野生动物种群活动和生存未产生显著的不利影响。建设单位通过对施工过程、施工人员和施工场地的监督管理、弃渣场地的合理调整、声光屏障、保护围网的应用，以及动物栖息地恢复技术实施，并通过野生动物栖息地监测结果随时优化保护措施，有效缓解了工程对野生动物及栖息地的不利影响。

生态监测作为一种系统收集地球自然生态信息的技术方法，起始于 20 世纪 60 年代后期，至今已有 60 多年的发展历史。高速铁路生态监测是铁路生态环境保护的技术保证和支持体系，采用生态学的各种方法和手段，从不同尺度对各类生态系统结构和功能的时空格局进行度量，主要通过监测生态系统的条件、条件变化、对环境压力的响应及其趋势而获得。高速铁路生态监测以标准化的方法在特定时间、空间内重复分析测定生态系统状况。常见的高速铁路生态监测技术包括遥感监测技术、植物监测技术、动物监测技术，此外，在线环境监测近年来也在高速铁路施工期开始试行推广。

3.2.5.1　遥感监测技术

根据大尺度卫星遥感影像和铁路工程建设施工图确定铁路构筑物位置，结合实际情况设置采样点，为现场考察和采样做准备。通过设置的样地进行野外实地考察主要是对所搜集资料进行现场确认和对内容进行补充，实现小尺度生物多样性的调查与监测。在实地调研过程中，需要确定评价区域的动植被类型、数量、种类、植物光谱及濒危动植物类型。采用样地记录法进行动植物多样性样方调查，确定典型关键区域，并用 GPS 确定样地位置。同时采用无人机搭载高光谱摄像头进行高空拍摄，对典型关键区域用进行地毯式拍摄，对典型关键区域拍摄高清图像和高帧率视频，并或者样地及其周围环境高光谱影像。结合样地实地调查信息与无人机拍摄影像反演关键区域的植被光谱信息。

1. 卫星遥感

遥感作为获取生物多样性信息的另一种手段，近年来在生物多样性领域发展迅速。遥感数据覆盖广、序列性以及可重复等特点使其在大尺度生物多样性监测、制图和评估方面具有极大优势。当前主流的遥感卫星能提供 30～300 多个波段，空间分辨率大多为 30 m，少数可达到 10 m，但无法提供物种识别或功能分类等应用所需的亚米级精度。

同步于地面调查，选取 Sentinel-2A 卫星影像开展森林植物多样性遥感监测。该卫星携带多光谱成像仪(MSI)，轨道高度为 786 km，幅宽为 290 km，卫星的重访周期为 10 天，与 Sentinel-2B 互补，重访周期缩短至 5 天。影像覆盖了 13 个光谱波段，其中包括 4 个可见光波段(蓝色、绿色、红色和近红外波段)，空间分辨率为 10 m，短波红外波段(SWIR1 和 SWIR2)、卷云波段和红边波段，空间分辨率为 20 m，其余两个波段的分辨率为 60 m。Sentinel-2A 数据有 3 个波段数据在红边范围内，这对植被健康的监测十分有效。

Sen2Cor 是 Sentinel-2Level2A 产品生成和格式化的工具集，利用安装的 Sen2Cor 插件对下载的 L1C 级遥感影像进行辐射定标和大气校正，大气校正后的影像去除了 B10 卷云波段。对于经过大气校正后的影像 SNAP 中进行重采样，分辨率设置为 10 m，最后将处理后的影像在 ENVI 软件中进行波段的调整、合并、镶嵌和裁剪等处理。对裁剪之后的影像进行辐射滤波，通过选取 NDVI 的阈值大于 0.3 以去除土壤、建筑等非植被区域的影响，设置近红外和蓝色光谱波段的阈值分别小于 1 500 和 500 以去掉阴影区域和云的影响。

近年来，遥感技术的发展和大量不同类型卫星对多时段、多波段的对地观测，为国内外学者在植被覆盖度遥感监测方面创造了有利条件，并发展了大量通过大范围遥感监测提取植被覆盖度的方法。

常用的遥感监测方法可细分为回归模型法、植被指数法、像元分解模型法等。在铁路建设项目生态调查中较为常用的植被指数法。

植被指数法是根据植物的光谱特征。直接选取与植被覆盖度有良好相关性的植被指数，并通过植被指数与植被覆盖度的关系，估算植被覆盖度。利用单一波段或几个波段的遥感监测数据，计算出植被指数，不受区域、时间和植被类型的限制，更易于使用。

由于植被指数转换法不依赖于实测的植被覆盖度数据，因而在实际工作中使用较多，比较广泛使用的是 Gutman 提出的一种根据归一化差值植被指数（normal differential vegetation index，NDVI）来计算植被覆盖度的方法。该方法最重要的环节就是如何确定纯植被和纯土壤的 NDVI，它们直接影响着模型的精度。在应用植被指数模型时，由于可见光和近红外波段对植物反应最敏感的波段，因此，最常用的 NDVI 值主要是基于这两个波段建立的遥感信息。

植被指数是根据植被的光谱特性，将遥感的可见光、近红外波段进行组合成，如归一化植被指数以及其他植被指数等。

基于 NDVI 计算植被覆盖度 f 的方法为

$$f=(\mathrm{NDVI}-\mathrm{NDVI}_{soil})/(\mathrm{NDVI}_{veg}-\mathrm{NDVI}_{soil})$$

式中 NDVI_{soil}——完全是裸土或无植被覆盖区域的 NDVI 值，即 NDVI 的最小值；

NDVI_{veg}——完全被植被所覆盖的像元的 NDVI 值，即纯植被像元的 NDVI 值，即 NDVI 的最大值。

在高速铁路建设项目中，卫星遥感技术通常用来监测铁路穿越或影响的生态敏感区的土地利用现状及变化、植被类型现状与变化、土壤侵蚀情况等指标。大尺度遥感监测的频率通常为铁路建设项目开工前监测一次，施工期每年一次。例如，郑徐客运专线（郑徐高速铁路）项目于 2012 年 12 月开工建设，2016 年 9 月正式通车。郑徐客运专线在规划设计中穿越当地生态敏感区中牟森林公园区段，研究人员在施工期曾利用多时相陆地卫星遥感数据对森林公园区段进行遥感监测，通过对研究区植被类型、土地分类、土壤侵蚀等的定量分析，探索郑徐客运专线建设对中牟森林公园区段的生态影响。其遥感监测结果表明，郑徐客专建设项目施工末期较施工中期，中牟森林公园有以下变化：

(1)土地利用情况，交通运输用地、草地均有所增加，林地略减。

(2)植被类型情况，有林地和栽培植被减少，草地增加。

(3)土壤侵蚀情况，水力侵蚀面积增加，工程扰动面积减少。

2. 无人机监测

无人机遥感平台(图 3-26)所具有的独特优势使其能够有效弥补航空、卫星遥感平台在分辨率和时效性方面的不足。无人机遥感监测的特点包括能够提供更高的空间分辨率和时间分辨率;通过高分相机、红外、激光雷达、多光谱、高光谱等多种传感器提供动植物监测的丰富数据;可进行远距离侦查,有效避免对生物的打扰;灵活高效;低成本。以上特点让无人机遥感监测成为生物多样性监测的重要手段之一。无人机获取的影像数据和三维点云数据具有更高的时空分辨率,基于长期、高频率的无人机遥感数据能够更深入地开展生物多样性监测,如植物物种分布和植被制图、生物多样性反演、生境监测,开拓更多传统生物多样性遥感监测方法无法实现的监测应用,如入侵物种监测、野生动物监测等。

图 3-26 无人机遥感平台

(1)植物物种分布和植被制图

物种分布区鉴定以及植被覆盖类型划分对植被空间分布和对特定环境的适应性研究具有重要意义。有研究对比了载人飞机和无人机获取的影像数据在植被制图中的应用,并探讨了无人机遥感平台在植被资源调查方面的可行性。该研究基于无人机航拍影像清晰地分辨了植物的数量和形状,精细划分了不同物种的分布范围,得到高精度的植被分类图。

(2)生物多样性反演

传统的生物多样性遥感监测研究多是间接地建立数据和多样性之间的关系模型,间接反映生物多样性。其主要通过遥感数据反演与生物多样性相关的指标或变量(如地形、植被指数、光谱特性等),结合野外实测数据构建数学模型,预测物种分布以及多样性格局。

(3)生境监测

生境信息可间接反映生物多样性因素,植被结构参数在评价生物物种栖息地和预测物种分布中起着重要的作用,特别是下层植被对物种的分布具有较大影响;地形信息对环境内动植物、物种分布也有重要影响。激光雷达扫描仪能够穿透林冠,获取涵盖林冠和林下的垂直三维信息,并广泛应用于森林参数反演。

与机载平台相比,无人机操作灵活,飞行高度低,能获取更高的点云密度且不受云层影响,无人机激光雷达在森林垂直结构,尤其是林下植被结构监测较机载平台更有优势。

与卫星遥感技术中卫星回访周期较长、空间分辨率较低等特点不同,无人机监测在实际铁路建设项目中时间选择更加灵活。针对长大铁路建设项目,无人机监测技术通常用来监测隧洞出入口、车站、渣场等施工点位附近的植被类型、面积变化，通过制作植被类型图来说明当地植被的生态现状，该类监测频次通常为每季度一次或者一年两次。此外，无人机技术也常被用来监测铁路建设项目沿线地下水疏排生态影响，该类监测频次通常为一年两次。在浩吉铁路三门峡黄河公铁两用大桥对湿地自然保护区鸟类影响评估中，研究人员使用无人机遥感技术对铁路工程沿线两侧 500 m 范围内的植被恢复情况进行了监测。监测结果表明，黄河大桥南引桥两侧 500 m 区域内土地利用类型变化较大，变化部分由林草地变为施工用地、裸地、道路及建筑物，其中林草地在 2016 年面积降低，后期又有所恢复。

3.2.5.2 植物监测技术

结合工程沿线的实际情况，对于不同的植被类型，在施工点位选择监测点设置样地，在施工工点周围一定范围内选择与施工点样地植被和环境相似的、基本未受施工影响的、内部环境相对均质的对照样地进行调查。

如果对监测区域的环境状况和植被类型比较了解，通常采用典型取样法在调查区域内选择样地。但如果对监测区域的基本植被情况没有太多的了解，则可以采取系统取样的方法设置样地。监测样地的面积根据调查区域及其植物多样性的复杂程度来确定。通常，森林类型的样方面积通常为 600 m^2（20 m×30 m），草地样方面积通常为 1 m^2（1 m×1 m），荒漠植被的样方面积不小于草本样方，如图 3-27 所示。

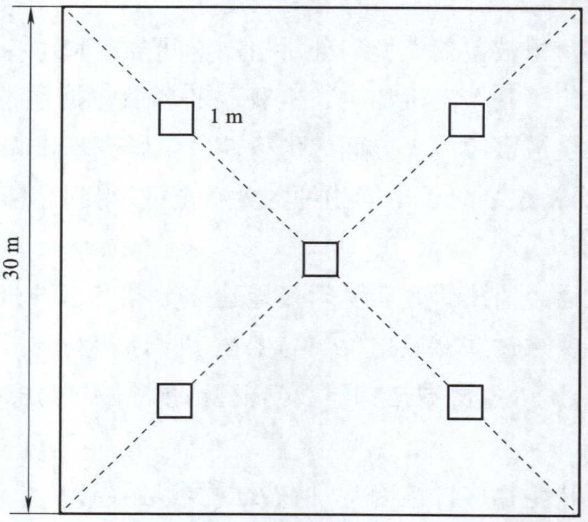

图 3-27　样方设置示意

在围取样地时，通常是先确定一个原点，然后沿等高线确定样地的一条边，再从第一条边的终点引出第二条边，并使两条边相交的拐角处为直角。同理确定样地的第三条边和第四条边。维管束植物监测以样方法为主，通过建设固定样地，定期复查样地中的所有植物。

观测内容与观测方法与植物群落调查基本相同，重点调查乔木层、灌木层和草本层的植物种类组成与特征。为了解森林树种的更新情况，在森林群落监测过程中，可定期对样方中林下更新幼苗（胸径小于 2 cm）与幼树（胸径小于 5 cm）的动态情况进行监测。树种更新调查通常与灌木层、草本层调查同时进行，测量个体的胸径、高度，然后按树种统计更新幼苗、幼树的密度和频度。

在实际铁路建设项目的生态监测中，由于绿色植物具有周期性的生长季，植被固定样地调查通常在夏季进行，频次为每年监测一次。在郑徐客运专线的生态监测调查中，研究人员在铁路穿越的中牟森林公园处共设置 6 个监测样地。通过现场调查和查阅资料，对样地内所有物种进行鉴定，并且根据公式计算植被 Simpson 优势度指数、Shannon-wiener 多样性指数、Pielou 均匀度指数、Simpson 多样性指数和物种丰富度等生物多样性指标。其结果表明，铁路建设末期较建设中期，中牟森林公园 Simpson 优势度指数、Shannon-wiener 多样性指数等有所增加，线路施工对森林公园生态植被无明显影响，森林公园内生态植被均处于自然生长及更新状态。

3.2.5.3 动物监测技术

路域动物生态学研究的方法主要有样线法/样方法、痕迹法、红外相机监控法、GPS 项圈法、标记重捕法和遗传多样性分析法。对大、中型兽类的调查主要采用路线法进行。根据大、中型兽类喜于早、晚活动，在早晨和傍晚利用交通工具进行驱车调查，观察沿线及小径上的兽类实体。其次，通过望远镜观察附近兽类实体，发现国家Ⅰ、Ⅱ级重点保护动物时，用 GPS 进行定位，调查发现或记录兽类实体或痕迹。采用野外调查与文献资料结合的方法调查鸟类，在施工过程中，一般以定点的样方、样线调查为主。记录鸟类的种类、数量、种群结构、优势种、幼鸟、常见种、稀有种，尽可能记录鸟类的活动范围、飞行高度、取食、栖息等习性。

1. 哺乳动物

可用于大多数兽类物种的调查样点可以通过系统抽样、层次抽样或随机抽样在样地中进行布设。如果是调查特定的物种，则根据信息收集与走访当地居民，掌握动物经常出现的区域，将调查样点布设在动物可能出没的盐碱塘、饮水处、有规律性的必经通道、栖息的洞穴等场所。不论是哪种布设方法，样点之间都要保持足够的距离，以保证调查的独立性。

一种方法是调查者在样点处守候，等待动物的出现，观察与记录看到或听到的动物或动物踪迹。

针对数量稀少、活动规律特殊、在野外很难见到其踪迹或活动痕迹的物种（如黑熊、野猪、小鹿等），通过红外触发相机对动物种类、数量、分布开展长期监测。红外触发相机通过感应动物或人体的温度，可以自动拍摄高清晰度的图片和视频，如图 3-28 和图 3-29 所示。

(a)　　(b)

图 3-28　红外自动数码照相机拍摄照片

图 3-29　红外自动数码照相机

2. 鸟类

(1)声景法

声学数据使用 Audio Moth 录音机(图 3-30)获得数据，该录音机的采样率为 32 kHz，麦克风增益高，单声道。所选择的采样率是最接近 44.1 kHz 可听范围的采样率，包括大多数感兴趣的声音(鸟类和大多数昆虫)。制造商没有指定“高麦克风增益”，之所以选择此值，是因为在进行的初步测试中，该设置提供了良好的信噪比。记录仪部署 48 h，并在两个样带中的每个样带连续记录，每个样带的记录仪都成对对齐，测试表明，这些录音机可以捕捉到半径达 100 m 的声音。因此，这些设备被放置在 200 m 之外，以最大限度地覆盖面积，避免传感器之间的间隙。横断面被配对以进一步最大化传感器覆盖的区域，并包括在纬度梯度和纵向上变化的样

图 3-30　Audio Moth 录音机

本。选择了三个声学指标(声学复杂性指数 ACI、时间熵 ENT 和每秒事件 EVN)进行分析。ACI 测量声谱中振幅的相对变化;ENT 测量整体振幅包络内的能量集中;EVN 测量每秒超过 3 dB 阈值的声学事件数量。之所以选择这些指标,是因为它们已被证明代表了音景的不同组成部分,并且可以使用假色频谱图进行可视化,以便于解释。

(2)标图法

有明显繁殖领域的鸟类,如大部分的燕雀目鸟类以及部分涉禽等。由于领域制图法非常费时,成本较高,不适用于调查群聚的,或松散成组,或相对于调查面积其领域面积较大的鸟类。圆形和长方形的样地较为理想。样地的面积取决于调查目标种类的空间分布和数量分布特征,每个样地要求包含 3 个以上被调查鸟类的领域。通常,调查郁闭栖息地(如森林)中生活的鸟类,样地面积设为 10～20 hm^2;调查开阔栖息地(如草地、沼泽地等)中生活的鸟类,样地面积设为 50～100 hm^2。

样地确定后,需要制作样地图。可以利用调查区域的地图、地形图、航空照片或卫星遥感图像进行制作,样地图的比例尺为 1∶2 500,并将方便鉴别的对象或地标,如楼房、池塘、树、小路、马路、篱笆等,标注于样地图上。

在繁殖季节对每个样地进行 5～10 次调查。调查时间要与目标物种的主要的鸣唱期相符合。每次调查最好在中午之前完成,且不要将一次调查分成多天进行,避免产生相同的鸟类个体被重复记录的问题。

每一个鸟种用一张领域地图进行记录。调查者在样地中沿相间 50 m 的调查路线缓慢行走,将观察到的每个个体标注在地图上(图 3-31)。在调查地点边缘外围 50 m 的范围的鸟类也需要记录,以确保包含了那些覆盖了边缘的领域。调查速度在森林等郁闭的栖息地中为 2.5～5 hm^2/h,在开阔的栖息地中大约为 20 hm^2/h。

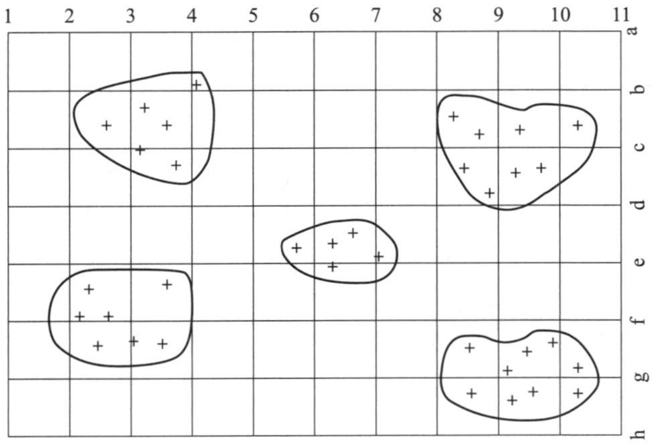

图 3-31　标图法位点模式

3. 爬行动物、两栖动物

根据植被类型、水源分布、海拔、地形等因子选择调查区域，采用样带法监测爬行动物、两栖动物的分布情况。在每个调查区域中布设 3～5 条样带，样带长度 200～500 m。若进行大范围调查，样带长度可设为 1～10 km。样带单侧宽度 5～30 m。调查时，1～5 名调查者并排沿样带匀速前进。发现爬行动物、两栖动物个体后，记录种类、大小、数量以及小生境情况等。一些在夜间活动的种类，白天不易被发现。可在夜间对已调查的样带重复调查一次，补充观察数据。

在选择调查路线时，要基于对监测区域的自然条件和动植物资源状况了解，并根据动物的生活习性选择具有代表性的线路。通常可沿动物经常活动与出现的溪流或池塘等水域的边缘设置，长度在 1～10 km，由监测区域地形和植被的具体情况以及调查可达性、可实施性而定。

在每种生境类型中选设 3～5 条样带，样带长度 100～200 m，山地溪流样带单侧宽度为 10 m，地势平坦地区的样带单侧宽度为 2.5～5 m。调查者沿样带匀速前进，并规律性地间断停下进行系统搜寻。夜间调查可使用手电筒进行探照。观察与记录发现的动物实体，辅以鸣声辨认，按种类统计个体数量，并注意避免重复计数。调查后填写两栖动物野外调查记录表(图 3-32)。

两栖动物野外调查记录表

调查地点______________ 调查人_______ 日期________

GPS 定位：起点 N_____ E_____ 终点 N_____ E_____ 海拔_____～_____

小地形_______ 植被类型______________ 天气状况________

编号	动物名称		记录方式	性别	数量	海拔	习性及特征	小生境	发现位置	人为干扰		备注
	学名	俗名								类型	强度	

注：(1)记录方式：成体、幼体、蝌蚪、卵、鸣声等；

(2)小生境：林缘、林中空地、灌丛、农地、民宅、河流、溪流、自然湖泊、沼泽、临时水域、人工湖泊、草丛等；

(3)发现位置：地面、水中(石上、石下、水面、水中)、水边(石上、土上、泥中)、树上(低矮树叶、树枝、高树叶)、草上等；

(4)人为干扰：类型(砍伐、采集、偷猎、放牧)、强度(频繁、一般、少、无)。

图 3-32 两栖动物野外调查记录表

3.2.5.4 施工环境影响在线监测技术

1. 监测因子

(1)大气

施工扬尘主要产生于土石方施工场地和运输车辆所经道路。就铁路建设工程而言,施工扬尘主要产生于新建路基、桥梁、站场、隧道施工洞口及取弃土(渣)场所在地段。在施工过程中,取弃土(渣)场、施工便道因原有植被遭到破坏,地表裸露,水分加速蒸发,使得表土松散,当风力较大时就会产生扬尘。此时若施工机械和施工车辆通过上述地带,更会增加扬尘产生的强度。当持续干燥、路况较差且车辆通过时,在行车道两侧扬尘的总悬浮颗粒物(TSP)可能大大超过环境空气质量标准。施工扬尘将导致上述地带空气中 TSP 浓度上升,从而对空气质量和施工场地景观和环境卫生造成影响。若对城镇、居民区、学校等敏感点污染严重,可能引发投诉或纠纷;对沿线的大部分地段而言,其影响主要表现为对农作物及植物的生长影响。

铁路建设项目施工期大气监测指标主要为 TSP、PM_{10}、$PM_{2.5}$等指标。

(2)噪声

施工现场的各类机械设备包括装载机、挖掘机、推土机、混凝土搅拌机、重型调机等,是最主要的施工噪声源。铁路工程建设过程中,需要拆除征地范围内既有建筑,主要为沿线居民建筑,在拆除和新建构筑物过程中,同样会产生施工噪声。大型临时施工设施是不可忽视的噪声源,其在生产作业过程中将向外辐射噪声,以敲击碰撞等间歇性噪声为主,兼有吊车、混凝土搅拌机、内动机具等设备噪声,另外隧道施工噪声有爆破噪声、风机噪声等。

铁路建设项目施工期大气监测指标主要为等效 A 声级。每次在昼间、夜间有代表性的时段内测量。环境噪声测量值为 A 声级,以等效连续 A 声级作为评价量。

(3)水质

隧道每个施工断面施工时产生的高浊度施工废水约 20～50 m^3/d,主要污染物为悬浮物,并含少量石油类。隧道施工时,隧道出水中主要污染物为悬浮物(SS),不同的隧道 SS 监测值差异较大。同时施工机械的跑、冒、滴、漏等导致施工废水中含石油类,隧道洞口开挖及弃渣将产生水土流失,进入水体将使水体悬浮物增加。隧道施工排水未经处理或处理不当,进入水体,将对水体水质产生影响,主要表现为增加水体悬浮物含量及景观,特别排入一些小型支流,将严重影响其水质及景观。

桥梁主体工程施工废水主要来自桥梁下部基础施工。根据设计资料,水中墩采用围堰施工时,桥梁水中墩施工会对水体产生一定扰动,但扰动较小。桥梁施工破坏地表及弃渣将产生水土流失,进入水体将使水体悬浮物增加。

施工场地内的施工机械、车辆、设备等进行维修保养,以及冲洗。跑、冒、滴、漏及维修将产生石油类,冲洗将产生冲洗废水,冲洗废水具有悬浮物含量高、水量小、间歇集中并含有少量石油类等特点。混凝土拌和站排放的废水具有悬浮物浓度高、水量小、间歇排放等特点，根据有关数据资料，混凝土转筒和料罐每次冲洗产生的废水量约 0.5 m^3，悬浮物浓度约 5 000 mg/L。

铁路建设项目施工期水质监测指标主要为化学需氧量、生化需氧量(BOD_5)、SS、pH、石油类、氨氮等因子。其主要是对施工营地、大临工程处理水质、隧道施工排水水质、敏感水体水质及铁路工程施工对其水质影响程度进行监测。

铁路建设项目施工期气象因素主要为温度、湿度、气压、风向、风速等。气象因素对大气污染物的扩散、传播等有较大的影响，噪声监测值也受气象因素的影响较大，且当风速≥5 m/s 时，噪声值为无效值。因此，气象因素是确保污染监测准确的根本。

隧道施工排水可能会造成周边地表水、泉眼、水井、水库水位下降，从而影响周边居民生活用水或灌溉用水，造成不利影响。施工期水文因子主要为水位、流量、水温、降雨、墒情等。

2. 现场数据采集

(1)数据采集模块

在线监测设备在数据采集过程中主要通过数据采集模块(RTU)相连，对传感器进行数据采集后，通过无线传输方式传输至数据中心。RTU 数据采集模块与数据中心之间通过 TCP/IP 协议进行数据传输，数据中心需为具备公网固定 IP 地址的计算机或服务器。数据中心作为服务器端监听端口，数据采集模块上电后，主动与数据中心建立 TCP 连接，并进行设备登录。连接建立后一般由数据中心发命令读取数据或进行设置。通过无线终端设备(DTU)模块采集数据通过数据采集模块将模拟量转换后，统一协议传输，传感器种类数量可根据现场灵活调整，不受传感器种类和数量限制。但监测时，由于传感器数量及种类较多，监测设备耗电量增大，太阳能供电系统负荷增加，安装过程较复杂。

(2)设备安装

在线监测设备的监测点位主要包括施工临时场地、隧道洞口、隧道顶部及弃土(渣)场等。现场安装的材料采用组装式，包括户外立杆基础、户外立杆、机箱和太阳能供电装置。施工临时场地、隧道洞口和弃土(渣)场一般设有临时便道，可将设备运输至监测点位。但部分点位设置在隧道顶部等无运输车辆可达的地点，重新修便道并不经济，常常需要人工运输至监测点位，因此监测设备需便于携带、易于安装。典型的安装材料如图 3-33 所示，安装示意如图 3-34 所示。

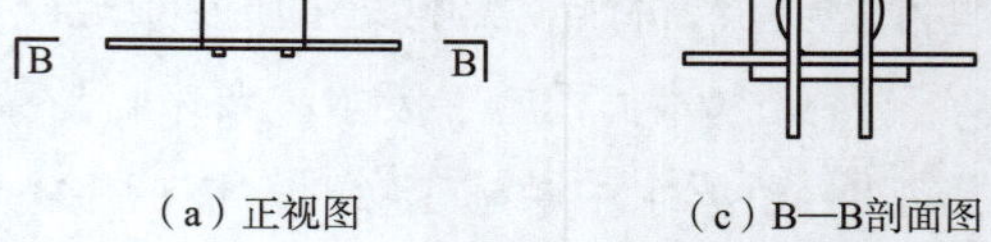

(a)正视图 (b)A—A剖面图 (c)B—B剖面图

图 3-33 户外立杆基础

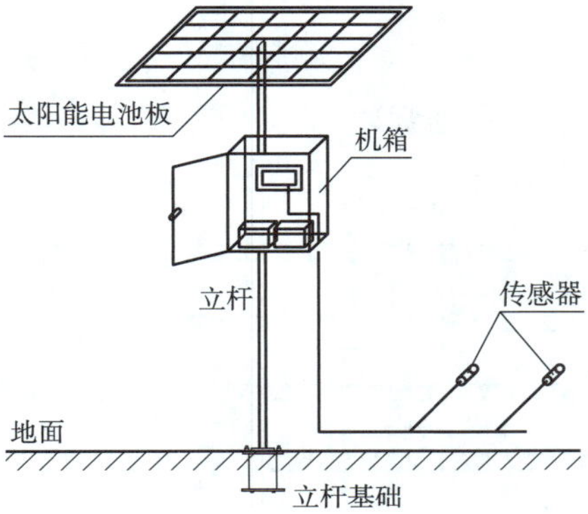

图 3-34　在线监测设备安装示意

3. 监测管理应用系统

(1)业务流程

铁路工程环境监测管理系统主要业务内容为风速、风向、温湿度、水位、流量、雨量等气象水文参数的监测，TSP、PM_{10} 与 $PM_{2.5}$ 等大气指标的监测，等效 A 声级等噪声指标的监测，COD、BOD_5、SS、pH、石油类等水质指标等监测。系统监测指标可根据业务流程需要增加监测设备传感器，从而实现对其他监测指标扩展监测。

终端监测设备传感器通过现场采集样品，经过监测仪器的处理和分析，采用有线、无线、3G/4G 等方式传输各种监测数据到网络服务器，同时可在 LED 显示屏展示，服务器接收的数据传输到客户端，面向不同的管理用户进行各种管理与统计分析。业务流程如图 3-35 所示。

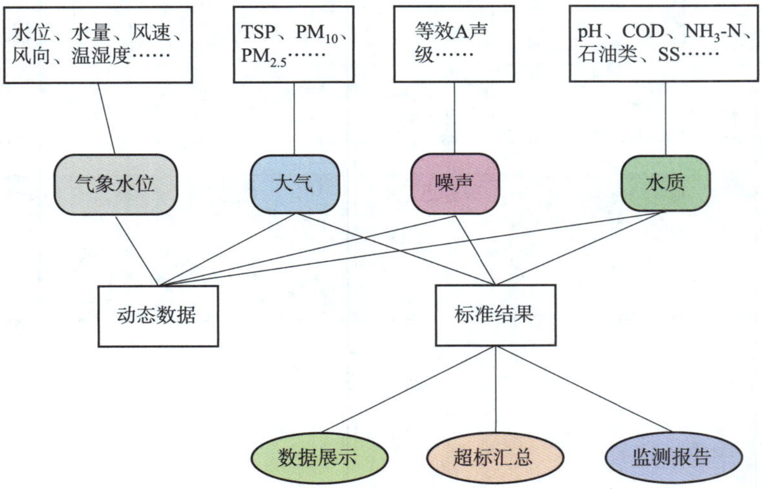

图 3-35　业务流程

(2)系统架构

按照远程在线监测系统功能要求，对监测管理软件系统进行设计，以实现用户访问、数据采集同步、基础数据服务、监测数据管理、监测任务管理、标准管理等功能。系统采用 B/S 模式建设，系统架构如图 3-36 所示。

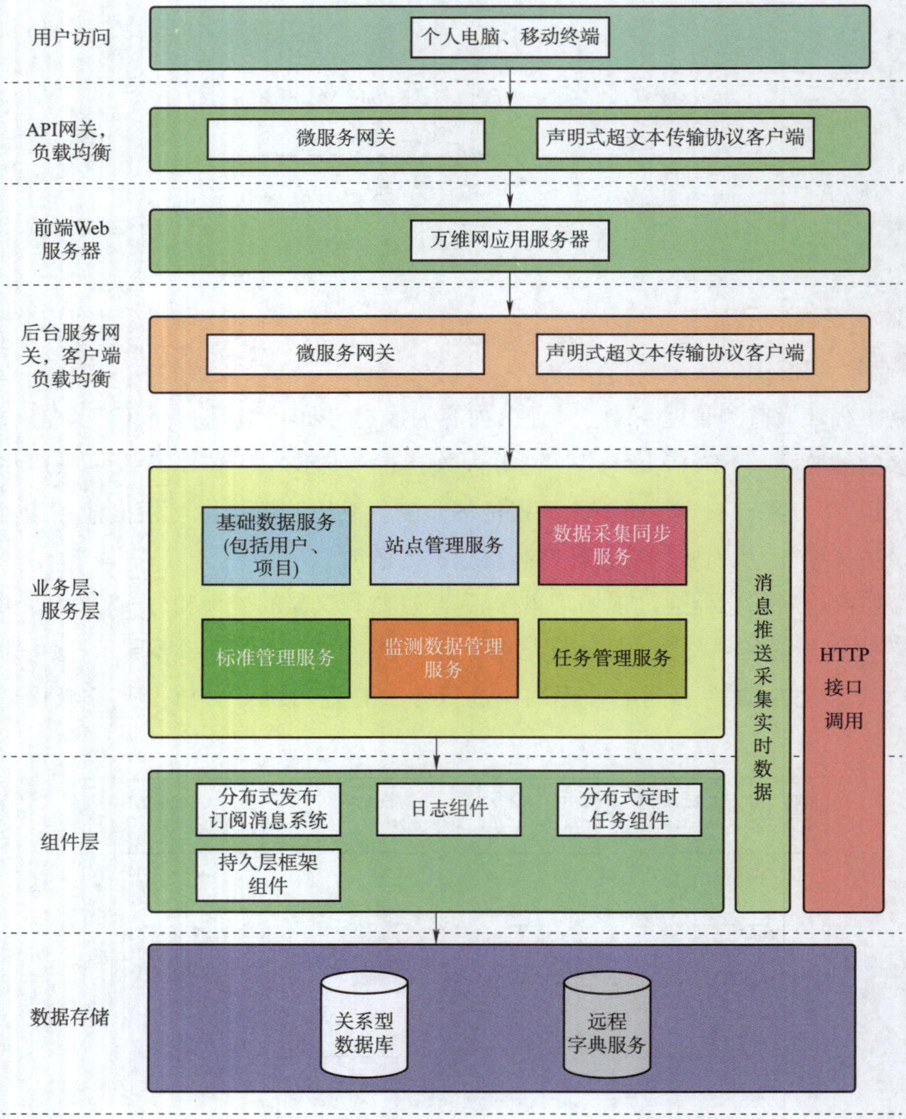

图 3-36 系统架构

(3)管理系统功能

功能一：监测管理

大气颗粒物监测与管理。大气在线监测系统由监测传感器、数据采集和传输系统、后台数据处理系统及信息监控管理平台组成。对颗粒物浓度、气象参数进行连续自动在线监测。监测传感器可以实现扬尘的实时监测，数据采集和传输系统可以将数据无线上报。大气监测传感器参数要求如下：

①气象监测参数

a. 风速参数。量程：0～30 m/s；精度：±0.3 m/s；分辨率：0.1 m/s。

b. 风向参数。量程：0～360°；精度：十六方向；分辨率：1。

c. 温度参数。量程：−40 ℃～70 ℃；精度：±0.3 ℃；分辨率：0.1 ℃。

d. 湿度参数。量程：0～100%RH；精度：±3%RH；分辨率：0.1%RH。

e. 大气压参数。量程：500～1 100 kPa；精度：±0.3 kPa；分辨率：0.1 kPa。

②颗粒物监测参数

a. 能同时实现 TSP、PM_{10}与 $PM_{2.5}$颗粒物浓度的实时监测。

b. 工作原理。激光散射。

c. 浓度量程 0～40 mg/m^3。

d. 准确度。±5%读数。

e. 分辨率≤0.1 $\mu g/m^3$。

f. 运行环境。−30 ℃±60 ℃，10%～95%RH，无冷凝。

g. 数据类型。分钟平均值、小时平均值、日平均值、月平均值。

③噪声监测与管理

噪声监控的现场传感器可以实时、准确地采集声环境质量，然后经过无线传输把数据送到用户端数据中心，噪声数据通过计算机存储、修正、统计等处理后，形成需要的数据。噪声监测传感器参数要求如下：

a. 测量范围。30～130 dB。

b. 准确度。±1.5 dB。

c. 灵敏度。在 250 Hz 或 1 000 Hz 的灵敏度在 30 mV/Pa 以上。

d. 本底噪声＜25 dB SPL。

e. 指向性 90°。

f. 风噪声衰减＞25 dB。

④水文水质监测与管理

由电动阀门、流量计、采样单元、分析监测单元、超标留样装置、通信传输单元、IC 卡总量控制单元等构成。水位计可完成水位测量；流量计完成污废水流量测量；采样单元、预处理单元完成水质自动监测的水样采集、水样预处理等采样控制过程；分析监测单元完成水质监测参数的分析过程；超标留样装置收集超标水样，提供手工比对条件；通信传输单元实现数据及控制指令的上行及下行传输过程，数据及时传至监控中心；IC 卡总量控制单元实现流量与浓度的同步控制。水文水质监测传感器参数要求如下：

a. pH 测量范围。0.00～14.00 pH；分辨率：0.01 pH；精度：±0.02 pH。

b. NH_3-N 测量范围。0～2 mg/L（不稀释），0.2～50 mg/L（稀释）；精度：±3%FS；周期：30 min。

c. 浊度范围。0.00～99.99 NTU；0～500 NTU；分辨率：0.01 NTU；0.1 NTU；精度：±2%FS。

d. 水温范围。0～100 ℃；分辨率：0.1 ℃；精度：0.1 ℃。

e. COD 测量范围。0.0～2 000；分辨率：0.1；精度：±1。

f. BOD_5 测量范围。0.0～1 000；分辨率：0.5；精度：±2。

功能二：项目管理

项目管理模块主要是维护铁路建设项目、参建单位、专业人员的基本信息等。建设项目基本信息包括项目名称、项目概况、环境概况、监测计划等；参建单位基本信息包括建设、监理、施工、咨询单位名称、标段等信息；专业人员基本信息包括人员姓名、单位名称、职务职称、联系方式等。

功能三：标准维护

标准维护的主要目的是比对监测结果的达标情况，主要维护标准名称、执行类别、标准类型、实施时间以及不同监测指标的标准值。铁路建设项目施工期环境监测的主要标准及监测指标如下：

①《环境空气质量标准》(GB 3095—2012)

一级标准（日均值）：TSP：120 mg/L；PM_{10}：50 mg/L；$PM_{2.5}$：35 mg/L；

二级标准（日均值）：TSP：300 mg/L；PM_{10}：150 mg/L；$PM_{2.5}$：75 mg/L。

②《大气污染物综合排放标准》(GB 16297—1996)

无组织排放 TSP：1.0 mg/L。

③《建筑施工场界环境噪声排放标准》(GB 12523—2011)

昼间 70 dB、夜间 55 dB。

④《声环境质量标准》(GB 3096—2008)

1 类：昼间 55 dB、夜间 45 dB；

2 类：昼间 60 dB、夜间 50 dB；

3 类：昼间 65 dB 、夜间 55 dB；

4a 类：昼间 70 dB 、夜间 55 dB；

4b 类：昼间 70 dB、夜间 60 dB。

⑤《地表水环境质量标准》(GB 3838—2002)

地表水环境质量标准常规指标标准值见表 3-4。

表 3-4 地表水环境质量标准常规指标标准值 单位:mg/L

项 目	Ⅰ类	Ⅱ类	Ⅲ类	Ⅳ类	Ⅴ类
pH*	6～9	6～9	6～9	6～9	6～9
COD	15	15	20	30	40
BOD_5	3	3	4	6	10
NH_3-N	0.15	0.5	1.0	1.5	2.0
总氮	0.2	0.5	1.0	1.5	2.0
石油类	0.05	0.05	0.05	0.5	1.0

⑥《污水综合排放标准》(GB 8978—1996)

污水综合排放标准常规指标标准值见表 3-5。

表 3-5 污水综合排放标准常规指标标准值 单位:mg/L

污染物	一级(其他排污)	二级(其他排污)	三级(其他排污)
pH*	6～9	6～9	6～9
COD	100	150	500
BOD_5	30	60	300
NH_3-N	15	25	—
SS	70	200	400
石油类	10	10	30

功能四:站点管理

监测站点管理主要是维护监测站点的基本信息,站点的主要信息包括名称、编号、建设时间、经纬度、所属施工标段、所属监理标段等基本信息,该站点监测的主要类别(大气、噪声、振动),监测的主要指标及每个指标执行的标准。

功能五:数据处理分析

在线监测设备为固定时间间隔采集一个数据,数据结果为固定时间内的值,无法准确与现行相关标准进行比对。因此,需要按照现行标准的要求进行数据规则的计算,生成可与标准比对的数据,进而给出监测点达标情况分析。

功能六:生成监测报告

该项目在线监测报告可实现系统自动生成,极大节约了人力成本,监测报告主要内容包括监测说明、项目概况、环境概况、其他说明、执行标准、结果分析和监测数据。

3.3 高速铁路生态环境保护标准化与信息化

加强高速铁路生态环境保护是确保实现质量、安全、投资、进度、环保和稳定“六位一体”建设目标中环境与生态保护目标的重要工作。生态环境保护标准化,就是在项目建设过程中开展环境保护和水土保持工作全过程控制，使环境保护、水土保持措施得到有效落实，减缓对环境产生的不良影响，并确保项目建设程序依法合规。另一方面，信息化技术作为高效、智能管理的关键支撑，已经在各行各业得到广泛应用，并且从国家信息化战略角度得到法规政策扶持和管理部门的重视。国铁集团经过多年建设，建立形成了以铁路工程管理平台(REMP)为核心的铁路建设管理信息化应用体系，其中包括了可实现高速铁路生态环境保护“一站式”数据集成、分析管理的智能化应用，有效促进了生态环境保护标准化的实施。

3.3.1 高速铁路生态环境保护标准化

高速铁路生态环境保护标准化，主要指环境保护和水土保持管理标准化。与管理体系类似，生态环境保护标准化建立在工程管理标准化基础之上。2008 年 3 月，铁道部发布《关于推进建设单位标准化管理工作的指导意见》(铁建设〔2008〕45 号)，首次以文件形式提出了管理制度标准化、人员配备标准化、现场管理标准化、过程控制标准化四项建设单位标准化管理基本内容。2009 年 8 月，铁道部发布《关于推进铁路建设标准化管理的实施意见》(铁建设〔2009〕154 号)，再次强调了四个“标准化”的内容，并在前文的基础上增加提出了以机械化、工厂化、专业化、信息化为支撑，推进标准化的新理念。2013 年 12 月，中国铁路总公司发布了《关于深化铁路建设项目标准化管理的指导意见》(铁总建设〔2013〕193 号)的规定，明确提出了铁路建设项目标准化管理是实现项目建设目标的科学管理体系。

铁路建设项目标准化管理，具体将铁路建设全过程作为整体对象，划分制定工程安全、质量、进度、投资、环保、稳定“六位一体”建设目标，纳入所有参建各方，进行统一的、标准化管理建设，也因此真正确立了环境保护管理的基本模式，即基于工程标准化管理下的环境保护管理。

3.3.1.1 项目前期生态环境保护标准化

项目前期是指建设项目招投标工作完成之前的工作阶段，分为预可行性研究、可行性研究、初步设计、施工图设计、招投标五个阶段，各阶段环境保护与水土保持管理工作内容各有侧重。

1. 方案研究、预可行性研究阶段

主要确定线路方案，进行线路方案和运输组织的优化。在线位选择、站址确定、桥位桥址比选等有关铁路设计重大方案的比选方面，贯彻环保选线理念，应对影响线路走向的环境敏感区予以重点关注。

对禁止工程穿越的环境敏感区应有足够的认识，环保设计及环境影响报告书编制单位应介入环保选线过程。对于需要办理相应行政许可手续的环境敏感区域，应提出加强线路方案比选和绕避的建议及要求。

2. 可行性研究阶段

可行性研究阶段，应进一步提高环境保护与水土保持篇章编制质量。对工程无法绕避、

可能影响线路方案稳定的环境敏感区，可行性研究文件应明确其批准单位和时间，以及敏感区的保护级别、功能分区及其与线路的相对位置关系、线路方案是否符合相关法律法规要求，通过对工程建设和运营可能对敏感区造成的环境影响进行初步分析，提出环境保护与水土保持措施初步方案。

涉及线路方案和场站选址方案稳定的环境敏感区，需办理行政许可手续的，建设单位（或前期管理单位）作为责任主体，应抓紧时间在可行性研究批复前取得行政许可。涉及重大噪声敏感区的，应取得相应的规划选址意见。

可行性研究阶段要确保工程选线、取土场、弃土（渣）场、制梁场等临时工程选址满足水土保持技术规范要求，水土保持措施切实可行，满足建设项目水土保持方案报告书编制质量要求。涉及穿越环境敏感区的线路选线方案，设计单位应将解决环境问题和敏感区穿越问题作为方案比选及论证的重要条件。铁路经过环境敏感区、城镇集中居民住宅区、学校、医院和重要办公场所，应坚持“环保优先，依法绕避”的原则。对有补偿要求的环境敏感区，根据国家颁布的标准要求确定补偿费用，督促设计单位纳入工程设计投资估算，避免漏项。

3. 初步设计阶段

水土保持方案报告书的编制及审批工作，在初步设计批复前完成相关批复。初步设计阶段要严格落实批复的环境影响报告书和水土保持方案报告书要求的各项环境保护与水土保持工程措施，特别是取土场、弃土（渣）场等临时工程的选址，要严格按照批复文件确定。对于不能满足相关批复要求的，初步设计应完成变更手续后再行批复。

4. 施工图设计阶段

施工图审查要严格控制重大变更，确保落实各项环境保护与水土保持措施和费用。

对于在初步设计批复后取得环境影响报告书和水土保持方案报告书批复的项目，施工图设计应严格按照批复要求实施，环境保护与水土保持措施按规定需要变更设计的，应及时开展变更设计。

建设单位委托第三方咨询单位对环境保护与水土保持工程施工图设计进行审核并出具意见，设计单位根据审核意见修改和完善环境保护与水土保持工程施工图设计。重点关注环境保护与水土保持设计，督促设计单位落实自然保护区、风景名胜区、饮用水水源保护区等环境敏感区的环境保护设计；督促落实生态保护、水土保持设施和污染防治措施的设计；督促设计单位按照“一场一图”的原则落实取土场、弃土（渣）场施工图设计等。

（1）根据环境影响报告书及其批复的污染防治措施，在施工图设计中督促落实相应的声屏障、隔声窗等降噪措施和减振措施，水污染防治措施，文物保护方案的设计及投资等。环境影响报告书批复若提出长大隧道涌水综合利用方案，需与地方相关部门协商，切实落实综合利用方案。

（2）按照水土保持方案报告书及其批复的水土保持防治措施，在施工图设计中督促落实相应的水土保持工程措施、植物措施和临时措施，取土场、弃土(渣)场防护措施，防护要求、工程数量及投资等。在工程投资中落实水土保持设施补偿费。

5. 招投标阶段

在工程主体招投标同时，根据环境影响报告书、水土保持方案报告书及其批复要求，同步开展环境监理及监测(监控)、水土保持监理及监测的招投标工作，明确职责，做到全过程控制，落实“三同时”制度。

3.3.1.2 项目施工阶段生态环境保护标准化

1. 施工准备期

(1)建设单位

建设单位组织各参建单位充分做好施工准备工作，成立各级环境保护与水土保持工作领导小组，制定环境保护与水土保持管理办法，建立环境保护与水土保持管理制度及档案信息管理体系，组织开展环境保护与水土保持专业知识培训和技术交底，组织编制环境保护与水土保持风险应急预案。

①培训及技术交底。建设单位组织编制环境保护与水土保持培训材料、实施环境保护与水土保持专业培训、对参建单位相关人员开展专项培训并进行技术交底。涉及环境敏感区的项目应重点培训。

②编制应急预案。建设单位组织梳理环境保护与水土保持敏感目标及防护措施，编制环境保护与水土保持风险应急预案，报相关行政主管部门备案。重点关注环境敏感区和重点工程环境保护与水土保持风险防范预案的全面性、合理性、有效性和针对性。

(2)设计单位

进行施工现场勘察，对施工单位申请的大临工程变更进行现场核实。变更原因合理则进行设计变更，督促建设单位履行相关手续。线位变化引起的环境保护与水土保持工程变动，涉及重大变更的，进行设计变更，督促建设单位履行环境保护与水土保持行政许可手续；不涉及重大变更的，对变更部分进行补充环境保护与水土保持设计。

(3)施工单位

①施工单位编制环境保护与水土保持施工组织设计方案，建设单位组织审查。涉及环境敏感区的，编制环境保护专项施工组织方案；涉及水土流失严重区域的，编制水土保持专项施工组织方案。

a. 施工组织设计方案主要包括环境保护与水土保持相关法律法规和规章制度；建设项目环境保护与水土保持工作管理要求，环境保护与水土保持组织机构设置及岗位职责、管理制度等；主体工程的环境保护与水土保持要求和施工方案方法；取土场、弃土(渣)场等临时工程的环境保护与水土保持要求和方法；声屏障施工方案、方法；工程占地的恢复移交要求和方法等；施工期环境风险管理等。

b. 涉及环境敏感区、专项重点环境监控的，还包括环境敏感区环境保护与水土保持相关法律法规和规章制度要求，相应的技术方法及管理措施等；涉及野生动物保护、鱼类保护、古树移栽和文物保护的，需含专项保护措施。

②施工单位按照环境保护与水土保持要求做好临时设施的建设工作，接受建设单位的验收。

a. 办理临时工程征地，取得地方有关行政主管部门许可并备案；统计临时工程征地等变化情况，向建设单位报备，说明变化原因，申请设计变更。

b. 调查沿线敏感点和临时用地情况，统计房屋建筑现状，存储原始影像资料。敏感点或临时用地发生变化时及时进行变更。

c. 临建工程建设，排水设施应实行雨污分流，按照标准化要求进行场地布置和绿化。

(4)环境、水土保持监理单位

①监理单位编写《环境监理实施方案》、《水土保持监理实施方案》、《环境监理实施细则》和《水土保持监理实施细则》，建设单位组织审查。重点关注环境敏感区和重点工程监理实施方案的全面性、合理性、有效性和针对性，明确方案是否可行，是否可以保障各项环境保护与水土保持措施的监督实施。

②在第一次监理工作会议上，监理单位应明确环境保护与水土保持工程监理工作相关管理要求。

(5)监测单位

监测单位编写《环境监测实施方案》和《水土保持监测实施方案》，建设单位组织审查。同时做好相关准备工作。

①环境监测。进行施工前期环境本底值监测，临建工程竣工后进行监测布点，确定监测频次和监测因子。

②专项监控。专项监控由建设单位单独委托有资质的单位承担，包括生态环境监测、野生动物观测、受保护鱼类监测、隧道施工地下水影响观测等。进行监控(观测)内容的初始状态调查，完成监控(观测)布点、仪器架设等。

③水土保持监测。完成摸底调查、监测布点和水土流失观测站架设等。

2. 施工建设期

(1)建设单位

①根据环境保护与水土保持管理办法，定期对参建单位的环境保护与水土保持工作进行检查和考核评比，严格要求保质保量落实环境保护与水土保持措施。环境保护与水土保持考核办法，建设单位可根据工程实际情况进行修改完善。

②配合地方有关行政主管部门进行例行检查并反馈整改情况及影像资料；与地方有关行政主管部门做好协调对接工作，定期报备环境保护与水土保持资料；妥善处理环境保护与水土保持投诉及污染事故，调查分析事故原因，做好补救和补偿工作。

③组织各参建单位落实环境保护与水土保持工程变更工作。

④重点推进有利于环境保护与水土保持的先进工艺、工法工装设备以及新材料的应用。

⑤创新管理思路，严肃考核机制，将环境保护与水土保持考核纳入企业信用评价体系，推行弃土(渣)场、声屏障等重点工程首件认可、样板引路等制度。

(2)设计单位

负责施工过程中环境保护与水土保持工程的技术支持和现场配合。解决施工现场遇到的环境保护与水土保持问题，参与环境保护与水土保持工程关键工序的过程验收。遵循环境影响报告书及水土保持方案报告书确定的原则，根据地方政府及居民的要求，针对沿线环境实际情况，及时调整并变更环境保护与水土保持工程设计，办理相关变更设计手续，满足环境变化和各方诉求。

(3)环境、水土保持监理单位

①对施工现场进行日常巡查，检查施工单位的环境保护与水土保持措施落实情况，检查主体工程、临时工程及周边地区的环境状况，重点监督检查取土场、弃土(渣)场设置情况，环境专项监控措施的落实情况。

②发现重大环境保护与水土保持问题时，及时下达监理通知书或监理工程暂停令，提出整改要求。整改结果由施工单位工程监理、环境监理、水土保持监理检查认可。

③召开现场会议、监理例会，进行现场记录、会议记录，编写监理日志、周报、月报和季报，进行年度监理总结，定期向建设单位和有关行政主管部门报送相应资料。参与环境污染事故、重大水土流失事故处理，及时通报处理情况，编写监理记录。

④重点核查施工阶段发生的设计变更，新增临时工程，新增取土场、弃土(渣)场等重大变更是否符合环境保护与水土保持程序要求，变更或补充环境影响报告书、水土保持方案报告书等相关手续是否齐全。

⑤全面核实环境保护与水土保持设施建设情况，监督环境保护与水土保持措施落实情况和工程进度，符合环境保护与水土保持竣工验收相关要求。检查敏感点变化情况，提出增补措施建议，督促履行变更手续。

⑥监理主要工作内容包括以下方面：

a. 环境敏感区。培养施工人员的环境保护与水土保持意识，规范施工行为；禁止高污染、高耗能设备进场使用；检查标志牌、边界线的设置情况，地表植被和林木的保护情况，主体工程水土保持、生态保护、恢复措施的落实情况，工程措施是否达到设计要求。重点关注植被的生长情况、成活率等；检查生态保护专项措施的落实情况，动物通道、遮光板、增殖放流措施等的落实情况。发生意外污染事件，应及时通知建设单位，监督实施应急措施，配合相关行政主管部门调查。

b. 桥梁工程。检查跨水桥梁施工围堰、泥浆沉淀池、泥浆收集池等设置情况及泥渣处置、废水循环利用情况是否符合要求；检查开挖河岸边坡的防护措施，跨越敏感水体、水源保护区的桥涵专项环境保护措施落实情况；检查桥下植被恢复情况及敏感水体监测资料归档情况。

c. 路基工程。检查剥离的表土是否集中存放；高路堤及深路堑的边坡防护和挡墙设置，土石方调配，水土保持工程、生态保护措施等是否按照设计要求落实到位。

d. 隧道工程。检查隧道弃渣及其防护措施落实情况；检查洞口截排水沟设置，工程措施、植物措施和临时措施的实施情况，沉淀池设置及施工废水处理情况是否符合要求。

e. 临时工程。检查施工生产废水和生活污水处理情况及临时场地的防护措施是否符合要求；检查取土场、弃土（渣）场位置是否发生变化，留存地形地貌原始影像资料；检查表土剥离情况，配合地方建设合理消纳弃土（渣）时，须取得相关证明手续；督促完善临时场地恢复移交手续，办理相应的土地用途变更手续。

（4）监测单位

①环境监测

对选定的监测点位开展定期、不定期监测。每季度监测 1 次，施工高峰增加频次，发生环境事故时随时监测，定期提供监测报告。监测重点为线路穿越的饮用水水源保护区水质、隧道施工废水沉淀池出口水质、重要敏感点噪声振动监测和施工场界噪声监测。

②专项环境监控

监控频率为每季度 1 次，施工高峰增加频次，定期提供专项环境监控报告。根据监控结果及时提出针对性环境保护措施，预防和减轻施工对特定保护目标造成的影响。

③水土保持监测

根据施工进度及季节变化调整定点监测频次，定期提供水土保持监测报告。监测各类防治区水土流失数量，检查实施水土保持设施和生态保护措施的效果，提出水土保持改进和优化建议。

3.3.1.3　竣工验收阶段生态环境保护标准化

环境保护与水土保持工程竣工验收包括环境保护与水土保持工程静态验收、动态验收，竣工环境保护验收，水土保持设施竣工验收。

1. 组织方式

环境保护与水土保持工程竣工验收采用先期验收、专家检查和政府验收的组织方式。先期验收包括铁路局集团公司和建设单位组织的环境保护与水土保持工程静态验收和动态验收；专家检查包括国铁集团组织的专家组对静态验收、动态验收结果进行评审并提出专家意见；政府验收包括国家行政主管部门组织的竣工环境保护验收和水土保持设施竣工验收。

2. 验收依据

（1）国家有关环境保护与水土保持法律法规。

(2)建设项目环境影响报告书和水土保持方案报告书(含变更或补充)批复意见及其技术文件。

(3)经批准的初步设计(含变更设计)文件。

(4)审核合格的施工图。

(5)设备技术说明书。

(6)国家标准、行业标准和规范(包括国铁集团、生态环境部、水利部等发布的标准和规范)。

3. 验收内容

(1)检查工程设计、施工与环境影响报告书和水土保持方案报告书(含变更或补充)及其批复意见的符合性。

(2)检查法定环境敏感目标的行政许可办理情况。

(3)检查环境保护与水土保持工程设计是否符合环境影响报告书和水土保持方案报告书(含变更或补充)的批复原则。

(4)检查环境保护与水土保持设施是否按批准的设计文件建成,符合主体工程和环境保护与水土保持要求。

(5)检查生态保护、水土保持设施、污染防治措施的实施效果及达标情况。

(6)检查环境保护与水土保持公众投诉问题及处理情况。

(7)检查环境保护与水土保持相关费用的落实情况。

4. 验收要点

环境保护设计文件、环境影响报告书及其批复文件中的环境保护措施是否落实到位(包括降噪措施);水土保持设计文件水土保持方案报告书及其批复文件中的水土保持措施是否落实到位;工程施工期实际存在的及公众反映强烈的环境问题和水土保持问题是否妥善处理;变更或补充环境影响报告书及水土保持方案报告书、临时用地恢复工作是否完成等。

3.3.2 高速铁路生态环境保护信息化

3.3.2.1 铁路工程建设管理信息化

我国工程建设领域项目管理的信息化工作大规模的推动开始于20世纪90年代初,其发展方式为少数大型工程项目管理公司引入信息管理系统,主要包括电力、煤炭等行业,并首先在设计、科研单位推广。2001年,建设部颁布了《建设领域信息化工作的基本要点》(建科〔2001〕31号),明确提出了工程建设信息化概念,并在全国逐步推广,以三峡工程为代表的一批国家重点建设项目应用信息化管理。2003年以后,随着电力体制改革,电力基建工程高潮迭起,各大集团公司相继推出对于基建MIS的设计、建设和推进作了细致和超前的规定文件。市场化方面,一批国内项目管理系统厂商不断发展壮大,包括新中大i6、宝智坚思 Greata、广联达梦龙 GEPS 等国内工程项目管理软件系统产品在各建设行业广泛应用。

铁路行业的信息化建设始于铁路运输课题研究。早期的技术研究与应用主要针对运输计划编制、工作统计等运营管理需求。直至 2005 年，铁道部下发《铁路信息化总体规划》提出的规划目标，仍以运输组织、客货营销、经营管理为信息化建设重点，建设智能运输信息系统为目标，尚未包括针对铁路工程建设管理信息化的相关内容。

针对铁路工程建设管理信息化建设的研究与开发工作主要由铁道部信息技术中心组织实施，在前期工作基础上，与《铁路信息化总体规划》同期，铁道部则下发了《关于加快铁路建设项目管理信息系统建设的通知》(铁计函〔2005〕341 号)，提出加快建设项目管理信息系统建设和应用要求，并在客运专线建设项目管理中推广，明确有关部门和各客运专线公司(筹备组)要按照“边开发、边试点、边应用”的原则，组织好管理信息系统的实施工作。

从此节点开始，通过立项、研究开发、推广应用，至 2007 年，由铁道部信息中心开发的铁路建设项目管理信息系统(RCPMIS)，共发布了 V1.0 和 V2.0 两个建设单位级系统版本，完成了包括进度管理、投资管理、合同管理、质量管理、物资管理、验工计价、调度管理、设计管理、资料管理、办公管理、风险管理、知识管理等在内的 20 个子系统的开发工作，并在武广、京津、合宁、合武、郑西、石太、东南铁路、京沪、向浦、广珠、广深港等 13 个客运专线公司实施并投入应用，取得较好成果。

除主流的 RCPMIS 外，一些其他研究项目、厂商也开发了类似的铁路工程建设管理系统。北京交通大学等单位研究开发了应用 WebGIS 技术的铁路建设工程项目管理信息系统，围绕进度控制、质量控制、安全控制和投资控制 4 个方面，整合铁路建设过程中产生的空间数据和动态施工数据，技术特点和功能模块与 RCPMIS 基本同步，通过构建铁路建设工程三维模型，尝试在互联网上通过 GIS 系统、虚拟现实等方法形象直观展示。该成果在乌鲁木齐局集团公司精伊霍铁路建设项目试用。

在以上研究实践过程中，这一时期我国铁路建设正处于大规模推进、时空变化极为剧烈的阶段，而主流成果的管理理论依托过深，与建设现场情况存在脱节，基本功能长期无法稳定，加之基础层面的数据共享处理还不够完善，环水保工程信息化建设的“大环境”、技术基础等主要条件尚不充分，同时铁路工程环水保相关问题、管理政策等也在显现、发展变动过程当中，在专业层面环水保工程管理本身还需要发展完善。

3.3.2.2　铁路工程管理平台

2008—2013 年，铁路运输企业陆续发布了《关于推进建设单位标准化管理工作的指导意见》(铁建设〔2008〕45 号)、《关于深化铁路建设项目标准化管理的指导意见》(铁总建设〔2013〕193 号)等管理文件，大力推进铁路建设项目标准化管理，国内高速铁路建设标准化程度不断提升。经过以上阶段对工程建设标准化管理的理论建设与实践，铁路建设项目管理的基本内容、流程、方法实现了基本稳定，为推动信息化、智能化建设提供了有力保障。

2013 年,中国铁路总公司确定了以 BIM 技术作为铁路工程建设信息化的主要技术方向,并研究制定了“以铁路工程设计、建设、运营全寿命周期管理为目标,以标准化管理为抓手,以 BIM 技术为核心,建立统一开放的工程信息化平台和应用”的铁路工程建设信息化推进计划。

按照规划,以 RCPMIS 为基础,国铁集团部署组织开发建设了铁路工程管理平台。铁路工程管理平台是一个为各项功能服务提供基础环境的平台系统,以铁路工程建设标准化管理为功能设计依据,在技术上首次规范了平台铁路工程实体结构分解(EBS)、工程项目分解(PBS)、工程机构分解(OBS)、工作结构分解(WBS)等编码体系,为铁路工程建设项目各环节的应用提供了统一的编码标准,提高了基础数据共享水平,并为运营移交预留了技术接口。该平台系统能够安全、平滑、稳定地接入各厂商提供的各类应用,并能提供统一、标准、规范的基础数据和公共运行服务。铁路工程管理平台按照应用功能可划分为六大组成体系,平台系统组成结构如图 3-37 所示。

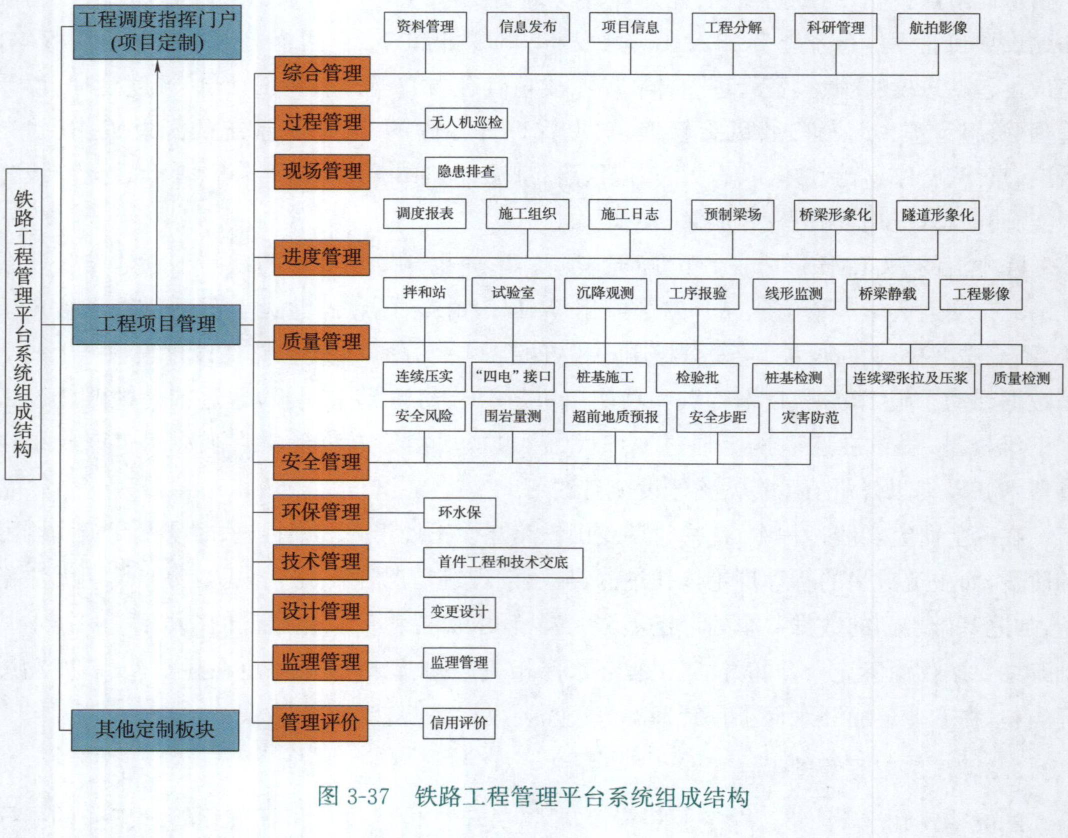

图 3-37　铁路工程管理平台系统组成结构

3.3.2.3　铁路工程管理平台环水保管理系统

1. 系统功能架构

铁路环水保工程管理系统根据业务需求,结合铁路工程实体结构分解,建立基础信息、综合管理、主体工程、临时工程、取弃土(渣)场、环保工程、竣工验收共7个功能模块,实现对项目环水保基础数据、过程数据、关键环节、资料档案的全面、系统管理。系统功能架构如图3-38所示。

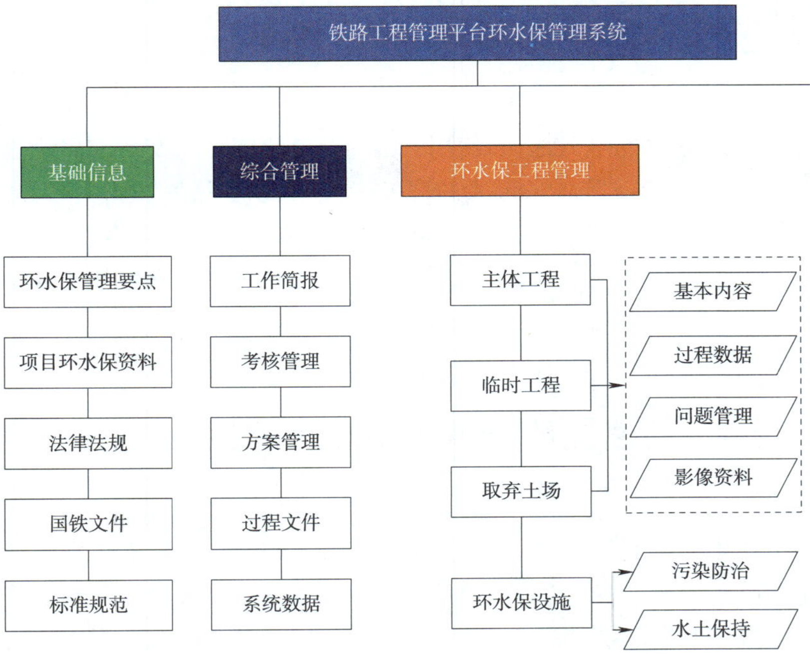

图3-38　环水保管理系统功能架构

(1)基础信息。将项目环水保管理的基础依据——环境影响评价报告、水土保持方案,进行信息提取并集中展示,为管理者掌握项目环水保工作要点、关键环节提供有效帮助,同时对项目基础文件、管理辅助资料进行汇总,实现高效查阅及管理。

(2)综合管理。对项目整体性、辅助性管理环节进行集中控制,以及对项目管理总体情况进行监控,具体包括工作简报、任务清单、方案管理、会议纪要、专项培训,以及过程文件管理等功能。

(3)主体工程。针对路基、桥梁、隧道进行日常环水保管理,按照工点进行组织,包括施工台账记录、生态防护及恢复工程、日常检查和问题库、影像资料等,并可对环境监测、水土保持监测。

(4)临时工程。针对制梁场、拌和站、施工营地、便道等临时工程进行日常管理,其内容及流程与主体工程一致,并增加对临时用地手续、恢复移交手续的管理。

(5)取弃土(渣)场。取土场、弃土(渣)场专项管理功能模块。在施工台账记录当中增加了对取弃土(渣)场环水保重要手续,包括选址意见、审批手续,施工质量评定文件的采集管理。

(6)环保工程。以“三同时”落实为管理内容,对项目的降噪工程、车站污水处理、废气处理、固废收集设施的建设按照工点进行精细化管理,包括保护目标、环保设施、施工进度质量等,并采集和管理过程及存档影像资料。

(7)竣工验收。针对竣工环保验收管理分别设计实现验收流程展示、验收计划制定与管理、验收资料汇总与问题管理。

2. 系统技术架构

环水保工程管理系统采用B/S模式建设,使用了国内外最流行的spring-boot微服务架构,集成了REST API、Web、Tasks等各种形式的服务,支持关系数据库和非关系数据库。系统集成安全策略,支持热启动、运行内嵌服务等,各种功能完备。另外还使用了主流基础组件,如mybatis、druid、mysql、shiro、guava、xiaoymin等,确保日志管理和监控等基本管理功能的完善。

3.4 高速铁路绿色工地建设体系

2018年9月,国铁集团发布了《关于全面推进绿色铁路发展的通知》(铁总发改〔2018〕147号),其中制定了铁路建设指标体系。绿色铁路建设指标体系依据绿色铁路建设重点内容,将相互联系且能够说明绿色发展的各个指标,科学地加以分类和组合而形成的指标体系,反映了铁路及铁路所在区域的综合状况与变化进程,可从总体上协调铁路建设项目与经济、社会、环境和资源,促进铁路建设项目和区域绿色发展。

从2019年开始,按建设项目将综合建设用地指标、噪声污染治理率、水污染治理达标率、大气污染治理达标率、固体废物污染处置率、振动污染治理达标率、电磁环境达标率、生态保护红线及相关规划符合性、生态敏感区保护措施合规性和临时用地复垦率等11个约束性指标全部纳入绿色铁路建设项目考核,规划、设计阶段由发改部、鉴定中心牵头,纳入对设计单位的考核,施工阶段由建设部、发改部牵头,纳入国铁集团对建设单位的考核,并组织建设单位对施工单位进行考核。

我国高速铁路绿色工地建设过程中,从绿色工地施工管理、生态保护、污染防治以及新技术推广应用等方面进行了探索,并取得了一定的成绩。本书结合近几年来高速铁路绿色工地建设实践,明确高速铁路绿色工地建设标准、评价指标以及绿色施工综合评价方法。

3.4.1 高速铁路绿色工地标准

根据高速铁路绿色工地建设现场情况,结合绿色工地控制技术要求,从生态保护、污染防治、水土保持、施工管理、信息化建设等方面,对主体工程、临时工程、取弃土(渣)场、信息化建设进一步明确高速铁路绿色工地建设标准。

3.4.1.1　主体工程

1. 路基工程

(1)环境保护和水土保持设施清单

路基工程施工场地环境保护和水土保持设施配备标准清单详见表 3-6。

表 3-6　路基工程环境保护和水土保持设施配备标准清单

种　　类	环境保护和水土保持设施设备	布设位置	规格要求
大气污染防治设施	洒水车	便道	地面不起尘
	道路清扫车	便道、公路	地面洁净
	雾炮机	施工场地	施工场界全覆盖
	密目网	填料堆放区、渣土存放区、表土存放区、裸露地面等	1 000 目/100 cm^2 以上
噪声控制设施	围挡	施工场界	2.5 m、硬质围挡
固废收集设施	垃圾桶	临时生活区	分类垃圾桶
生态防护措施	绿化	施工临时绿化、路基两侧绿化带	无裸露地面
水土保持防治设施	临时拦挡	表土存放区	堆放整齐、顺直、草袋无损坏
	临时排水沟	表土存放区	排水畅通，无冲刷、积水
	边坡防护、截排水沟	设计位置	按照设计图纸施作
宣传	宣传牌	人员集中活动区	醒目

(2)作业要求

①挖填土方作业区。设置临时截排水沟，并顺接至自然沟渠；土方开挖及填筑时可采用雾炮等进行降尘。

②临时堆土区。按照施工场地平面布置图集中堆放，采用临时拦挡，四周设置排水沟渠，表面采取临时苫盖或绿化措施，施工结束后表土用于区域绿化恢复。

③路基附属区。边坡施工结束后，回覆表土进行苫盖或按设计图纸要求进行绿化，路基两侧设置截排水沟及沉砂池。

2. 桥梁工程

(1)环境保护和水土保持设施清单

桥梁工程施工场地环境保护和水土保持设施配备标准清单详见表 3-7。

表 3-7 桥梁工程施工场地环境保护和水土保持设施配备标准清单

种　类	环保设施设备	布设位置	规格要求
大气污染防治设施	洒水车	便道	地面不起尘
	道路清扫车	便道、栈桥、公路	地面洁净
	雾炮机	施工场地	施工场界全覆盖
	密目网	渣土存放区	1 000 目/100 cm^2以上
水污染防治设备设施	钢泥浆池	泥浆处置区、围堰内	泥浆不外溢
	普通泥浆池		
	双壁钢围堰	桥墩施工区	密闭良好
噪声控制设施	围挡	施工场界	2.5 m、硬质围挡
固废收集设施	垃圾桶	临时生活区，便道、栈桥两侧	分类垃圾桶
生态防护	绿化	可绿化区域	无裸露地面
水土保持防治设施	临时拦挡	表土存放区	堆放整齐、顺直、草袋无损坏
	临时排水沟	表土存放区	排水畅通，无冲刷、积水
	岸坡防护	桥头岸坡区	工程防护设施质量符合要求
宣传	宣传牌	人员集中活动区	醒目

(2)作业要求

①旱桥桩基作业区。根据工期要求、设备条件，合理设置泥浆沉淀池数量，池体规格以泥浆不外溢为宜；泥浆池应做好防渗措施；泥浆池四周设金属安全防护围栏及警示标志牌；泥浆循环使用，废弃泥浆及渣土干化后综合利用或运至弃土(渣)场处置；施工结束后泥浆池及时回填、平整、恢复。

②渣土堆放区。旱桥施工桩基钻渣集中堆放，坡脚用装土草袋等进行拦挡，四周设置临时排水沟渠，表面采取密目网苫盖或绿化防护措施；部分渣土用于基坑回填和桥下恢复，多余渣土运至指定弃土(渣)场或调配他用。

③跨水桥墩施工区。围堰采用双壁钢围堰等安全、环保型工艺，确保施工期间不透水、外渗；桩基施工泥浆应收集并做好防渗，严禁泥浆排入水体。泥浆循环使用，废弃泥浆及渣土经由船只、车辆运输至远离岸边的专门场地干化后综合利用或运至弃土(渣)场处置。

④承台、墩身作业区。桥梁破桩头产生的固体废物按建筑垃圾处置。

⑤桥下恢复绿化区。桥梁施工结束后，及时对施工扰动范围内场地进行平整，然后回覆表土进行苫盖或者按设计要求进行绿化。

⑥桥头岸坡。跨河桥两岸桥头岸坡区施工结束后，立即开展防护工程施工、生态绿化恢复。

⑦围堰、栈桥。施工结束后，应及时拆除围堰、栈桥等临时设施，恢复水体原始水工状态，建筑垃圾清运处置。

3. 隧道工程

(1)环境保护和水土保持设施清单

隧道工程施工场地环境保护和水土保持设施配备标准清单详见表 3-8。

表 3-8　隧道工程施工场地环境保护和水土保持设施配备标准清单

种　　类	环境保护和水土保持设施设备	布设位置	规格要求
大气污染防治设施	洒水车	便道	地面不起尘
	道路清扫车	便道、公路	地面洁净
	雾炮机	施工场地	施工场界全覆盖
	密目网	施工场地、渣土存放区	1 000 目/100 cm^2 以上
隧道废水处理设施	清污分流管(渠)	掌断面至洞口	清水不受污染,可计量水量
	沉淀池	洞口	水力停留时间不低于 30 min
	污水处理装置	洞口	采用免维护、少维护工艺;出水达标
噪声控制设施	围挡	施工场界	2.5 m、硬质围挡
固废收集设施	垃圾桶	临时生活区	分类垃圾桶
生态防护措施	绿化	可绿化区域	无裸露地面
水土保持防治设施	临时拦挡	表土存放区	堆放整齐、顺直、草袋无损坏
	临时排水沟	表土存放区	排水畅通,无冲刷、积水
宣传	宣传牌	人员集中活动区	醒目

(2)作业要求

①洞口作业区。遵循“早进晚出”原则,按照设计文件设置截排水沟、进行洞口边坡防护,洞口边坡防护采用工程措施与植被措施相结合的方式,且与周围景观相协调。

②临时堆土区。隧道洞口开挖面表土和弃土可集中堆放在临时堆土区,临时堆土区严格控制施工界限,划定堆土作业范围,设置明显的标志;临时堆土四周设置排水沟,并顺接至自然截排水沟;临时堆土采取临时苫盖、绿化等措施;洞口防护施工时可用于回填、覆土绿化等。

③排水沟渠(管道)。隧道内排水通过沟渠自流、抽水管道排放。其中地下水清水和施工作业面污水采取清污分流措施后,通过专门渠道分开输送,并确保清水不受污染。清水部分直接排放,污水接入沉淀池/废水处理设施进行处理。排水沟渠、管道应设置水量计量装置,按日计量排水量。

④沉淀池。仅有少量渗水、施工作业废水的隧道口,设置沉淀池收集,经沉淀后上层清水回用,不外排。沉积淤泥应及时清理,确保水力停留时间不低于 30 min。

⑤废水处理设施。有持续、大量地下水排水的隧道,应在洞口附近区域选择合适位置,建设专门处理清污分流后的污水的设施。设施应采尽量采用免维护、少维护工艺。设施处

理能力与出水量匹配，并做好日常的加药、清淤、废渣处置等工作。经处理后的污水达标后尽量回用，不能回用的，按照规定排放。

4. 站场工程

(1)环境保护和水土保持设施清单

站场工程环境保护和水土保持设施配备标准清单详见表 3-9。

表 3-9　站场工程环境保护和水土保持设施配备标准清单

种　类	环境保护和水土保持设施设备	布设位置	规格要求
大气污染防治设施	洒水车	便道	地面不起尘
	道路清扫车	便道、公路	地面洁净
	雾炮机	施工场地	施工场界全覆盖
	密目网	渣土存放区	1 000 目/100 cm^2 以上
噪声控制设施	围挡	施工场界	2.5 m、硬质围挡
固废收集设施	垃圾桶	临时生活区	分类垃圾桶
生态防护措施	绿化	可绿化区域	无裸露地面
水土保持防治设施	临时拦挡	表土存放区	堆放整齐、顺直、草袋无损坏
	临时排水沟	表土存放区	排水畅通，无冲刷、积水
宣传	宣传牌	人员集中活动区	醒目

(2)作业要求

①土方作业区。严格限制现场施工作业边界；土方开挖及回填时采用湿法作业；施工形成的裸露地面进行 100%的苫盖，多余弃土及时清运至弃土(渣)场。

②线路作业区。严格控制施工噪声，满足相关标准要求；高噪声、强振动等机械设备不得夜间施工。

③站房作业区。站房尽可能采用装配式站房，减少建筑污染；站房基底处理时不得污染地下水；钢材、模板、脚手架等施工材料分类分规格堆放整齐，施工现场清洁；空气污染黄色及以上预警时不得进行室外喷涂、粉刷等作业；设置固废垃圾临时收集设施，现场废旧包装材料等进行统一分类收集。

④附属作业区。按照设计文件要求进行站前广场、污水处理设施、站场绿化、站场道路等附属工程的施工。

3.4.1.2　临时工程

1. 拌和站

(1)环境保护和水土保持设施清单

标准化拌和站环境保护和水土保持设施配备标准清单见表 3-10。

表 3-10　拌和站环境保护和水土保持设施配备标准清单

种　类	环境保护和水土保持设施设备	布设位置	规格要求
大气污染防治设施	雾炮机	露天堆料区	装卸、堆放区域全覆盖
	密目网	露天堆料区	1 000 目/100 cm^2 以上
	场地清扫车	场区	地面洁净
	洒水车	场区	地面不起尘
	喷淋装置	砂石料仓	地面不起尘
	雾炮机	砂石料仓	料仓内区域全覆盖
	密闭式拌和楼	拌和区	无粉尘溢出
	除尘器	拌和区	除尘效率不低于 95%
	在线监测设备	场区边界	满足大气测量规范要求
水污染防治设备设施	砂石分离机	生产废水处理站	处理能力满足现场要求
	压滤机	生产废水处理站	处理能力满足现场要求
	生产废水沉淀池	生产废水处理站	不少于 5 级
	砂石清洗机	露天堆料区	处理能力满足生产要求
	洗车机	场区出入口	轮胎、车身清洗干净
	洗车废水沉淀池	场区出入口	不少于 3 级
噪声控制设施	密闭式拌和楼	拌和区	满足施工场界噪声达标要求
	在线监测设备	场区边界	满足噪声测量规范要求
固废收集设施	垃圾桶、垃圾池	场区	分类收集
	危废收集桶	场区	满足危险废物处置收集要求
	危废贮存间	场区	满足危险废物处置收集要求
生态防护	绿化	非施工作业区、拆除后场地恢复	无裸露地面
宣传	宣传牌	场区出入口	醒目
其他	装配式营房		装配式、环保彩钢房
	装配式道路		混凝土装配式道路
	装配式围墙		金属抗风柱 2.2 m，2.0 m 塑料墙板

（2）作业要求

①拌和作业区。物料输送、搅拌等全部进行封闭作业，室内噪声满足《工作场所有害因素职业接触限值　第 1 部分：化学有害因素》（GBZ 2.1—2019）中工作场所有害因素职业接触限值要求。

②露天堆料区。露天堆放的砂石料周边应设置围挡，表面用密目网苫盖；砂石料作业过程中应及时苫盖，采取雾炮降尘措施。

③封闭料仓。砂石等料仓采用封闭料仓，料仓顶部加装喷淋装置控制粉尘；粉煤灰、水

泥等储罐安装除尘设施，并定期更换。

④废水处理区。生产废水全部进行处理，处理工艺宜采用“砂石分离＋沉淀＋压滤（或离心）＋中和”工艺；废水处理后会用于冲洗罐车、洒水降尘等；砂石分离机分离出的砂石料可作为一般性骨料再利用。

⑤其他区域。场地内可绿化区域采取栽植乔木、灌木、草皮等措施；进出口配备车辆冲洗设施，车辆进出轮胎清洗干净，洗车废水经沉淀处理后循环利用不外排；场区地面及时清扫和洒水抑尘，保持地面清洁。

2. 制梁场

(1)环境保护和水土保持设施清单

制梁场环境保护和水土保持设施配备标准清单见表 3-11。

表 3-11　制梁场环境保护和水土保持设施配备标准清单

种　　类	环境保护和水土保持设施设备	布设位置	规格要求
大气污染防治设施	雾炮机	露天堆料区	装卸、堆放区域全覆盖
	密目网	露天堆料区	1 000 目/100 cm^2以上
	场地清扫车	场区	地面洁净
	洒水车	场区	地面不起尘
	喷淋装置	砂石料仓	地面不起尘
	雾炮机	砂石料仓	料仓内区域全覆盖
	密闭式拌和楼	拌和区	无粉尘溢出
	除尘器	拌和区	除尘效率不低于 95%
	焊烟净化器	钢筋加工区	净化效率不低于 95%
	在线监测设备	场区边界	满足大气测量规范要求
水污染防治设备设施	砂石分离机	生产废水处理站	处理能力满足现场要求
	压滤机	生产废水处理站	处理能力满足现场要求
	生产废水沉淀池	生产废水处理站	不少于 5 级
	砂石清洗机	露天堆料区	处理能力满足生产要求
	洗车机	场区出入口	轮胎、车身清洗干净
	洗车废水沉淀池	场区出入口	不少于 3 级
	回用收集池	存梁区	养护废水循环使用
噪声控制设施	密闭式拌和楼	拌和区	满足施工场界噪声达标要求
	在线监测设备	场区边界	满足噪声测量规范要求
固废收集设施	垃圾桶、垃圾池	场区	分类收集
	危废收集桶	钢筋加工区	满足危险废物处置收集要求
	危废贮存间	场区	满足危险废物处置收集要求

续上表

种　　类	环境保护和水土保持设施设备	布设位置	规格要求
生态防护	绿化	非施工作业区、拆除后场地恢复	无裸露地面
宣传	宣传牌	场区出入口	醒目
其他	装配式营房		装配式、环保彩钢房
	装配式道路		混凝土装配式道路
	装配式围墙		金属抗风柱 2.2 m,2.0 m 塑料墙板

(2)作业要求

①制梁区。吊装设备、振捣设备、张拉设备等生产机械设备采取减振降噪措施,模板等材料分类、分规格堆放整齐,裸露地表全部进行绿化。

②存梁及养护区。裸露地表全部进行绿化,梁体养护采用喷淋设备,设置沉淀池养护废水经处理后循环使用。

3. 轨道板(枕)预制场

(1)环境保护和水土保持设施清单

轨道板(枕)预制场环境保护和水土保持设施配备标准清单见表 3-12。

表 3-12　轨道板(枕)预制场环境保护和水土保持设施配备标准清单

种　　类	环境保护和水土保持设施设备	布设位置	规格要求
大气污染防治设施	雾炮机	露天堆料区	装卸、堆放区域全覆盖
	密目网	露天堆料区	1 000 目/100 cm^2 以上
	场地清扫车	场区	地面洁净
	洒水车	场区	地面不起尘
	喷淋装置	砂石料仓	地面不起尘
	雾炮机	砂石料仓	料仓内区域全覆盖
	封闭式拌和楼	拌和区	无粉尘溢出
	除尘器	拌和区	除尘效率不低于 95%
	焊烟净化器	钢筋加工区	净化效率不低于 95%
	燃气锅炉	制板区	清洁能源
水污染防治设备设施	砂石分离机	生产废水处理站	处理能力满足现场要求
	压滤机	生产废水处理站	处理能力满足现场要求
	生产废水沉淀池	生产废水处理站	不少于 5 级
	洗车机	场区出入口	轮胎、车身清洗干净
	洗车废水沉淀池	场区出入口	不少于 3 级
噪声控制设施	密闭式拌和楼	拌和区	满足施工场界噪声达标要求

续上表

种　　类	环境保护和水土保持设施设备	布设位置	规格要求
固废收集设施	垃圾桶、垃圾池	场区	分类收集
	危废收集桶	钢筋加工区	满足危险废物处置收集要求
	危废贮存间	场区	满足危险废物处置收集要求
生态防护	绿化设施	非施工作业区、拆除后场地恢复	无裸露地面
宣传	宣传牌	场区出入口	醒目

(2)作业要求

①制板区。室内噪声、粉尘等满足《工作场所有害因素职业接触限值　第1部分:化学有害因素》(GBZ 2.1—2019)中工作场所有害因素职业接触限值要求。

②轨道板(枕)预制场养护区。轨道板养护废水应持续使用,不可随意外排,轨道板养护作业结束后经处理达标回用或者运至市政污水处理厂进行处理。

4. 钢筋加工场

(1)环境保护和水土保持设施清单

钢筋加工场环境保护和水土保持设施配备标准清单见表3-13。

表3-13　钢筋加工场环境保护和水土保持设施配备标准清单

种　　类	环境保护和水土保持设施设备	布设位置	规格要求
大气污染防治设施	焊烟净化器	焊接工位	净化效率不低于95%
噪声控制设施	封闭作业	钢筋切割、焊接区	满足施工场界噪声达标要求
水污染防治设备设施	场区	场地清扫车	地面洁净
	场区	洒水车	地面不起尘
	洗车机	场区出入口	轮胎清洗干净
	洗车废水沉淀池	场区出入口	不少于3级
固废收集设施	危废收集桶	场区	满足危险废物处置收集要求
	垃圾桶	场区	分类收集
生态防护	绿化设施	非施工作业区、拆除后场地恢复	无裸露地面
其他	装配式营房		装配式、环保彩钢房
	装配式道路		混凝土装配式道路
	装配式围墙		金属抗风柱2.2 m,2.0 m塑料墙板

(2)作业要求

①原材料堆放区。钢材等原材料分类、分规格堆放整齐,室外堆存可采用下垫上盖等措施防雨、防晒。

②焊接区。在焊接工位处设置移动式焊接烟气净化器，焊接作业期间设备应正常运转。

③切割、焊接等作业噪声、烟尘满足《工作场所有害因素职业接触限值　第 1 部分：化学有害因素》(GBZ 2.1—2019)中工作场所有害因素职业接触限值要求。

④金属加工尾料全部回收利用，废弃焊条、废油等危废品单独储存，专人管理，委托有资质的单位转运、处置。

5. 施工营地

(1)环境保护和水土保持设施清单

施工营地环境保护和水土保持设施配备标准清单见表 3-14。

表 3-14　施工营地环境保护和水土保持设施配备标准清单

种　类	环境保护和水土保持设施设备	布设位置	规格要求
大气污染防治设施	油烟净化设备	食堂	净化效率满足油烟排放标准
	在线监测设备	场区边界	满足大气测量规范要求
水污染防治设备设施	隔油池	食堂	规格、大小与设计一致
	化粪池	生活区	规格、大小、抗渗要求与设计一致
	MBR 等处理设备	污水处理站	规格、大小与设计一致
噪声控制设施	在线监测设备	场区边界	满足噪声测量规范要求
固废收集设施	垃圾桶	营区	分类垃圾桶
生态防护	绿化	非施工作业区、拆除后场地恢复	无裸露地面
其他	装配式营房		装配式、环保彩钢房
	装配式道路		混凝土装配式道路
	装配式围墙		金属抗风柱 2.2 m,2.0 m 塑料墙板

(2)作业要求

①施工营地按照“雨污分流”原则建设；雨水集中收集回用或者经排水沟直接外排；生活污水可采用 MBR 等设备处理，处理后回用，无法回用的交具污水处置资质的单位。

②施工营地厨房设置油烟净化装置，定期维护，净化效率满足油烟排放标准要求。

③办公区、生活区等生活垃圾分类收集设施设备，协议地方环卫部门进行清运处理；餐厨垃圾集中收集、定期清运。

④施工营地照明、供暖、供热等应使用电能、太阳能等清洁能源。

⑤施工营地可绿化区域采用乔、灌、草结合的方式进行绿化。

6. 施工便道

(1)环境保护和水土保持设施清单

施工便道环境保护和水土保持设施配备标准清单见表 3-15。

表 3-15　施工便道环境保护和水土保持设施配备标准清单

种　类	环境保护和水土保持设施设备	布设位置	规格要求
大气污染防治设施	场地清扫车	便道	保证地面洁净
	洒水车	便道	保证地面不起尘
	硬化路面	便道	水泥、沥青
	在线监测设备	便道	满足大气测量规范要求
水污染防治设备设施	洗车设备	便道与主路交叉口	轮胎、车身清洗干净
	沉淀池	便道与主路交叉口	不少于 3 级
噪声控制设施	围挡	施工场界	2.5 m、硬质围挡
	在线监测设备	便道	满足噪声测量规范要求
生态保护及水土流失防治设施	排水沟	便道外侧	排水畅通，无冲刷、积水
	临时绿化带	便道外侧	无裸露地面

(2)作业要求

①主要施工便道应进行硬化，过水路面合理布设涵管等设施。

②硬化路面清扫每日不少于 2 次，洒水降尘每日不少于 2 次(雨、雪天除外)，重污染天气、恶劣气象条件下可适当增加频次。

③道路外侧设置临时截排水沟，并顺接至自然沟渠或其他排水设施。

④道路两侧设置明显的警示标志，涉及敏感区路段应设置限速、禁鸣等标志。

⑤每周对便道进行检修，破损硬化路面进行维护，其他积水或坑洼路面进行整平。

3.4.1.3　取弃土(渣)场

1. 选址

(1)一般选址要求

①弃土(渣)场选址应满足环境影响评价及水土保持方案要求，发生变更的，按照变更管理要求完善相关手续。

②应避免设置在多年冻土、季节性冻土区域和地质灾害危险性大的区域，避免设置在重要基础设施和居民区上游；应尽量避开生态红线和生态敏感区。

③优选荒地、劣质地等无地质安全隐患区域，减少占用耕地、林地。

(2)重大变更管理

①弃土(渣)场选址构成变更的要按照“先变更、后弃渣”的要求，及时办理弃土(渣)场变更手续。

②弃土(渣)场选址发生变化或新设弃土(渣)场根据相关规定构成重大变更时,应按照水利部相关法律、法规要求办理变更手续,报水利部审批。

③其他情形取得当地县级水行政主管部门同意,纳入验收管理。

2. 施工

(1)弃土(渣)场平面布置

弃土(渣)场平面布置如图 3-39 所示。

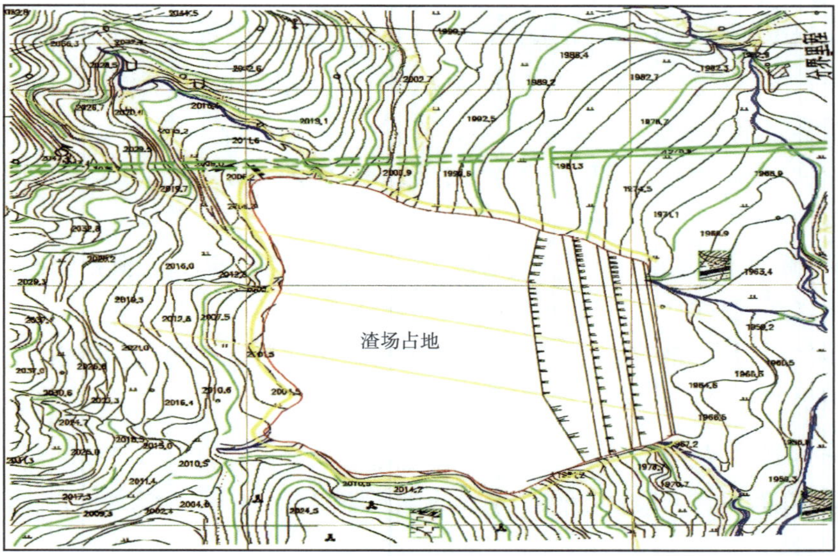

图 3-39　弃土(渣)场平面布置示意

(2)环境保护和水土保持设施清单

弃土(渣)场环境保护和水土保持设施配备标准清单见表 3-16。

表 3-16　弃土(渣)场环境保护和水土保持设施配备标准清单

种　　类	环境保护和水土保持设施设备	布设位置	规格要求
生态防护措施	植物绿化	回覆表土	绿化率≥95%
大气污染防治设施	密目网	渣土存放区	1 000 目/100 cm^2以上
	场地清扫车	施工便道	保证地面洁净
	洒水车	施工便道	保证地面不起尘
	封闭式渣土运输车	施工便道	保证道路无遗撒

(3)作业要求

①严格按照水土保持方案报告书及批复要求,遵循“表土剥离—先挡后弃—分层堆弃—碾压刷坡—整治绿化”的弃土(渣)场标准化施工流程。

②按图施工，严禁乱堆乱弃，保证施工质量和使用安全。

③弃土(渣)场四周设置临时截排水措施，并顺接至自然沟渠或其他排水设施。

④弃土(渣)过程中严格控制扬尘，扬尘过大可采用雾泡、洒水等措施降尘。

⑤弃土(渣)作业应分层填筑、分层碾压，压实度符合设计文件要求。

⑥弃土(渣)场挡护、截排水、边坡防护、绿化等措施按照设计文件要求施作。

3. 验收

(1)一般要求

①弃土(渣)完毕后，及时完善防护工程、绿化恢复措施等，并组织开展验收，工程内容、质量符合设计文件要求，且选址、过程质量文件等资料齐备的弃土(渣)场，具备验收条件。否则，应进行整改后验收。

②验收合格的弃土(渣)场移交给当地原土地权属单位，相关各方应签订书面移交协议。

(2)稳定性评估

①弃方量超过 50 万 m^3，或者堆高超过 20 m 的弃土(渣)场，以及其他情况需要开展稳定性评估的，验收时应提供稳定性评估报告。

②根据稳定性评估报告结论，设计单位出具整改设计图纸。施工单位整改后，相关单位签字确认，完善评估结论和建议。

3.4.1.4 信息化建设

高速铁路工程采用污染物在线监测、生态遥感监测等信息化技术，辅助环境保护和水土保持施工期管理。

1. 在线监测

(1)大气污染物实时监测系统。对施工场地 TSP、PM_{10}、$PM_{2.5}$ 等进行监测，超标警示。大气污染物监测主要工点不少于 1 套。

(2)噪声实时监测系统。对施工场界、声环境敏感目标噪声监测，超标警示。主要工点、噪声敏感点位监测不少于 1 套。

(3)水质实时监测系统。对跨越敏感水体的重要桥梁工点上下游，隧道排水工点进行监测，超标警示。各点位监测不少于 1 套。

(4)渣土车辆定位。对施工渣土清运车辆的位置进行实时监控。

2. 智能分析

(1)动土与建筑物识别技术。利用人工智能识别技术，对工程沿线卫星高分遥感影像、无人机航拍前后期影像数据进行自动识别，快速检测和提取铁路建设项目的地表动土区域，对线路两侧环境敏感点建筑物等对象进行精确识别。

(2)水土保持与生态监测评估。基于深度学习和面向对象的遥感数据分类方法，对地形、植被、土壤类型等水土流失因子进行自动识别，并结合遥感影像包含的三维数据信息进行水土流失因子、植被生物量等的统计分析、评估。

3. 其他技术

基于 BIM 的环境保护和水土保持工程建设管理信息化技术、环境保护和水土保持大数据分析和应用等其他智能监控技术。

3.4.2　高速铁路绿色工地评价指标

3.4.2.1　评价指标筛选方法

1. 层次分析法

在多目标决策中，会遇到一些变量繁多、结构复杂和不确定因素作用显著等特点的复杂系统，这些复杂系统中的决策问题都有必要对描述目标相对重要度做出正确的估计。而各因素的重要程度是不一样的，为了反映因素的重要程度，需要对各因素相对重要性进行估测（即权数），由各因素权数组成的集合就是权重集。权重是指标本身的物理属性的客观反映，是主客观综合量度的结果。

系统工程理论中的层次分析法（analytic hierarchy process，AHP）是一种较好的权重确定方法。它是把复杂问题中的各因素划分成相关联的有序层次，使之条理化的多目标、多准则的决策方法，是一种定量分析与定性分析相结合的有效方法。层次分析法是一种多目标决策方法，本质是指将决策问题的有关元素分解成目标、准则、方案等层次，在此基础上进行定性和定量分析的一种决策方法。层次分析将决策问题分为三个或多个层次。

（1）最高层。目标层，表示解决问题的目的，即层次分析。要达到的总目标，通常只有一个总目标。

（2）中间层。准则层、子准则层、具体指标，表示采取某种措施、政策、方案等实现预定总目标所涉及的中间环节。

（3）层次分析法所要解决的问题是关于最低层对最高层的相对权重问题，按此相对权重可以对最低层中的各种方案、措施进行排序。

2. 综合评价指数法

综合评价指数法具有灵活、全面的特点，现已广泛运用于涉及面较广并较复杂的评价中，同样可拓展到应用于高速铁路绿色工地评价指标体系中。该评价方法的基本步骤为：

（1）分析高速铁路建设项目绿色工地的重点和要求。

（2）建立评价指标集，并确定权重。

（3）确定指标评分值。

（4）确定评价标准。

（5）计算综合评分值。

应用这种方法的关键是确定指标集和指标权重，指标集应较全面地反映高速铁路建设项目绿色工地建设工作的重点及质量。在指标集和指标权重的确定过程中，一般采用的有简单易行的德尔菲法，但是这种方法受人为因素影响太大。

3.4.2.2 评价指标选定原则

1. 全面性原则

高速铁路绿色工地建设包含环境保护和水土保持管理、信息化建设、环境治理、资源利用、生态保护等方面，从横向角度看，高速铁路建设项目的各责任主体都应该严格遵守和贯彻执行绿色工地建设相关的工作内容。因此，评价指标体系必须是一个完整、协调的系统，能够全面地、毫无遗漏地反映评价目标或上一层次要素。因此，评价指标体系的构建必须充分反映其评价内容的完备性和综合性。

2. 科学性原则

指标选取要充分反映高速铁路建设项目绿色工地建设工作的科学内涵及目的，要有科学依据和来源，做到目标明确、概念清晰、定义准确，指标间既要有内在联系，又不能重复。

3. 可比性原则

评价指标必须反映评价对象的共同属性，反映评价对象属性中共同的东西。

4. 独立性原则

在指标体系内同一层次的指标必须各自独立，指标间不能相互重叠和包含，不能存在因果关系，不能从一项指标导出另一项指标。

5. 可操作性原则

指标选取应从高速铁路建设项目实践出发，选取易于操作、获取的指标，应多采用直接指标，少采用间接指标，多采用定量指标，少采用定性指标，以保证每个指标数据的准确性和实用性，突出为项目评价和社会服务的实用原则。

3.4.2.3 评价指标体系

高速铁路绿色工地建设评价指标按照绿色工地标准要求，结合《中国铁路总公司关于全面推进绿色铁路发展的通知》及高速铁路工程、环境特点，以《绿色建筑评价标准》(GB/T 50378—2019)为参考，选定环境保护和水土保持管理、信息化建设、环境治理、资源利用、生态保护等 5 个一级指标，组织机构、智能监控、扬尘防治等 20 个二级指标，环境保护和水土保持管理制度、环境敏感区手续、施工组织方案等 64 个具体指标。

1. 环境保护和水土保持管理

环境保护和水土保持管理评价指标分为组织机构、合规管理、方案管理、专项培训、内业资料 5 个二级指标，以及管理制度、责任人、用地手续、施工组织方案、环水保专项培训等 13 个具体指标。环境保护和水土保持管理评价指标如图 3-40 所示。

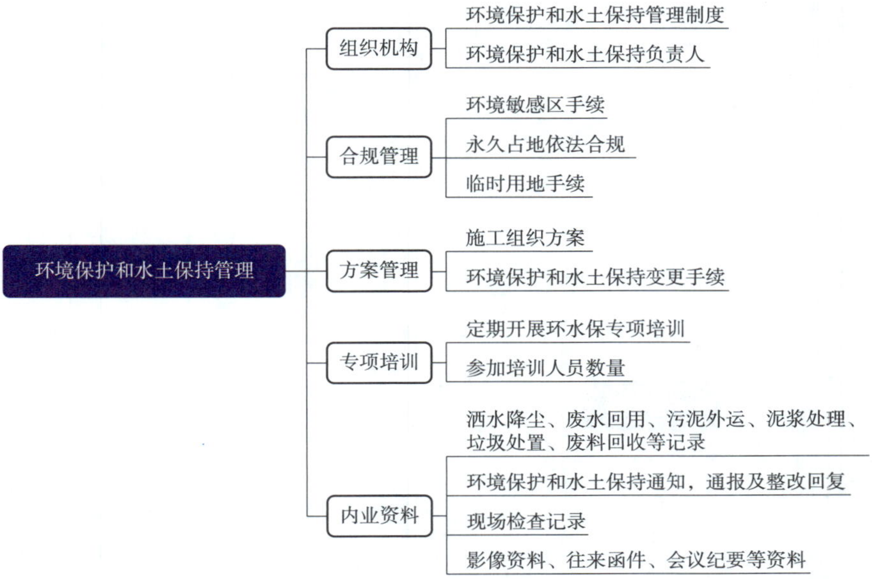

图 3-40 环境保护与水土保持管理评价指标

2. 信息化建设

信息化建设评价指标分为环水保管理系统、智能监控 2 个二级指标，以及环水保管理系统、问题整改、扬尘在线监测系统等 6 个具体指标。信息化建设评价指标如图 3-41 所示。

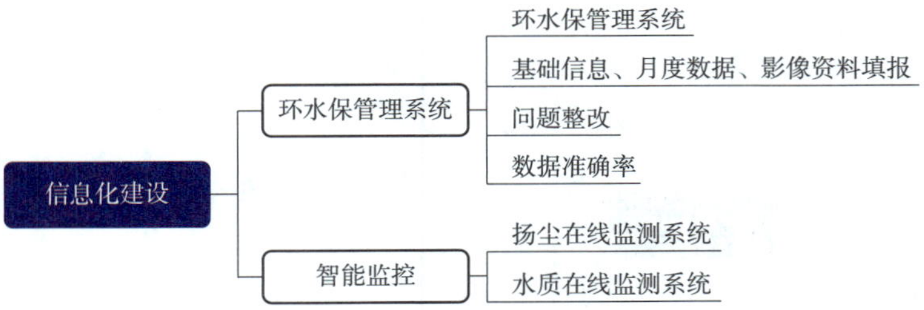

图 3-41 信息化建设评价指标

3. 环境治理

环境治理评价指标分为扬尘污染、固废垃圾、噪声控制、污废水、危险废物 5 个二级指标，以及施工场界围挡、苫盖、洒水降尘、场界噪声监测、拌和站废水处理等 18 个具体指标。环境治理评价指标如图 3-42 所示。

4. 资源利用

资源利用评价指标分为污废水、土石方、环保设备 3 个二级指标，以及生产废水回用、地面挖方利用、隧道洞渣利用、环保型机械、清洁能源等 11 个具体指标。资源利用评价指标如图 3-43 所示。

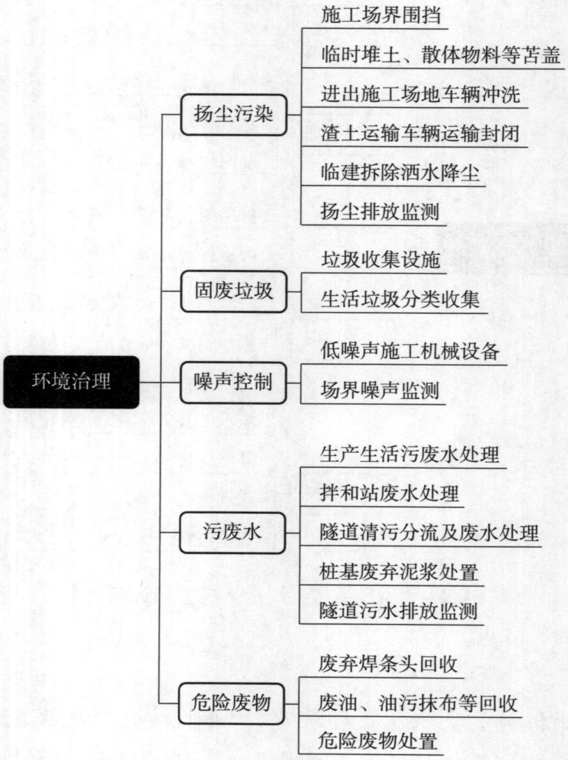

图 3-42 环境治理评价指标

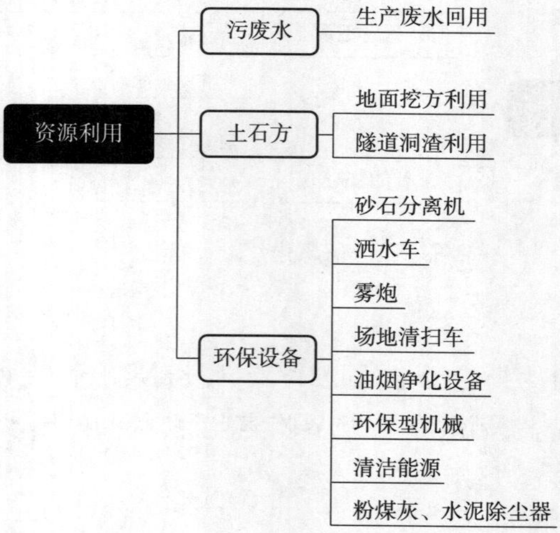

图 3-43 资源利用评价指标

5. 生态保护

生态保护评价指标分为生态红线、临时用地、弃土(渣)场、表土剥离、水土保持5个二级指标,以及生态敏感区保护、弃土(渣)场挡墙、弃土(渣)场生态恢复、临时拦挡等16个具体指标。环境保护和水土保持管理评价指标如图3-44所示。

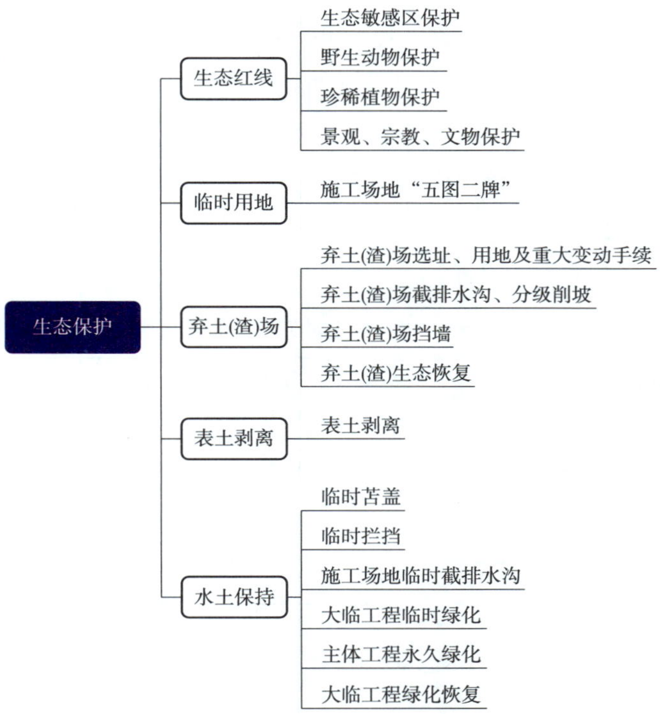

图3-44 生态保护评价指标

3.4.3 高速铁路绿色施工综合评价

3.4.3.1 评价体系

高速铁路绿色施工综合评价体系分为4个层次,分别为目标层、准则层、子准则层及具体指标。

(1)目标层即为高速铁路绿色施工综合评价体系。

(2)准则层为一级指标,分为环境保护和水土保持管理、信息化建设、环境治理、资源利用、生态保护5个准则层。

(3)子准则层为二级指标,是各准则层对应的指标;具体指标为三级指标,是评价对应的详细指标。

(4)评价指标子准则包括组织机构、智能监控、扬尘防治、危险废物、土石方利用、水土保持等共 20 项内容;具体指标包括环境保护和水土保持管理制度、环境保护和水土保持责任人、环境敏感区手续、施工组织方案等 64 项指标。

其中,环境敏感区手续、永久占地依法合规、临时用地手续、环境保护和水土保持变更手续、生态敏感区保护、野生动物保护、珍稀植物保护、景观宗教文物保护、施工场地“一场一图”、弃土(渣)场合法合规等 10 项指标属于约束性指标,其他指标属于评价指标,评价指标中有 4 项为加分项,其余评价指标为扣分项,扣分项总分值为 100 分。约束指标不符合,不参加绿色工地考评。

3.4.3.2 综合评价标准

高速铁路绿色施工综合评价工作进行逐层分解,然后通过对每个层级的指标进行打分,最终的考评结果≥90 分时,符合绿色工地标准;反之,不符合绿色工地标准。

绿色施工综合考评见表 3-17。

表 3-17 绿色施工综合考评 单位:分

一级指标	二级指标	三级指标	分值	备注
环境保护和水土保持管理	组织机构	环境保护和水土保持管理制度	2	
		环境保护和水土保持责任人	1	
	合规管理	环境敏感区手续	—	★
		永久占地依法合规	—	★
		临时用地手续	—	★
	方案管理	施工组织方案	3	
		环境保护和水土保持变更手续	—	★
	专项培训	定期开展环水保专项培训	1	
		参加培训人员数量	1	
	内业资料	洒水降尘、废水回用、污泥外运、泥浆处理、垃圾处置、废料回收等记录	3	
		环境保护和水土保持通知、通报及整改回复	3	
		现场检查记录	2	
		影像资料、往来函件、会议纪要等资料	2	
信息化建设	环水保管理系统	环水保管理系统	2	
		基础信息、月度数据、影像资料填报	3	
		问题整改	1	
		数据准确率	1	
	智能监控	扬尘在线监测系统	2	
		水质在线监测系统	2	

续上表

一级指标	二级指标	三级指标	分值	备注
环境治理	扬尘污染	施工场界围挡	2	
		临时堆土、散体物料等苫盖	2	
		进出施工场地车辆冲洗	2	
		渣土运输车辆运输封闭	2	
		临建拆除洒水降尘	2	
		扬尘排放监测	3	
	固废垃圾	垃圾收集设施	2	
		生活垃圾分类收集	2	
	噪声控制	低噪声施工机械设备	2	
		场界噪声监测	2	
	污废水	生产生活污废水处理	2	
		拌和站废水处理	2	
		隧道清污分流及废水处理	3	
		桩基废弃泥浆处置	2	
		隧道污水排放监测	3	
	危险废物	废弃焊条头回收	2	
		废油、油污抹布等回收	2	
		危险废物处置	2	
资源利用	污废水	生产生活废水回用	2	
	土石方利用	地面挖方利用	加1	
		隧道洞渣利用	加2	
	环保设备	砂石分离机	1	
		洒水车	1	
		雾炮机	1	
		场地清扫车	1	
		油烟净化设备	1	
		环保型机械	加2	
		清洁能源	加2	
		粉煤灰、水泥除尘器	1	
生态保护	生态红线	生态敏感区保护	—	★
		野生动物保护	—	★
		珍稀植物保护	—	★
		景观、宗教、文物保护	—	★
	临时用地	施工场地“五图二牌”	—	★

续上表

一级指标	二级指标	三级指标	分值	备注
生态保护	弃土(渣)场	弃土(渣)场选址、用地及重大变动手续	—	★
		弃土(渣)场截排水沟、分级削坡	3	
		弃土(渣)场挡墙	3	
		弃土(渣)场生态恢复	3	
	表土剥离	表土剥离	3	
	水土保持	临时苫盖	2	
		临时拦挡	2	
		施工场地临时截排水沟	2	
		大临工程临时绿化	2	
		主体工程永久绿化	2	
		大临工程绿化恢复	3	

注:带"★"为约束性指标,其余为评价性指标,每项分值为最高分,扣至 0 为止。

参考文献

[1] 孙永福.运用系统原理建设京九铁路的成功实践[J].铁道学报,2005,27(2):1-9.

[2] 卢春房.铁路建设管理"六位一体"目标控制体系的创建与实践[J].管理世界,2008(4):1-7.

[3] 辜小安.铁路噪声对鸟类栖息繁殖影响初探[J].铁道劳动安全卫生与环保,1999(2):14-16.

[4] 张继萍,阎浩,周睎噜,等.鸟鸣声与道路交通噪声的生物环境声学[J].噪声与振动控制,2013(11):33.

[5] 陈顺良,邵华平,陈伟庚,等.铁路噪声对小鸟天堂鸟类影响的研究[J].铁路技术创新工务工程,2014:3.

[6] 吴杨.新疆既有铁路对野生动物影响及保护对策研究[J].铁路节能环保与安全卫生,2011,1(3):125-128.

[7] 李媛,刘刚,马剑.基于鸟类保护的夜间人工照明光生态研究综述[C].中国科协第 249 次青年科学家论坛,2014:231-235.

[8] 马光涛,段奇勇.肯尼亚察沃国家公园动物通道设置研究[J].铁道勘察,2016,42(5):81-84.

[9] 付鹏,张宇,吴晓民,等.青藏铁路野生动物通道有效性分析[J].环境科学与管理,2011,36(2):98-101.

[10] 苟学强,吴杨,丁奇.道路工程鸟撞被动防护隔离栅设计研究:以秦岭朱鹮为例[J].铁路节能环保与安全卫生,2014,4(1):1-5.

[11] 张英龙.高速铁路路基边坡纤维团粒喷播生态防护技术[J].铁道建筑,2020,60(5):80-83.

[12] 何伯虎.三维排水柔性生态护坡技术的应用研究[D].石家庄:石家庄铁道大学,2014.

[13] 程昊,陈泽昊.青藏铁路建设对荒漠地区生态影响分析及环保恢复措施[J].铁道劳动安全卫生与环保,2003,30(1):20-23.

[14] 季维生,陈泽昊.青藏铁路临时施工便道恢复方案[J].铁道劳动安全卫生与环保,2005,32(1):21-23.

[15] 江腊沙. 青藏铁路唐拉段建设对高寒生态系统影响及恢复措施研究[D]. 成都：西南交通大学，2005.
[16] 席新林，许兆义. 青藏铁路建设中生态环境保护措施[J]. 环境科学与技术，2005(28)：119-121.
[17] 杨文杰，张志飞. 高铁临时用地土地破坏的预防控制措施[J]. 科技情报开发与经济，2011，21(19)：190-192.
[18] 杨锐锋，张建强，耿广晋. 建设项目工程弃渣场场址选择及设计分析：以“贵(阳)—广(州)铁路”为例[J]. 安徽农业科学，2009，37(27)：13348-13351.
[19] 李占东，徐成良. 论隧洞弃渣场生态环境保护及综合利用[J]. 地下水，2015，37(6)：80-81.
[20] 安桂香. 大型供水工程弃渣场选址及水土保持措施设计：以引洮供水二期工程为例[J]. 甘肃水利水电技术，2017，53(2)：63-65.
[21] 江凤鸣，蒋小勇，江丛刚，等. 油气管道山岭隧道弃渣场的选址和防护措施探讨[C]. 石油天然气勘察技术中心站第二十二次技术交流会，2016：5.
[22] 周杨，徐学存，张磊，等. 铁路弃渣场生态恢复试验研究[J]. 铁路节能环保与安全卫生，2019，9(4)：1-4.
[23] 王智慧，王石贵. 水电站渣场松散堆积物边坡植物措施防治灌草种选择研究[J]. 绿色科技，2014(4)：204-206.
[24] 陈涛，龚新. 四方井水利枢纽工程弃渣场选址及水土保持措施设计要点[J]. 绿色科技，2017(20)：18-20.
[25] 邹俊辉，邵华平. 铁路桥梁全封闭声屏障降噪特性及对生态区作用的分析[J]. 中国铁路，2019(5)：82-87.
[26] 李博，杨持，林鹏. 生态学[M]. 北京：高等教育出版社，2000.
[27] 傅伯杰，陈利顶，马克明，等. 生态学原理及应用[M]. 2 版. 北京：科学出版社，2011.

第4章 高速铁路环境污染防治技术

高速铁路以其运行速度高、运输能力大、安全性能好、舒适程度高、能源消耗低的优势，被誉为绿色工程，越来越受到各国政府青睐。近年来，我国在高速铁路建设领域的发展可谓是突飞猛进，高速铁路建设实力足以代表世界一流水平，高速铁路出口已经成为我国对外经济贸易中的重要板块。高速铁路的环境污染问题主要包括铁路站段引起的水污染、空气污染、固废处理处置等问题，铁路在规划和建设过程中应采取一系列恰当的预防和减缓措施，有效控制铁路项目自身的环境影响，以高效率、低消耗、低污染的特点发展，为实现社会—生态—经济大系统的可持续、良性循环、平衡和稳定作出贡献。

4.1 高速铁路污水收集处理技术

近年来，铁路建设飞速发展，截至2023年底中国铁路总运营里程为15.9万km，其中高速铁路运营里程更是飞速增长，已达4.5万km，占铁路总运营里程的28.3%。随着铁路运营规模扩大和客流量不断增加，列车的污水排放方式迅速由分散排放变为集中收集后，在大型车站、动车所集中处置，大部分站段污水经处置后可排入市政管网。如今国家对水环境保护越来越重视，新水质标准《污水排入城镇下水道水质标准》(GB/T 31962—2015)和《水污染防治行动计划》的颁布也加速了高速铁路污水收集技术以及站区污水处理与资源化利用技术的提升与发展。

4.1.1 高速列车给排水技术

4.1.1.1 高速列车真空集便器系统

早前我国铁路客车使用直排式厕所，直排式厕所在列车运行中飞溅出的污物，不仅污染铁路沿线的环境而且造成轨道及车辆零部件的严重腐蚀。列车提速后，加剧了直排式厕所在运行中排放的污物对旅客、周围环境以及车辆本身的污染。随着列车提速以及人们环境保护意识的增强，真空集便器系统逐渐取代了传统的直排式厕所，真空集便器作为密闭式集便系统，具有较好的优势和适用性，是目前我国铁路旅客列车采用的主流技术产品。

真空集便系统主要由便器组件真空发生装置、水增压装置、污物箱、电控模块及连接附件等组成。

真空集便系统采用真空抽吸方式排空便盆，利用压差将污物直接从便盆输送至污物箱收集并暂存，集成水增压装置，增强冲洗水压，降低冲洗耗水量，提高冲洗效果，同时具有污物箱安装位置设计灵活等特点。集便器基本分为压力冲水式集便器、真空保持式集便器和紧凑型真空集便器三种。

1. 压力冲水式集便器

压力冲水式集便器比较简单主要通过水压来实现排污效果，通过压缩空气使水在冲洗过程中产生压力，并在按下冲洗按钮的同时打开排泄阀，将污物排到污物箱中；冲洗结束后，系统会自动关闭排泄阀使便器与车下污物箱彻底隔离。这种集便器系统内部保持常压状态，单纯依靠带压力的水将污物冲洗到污物箱中，使用起来比较方便可靠，其原理如图 4-1 所示。压力冲水式集便器实现了车上与车下的密封，有效地解决了污物对车下零部件的污染和沿线的环境的污染问题，并减少了车下噪声的传递。但这种集便器压力水在冲洗过程中维持的时间较短，这就要求从便器到车下污物箱的排污管路不宜过长，且不能弯折，限制了厕所与污物箱之间的空间位置，限制了列车的平面布置。

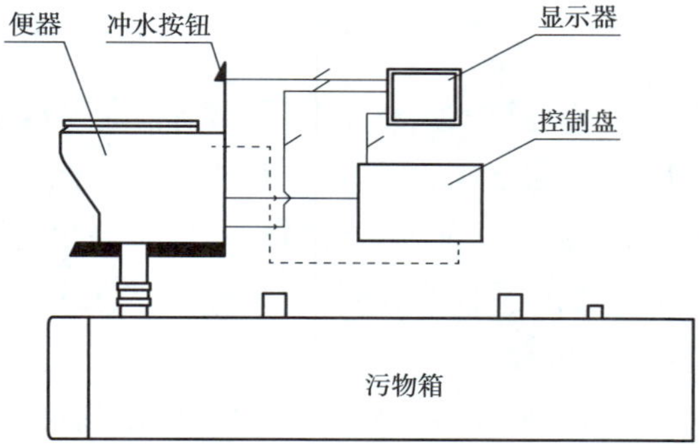

图 4-1 压力冲水式集便器

2. 真空保持式集便器

真空保持式集便器从 2004 年开始应用于 25G 型和 25T 型铁路客车之后，其应用范围在不断扩大。在我国，比较常用的真空保持式集便器有 EVAC 集便器和 MONOGRAM 集便器两种，其中，MONOGRAM 集便器的市场占有率约为 70%，EVAC 集便器占有率约为 30%。但是两者的工作原理都是通过真空发生器组件在污物箱内产生真空，冲洗时压缩空气作用于水增压器，水增压器冲洗便器，随后便器组件排泄阀打开，通过压力水流和真空将便器内的污物收集在污物箱中，之后排泄阀关闭，水增压器复原为下次冲洗做好准备，原理如图 4-2 所示。

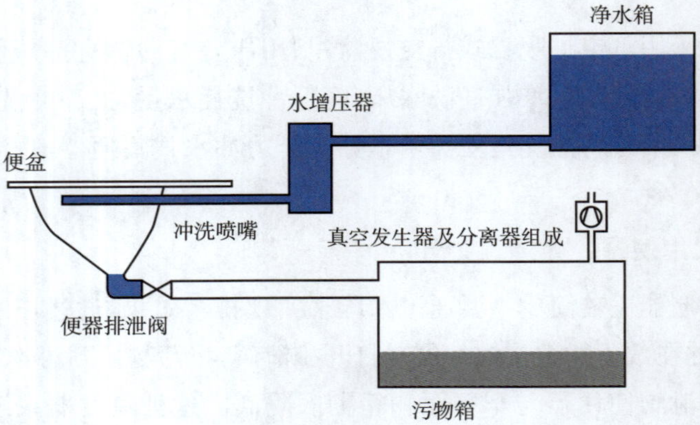

图 4-2　真空保持式集便器

真空保持式集便器每次冲洗用水约是直排式便器的 1/10，大大节约了列车上有限的水资源。但这种真空保持式集便器每次冲洗时大约消耗压缩空气 70 L 左右；同时由于排污管路相对较长污物箱容量比较大，易会出现压力泄漏，使得真空发生器持续工作使污物箱产生负压力，因此这种真空保持式集便器会消耗和浪费列车上有限的能源。

3. 紧凑型真空集便器

与压力冲水式集便器和真空保持式集便器不同，紧凑型真空集便器有自身独特的优势。这种集便器将水增压器、喷射器、排泄阀、中转箱等机构集成在便器内部，形成一个模块，安装空间非常紧凑，因此被称作紧凑型集便器。其特点是安装简单、检修方便。另外，装用这种集便器的厕所中的洗手污水也可排向污物箱，使厕所完全密封，这对列车高速运行时降低车内噪声，保证密封性起到了重要作用。

紧凑型真空集便器的作用原理是将污物通过中转箱收集到一个常压的污物箱中。首先在中转箱内产生真空，便器排空时通过真空将便器内的污物收集在中转箱中，待中转箱内污物达到设定液位或便器排空次数达到设定值，压缩空气便会进入中转箱，在压力空气作用下，将中转箱污物排放到污物箱中，其原理如图 4-3 所示。这种集便器每次冲洗用水约 0.5 L，具有很好的冲洗效果，冲洗时每次需要压缩空气 30 L 左右，大约是真空保持式集便器所需压缩空气的 1/2，有效地节约了车上的能源。同时，由于中转箱在冲洗时所产生的负压相对较小，所以紧凑型真空集便器在冲洗过程中所产生的噪声也相对较小。

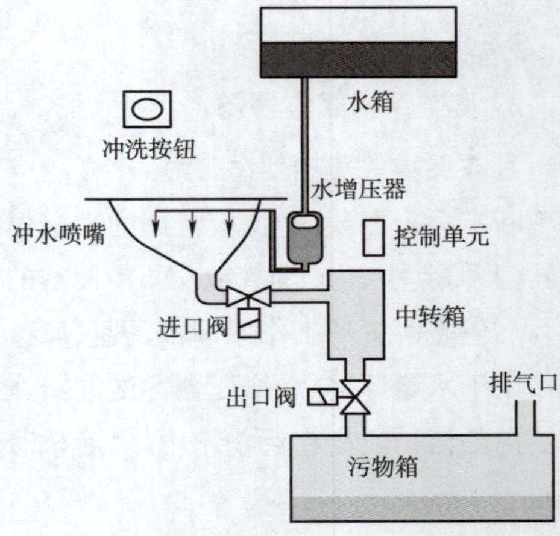

图 4-3　紧凑型真空集便器

4.1.1.2　高速列车真空卸污系统

高速列车卸污方式与高速列车采用何种型式的集便厕所有直接关系，同时根据不同的应用场景和用户需求，国内外研制开发了不同类型的卸污设施。经过不断发展和技术创新，卸污设施按卸污方式可分为固定式卸污和移动式卸污两大类。移动式卸污地面接收设施是采用真空吸污车对停留在集便接收线路的列车抽吸其污物箱的污物，并将污物运送至污水处理场地。固定式卸污地面接收设施是采用地面固定管道及接收设备系统组成，对列车集便器污物箱的污物进行接收，并输送至污水处理设施。我国高速列车密闭式集便器污物的接收系统全部采用固定式接收设施。

固定式接收设施按工作原理分重力式接收设施和真空式接收设施。重力式接收设施是利用污物箱中污水的重力让其自然流入卸污主管道，它由卸污接收管、中水冲洗管和快速接口等组成，使用立管式卸污设备。卸污时，一边卸污一边用水冲洗，污物箱在重力卸污后采用中水冲洗，该卸污方式效率较低，且浪费水资源。真空式接收设施是应用真空抽吸的原理用泵或者喷射器将卸污管线内抽成真空，在真空压差的作用下将列车污物吸入管线直至真空站，然后排入预定管道或处理设施。这种真空式卸污的抽吸效率和自动化程度都比较高。

真空式卸污系统由真空卸污管路（包括真空卸污干管和真空单元卸污支管）和真空中心（包括真空机组、真空卸污单元及电控部分）组成，真空机组是整个系统的核心部分。不同型式的真空机组由真空产生设备、真空罐或收集罐、排污设备及控制设备等组成。

在铁路站场股道附近设立固定的真空机组，沿着股道铺设真空卸污干管与真空机组相连，对应于列车污物箱的位置设置一定密度的吸污支管。真空机组使真空卸污管道形成真空，列车集便污水通过卸污支管进入真空单元，再进入卸污干管经过真空机组排到市政管网或污水处理设施。真空机组布置应保证整条卸污线最远端卸污口卸污效率，采用固定式接收设施同时配备移动式卸污设备应急。

1. 真空卸污管路

真空管路应能承受重力、交通荷载、浮力，以及运行、测试时负压的变化管路未埋地时，必要时应采取措施防止温度、机械等带来的损害。

2. 真空机组

真空机组为整个真空系统的核心。根据产生真空原理的不同，主要有三种型式，即喷射式机组、在线型凸轮泵机组、真空罐式机组。

（1）喷射式机组

喷射式机组主要由 EVAC 公司制造生产，目前被广泛地用于大型轮船的卸污。喷射式机组由喷射器、喷射泵、排污泵、不锈钢罐体、电控柜及控制仪表等组成。其机组受喷射器的限制，卸污能力较小。

(2)在线型凸轮泵机组

在线凸轮泵机组包括两台旋转凸轮泵、在线接口单元、管路系统、支撑框架及控制系统组成,如图 4-4 所示。

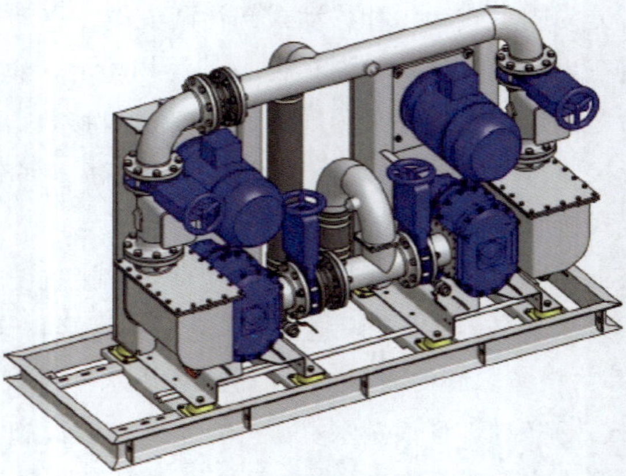

图 4-4　凸轮泵机组

利用两台特制的旋转凸轮泵使管道产生真空,两台旋转泵一用一备。当列车停靠站场进行检修作业时,把接口单元的快速接头与集便器污物箱出口对接,启动旋转泵,打开接口单元及污物箱的阀门,污物从集便器流出,通过排污管线排入市政管网或污水处理装置。

在线型凸轮泵机组也可以由多个小型的在线机组组成,即在每个卸污点处设置一套小型的旋转泵组成独立的在线操作单元。其原理与两台大型旋转凸轮泵在线系统相同。

在线型凸轮泵真空机组可以直接把污物抽吸到城市污水管网或处理站。其可靠性好,旋转凸轮泵可用于输送各种黏稠的或含有固体颗粒的,有磨损性的介质。整个系统易保养,简单,可靠,自动运行。体积小,直接传输,无须中间箱。最大可通过 60 mm 固体抽吸距离可达到 2 600 m,泵体凸出部位可以自动改变流动方向,内置橡胶衬,能抽吸特殊物质,如毛巾等。没有罐体暂时存,设备能较高。

(3)真空罐式机组

真空罐式机组由真空泵、污水泵、真空罐、控制系统等组成,如图 4-5 所示。系统启动利用真空泵在罐体及管道内形成真空,真空度由自动程序控制并保持在 40～60 kPa。当真空度≤40 kPa 时,真空泵启动;当真空度≥60 kPa 时,真空泵停止。污水在压差的作用下被抽吸至真空罐内,当罐内液位达到设定值时,污水泵启动将污水排放,整个工作过程按设定程序自动控制进行,保持循环作业。

图 4-5　真空罐式机组

利用真空泵在管道及真空罐体产生真空，系统的真空度保持持久，可完成长距离的污水运输。系统运行稳定，卸污能力大，设备的能耗低。真空罐可以暂时储备一定的污物。液环真空泵要求质量高，整个系统相应较复杂。

我国地域辽阔，各站场和动车段的条件不一，因此可以根据高速铁路站场的实际情况，选择不同型式的机组，以适应各种动车段及客车运用所卸污整备作业的需求。

3. 真空卸污单元

真空卸污单元设备是铁路固定式真空卸污系统的主要设备，其主要功能是将列车污物箱内的污物及时地卸至真空卸污系统主干管内，真空卸污单元设备一般布设于有卸污作业的股道之间，合理准确地确定抽吸单元设备的位置及数量，成为真空卸污系统设计的一个关键环节。影响抽吸单元设备布局的因素很多，主要为真空卸污设备性能、动车组类型、动车组停车位置、动车组污物箱位置及数量、动车组运行方式、动车组整备作业形式等。

4.1.2　高速铁路站区污水处理与资源化利用技术

4.1.2.1　高速列车集便器污水处理技术

相比其他污水，高速列车集便器集便污水采用真空集便器系统收集，将沿线直排的流动污染源转变为集中处理排放的方式，较常规的污水而言具有高有机物、高悬浮固体浓度、高氨氮、高磷、低碳比等“四高一低”的特点（表 4-1），是造成高速铁路动车段污水中 NH_4^+-N 和 TN 含量高于《污水排入城镇下水道水质标准》(GB/T 31962—2015)的重要原因之一，必须经过处理才能满足排放要求，因此对列车集便器集便污水进行处理已经成为铁路给排水设计铁路环保工作迫在眉睫的问题。

表 4-1　高速列车集便器污水水质浓度范围

列车类型	单程运行时间/h	有机物滤后/(mg/L)	悬浮固体浓度/(mg/L)	氨氮(总氮)/(mg/L)	总磷/(mg/L)	pH 值
高速列车	<4	1 000～3 000	800～3 000	1 000～2 000	60～80	7～9
	4～8	2 000～4 000	1 500～5 000	1 500～2 500	60～100	
	8～16	3 000～6 000	4 000～10 000	2 000～3 000	80～150	

根据我国铁路集便器污水的特点，集便器污水处理工艺的选择与其水质、污水量及排放标准要求等因素有关，并且与污水处理设施的工程投资及运行费用有关。针对列车集便器污水主要有以下三种处理方法：

1. 定期交由地方统一处理

集便污水污染物浓度高，不可直接排放，但我国一些大城市已建立了粪便消纳站或处理站，集便器污水可以运送至专业的城市处理站统一处理，此方式简单易行，但处理费用较高。

不同城市粪便消纳站处理费用差别很大，每吨集便污水处理费用约 30～80 元甚至更高，集便污水如果交由地方环卫处理，污水处理费用将是一笔巨大的开支。而且从工作效率来讲，也不能适应当前高速列车开行的需要。

2. 预处理后排至城市管网

我国许多站段集便污水一般都是经过化粪池或厌氧池简单处理后排入市政管网，真正建污水处理设施的比较少。当前我国旅客列车集便污水处理方式如下：

(1)经化粪池或厌氧池简单处理，集便污水与站段内其他污水混合后稀释排放，排入城市管网进入污水处理厂。

(2)经化粪池或厌氧池简单处理，上清液直接经城市污水管网排入污水处理厂。

第一种方式需要的水量较大，我国城市污水处理设施还发展不够完善，许多车辆段周边没有相应的城市管网，要排入市政管网，需要的管网投资比较高，收纳的集便污水数量有限。采用吸粪车送到市政污水处理厂，工作能力不能满足铁路运行的需求。第二种方式需要定期对化粪池进行清理，长期的运输费用也较高。从铁路自身经济角度考虑，如果一个城市有多处列车卸污点，当到达一定量时，铁路站区自建污水处理系统可能更合算。

3. 自设污水处理站深度处理

针对高速列车粪便污水急需处理的现象，实现原位资源回收和处理回用是国际发展和提倡的重大趋势，也是铁路行业急需的和可持续发展的技术之一，因此，开发旅客列车直排污染治理及回用技术，从而实现主要干线旅客列车污染物零排放具有重要意义。

大部分集便器污水排入原站段污水处理系统与生活污水混合后，导致污染物浓度大幅升高，经化粪池或厌氧池简单处理，出水难以达到《污水排入城镇下水道水质标准》(GB/T 31962—2015)的纳管要求，因此，站段污水处理系统急需扩容改造。此外，部分新建站段的污水处理技术单一落后、运行管理不佳且投资及能耗较高，出水同样难以实现排放标准的要求。

结合各站段的污水量、污水处理场面积等实际情况，集便污水处理工艺路线大致可以分为传统硝化反硝化工艺、氨吹脱＋改进型 A^2O 工艺、厌氧氨氧化工艺、移动床生物膜反应器工艺四种类型。传统硝化反硝化工艺，如厌氧-缺氧-好氧法（A^2O）、序批式间歇活性污泥法（SBR），在投资成本方面较低，但需添加大量的碳源，污泥内回流大，能耗药耗较高。厌氧氨氧化工艺是一种新型的高效自养生物脱氮技术，为生物法处理低碳氮比的废水提供了一条最优途径，氨氮去除负荷高，无须外加碳源，运维成本较低，但其投资成本较高，氨氧化菌培养周期长，工艺运行中需要严格控制反应系统的温度、碱度、水力停留时间及污泥停留时间，尤其保证厌氧氨氧化反应器中不可出现溶解氧，对铁路动车段（所）自主运维具有极大的难度系数。氨吹脱＋改进型 A^2O 工艺，流程简单、处理效果稳定、基建费和运行费较低等优点，实用性较强，但处理过程较复杂，所需强酸、强碱等化学药剂较多且均为管制产品，且吹脱时所需空气量较大，动力消耗大，运行成本高。移动床生物膜反应器工艺，兼具传统流化床和生物接触氧化法两者的优点，是一种新型高效的污水处理方法，有较好的脱氮能力、去除有机物效果好，且易于维护管理，投资、运维成本适中，工程运行稳定。

鉴于到目前铁路系统污水处理运行管理水平较低，缺乏专业技术人才，在污水处理工艺路线选择时，这几方面因素的权重关系建议为：运行难易度＞运行成本＞建设成本。

4.1.2.2　高速铁路站段生活污水处理与资源化技术

铁路由于生产运输过程的特殊性，铁路站段生活污水主要有以下特点：铁路站段点多线长，污染源分散；污水量小，一般为 10～2 000 m/d，在中午和下午各有一个峰值，晚上污水量较小，铁路各站点排水量不均匀，主要受站区工作人员数量和车站规模影响；水量日变化量不大，相对稳定，但当春运、节假日客流量增加时，铁路站段生活污水排放量会受到一定影响。

铁路站段生活污水水质日变化幅度不大，因主要来源于站段内生活洗涤污水及冲厕用水等，其排放成分相对简单，主要包含有机物质、氮磷等营养物质、病毒及悬浮物。同时，具有低碳氮比、氨氮含量相对较高的特点间。一般市政生活污水的碳氮比大于 4，而铁路中小站段生活污水有机物一般为 50～250 mg/L，碳氮比一般小于 3，属于低碳氮比废水。铁路站段生活污水氨氮浓度相对较高，一般为 10～50 mg/L，有的甚至达到了 250 mg/L。

铁路站段生活污水处理常采用的生物处理工艺主要有厌氧-缺氧-好氧法（A^2O）、序批式间歇活性污泥法、膜生物反应器（MBR）、短程硝化反硝化、厌氧氨氧化和同步硝化反硝化等。

1. AO/A^2O 工艺

针对脱氮除磷深度处理的工艺 AO 或 A^2O，是典型的生物除磷脱氮污水处理工艺。A^2O 同步脱氮除磷工艺，是一种传统的硝化反硝化工艺，应用较为广泛。A^2O 工艺主要是在厌氧、缺氧、好氧三种状态下以不同性质微生物种群之间的相互协作达到同时去除有机物、脱氮、除磷的目的污泥沉降性能好，污染物去除效率高，有较高的耐冲击负荷，污泥中含磷较高，其工艺流程较简单，但水力停留时间长且内回流污泥量较大，硝化反硝化过程中需要消耗大量的碳源，运行费用较高。

2. SBR 工艺

SBR 是通过时间上的交替运行实现传统活性污泥法的运行全过程。该工艺只有一个 SBR 池，但同时具有调节池、曝气池和沉淀池的功能。运行过程分为进水、曝气、沉淀、滗水、闲置阶段。一个运行周期内，各阶段的运行时间、反应器混合液体积的变化及运行状态等都可以根据具体污水的性质、出水水质及运行功能要求等灵活掌握。

SBR 工艺在反应阶段，基质浓度随时间由高到低变化，微生物经历了对数生长期、减速生长期和衰减期，其降解有机物的速率也相应地由零级反应向一级反应过渡。由于 SBR 系统的非稳态运行，反应器中生物相十分复杂，微生物的种类繁多，各种微生物交互作用，强化了工艺的处理效能；采用该法处理有机物浓度可达每升几百到几千毫克，其去除率均比传统活性污泥法高，而且可去除一些理论上难以生物降解的有机物质。

与传统活性污泥法相比，SBR 工艺简单，调节池体积小或不设，无二沉池和污泥回流，运行方式灵活；结构紧凑，占地少，基建、运行费用低；反应过程浓度梯度大，不易发生污泥膨胀；抗负荷冲击能力强，处理效果好；厌氧（缺氧）和好氧交替发生，同时脱氮除磷而不需额外增加反应器。

3. MBR 工艺

MBR 是膜技术与污水生物处理技术相结合而变化出来的污水处理方法，通过将曝气池与二沉池合二为一，使工艺流程简单、结构紧凑。一方面，MBR 工艺利用膜组件的截留作用保持了高污泥浓度和硝化菌数量，从而保证了生物降解的稳定性，提高了系统的抗冲击能力，对有机物和氨氮的去除率较高且稳定；另一方面可高效进行固液分离，出水悬浮物和浊度接近于零可直接回用，实现污水资源化。具有工艺简单、占地小、出水水质好、剩余污泥量少、维护管理方便等优点。但膜污染是限制 MBR 工艺应用的最主要问题之一，这一情况在污水处理系统中长期存在会降低膜的水通量，因而需进行频繁的化学清洗，不利于膜寿命的保持，同时铁路站段因专业人员配备不足，对膜日常维护较少，影响了其在铁路站段生活污水处理的效果。

4. 同步硝化反硝化工艺

同步硝化反硝化技术-膜曝气生物法反应器（membrane aeration bioreactor，MABR）研究起源于 20 世纪 70 年代末，因其独特的优势已成为膜生物反应器研究领域的一大热点。与传统“正向扩散”的生物膜系统不同，MABR 中的电子供体和电子受体具有“逆向扩散”特征，氧气或空气可以通过膜材料渗透到生物膜中，随着渗透的不断进行，氧气逐渐被生物膜中的微生物所利用，其浓度由内到外逐渐递减。而水中污染物质的传递方向却与之相反，污染物质由生物膜外侧向内侧传递，并在传递过程中被逐渐降解，如图 4-6 所示。MABR 系统的生物膜从膜侧向水体侧形成了好氧层-缺氧层-厌氧层的结构，由于这种特殊结构在 MABR 不同深度生物膜中生长着不同的微生物，生物膜底部氧气浓度高、有机物浓度较低，好氧硝化细菌在此生长，有利于硝化反应的进行；而在生物膜外侧氧气浓度低、有机物浓度较高，异养反硝化细菌在此生长，有利于反硝化反应的进行，因此在 MABR 中可以实现同步硝化反硝化反应，在较低的曝气量和碳氮比下实现高效脱氮。

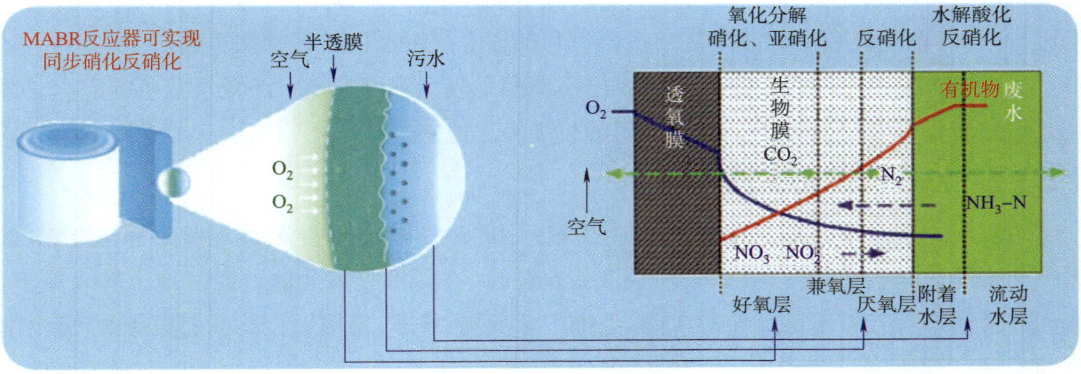

图 4-6 MABR 污水深度处理技术

4.2 高速铁路固体废物收集处理技术

高速铁路站车固体废物主要是铁路旅客在候车和旅途中产生的垃圾，主要包括铁路站台垃圾和候车室垃圾。随着高速铁路运营规模和客流量的不断增加，现行铁路站车垃圾收集和处理方式带来的问题备受关注，智能化高铁车站需要更为环保、清洁、高效的固体废物收集处理技术。

4.2.1 高速铁路站车垃圾密闭输运技术

4.2.1.1 铁路站车垃圾收集输运现状

铁路站车垃圾输运主要依靠人工收集运送的方法，由保洁员将列车卸至站台的垃圾及候车室垃圾集中至手推垃圾车内，垃圾车满后，送往垃圾转运站。人工输运的方式，主要存在如下问题：工人工作量大、效率低、工作环境差；所需劳动力多，人工成本高；垃圾在运输过程中可能产生二次污染，如垃圾遗撒、渗滤液泄漏等；垃圾流与人流交叉，占用旅客通道，尤其是高架车站，垃圾需通过旅客直梯或扶梯运至地面层；垃圾收集站内环境差。

对北京某站、广州某站垃圾收集运送现状进行了调研。

北京某特大站日常列车垃圾及候车室垃圾量约 24 t/d,高峰期 40 t/d。候车室有固定式垃圾桶 22 个,由保洁人员推着移动式垃圾桶在候车室内巡视,清扫地面垃圾及清理固定垃圾桶内垃圾,不进行分拣。垃圾桶满后,通过候车室北侧专用直梯至地面一层,步行至距离车站 1 km 外的垃圾回收站;站台没有专门的出站通道,需要通过旅客电梯至高架候车室,通过候车室专用直梯至地面一层,步行至垃圾回收站。保洁员往返垃圾站耗时 1 h。

广州某站是高架站,站台位于地面二层,没有专门的垃圾运输通道。保洁员将列车上卸下的垃圾集中在旅客扶梯口,再将垃圾逐袋放于扶梯上,由扶梯运送至地面层。如果垃圾袋的破损,将导致垃圾和渗滤液遗撒在扶梯口和扶梯上,散发气味,影响旅客通行。

传统的铁路站车垃圾收集运送方式已不能满足现代铁路客站对环境及卫生的要求。智能化铁路车站需要更为环保、清洁、高效的垃圾输运方式。

4.2.1.2 站车垃圾密闭输运技术

垃圾气力输送系统是发达国家近年发展使用的一种高效、卫生的垃圾收集输送方法,该系统与水管、煤气管和排水管等其他城市基础设施一样,将收集运输过程由地上转入地下,在国外应用广泛且技术已经相对成熟,已推广至美国、日本、德国、丹麦、新加坡等 30 多个国家与地区。近年来,随着国内经济的发展和人民生活水平的提高,北京、上海、广州等城市先后引入了垃圾气力输送系统,清河站是国内首个引入站车垃圾密闭输运技术的高铁车站。

1. 站车垃圾密闭输送技术原理

站车垃圾气力输送系统主要包括收集、输送、分离、转运和气体处理工作,如图 4-7 所示。保洁人员将垃圾投入垃圾投放口,系统利用气力风机形成负压高速气流,通过预先敷设在地下的管道系统,将垃圾输送至垃圾中央收集站,经过气、固分离,垃圾经压缩外运处置,管道内气体经处理后排放。

图 4-7 垃圾输送系统

2. 站车垃圾密闭输送系统组成

垃圾密闭输送系统由投放单元、管网、中央收集站组成。可按需求设置可回收垃圾输送系统及不可回收垃圾输送系统。

(1)投放单元

垃圾投放单元(即垃圾投放口)由内部的垃圾储存节及底部的排放阀组成,投放单元具有密封性能,排放阀可能承受垃圾袋重量的冲击力。配置操作及显示面板,可选择连续投放模式或巡检模式,投放单元设置系统故障、系统运行、状态就绪指示灯。每个投放口配置进气口,可根据需要配置分类垃圾投放口。

(2)管网

气力垃圾输送管网系统主要包括主管道、支管道、进气管、分段阀等。

①主管道。一套系统设置一条主管道,由管道及各种弯头连接而成,管道每隔 100 m 及弯头下游分布有检修口。

②支管道。将垃圾投放口与主管道(过轨管道至垃圾收集站)连接,管道每隔 100 m 及弯头下游分布有检修口。

③进气管。位于投放口上游,连接进气口及输送管道,空气从进气口进入管道,形成气流,通过调节气力主机的台数和频率使气流速度达到垃圾的抽吸条件,投放口中的垃圾排放阀随之打开进行垃圾的抽吸工作。

④分段阀。每个补气口配置一个分段阀。系统在抽吸过程中,通过控制分段阀,保证每次只有一路支管道导通进行垃圾的抽吸,减小系统对风机的承载需求。当某一路支管道准备抽吸垃圾时,控制系统首先打开该支路的分段阀,抽吸过程中,分段阀始终处于开启状态。

(3)中央收集站

中央收集站是垃圾气力输送系统的核心部分。

①中央收集站主要功能:

a. 通过串联的气力主机提供垃圾在管道内高速输送的动力。

b. 通过垃圾分离器完成输送管道中垃圾与气体的固气分离。

c. 通过压缩站、集装箱完成对分离后垃圾的压实和出站工作。

②中央收集站组成:

a. 气力主机。气力主机按照系统规模配置,采用串联方式安装,通过程序控制气力主机运行频率及启动数量,达到系统风速要求。气力主机风量、风压及风机台数根据实际工程情况确定。气力主机房需做消声处理。

b. 垃圾分离器。各投放口中的垃圾最终在收集站的垃圾分离器内进行气固分离,分离后垃圾掉入压缩站中。垃圾分离器能够良好实现袋装垃圾、散装垃圾与高速气流的分离,出气口无碎质或轻质垃圾排出。垃圾分离器可实现连续作业,排出垃圾时不影响分离器正常工作。

c. 压缩站。压缩站采用液压原理,将压缩站中垃圾推至垃圾集装箱并压实。压缩站设置集装箱推拉装置,通过液压杆实现集装箱和压缩站连接和分离功能,压缩站和集装箱通过扣紧装置连接,扣紧后,接头部分密封严密,无气体外溢。

d. 垃圾集装箱。存储压缩站推入并压缩的垃圾,根据市政环卫要求及车站预估垃圾量配套集装箱吨数及个数。

e. 文丘里管。文丘里管安装在气力主机前,用于监测管道中的气流速度,以调节风机的运行频率及运行数量。

f. 气体处理装置。气体处理装置包括除尘和除臭两部分。垃圾分离器进行垃圾与空气的分离后,输送垃圾的气流仍然含有少量小粒径颗粒物需要处理后排放。采用湿法除尘+化学洗涤除臭方式,通过文丘里管除尘器去除小粒径颗粒,通过化学洗涤塔的传质和化学反应,去除臭气成分。

g. 站内输送管道及阀部件。

站内输送管道:主要包括收集站房内垃圾输送管路、排气管路等。

单向阀:垃圾气力输送系统的动力由多台气力主机串联组成,单向阀与气力了停转风机所造成的系统阻力增加。

封闭阀:分类收集输送系统中配置。安装在垃圾分离器进口和出口端,切断非作业管路及垃圾分离器。

h. 控制及通信系统。控制及通信系统包含配电、控制、通信功能,主要由断路器、可编程控制器、触摸屏、变频器、通信模块等组成。运行模式分连续投放模式和巡检模式。系统运行数据实时采集,传至数据中心。

3. 垃圾密闭输送系统运行流程

垃圾密闭输送系统运行流程如图 4-8 所示。

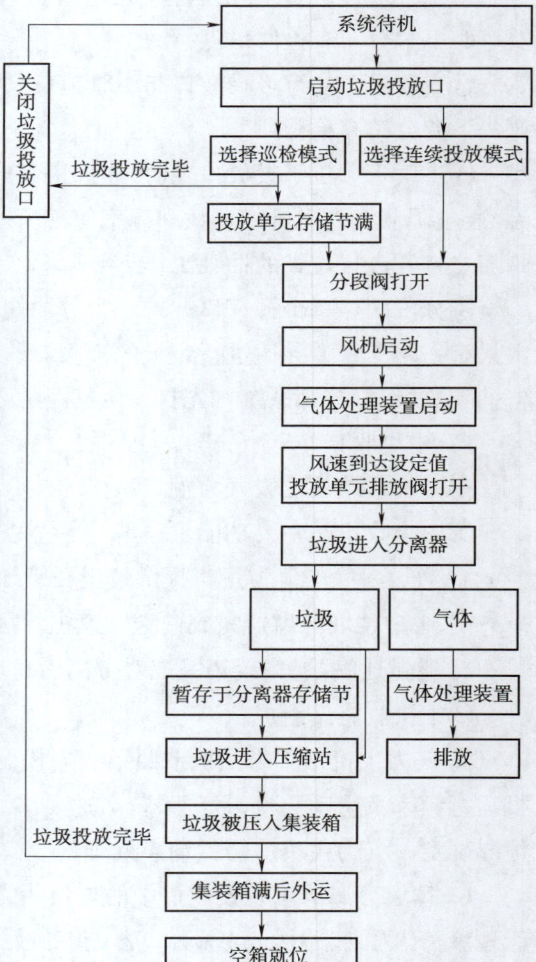

图 4-8 垃圾密闭输送系统运行流程

4.2.1.3 站车垃圾密闭输运技术应用案例

1. 工程概况

某高铁站采用正线外包部分到发线站型,站房面积 12 万 m^2,两正线间设到发线 4 条,下行正线外侧设到发线 1 条,上行正线外侧设到发线 2 条，车站为 4 台 7 线规模。列车及候车室日均垃圾量约为 7～12 t。

2. 垃圾气力输送系统组成

该密闭式垃圾输送系统主要包括投放单元、管网、垃圾中央收集站。垃圾投放口分别设置在候车室(4 个，图 4-9)、站台端部(各 1 个，共 4 个)、中央收集站(1 个)及综合附属楼 A 座(1 个)；系统管网约 1 100 m，分别敷设于夹层、管涵及直埋；中央收集站包含气力主机(图 4-10)、气固分离器(图 4-11)、气体处理设备、压实机、控制系统等。系统具有分类输送功能，可根据需要启用：投放口可选择分类垃圾模式(可回收/不可回收)，在中央收集站内设 2 套垃圾分离器、2 套压实机和 2 个垃圾集装箱，分别对应可回收垃圾和不可回收垃圾。垃圾分离器前端设管道切换阀，可将管道切换至对应垃圾分离器。

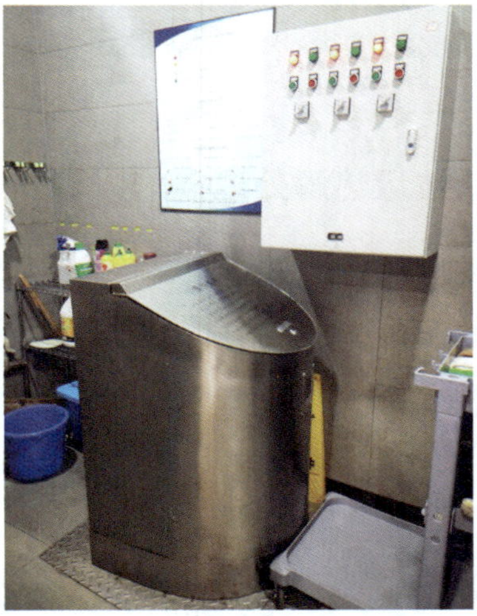

图 4-9　候车室内垃圾投放口

图 4-10　气力主机

图 4-11　气固分离器

垃圾投放口的布置结合建筑结构布局，并考虑安全、隐蔽功能。在候车室四处卫生间的清扫间布置垃圾投放房间，将垃圾投放与旅客视觉隔开，且垃圾投放房间仅保洁人员可入内，闲杂人等无法开启，可保证垃圾投放由专人负责；同时设置四处投放口，可减少保洁员走动范围，减少手推车在候车区域穿行。考虑到站台上下旅客众多，将站台垃圾投放口设置在站台端部位置，减少关注度，且垃圾投放仅由专人负责。

垃圾气力输送管道尺寸较大，转弯半径大，弯头不宜过多，且不能逆坡。由于垃圾密闭式输送系统为该站设计变更项目，垃圾管道的布置后于其他管道，为防止管道布置冲突，采用建筑信息模型，对管道的走向及标高进行了设计，规划出站房、站台至垃圾中央收集站的最佳管道输送路线，即在满足铁路车站设计服务范围内，路程最短、弯头最少。建议在车站初步设计时就将垃圾输送管路纳入设计中，以便更好地规划路径。

根据规划最佳路径进行设计计算，确定关键设备选型。根据整个系统最不利点的总压损 18.4 kPa，确定设置 4 台气力主机，3 用 1 备，可提供风量 32 000 m^3/h，风压 27 kPa。根据预估垃圾量及该站所在地区配套垃圾清运车车型，配置 2 个 15 m^3 垃圾集装，垃圾箱满后，由市政垃圾车清运至垃圾处置场。

4.2.2 高速铁路站区生活垃圾热解处理技术

4.2.2.1 铁路站区生活垃圾处理现状

铁路站区生活垃圾的处理可以主要采纳填埋、堆肥、焚烧和纳入当地市政垃圾处理系统进行处理等方式。我国铁路部门自 1999 年起，实行列车垃圾定点投放方式，与之相适应，沿线各站对站车垃圾进行收集、中转、清运处置。归纳起来，我国铁路站车生活垃圾的最终处置主要有以下三种方式：

(1)距城市较近，且城市垃圾处理设施较完善的铁路站段，站车生活垃圾主要以车上收集、站段定点投放、合并收集、车下运输至市政垃圾收集站统一处理的模式为主。但是很多偏远地区的中小站区不具备完善的垃圾清运和处理系统，因此该方式主要适用于城市中心或城市附近的铁路站段。偏远铁路施工期工人聚集地的生活垃圾需要就地消纳处理。

(2)利用简易焚化炉将垃圾焚烧减量后，再进行简易填埋。该处置方式虽然可以最大化程度实现垃圾的减量化，但其简易焚烧垃圾会造成严重的二次污染的后果，同时受经济、环保和技术因素制约，该处置方式已逐渐被站段所淘汰，所以采用这种方式的铁路站段较少。

(3)就近选择天然或人工低洼地形，如沟谷、取土坑等，将收集的垃圾由站段集中进行简易填埋处理或直接堆填。该处置方式因操作简单，经济易行，被个别中小铁路站段所采用。然而这种堆放或简易填埋的处理方式，没有考虑防渗、气液导排、渗滤液处理等环保措施，常常引起严重的二次污染。

4.2.2.2 生活垃圾热解技术

与填埋、焚烧技术相比，热解技术具有低成本、低粉尘、低二噁英、低能耗、资源回收便利等优点，适用于村镇和偏远地区，同样适用于偏远地区站车生活垃圾处理。车站垃圾组分与农村生活垃圾相似，包括果皮菜叶等厨余垃圾、废旧塑料袋、日常生活用品、废纸、煤渣、废旧衣服、碎瓷片、玻璃、废旧电池、废旧口光灯管、废口用化学品和过期药品等，其中有机成分含量相对较高，以厨余垃圾为主。与城市生活垃圾相比，其组分相对单一，总含水率、低位热值、可燃物、可堆腐物及可回收物含量均明显低于城市垃圾。同时，生活垃圾成分复杂，若混合收集，会降低垃圾资源化利用效率，增加后续处理与处置的工作量和难度，提高处理费用。另外，车站分布较分散、缺乏专业环保人员、运输困难、难以集中处理与处置。

热解的主要目的是用加热的方法使被加热的物质发生化学反应从而改进被热解物质的品质。根据热解过程中的工艺参数，分为炭化（生产木炭）、气化（生产燃气）和液化（生产热解油）三种工艺。

因研究目的的不同，采用的热解设备也不完全相同。炉体的加热方式分为直接加热、间接加热和混合加热三种。直接加热是起炉时用外加热源，有热解气产生后，利用热解气再循环加热废弃物及其辅料；间接加热是加热源与实验原料不直接接触；混合加热是部分热源来自直接加热，部分热源是间接加热。由于铁路站车生活垃圾处理环境的特殊性，热解设备加热方式应选择间接加热或混合加热方式。

生活垃圾热解是在缺氧或无氧的条件下，利用高温使固体废弃物中的有机成分发生裂解，脱出挥发性物质并形成焦炭的过程。

热解、气化过程可以分为干燥、热解、气化、炭化四个阶段，各反应阶段如下：

（1）干燥阶段。常温～200 ℃，物料中的水分逐渐从物料中挥发析出，且物料中的水分仅以物理蒸发的形式析出。

（2）热解阶段。200 ℃～500 ℃，物料发生热解反应，包括内在水分的析出、脱氧、脱硫、二氧化碳的析出等，热解物料中纤维素、蛋白、脂肪等大分子量有机物裂解为小分子量的气体、液体和固态含碳化合物。

（3）气化阶段。气化阶段的反应主要有两类，一是气化剂或气态热解产物与固态含碳化合物中的碳发生非均相气固反应；二是气态热解产物之间或气态热解产物与气化剂的均相反应。

（4）炭化阶段。此阶段是残炭的分解阶段，温度继续升高，燃料颗粒内部的挥发性物质继续向外表面扩散，残炭重量不断下降逐渐趋于稳定。同时，在高温下一次焦油发生复杂的二次裂解，气相气氛中的各组分之间也进行着化学反应。

在实际反应过程中，生活垃圾热解、气化的各个阶段并没有明显的固定界限，上述四个阶段干燥、热解、气化、炭化往往同时发生。

4.3 高速铁路生产检修废气治理技术

高速铁路沿线各站、段、厂生产检修排放废气包含的主要污染物有挥发性有机物(VOCs)、粉尘、油烟等。

《中国国家铁路集团有限公司环境保护管理办法》明确规定,所属各单位应加强对铁路运输生产过程中产生的废气的治理。对烟尘、粉尘、有毒有害气体的排放应采取消烟除尘或净化措施,满足达标排放要求。积极推广利用清洁能源和可再生能源,大力开展集中供热和余热利用,减少大气污染物排放。煤炭、矿粉等散装货物堆存、装运应有防尘抑尘措施,减少粉尘对铁路沿线和周围环境的污染。

4.3.1 高速铁路生产检修挥发性有机物污染治理技术

高速铁路生产检修挥发性有机物产生源主要包括调漆、喷涂及烘干、刮腻子、打磨、挥发性有机液体装卸、敞开液面等。

按照世界卫生组织的定义沸点在 50 ℃～250 ℃的化合物,室温下饱和蒸汽压超过 133.32 Pa,在常温下以蒸汽形式存在于空气中的一类有机物被称为挥发性有机物。挥发性有机物的主要成分有烃类、卤代烃、氧烃和氮烃,具体包括苯系物、有机氯化物、氟利昂系列、有机酮、胺、醇、醚、酯、酸和石油烃化合物等。挥发性有机物伤害人的肝脏、肾脏、大脑和神经系统。

铁路行业大力推进挥发性有机物综合防治工作,注重源头控制、过程管理与末端治理相结合,降低挥发性有机物的排放总量,促进环境空气质量改善。在源头控制方面采用先进的清洁生产技术,使用低挥发性有机物原辅材料替代高挥发性有机物原辅料,推广水性漆替代油性漆等,提高能源利用效率,从源头减少挥发性有机物废气排放。在过程管理方面采用一体化生产技术,做好密闭系统,对于易发生泄漏的设备定期检测修复,防止跑、冒、滴、漏,在使用含有挥发性有机物产品的生产过程中,应采取废气收集措施,提高废气收集效率,减少废气的无组织排放与逸散。在末端治理方面采用多种技术的组合工艺,提高挥发性有机物治理效率,实现排放浓度与去除效率双重控制。

挥发性有机物污染治理技术大体上可以分为两大类:一类是回收技术;另一类是消除技术。回收技术是通过物理方法,在一定温度、压力下,用选择性吸收剂、吸附剂或选择性渗透膜等方法实现挥发性有机物类物质的分离,主要有吸附法、吸收法和冷凝法等。消除技术是通过化学或生物反应等,在光、热、催化剂和微生物等作用下将挥发性有机物类物质转化为水和二氧化碳,主要包括热力氧化法、生物法、光催化氧化法和低温等离子体净化技术。

1. 吸附法

吸附技术在低浓度挥发性有机物污染控制中应用广泛，可将污染物降低至痕量程度，容易实现有机物的回收及重复利用。吸附净化技术的关键是吸附剂的选择，吸附质的分子结构、外界环境因素等也会不同程度地影响吸附净化效果。开发新型高效的吸附剂是该技术的研究热点。

气体与固体接触后，附着在固体表面上的界面现象，称为吸附。若已被吸附的分子重返液相或气相中，则称之为脱附。

根据吸附剂和吸附质之间的作用方式，吸附可分为物理吸附和化学吸附。物理吸附是可逆过程，该吸附现象的作用力主要是由吸附质分子与吸附剂表面间的范德华力、电作用力构成；化学吸附则是指吸附质与吸附剂之间电子交换、转移或共有（形成共价键）的过程，且常不可逆。物理吸附和化学吸附的最本质区别是吸附力的性质，此外，两种吸附过程在选择性、活化能、吸附热、吸附层数、吸附温度、吸附速率等众多方面都有显著差异，由此作为判断吸附类型的重要依据。

理想的挥发性有机物吸附剂通常应具备以下几点：巨大的内表面积和大的孔隙率、对不同的气体要有选择性的吸附作用、吸附容量大、足够的机械强度和热稳定性及化学稳定性、颗粒度适中且均匀、吸附可逆、表面疏水性强、再生容易、寿命长、成本低廉等。吸附剂分无机吸附剂和有机吸附剂两大类，以无机吸附剂应用较多。高速铁路生产检修挥发性有机物废气治理中常见的吸附剂主要有活性炭和分子筛等，一般具有较高的比表面积或微孔体积，其吸附活性高、吸附量大、热稳定性较好，但大多存在亲水性强，热脱附温度高的问题。

活性炭作为一种环境友好型吸附剂，具有较强的吸附性能（比表面积 800～1 200 m^2/g）。活性炭是一种非极性吸附剂，具有疏水性和亲有机物的性质，它能吸收绝大部分有机气体，如苯类、醛酮类、醇类、烃类等以及恶臭物质，因此活性炭常被用来吸附和回收有机溶剂和处理恶臭物质。同时由于活性炭的孔径范围宽，即使对一些极性物质和一些特大分子的有机物质，仍然表现出了它的优良吸附性能，如在 SO_2、NO_x、Cl_2、H_2S、CO_2 等无机气体治理中，也同样有着广泛的用途。因此，在选择吸附剂时活性炭为优良吸附剂的首选。活性炭又有粉状活性炭、颗粒状活性炭、蜂窝状活性炭和活性炭纤维。与颗粒状活性炭相比，蜂窝状活性炭具有床层阻力小的优点，更符合实际应用中大风量等处理需求；而活性炭纤维孔隙率大、孔径均匀、吸附容量大、吸脱附速度高、残留少、寿命长，吸附能力是一般颗粒状活性炭的 1～10 倍。活性炭的评价指标主要包括碘值、糖蜜值、堆积密度、颗粒密度、四氯化碳值、亚甲蓝值、硬度、磨损值、丁烷值、灰分、水分等。

分子筛在结构上有许多孔径均匀的孔道与排列整齐的洞穴，这些洞穴由孔道连接。洞穴提供了很大的比表面积，它只允许直径比其小的分子进入，从而对大小及形状不同生物分子进行筛分。分子筛与其他吸附剂相比，吸附选择性强，由于分子筛的孔径大小整齐均一，又是一种离子型吸附剂，因此他能根据分子的大小及极性的不同进行选择性吸附；吸附能力强，即使气体的组成浓度很低，仍然具有较大的吸附能力；在较高的温度下仍有较大的吸附能力。正是由于以上优点，分子筛成为一种十分优良的吸附剂，在污染气体治理上发挥重要作用。沸石分子筛可以对挥发性有机物废气进行 10～20 倍的浓缩，因此，沸石分子筛转轮在大风量、低浓度挥发性有机物废气治理方面发挥着日益重要的作用。

吸附装置是吸附系统的核心，高速铁路生产检修挥发性有机物废气最常用的是固定床吸附器和转轮吸附器。

固定床吸附器既可用于处理间歇生产的挥发性有机物废气治理，也可用于连续生产的挥发性有机物废气治理。当连续处理气流时，可采用“多用一备”的形式，典型的固定床吸附系统如图 4-12 所示。

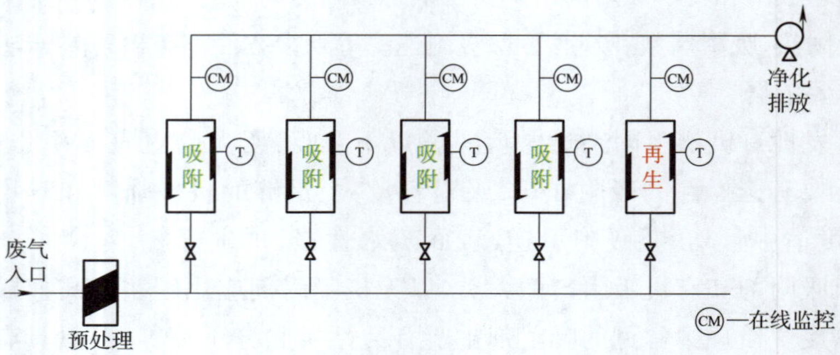

图 4-12 “多用一备”固定床吸附系统

吸附转轮为一中心轴承与转体，转体由沸石吸附介质与陶瓷纤维制成。转轮上包含用以分开处理废气及处理后释出干净气体的密封垫，其材质为需能承受挥发性有机物腐蚀性及高操作温度的柔材料制成。密封垫将蜂巢状沸石吸附转轮组合隔离成基本吸附区、再生脱附区及冷却区。挥发性有机物废气进入系统后，第一阶段系经过疏水性沸石转轮，挥发性有机物污染物质首先于转轮上进行吸附；第二阶段脱附程序是把催化燃烧反应器燃烧室的热气通入转轮内利用高温将有机物脱附下来，而脱附下来的高浓废气进入催化燃烧反应器中氧化；第三阶段是对脱附后的转轮进行冷却，使其恢复吸附能力。该设备结合吸附与脱附于一体，设计原理先进，吸附和脱附同时在线进行，设备性能稳定，操作简单，无二次污染。设备运行稳定，污染物治理效率可长期稳定在较高水平，常用的沸石转轮吸附装置形式为盘式转轮和筒式转轮，如图 4-13 所示。

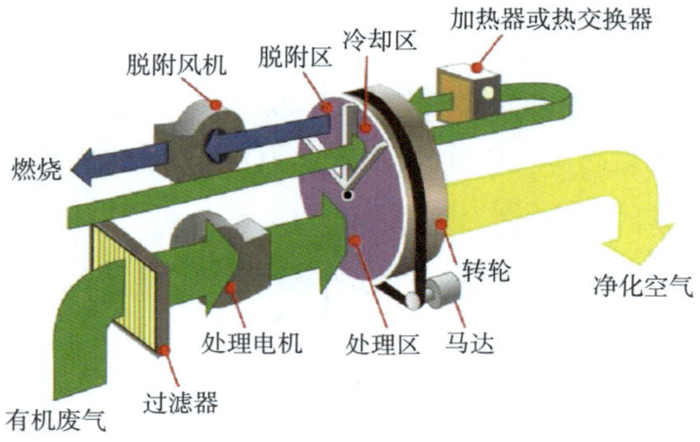

(a)盘式转轮

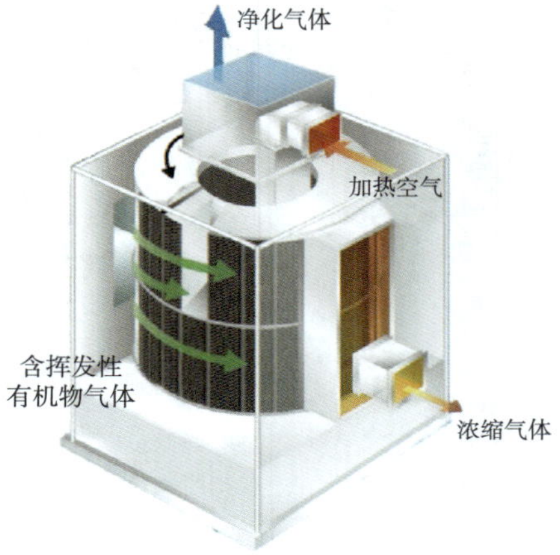

(b)筒式转轮

图 4-13　沸石转轮吸附装置

2. 热力氧化法

热力氧化法就是传统所说的焚烧法，将废气通入氧化炉，被加热到一定温度后，挥发性有机物分解成二氧化碳和水。对于中低浓度的有毒有害挥发性有机物(100～2 000 mg/m^3)，燃烧法是普遍使用的一种方法。根据燃烧温度和氧化炉的不同分为三种，直接燃烧法、蓄热燃烧法和催化燃烧法。

(1)直接燃烧法

直接燃烧法是指将挥发性有机物作为燃料或者助燃辅料在焚烧炉中进行燃烧的方法。该方法适用于处理高浓度、高热值并且无回收利用价值的挥发性有机物废气。对于低浓度的挥发性有机物废气往往需要先进行吸附浓缩处理后再燃烧，或者通过添加辅助燃料来提高废气的热值进行燃烧，此方法受挥发性有机物废气组分和浓度的限制。

直接燃烧法在直燃式氧化炉里完成，为了使燃烧较为完全，温度维持在 650 ℃～800 ℃

之间，这种氧化炉一般风量在 50 000 Nm^3/h 以下，挥发性有机物浓度在 5 g/Nm^3 以上的污染废气可直接进行处理。挥发性有机物在燃烧室的停留时间为 0.2～0.8 s 左右。为了节约能源，可以对燃烧后的热量进行回收利用，预热废气。直接燃烧式焚烧炉主要由燃烧室、热量回收交换器和控制箱等构成。有机废气通过引风机的作用直接送入焚烧炉，废气首先进入换热器进行预热，然后进入炉膛，在燃烧机的火焰高温作用下，有机污染物直接分解成 CO_2 和水。废气在燃烧炉炉膛内燃烧完全氧化分解后，直接排放。

（2）蓄热燃烧法

蓄热燃烧法的系统主体结构由燃烧室、蓄热室和切换阀等组成，蓄热式燃烧装置可以采用一室（蓄热室）、双室或者多室系统，如图 4-14 所示。

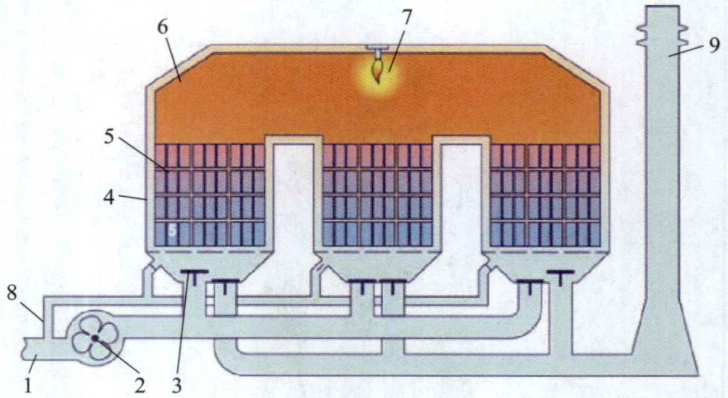

1—挥发性有机物引风管；2—主风机；3—提升阀；4—蓄热炉；5—陶瓷蓄热体；
6—燃烧室；7—炉头；8—吹扫回风管；9—烟囱。

图 4-14　蓄热式燃烧装置示意

其原理是将燃烧后产生的高温余热储存在蓄热室内，通过切换阀，利用燃烧室前的蓄热室预热挥发性有机物废气，在少量辅助燃料下进行燃烧。与直接燃烧法相比，蓄热燃烧法具有更高的热效率（95%）和处理效率（99%），可以处理大风量、中低浓度的挥发性有机物废气。此技术在国外已经进行了商业运用，我国属于新兴技术。

蓄热燃烧法关键在于蓄热材料的选择。典型的蓄热材料包括陶瓷、堇青石、高铝土等。现阶段常选择陶瓷作为蓄热体，其装填形式分为随机型和结构型，工业上常用的是结构型填料床，即蓄热室由矩形陶瓷材料块组成，每一块含有一个蜂窝状蓄热单元，陶瓷材料整齐堆放在蓄热室中。结构型填料床具有更高的容积密度和比表面积，废气通过填料床时压力损失较小，废气的热回收效率和气体处理量大大提高。

（3）催化燃烧法

催化燃烧法是在氧化炉里放入铂、钴、铜、镍等作为催化剂，将挥发性有机物加热至 200 ℃～400 ℃进行氧化，滞留时间 0.14～0.24 s。与直接燃烧法相比，由于催化剂的存在，催化燃烧法的起燃温度低，大大降低了能耗及 NO_x 的生成。挥发性有机物在催化剂的作用下进行催化氧化成水和 CO_2，同时释放出能量。利用释放出的能量再进入吸附床脱附循环使用，直到有机物完全从活性炭内部分离，至催化室分解。活性炭得到了再生，有机物得到分解处理，工艺流程如图 4-15 所示。

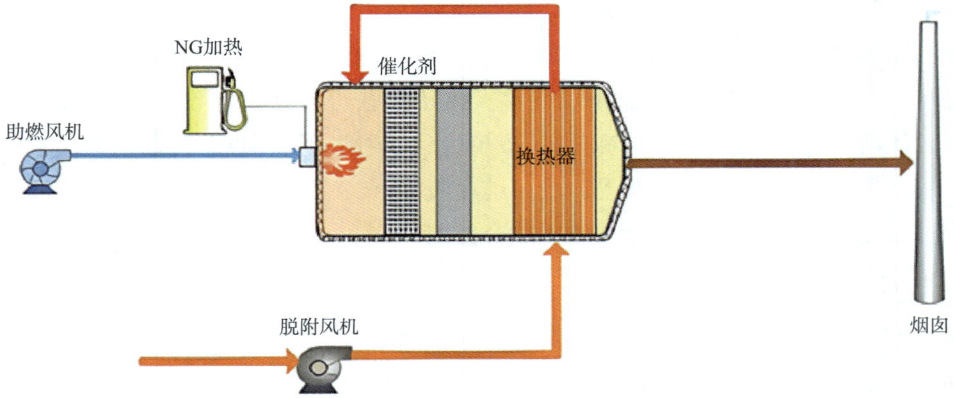

图 4-15　催化燃烧工艺

催化燃烧的关键是催化剂的选择，贵金属催化剂具有较高的催化活性，但高温易烧结且价格昂贵，过渡金属氧化物起燃温度高，反应活性位点随着反应进行容易损失，但成本较低。

催化燃烧过程原理如下：

$$C_xH_y + \left(x + \frac{y}{4}\right)O_2 \xrightarrow[300\ ℃ \sim 350\ ℃]{\text{贵金属催化剂}} xCO_2 + \frac{y}{2}H_2O \tag{4-1}$$

催化燃烧设备设计原理先进，用材独特，性能稳定，操作简单、安全可靠、无二次污染。设备占地面积小、重量轻。吸附床采用抽屉式结构，装填方便，更换容易。

吸附有机物废气的活性炭床，可用催化燃烧处理废气产生的热量进行脱附再生，脱附后的气体再送催化燃烧室净化，不需要外加能量，节能效果显著。

3. 吸收法

吸收法是挥发性有机物末端治理的方法之一，将气体中有害成分通过吸收溶解或化学反应将有害气体去除，从而达到净化的目的。这种治理技术对挥发性有机物种类的选择性存在较大的差异，主要有溶液吸收法和水喷淋＋溶液吸收法。

溶液吸收法对醚类、卤代烃、芳香烃和酯类组分有较好的去除效果，但对醇类、酮类和烯烃类的去除率为负。水喷淋＋溶液吸收法对醇类、酮类和醚类去除效果较好，但对芳香类和卤代烃的去除率为负，主要原因是挥发性有机物的各物种在溶液和水中的溶解度差异所致。

吸收法适合于温度低、中高浓度的废气，能够有选择性地吸收硫化氢等废气，工艺流程简单，且不需外加蒸汽和其他热源。

吸收法需配备加热解析冷凝等回收装置，装机体积大、投资较大，同时还存在二次污染，净化效果不理想。

4. 冷凝法

冷凝法利用不同物质在不同温度下具有不同的饱和蒸汽压，通过升高系统压力或降低温度的手段将沸点较高的挥发性有机物从气态变成液态，把废气直接导入冷凝器或先经吸附吸收后，解析的浓缩废气导入冷凝器，冷凝液经分离可回收有价值的有机物的一种方法。

冷凝法主要用于气量小、高沸点和高浓度的挥发性有机物污染气体的回收，适用的浓度范围大于 5%(体积)，其流程简单、回收率高。该法要获得较高的回收效率，就需要较高的压力和较低的温度，要有附设的冷冻设备，投资大、能耗高、运行费用大，同时冷凝后尾气仍然含有一定浓度的有机物，且不容易回收到纯净液体，二次污染严重。因此对低浓度尾气治理本法很少使用，该法可作为预处理方式联合使用。

5. 生物法

臭气经集气系统负压收集后，通过离心风机的抽送，被直接导入洗涤-生物滤床除臭设备。前段洗涤床具有有效除尘、调节臭气的湿温度、消减峰值浓度冲击、去除部分水溶性物质等功能。在后段的多级生物过滤床内，通过气液、液固传质由多种微生物将致臭物质降解。

生物法是微生物将有机成分作为碳源和能源，并将其分解为 CO_2 和 H_2O 过程的一种方法。

生物法设备简单、投资少、运行费用低、无二次污染，处理挥发性有机物废气效果理想。反应装置占地面积大、反应时间较长。

6. 光催化氧化法

光催化氧化法是在外界可见光的作用下发生催化作用，光催化氧化反应是以半导体及空气为催化剂，以光为能量，将有机物降解为 CO_2 和 H_2O 及其他无毒无害成分。利用人工紫外线光波作为能源，配合经特殊处理后活性强、反应效率高催化剂，如 TiO_2、ZnO_2、WO_3 等，废臭气体经过处理后可达到净化的更理想的效果。

国内外已经对 TiO_2 作为光催化氧化法的催化剂的研究已经比较成熟，但是由于在反应过程中会产生一些二次污染物，如醛、酮、酸等，这些二次污染物会对环境造成污染，因此该法在净化挥发性有机物方面也存在一些争议。

7. 低温等离子体净化技术

低温等离子体净化技术是在高压电场的作用下产生高能电子轰击污染物使其电离分解，通过复杂的物理化学反应使大分子物质变为小分子物质，使污染物降解消除。低温等离子体净化技术对挥发性有机物不同物种的去除效率存在一定差异。其中，对醇类和酮类的去除率最高，对烯烃的去除率较低。

低温等离子体净化技术工艺简洁，低耗节能，设备材料抗氧化强，抗腐蚀，使用寿命长，能高效去除含有挥发性有机物、无机物、硫化氢、氨气等主要污染物的废气。

等离子体技术在废弃物处理过程中所要求的真空环境，带来了一定的技术难题，现在还是在处于研究阶段，目前很多研究只针对单一的污染物。

由于废气中挥发性有机物成分复杂，所涉及的污染物种类繁多，性质各异，在多数情况下，通常采用组合技术进行综合治理。通过组合技术能够充分发挥不同治理技术的优势，有效地降低污染物治理成本。针对高速铁路生产检修产生的有机废气污染物理特性，低浓度、大风量、易燃烧、间歇性等特点，各种组合治理工艺发展迅速，如吸附浓缩＋催化燃烧技术、吸附浓缩＋高温焚烧技术、活性炭吸附回收＋吸收技术、活性炭吸附回收＋沸石转轮吸附浓缩技术＋冷凝回收技术。其中，活性炭吸附/脱附＋催化燃烧及沸石转轮吸附浓缩技术＋催化燃烧法技术能够克服系统阻力大，单级吸附效率低等问题，最大限度地净化废气中的有机物，在化工、电子等领域的废气治理中得到了应用。

针对高速铁路生产检修挥发性有机物废气大风量低浓度的特点，应用最多的净化方法是吸附/脱附＋催化燃烧法，它主要以活性炭和沸石转轮为吸附剂。

为了保证生产的连续性，活性炭一般根据车间使用需求设置几个吸附床交替使用，并实现在线脱附。沸石转轮本身可分为吸附区、再生区、冷却区使用区域，旋转过程中，不同区域即可实现相应的功能。另外，由于脱附过程需要使用到高温蒸汽，一般脱附气体可采用 N_2 进行脱附，大大提高脱附的安全性。脱附完成后需要对吸附剂进行降温冷却处理，以快速恢复吸附剂的吸附能力，常用液氮降温。

吸附法和催化燃烧法是高速铁路生产检修挥发性有机物污染治理应用最多的治理技术，需要严格按照工程规范要求进行设计。采用吸附处理工艺的，应满足《吸附法工业有机废气治理工程技术规范》(HJ 2026—2013)要求。采用催化燃烧工艺的，应满足《催化燃烧法工业有机废气治理工程技术规范》(HJ 2027—2013)要求。采用蓄热燃烧等其他处理工艺的，应按相关技术规范要求设计。

4.3.2　高速铁路生产检修粉尘污染治理技术

高速铁路生产检修粉尘污染重点产生环节包括打磨、抛丸、焊接、吹扫等。

铁路行业改革工艺设备和工艺操作方法，从根本上不产生或少产生污染物；采用通风措施控制污染物；使用抑尘剂捕捉聚合粉尘微粒，将粉尘紧锁在网状结构内以起到防尘作用；设置雾炮、高压细水雾等设备进行湿式作业；加强个人防护措施；建立严格的检查管理制度。

用通风方法改善车间环境空气质量，在局部地点或整个车间把不符合卫生准的污染空气经过处理达到排放标准排至室外，把新鲜空气或经过净化符合卫生标准的空气送入室内。

防止工业污染物污染室内空气最有效的方法是在污染物产生地点直接进行捕集，经过净化处理，排至室外，这种通风方法称为局部排风。局部排风系统需要的风量小、效果好，设计时应优先考虑。

如果由于生产条件限制、污染物源不固定等原因，不能采用局部排风，或者采用局部排风后，室内污染物浓度仍超过卫生标准，这种情况下可以采用全面通风。全面通风所需的风量比局部排风大，相应的系统也较大。全面通风是对整个车间进行通风换气，即用新鲜空气把整个车间的污染物浓度稀释到最高容许浓度限值以下。

按照通风动力的不同，通风系统可分为机械通风和自然通风两类。自然通风是依靠室外风力造成的风压和室内外空气温度差所造成的热压使空气流动；机械通风是依靠风机造成的压力使空气流动。自然通风不需要专门的动力，是一种比较经济的通风方法。

《大气污染物综合排放标准》(GB 16297—1996)规定了33种大气污染物的排放限值，同时规定了标准执行中的各种要求。该标准适用于现有污染源大气污染物排放管理，以及建设项目的环境影响评价、设计、环境保护设施竣工验收及其投产后的大气污染物排放管理。规定最高允许排放速率，现有污染源分一、二、三级，新污染源分为二、三级。位于一类区的污染源执行一级标准(一类区禁止新、扩建污染源，一类区现有污染源改建执行现有污染源的一级标准)；位于二类区的污染源执行二级标准；位于三类区的污染源执行三级标准。

在选择排放标准时，需优先查询地方标准和行业标准。按环保标准制定规则，地方标准要严于国家标准，由此来正确选择适合的排放浓度限值。

除尘器的选择需要充分考虑排放标准规定的排放浓度，颗粒物的性质和粒径分布，气体的含尘浓度，气体的温度和性质，处理风量、阻力、除尘效率以及去除的颗粒物处理问题等。

本节主要对高速铁路常用的除尘技术进行介绍。

1. 重力沉降室

重力沉降室是通过重力从气流中分离尘粒的，其结构如图4-16所示。沉降室是空气污染控制装置中最简单、粗糙的装置，用于分离大颗粒粉尘，在大颗粒特别多的地方，沉降室能除掉颗粒分布中的大量大颗粒，这些颗粒如不除掉，就要堵塞其他控制装置，因此，主要用于粉尘的初步筛选。

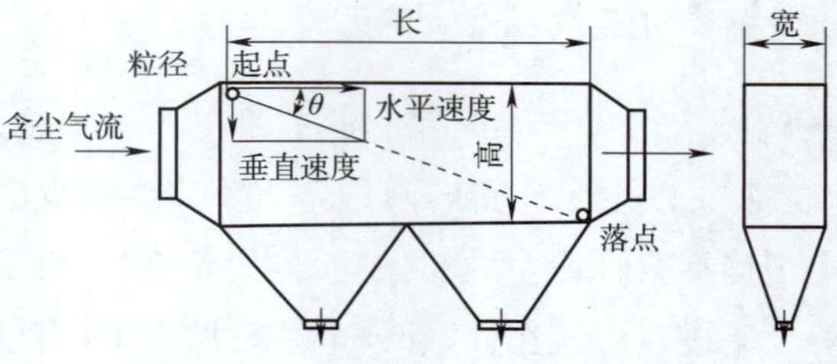

图4-16　重力沉降室示意

2. 旋风除尘器

旋风除尘器由筒体、锥体、排出管等部分组成，如图4-17所示。含尘气流由进口沿切线方向进入除尘器后，沿器壁由上而下作旋转运动，这股旋转向下的气流称为外涡旋(外涡流)，外涡旋到达锥体底部转而沿轴心向上旋转，最后经排出管排出。这股向上旋转的气流称为内涡旋(内涡流)。外涡旋和内涡旋的旋转方向相同,含尘气流做旋转运动时,尘粒在惯性离心力推动下移向外壁,到达外壁的尘粒在气流和重力共同作用下沿壁面落入灰斗。

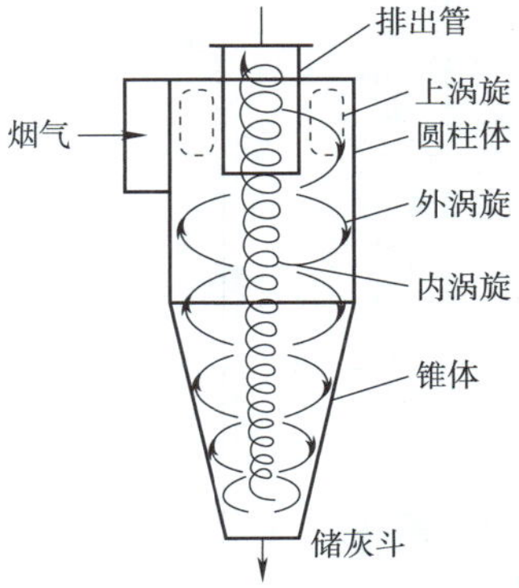

图 4-17　旋风除尘器示意

旋风分离器内气流运动复杂,除切向和轴向运动外,还有径向运动。减少上涡旋,降低底部的二次夹带及出口室气流旋转所消耗的动力,这是旋风除尘器的改进目标。

3. 袋式除尘器

袋式除尘器是利用棉毛、人造纤维等织物进行过滤的一种除尘装置,含尘气体通过滤袋,过一段时间后,滤袋表面积聚了一层粉尘层(以下简称粉尘初层)。在以后的运行中,粉尘初层成了主要过滤层,滤布只起着形成粉尘初层和支撑它的骨架作用。由于粉尘初层的影响,网孔较大的滤料也能获得较高的除尘效率,随着滤料上粉尘的积聚,除尘效率和压力损失都相应增加,当滤料两侧压差很大时会把已附着在滤料上的细尘挤压过去,使效率降低。另外,阻力过高,处理风量显著下降,影响排放效果,故除尘器应控制一定的阻力,及时清灰,但不能破坏粉尘初层。

常用滤料有滤袋和滤筒两大类,现在此法已成为冶金、水泥、化工等行业应用最广泛的除尘技术,除尘过程如图 4-18 所示。

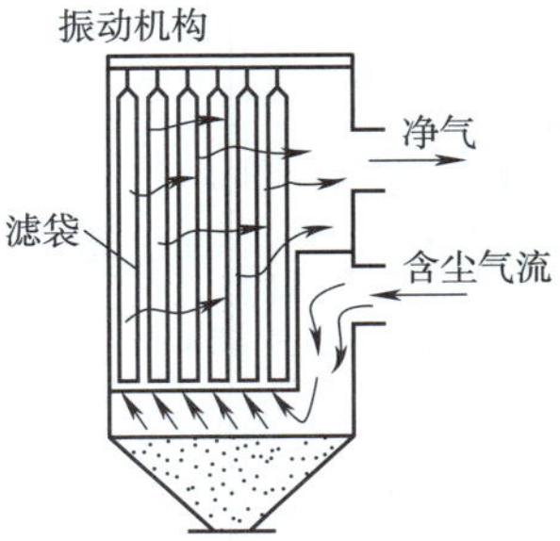

图 4-18　袋式除尘器除尘过程示意

滤料性能对袋式除尘器的工作影响很大。性能良好的滤布应具备耐温、耐腐蚀、耐磨、效率高、阻力低、使用寿命长、成本低等优点，另外与表面结构有关。近年来出现了许多耐高温的新型滤料，如聚四氟乙烯、芳香族聚酰胺等。

袋式除尘器清灰方式有两种，机械清灰和气流清灰。机械清灰利用机械传动使滤袋振动，迫使沉积在滤袋上的粉尘层落入灰斗。清灰风速一般在 1～2 m/s，压力损失在 800～1 200 Pa。气流清灰利用反吹空气从反方向通过滤袋和粉尘层，借气流力使滤袋上的粉尘脱落。采用气流清灰，滤袋必须有支撑结构，如撑架或网架等以免压扁滤袋。气流清灰有两种，逆气流清灰和脉冲喷吹清灰。

4. 电除尘器

电除尘器是利用强电场使气体发生电离，气体中的粉尘荷电在电场力的作用下，使气体中的悬浮粒子分离出来的装置，如图 4-19 所示。

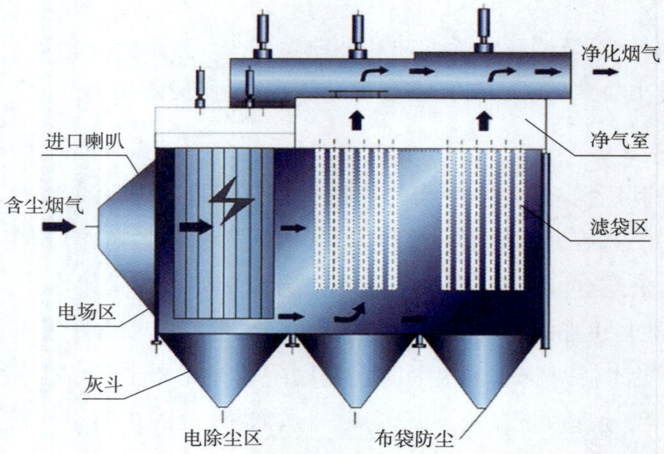

图 4-19　电除尘器结构

这种装置由许多不同的型式，但最基本的组成部分都是一对电极(高电位的放电电极和接地的收尘电极)。除尘过程大致如此，两电极间加一电压。一对电极的电位差必须大得使放电极周围产生电晕(常常加直流)，高电压使含尘气体通过这对电极之间时，形成气体离子(正离子、负离子)这些负离子迅速向集尘极运动。由于同粒子相撞而把电荷转移给粉尘荷电，与粒子上的电荷互相作用的电场就使它们向收尘电极漂移，并沉积在集尘电极上，形成灰尘层。当集尘电极表面粉尘沉积到一定厚度后，用机械振打等方法将沉集的粉尘层清除掉落入灰斗中。

5. 湿式除尘器

湿式除尘器是通过尘粒与液滴进行碰撞、接触、凝聚等从气体中分离。该装置结构简单、占地小、投资低除尘效率高，还可以对污染气体进行净化，适宜处理有爆炸危险的废气。

该方法对于有用的物料不易回收，产生的泥浆不易处理，高温烟气经洗涤，温度下降，减弱烟气在大气中的扩散。

湿式除尘器形式多样，主要有自激式除尘器、卧式旋风水膜除尘器、立式旋风水膜除尘器。

4.3.3　高速铁路生产检修油烟污染治理技术

伴随着高速铁路的快速发展，对于车辆的需求量越来越大。在对车辆金属部件（如轮对、轴承等）的生产和检修过程中，需要通过刀具在特定的生产车间和检修车间内对金属部件进行加工及修复。而在金属加工过程中，为了降低切削时的切削力，及时带走切削区内产生的热量以降低切削温度，提高刀具耐用度，从而提高生产效率，改善工件表面粗糙度，保证工件加工精度，达到最佳的经济效果，通常使用金属加工液。

车间内高速、超高速数控机床工作时会产生大量的切削热，而冷却的切削液遇到高温和高速旋转的金属零件和刀具时候汽化雾化，从而引起油烟的产生。油烟主要是由固体颗粒、液态颗粒以及液体和固体颗粒悬浮于气体介质中形成的均匀分散体系，即以气溶胶的形式漂浮在作业场的空气中，颗粒直径大部分集中在 1 μm 左右；小于 1 μm 的粒子会被融入血液中，对员工的健康产生危害；同时造成环境破坏，降低生产设备的使用寿命。

作业产生的油烟主要由四氯乙烯、十二烷、环己烷、正己烷、乙苯及对二甲苯等组成。现在市面上的主要油烟净化器按照工作原理可以大致分为五种类型，分别是离心式、静电式、冷凝式、机械式以及混合式。

1. 离心式技术

采用离心式技术，首先由叶轮高速旋转产生真空负压，将含油雾的空气吸入油雾净化器进风口，吸入的油雾气体进入初效过滤器，液相油雾粒子首先被滤网过滤下来，附着在滤网表面聚集成滴，滴入集油槽，形成一次过滤。其余的气溶胶粒子在叶轮的推动下形成气流，凝集成液相，经过中效过滤器拦截，再次聚集滴入集油槽，形成二次气体过滤。最后，通过撞击拦截下遗漏的细小颗粒。

2. 静电式技术

大颗粒的油雾尘被分离并收集到集油槽。含细小油雾尘的污染空气从预分离器流出后，进入荷电区，通过存在大量离子及电子的空间时，离子及电子会附着在油雾尘上（附着负离子和电子的油雾尘荷负电，附着正离子和电子的油雾尘荷正电）。附着电荷的油雾尘从荷电区出来后，进入集尘区。在电场力的作用下，荷电油雾尘向其极性相反方向运动，油雾尘吸附在电极板上，细小的油雾尘被分离，洁净空气在风机负压的作用下，经风机直排入空气中，如图 4-20 所示。

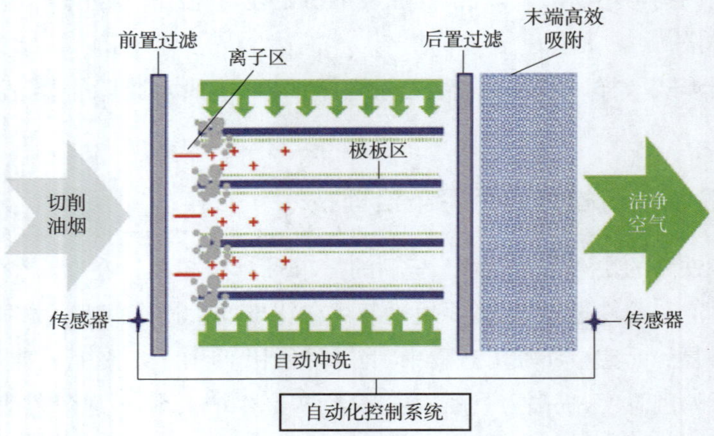

图 4-20　静电吸附原理

3. 冷凝式技术

采用离心式结构，将需要处理的大量油烟由风机吸入并送往金属螺旋式机械过滤器，被过滤器收集。初步处理的含油雾气体再经过二级过滤器多次过滤后排出。过滤直径可达 0.5 μm，净化后的空气可以排入室内循环使用，而分离出来的油排入收集筒后，也可再度使用。

4. 机械式技术

机械式技术通过对滤网进行有效组合和使用高性能过滤网，对油烟进行收集和分离。机械式技术的应用主要包括机械碰撞和吸附过滤两大类。纯机械碰撞方式主要用于预处理，多与其他技术组合使用。

5. 混合式技术

混合式技术是将离心式、静电式和机械式三种油雾分离方式结合起来，其中两种或两种以上组合使用，各种净化工艺的对比见表 4-2。

表 4-2　净化工艺对比

净化工艺	原理	优点	缺点	适用范围
过滤法	惯性碰撞、接触阻留	简单、范围广	阻力大、易堵塞	多种类、多浓度
分离法	旋转离心	简单、低价	功率大、振动大、效率低	多种类、高浓度
冷凝法	降温结露	简单	低浓度不适用、能耗大、效率低	高浓度、成分单一
吸附法	物理、化学吸附	简单、效率高	难再生、有耗材、二次污染	低浓度、多组分
吸收法	相似相溶，吸收解析	简单、低价	针对性强、效率低	单组分
静电法	电离、荷电吸附	无耗材、无污染、运营成本低、效率高	对颗粒物比电阻有要求，需定时清洗	多种类、多浓度

6. 复合油烟净化技术

复合油烟净化技术采用机械物理拦截和静电吸附的复合处理工艺。列车轮对、轴承的大金属部件等在检修过程中产生的油烟首先进入初级装置——净化整流室，采用重力惯性净化技术，室内的特殊结构逐步对大粒径污染物进行分级物理分离，并且均衡整流。剩余的小粒径污染物进入次级装置——高压静电场，电场内部为双区结构，前区为荷电区（离子区），油雾粒子经过荷电区被电场中电晕放电所产生的大量电荷撞击、电离，从而使悬浮于空气中的油雾粒子荷电。这些带电微粒后经过集尘区（极板区），在电场库仑力的驱动下向集尘极运动，到达极板后失去电荷，吸附在极板上，实现油雾粒子的净化。

复合式技术把不同的技术特点组合在一个系统，充分发挥各自的技术专长，组成一个经济合理、净化效率高的优化系统。复合式技术是今后最具发展前景的实用技术，是高速铁路生产检修过程的油烟污染治理技术的发展方向。

4.4 高速铁路建设期环境污染治理

4.4.1 隧道施工废水处理技术

随着铁路工程的快速发展和环保意识的增强，铁路隧道施工废渣土和尾水所引起的环境问题引起广泛关注。铁路隧道施工主要采用钻爆法和隧道掘进机（tunnel boring machine，TBM）法，且以钻爆法居多。钻爆法通常包括钻孔、装药爆破、出渣及喷锚支护等循环作业，出水的悬浮物排放受洞内作业类型影响呈现阶段循环的排放规律。而 TBM 法包括掘进、支护、出渣等连续工序作业，含有悬浮物及少量石油类等污染物。隧道洞内废水呈碱性，且 pH 超标现象较为突出，原因是涌水接触喷浆支护以及冲刷地面掉落混凝土等产生的废水中含大量的水泥，其主要熟料矿物组成硅酸三钙、硅酸二钙等在水化过程中的主要产物为 $Ca(OH)_2$。铁路隧道施工废水最主要的污染因子以悬浮物和 pH 污染物为主，如果废水中悬浮物、pH 污染物等不经过处理直接排放，则会对周边受纳水体造成污染。因此，开展铁路隧道施工废水处理技术研究对保护铁路沿线脆弱敏感水生态环境具有重要意义。

我国铁路隧道施工废水处理技术在源头清污分流技术、隧道施工废水处理技术等方面均取得了一定的进展，对隧道施工废水带来的水污染防控和治理发挥了积极的作用，有效保护了沿线的水生态环境。

1. 清污分流排水技术

（1）隧道分类集水系统

①污水收集系统。隧道爆破开挖、喷射混凝土和注浆等施工过程将会产生污水，需设置临时集水坑，并及时抽排至污水排放沟或污水仓。衬砌施工及冲洗掌子面的污水由中心水

沟收集。掌子面散水、不能收集的裂隙水在地面收集为污水，距离边墙 1.5 m 两侧设置临时水沟，距离仰拱初支端头 10 m 设置集水坑，采用水泵将掌子面污水抽排至栈桥后方。

②清水收集系统。隧道穿越富水区段时，掌子面围岩裂隙间呈股状出水，同时，隧道中存在部分可收集的散水，这两类水为地下清水，需在施工过程中利用管道直接引排至仰拱侧沟清水排放通道，或排至掌子面清水集水仓。针对不同的位置和不同出水状况，在隧道掌子面和初支中分别设置了引排盲管、初支股状水引排管、初支散水引排管和掌子面集水桶。掌子面围岩裂隙间股状出水为清水，在施工初期支护时在初支背后安装环向盲管引排；散状水在安装盲管后，在钢筋网片后方根据出水情况铺设土工布收集，在施工过程中利用管道直接引排至集水桶，水桶内设置水泵将收集的清水抽排至衬砌台车后方。

(2)隧道排水系统

①辅助坑道。在辅助坑道两侧增设混凝土挡水板作为清水沟，混凝土挡水板厚 10 cm，底部与底板之间设置接头钢筋，钢筋直径 16 mm，钢筋纵向间距 250 mm，分别伸入上、下混凝土构件中 20 cm。辅助坑道两侧清水沟将清水引至交叉口处清水泵站。

②顺坡隧道。在顺坡段，掌子面污水由临时水泵抽排至中心水沟，污水沿正洞中心水沟排至交叉口污水固定泵站，清水沿侧沟排至交叉口处清水固定泵站，由交叉口清、污固定泵站分别将清、污水由辅助坑道抽排至洞外。

③反坡隧道。反坡隧道的衬砌段涌水及未衬砌段施工废水按正常重力流均向坡底掌子面方向汇集。仅水流流向不同，二次衬砌段清水可利用单侧或双侧临时排水沟收集后靠重力流至综合洞室，在综合洞室设置潜水泵抽排出洞外；施工废水利用单侧沟或管道收集后依靠重力流至掌子面处，在掌子面处设置潜水泵抽排出洞外。抽排废水与清水的扬水管分别沿两侧临时沟敷设，沿途可设中继站分段或分级抽排。

2. 隧道施工废水处理技术

针对目标污染物悬浮物的去除，铁路隧道施工废水处理主要采用以“调节池→旋流沉砂池→平流式沉淀池→混凝沉淀→过滤”为核心的组合工艺，水力停留时间一般为 6～10 h，可保证出水悬浮物的稳定达标排放。同时，隧道施工废水偏碱性，为满足排放要求，工程中通常采用投加草酸或柠檬酸等有机酸进行中和。

隧道施工废水排水量受洞内作业阶段及山体内水隙影响，存在变化大、悬浮物浓度高、废水呈弱碱性或碱性等特点，采用的“沉砂→pH 调节中和→平流式沉淀池→混凝沉淀→过滤”的组合处理工艺，其出水可满足排放标准，但仍存在水力停留时间长、占地面积大、处理效率低、设备运行故障率高及运行成本高等问题。因此，在实际工程中受隧道洞口场地面积及地形等条件限制，需结合污染物的物化性质等特点进一步深入研究工艺方案及各单元的设计参数。

《铁路给水排水设计规范》(TB 10010—2016)建议，当隧道废水满足《污水综合排放标准》(GB 8978—1996) 时可采用调节沉淀隔油→气浮(或过滤)→排放或回收利用工艺加以处理。针对钻爆法隧道，石油类不是主要污染物，相关研究也证实钻爆法施工隧道废水中石油类极少超标，且气浮处理环节对石油类和悬浮物的去除效果不佳，因此取消隔油和气浮环节，但部分 TBM 法施工隧道废水水质分析显示石油类仍是主要污染物，故建议对在建工程进行水质监测，合理确定不同施工工法隧道废水的主要污染物及其水质特征。

4.4.2　隧道内通风除尘技术

1. 隧道烟尘介绍

隧道空气污染物主要有烟尘、粉尘、有害气体，产生来源为：

(1)开挖爆破钻眼粉尘、爆破烟尘和有毒有害气体。

(2)装、出渣作业机械设备产生的尾气及扬尘。

(3)锚喷支护施工中工作面产生粉尘及喷出混凝土由于压力变化产生的粉尘、水雾等有害气体。

(4)衬砌钢筋、拱架安装焊接、切割产生的有害气体，有毒有害气体主要成分包括 CO、NO_x、少量 H_2S、SO_2 等。

《铁路隧道运营通风设计规范》(TB 10068—2010)规定的运营隧道空气卫生环境标准，见表 4-3。

表 4-3　运营隧道空气卫生环境标准

指标		最高容许值	备注
一氧化碳/(mg/m^3)		30	$H<2\ 000$ m
		20	$2\ 000\ \text{m} \leqslant H \leqslant 3\ 000$ m
		15	$H>3\ 000$ m
氮氧化物(换算成 NO_2，mg/m^3)		5	$H<3\ 000$ m
粉尘/(mg/m^3)	石英粉尘	8	$M_{sio_2}<10\%$
		2	$M_{sio_2}>10\%$
	动物性粉尘	3	—

注：H 为隧址平均海拔高度(m)；M_{sio_2} 为粉尘游离二氧化硅的含量。

2. 隧道除尘方式

隧道粉尘防治包含减、降、排、除、阻五种机理。“减”是指从粉尘产生源头进行控制，通过减少挖掘过程中的粉尘产生量来减少空气中的粉尘，是通过改进掘进工艺、爆破工艺来实现；“降”是在传播过程中对粉尘进行控制，通过降尘装置或措施来降低空气中的粉尘浓度，如水雾屏障和雾炮；“排”即通过通风系统将粉尘排出隧道外，是实现隧道内供氧、除尘、降温的主要方式；“除”是指通过特定的除尘设备或措施来去除空气中的粉尘，通常与排烟装置配合应用；“阻”指对现场人员进行防护，通过防尘口罩等隔绝空气中的粉尘，减少吸入。

在隧道施工过程中，针对粉尘的处理主要有控制和降除两种基本手段。

(1)粉尘控制。通过通风系统来实现，将掌子面前方产生的粉尘通过风力排出隧道，可实现供氧、除尘、降温等作用，轴流风机将隧道外新鲜气流通过风筒压入掘进工作面，稀释粉尘和有毒有害气体，污浊的空气在风机风压的作用下排出隧道外，达到排尘的目的。通风排尘效果会随着工作面的不断推进而减弱，通风距离增加导致风阻增大，维持相同良好排尘效果所需的能耗增高，难度增大。因此，为保障排尘效果，需要注意风压损失、风管摩阻损失、漏风等因素影响，在风机和风道设计时留有充足余量。伴随着工作面污浊空气的排出会造成整条隧道的二次污染，难以实现快速降尘，在长距离通风时，需在洞内添加一系列射流风机辅助排尘，增加工作面的供风量，以达到良好的局部排尘的效果。

(2)粉尘降除。与控制不同，降除主要是通过隧道内的降尘装置或降尘措施来快速降低空气中粉尘的浓度。这种方法直接针对空气中的粉尘进行处理，可以有效减少施工人员接触到的粉尘量。隧道除尘主要通过吸尘罩和静电除尘，这两种除尘方式都是主动捕获空气中的粉尘，能够从根本上减少粉尘。

隧道施工多采用综合除尘方式，结合多种方式，一是从源头降低粉尘产出量，如水封爆破、湿喷、湿钻等；二是加强对粉尘在运动过程的捕捉，如水幕、静电吸尘等；三是佩戴完善的个人防护用品，如吸尘罩等，从而保障现场作业人员的施工环境质量，减少粉尘对人体的伤害。

4.4.3 施工扬尘治理技术

1. 施工扬尘介绍

随着轨道交通建设的飞速发展，施工扬尘污染问题也受到了社会各界广泛关注。施工扬尘主要来源有：

(1)现场拆迁、土方挖掘和堆放造成的扬尘。

(2)建筑材料的转运(水泥、沙子、砖块等)和堆积造成的扬尘。

(3)施工垃圾的堆积与清理引起的扬尘。

(4)运输车辆来往造成的扬尘及车辆身后因真空吸力产生的扬尘。

(5)使用各类工程机械进行钻孔、切割、破碎等产生的扬尘。

(6)棚架、围网、帆布上的各类垃圾、干粉布料、混凝土、水泥砖块等在随风摇动时产生的扬尘。

施工扬尘对现场工人和周边居民的身体健康存在严重威胁，长期暴露在较高浓度的扬尘环境中会增加罹患各类疾病的概率。另外，施工扬尘是大气高浓度颗粒物的重要来源，建筑施工产生的扬尘(矽尘、水泥尘等污染物)随着气流进入环境空气中，致使大气颗粒物浓度升高，进而造成大气污染，包括 $PM_{2.5}$ 污染；降低大气能见度；吸收红外线、加剧“温室效应”；吸收紫外线、降低穿透大气层达到地球表面的紫外线强度等。

2. 施工扬尘治理技术

施工扬尘治理技术分为覆盖、绿化和固化三种。

(1)覆盖治理技术一般采用覆盖材料,对施工现场进行覆盖,阻挡扬尘的传播与回流,主要用于减少施工现场因地面扰动、建筑材料堆放和车辆运输等产生的扬尘。覆盖材料包含很多种,如高分子覆盖膜、矿渣、草帘、地毯、路面沥青、土工布、防尘网等。应根据具体的施工环境、治理需求和成本考虑选取覆盖材料。其中,防尘网是一种多孔材料,对施工场地和开挖土方等引起的扬尘扩散具有良好的抑制作用,应用效果良好,大型、高效能防尘网的应用也逐渐广泛。

(2)绿化治理技术在工程扬尘治理方面发挥了重要作用。其既可以有效减少扬尘的产生和扩散,改善施工现场环境和空气质量,又兼具有美化和提升施工环境等多种综合效益,是一种长期有效的扬尘治理手段,其周期长、代价高,在某些特定的施工工地应用效果良好,主要形式有种植地表、覆盖树坑、覆盖露土地面、绿化墙、绿化带等。

(3)固化抑尘是一种重要的扬尘抑制技术,原理是在物料表面形成一层稳定的保护膜,达到固化和抑制扬尘的目的,主要可归结为洒水抑尘和化学抑尘两大类。洒水可有效抑尘,但作用时间短,在炎热的夏季,水蒸发速度加快,需要频繁洒水;而在寒冷的冬季,洒水容易结冰,影响使用效果及施工安全。化学抑尘技术是指将抑尘药剂添加至水中,从而对水溶液的化学和物理特性进行优化,确保其可以有效地捕集粉尘。按类型分包含湿润性化学抑尘剂、吸湿型无机盐化学抑尘剂、超强吸水型化学抑尘剂、黏结型化学抑尘剂、凝聚型化学抑尘剂、复合型化学抑尘剂等。化学抑尘剂对扬尘控制效果显著,具有较好的应用前景。

覆盖技术适用于需要临时性遮挡的场合,如施工现场和堆场等。绿化措施适用于需要长期改善环境的场合,如道路两侧、工期较长的工地等。固化措施适用于需要减少扬尘和快速降尘的场合,如物流密集、装卸货场地等。实际施工现场需要根据工期长短、应用需求、不同施工阶段等考虑,综合应用扬尘治理技术。

参 考 文 献

[1] 薛正,茹旭,辛思远. 铁路集便污水处置的思考及对策研究[J]. 铁路工程技术与经济,2022,37(3):1-5.

[2] 张铁,李明崎. 提速客车 MONOGRAM 真空集便器运用探讨[J]. 铁道技术监督,2009,37(11):16-17.

[3] 李旻,姜军,严巾堪. 铁路环保中的真空排水技术研究[C]. 铁路环保成果及新技术应用研讨会,2012.

[4] 闫凯,邱慧,曾凤柳. 旅客列车真空集便器系统污物箱设计与试验技术研究[J]. 铁路节能环保与安全卫生,2013,3(1):4-8.

[5] 任大庆. 铁路客车真空式集便系统浅析[J]. 铁道车辆,2001(2):23-25.

[6] 范青杨. 集便器在中国轨道车辆上的应用[J]. 城市轨道交通研究,2008,11(5):15-17.

[7] 赵凯世．铁路客车真空集便器电气原理及故障处理分析[J]. 城市建设理论研究(电子版)，2015(22)：2198.

[8] 闫凯，薛强，沈骏，等．夹管阀在铁路真空集便器中的应用及故障分析[J]. 铁路节能环保与安全卫生，2020，10(4)：32-35.

[9] 邹红．京沪高速铁路列车地面卸污系统设计[J]. 中国给水排水，2008，24(20)：40-42.

[10] 张汉英．高速铁路大型客站给排水设计特点及效果分析[J]. 铁道标准设计，2016，60(6)：173-176.

[11] 李国锋，贺占民．快速列车密闭式厕所地面接收技术研究与应用[J]. 铁道标准设计，2005(1)：89-91.

[12] 黄焱歆．铁路站段真空卸污系统之真空管道设计探讨[J]. 中国给水排水，2013，29(8)：56-59.

[13] 张继杰，黄焱歆．采用全程覆盖方式布设真空抽吸单元设备[J]. 铁道劳动安全卫生与环保，2009，36(1)：1-4.

[14] 胡明，范彬，曲波，等．列车集便器污水处理现状及对策研究[J]. 中国给水排水，2016，32(14)：20-26.

[15] 石嵘，段飞龙，郝明，等．铁路列车高浓度集便污水提标改造及案例分析[J]. 铁路节能环保与安全卫生，2022，12(5)：25-28.

[16] 李永新．列车集便器污水资源回收技术分析与展望[J]. 铁路节能环保与安全卫生，2023，13(1)：21-27.

[17] 黄焱歆，范英宏，张继杰．旅客列车集便器污水处理方案探讨[J]. 铁路节能环保与安全卫生，2016，6(1)：5-7.

[18] 张士超，李思媛，孙铭，等．铁路站段生活污水资源化处理技术研究[J]. 铁路节能环保与安全卫生，2022，12(3)：19-23.

[19] 王振宇．A～2O-MBR 联用工艺处理城市污水的运行及出水水质特性研究[D]. 西安：西安建筑科技大学，2011.

[20] 洪铁璇．人工湿地浅谈[J]. 科技资讯，2010(15)：155.

[21] 孙广垠，宋舒兴，隋倩雯，等．MABR 强化生物脱氮技术研究与应用进展[J]. 膜科学与技术，2022，42(6)：178-186.

[22] 水春雨，黄明娟．铁路站车垃圾管道气力输送系统应用方案探讨[J]. 铁路节能环保与安全卫生，2013，3(3)：122-124.

[23] 王晓伟，薛强，水春雨，等．适于铁路站车生活垃圾处理技术分析[J]. 铁路节能环保与安全卫生，2019，9(3)：15-18.

[24] 雷鸣，海景，程江，等．小型生活垃圾热处理炉二恶英和重金属的排放特征[J]. 中国环境科学，2017，37(10)：3836-3844.

[25] 岑可法．可燃固体废弃物能源化利用技术[M]. 北京：化学工业出版社，2016.

[26] 孙立．生物质热解气化原理与技术[M]. 北京：化学工业出版社，2013.

[27] 李守信．挥发性有机物污染控制工程[M]. 北京：化学工业出版社，2017.

[28] 樊越胜．工业通风[M]. 北京：机械工业出版社，2020.

[29] 张士超. 铁路隧道施工废水处理系统现状及优化建议[J]. 铁路节能环保与安全卫生，2024，14(2)：18-22.

[30] 路宗杰. 高速铁路隧道清污分流排水施工技术研究[J]. 数字化用户，2024(11)：114-115.

[31] 李传松，茹旭，曾庆华，等. 顺坡铁路隧道施工废水清污分流方法研究与应用[J]. 铁道建筑，2018，58(10)：60-62.

[32] 刘飞. 铁路隧道施工期废水处理站设置原则及规模探讨[J]. 环境科技，2023,36(1)：39-43.

[33] 门本，马强. 隧道粉尘颗粒物的危害及控制措施分析[J]. 交通节能与环保，2021,17(1)：144-147.

[34] 尹楚杰，李雅杰，王灏，等. 建筑施工扬尘污染问题及其防治[J]. 环境工程，2023,41(2)：345-348.

[35] 江召兵，张倩，杨峰，等. 施工工地扬尘治理工程技术概述[J]. 资源节约与环保，2019(2)：52-53.

第5章 高速铁路资源节约与节能减排技术

完整、准确、全面贯彻新发展理念，坚持把节约资源贯穿于经济社会发展全过程、各领域，推进资源总量管理、科学配置、全面节约、循环利用，提高能源、水、粮食、土地、矿产、原材料等资源利用效率，加快资源利用方式根本转变。节约资源是我国的基本国策，也是维护国家资源安全、推进生态文明建设、推动高质量发展的一项重大任务。党的十八大以来，大力发展循环经济，在全社会倡导厉行节约、反对浪费，推动资源节约集约高效利用，取得积极成效。党的二十大报告提出，实施全面节约战略，推进各类资源节约集约利用，加快构建废弃物循环利用体系。实施资源节约，加快发展方式绿色转型是最有效的环境保护，也是统筹人与自然和谐发展的重大举措。

5.1 高速铁路土地资源节约与保护

截至2022年底，我国共有交通运输用地1 018.4亿 m^2，2022年全国批复建设用地总面积28.7亿 m^2，其中交通运输用地占用地总面积的58.5%。各种运输方式都需要占用土地，但不同的运输方式对土地资源的占用程度是不同的。中国可耕地面积仅占国土面积的13%左右，人均耕地面积不足世界平均水平的1/2，可见耕地十分宝贵。在资源环境硬约束下，选择土地资源占用少、使用效率高的运输方式，是实现综合交通绿色可持续发展的重要因素。相较于公路而言，铁路用地运输效率是公路用地运输效率的5倍以上。用完成单位运输量所占用的土地面积来进行比较，单线铁路与2车道公路、双线铁路与4车道公路、铁路客运专线与8车道高速公路相当，铁路占用土地仅为公路的1/2，而完成单位运输量所占用的土地面积，铁路仅为公路的1/5～1/10。由此可见，铁路比公路具有占用土地资源少的比较优势，是对土地资源节约更为有利的交通运输方式。

5.1.1 高速铁路用地优化设计

铁路作为国家重要的基础行业，在经济社会发展中具有不可替代的重要作用。充分发挥铁路行业优势，优化资源利用，全方位搞好铁路资产经营开发，不仅能够提高企业经济效益，而且能够有效拓展铁路服务功能，使铁路更好地服务于经济社会发展和广大人民群众。

尤其是近年来高速铁路的迅速发展，给当地的经济、旅游和社会发展起到了不可忽视的带动作用。《新时代交通强国铁路先行规划纲要》提出，科学布局线路和枢纽设施，集约节约利用土地、通道、桥位、枢纽及水资源，推进场站及周边综合立体联动开发。《国铁集团“十四五”节约能源和环境保护发展规划》提出，要统筹“三区三线”和区域经济发展，科学规划布局铁路线路和枢纽设施，推进铁路与其他交通方式共用通道资源，全面提高土地、线位、站位、桥位利用效率。加强高速铁路的用地优化设计，合理规划线路走向及站场选址用地，对于节约铁路建设用地和提高资源利用效率具有重要意义。

1. 高速铁路工程选址优化设计

工程方案选址设计对于优化铁路用地、提高土地资源利用效率起到十分重要的前置作用。在工程方案选址过程中，通过布局优化、标准控制、综合利用等手段，可以达到节约土地、减量用地、提升用地强度、提高土地利用效率的目的。例如，高速铁路的设计要尽量减少耕地、林区占用，在有条件的区域通过采用桥梁、隧道结构形式以减少部分区段的路基铺设，站场位置尽可能选在建筑物较少、动拆迁量少的位置，减少动拆迁后的还建，以免引起浪费。

2. 铁路站场枢纽优化设计

为了加强铁路站场枢纽土地利用，国家出台了一系列政策，加大盘活铁路用地资源力度，鼓励和支持铁路土地综合开发利用，以开发收益支持铁路发展。2014年，国务院办公厅下发了《关于支持铁路建设实施土地综合开发的意见》，提出支持盘活现有铁路用地，推进土地综合开发，支持新建铁路站场与土地综合开发项目统一联建；明确土地综合开发相关政策，加强土地综合开发的协调和监管。在铁路站场选址设计过程中，铁路部门需要与地方政府沟通协调，将铁路土地综合开发融入城市规划当中。通过委托经营、合资经营等方式，与相关企业、金融机构等形成密切的联系，充分利用外部资本的优势。采用“铁路＋土地开发”的模式，通过市场化机制引入铁路投资和建设企业，让其参与铁路建设的同时，分享铁路沿线的一部分土地增值收益，来降低政府建设和运营的资金压力，实现政府与企业的双赢。

将车站及其周边的土地资产进行开发是铁路土地资源的重要领域，要学习利用“以公共交通为导向的发展模式”对铁路车站土地综合开发。加大车站商圈一体化开发，将车站打造成多功能于一体的现代化城市综合商业中心的战略目标，集工作、商业、文化、教育和居住等于一身的“功能混合”，从而避免和缩短道路的使用，实行混合用地的高密度开发，以提高土地空间利用效率，减少不必要的时间和空间成本。

在高铁客运枢纽规划建设选址方面，要坚持以下几个原则：

(1)统筹协调、一体推进。

(2)因地制宜，以人为本，做好空间立体性、平面协调性、整体适用性、文化延续性等的有机统一。

(3)需求导向、规范标准，分类确定站场规模、功能和衔接要求。

(4)联动开发、融合发展,加强地上地下空间综合利用开发,鼓励建设现代城市综合体。推进"交通＋商业＋居住＋服务"等多资源、多功能整合与融合,加强地上与地下空间功能的合理布局,提高土地及资源空间的集约节约高效利用。

3. 高速铁路用地优化设计典型案例

京沪高速铁路选线设计阶段十分注重土地资源节约,线路充分利用既有交通走廊,减少耕地占用和对城市规划布局的分割,如廊坊路段沿既有京沪铁路并行布置。采取了控制工程永久占地、控制工程临时占地等土地资源保护措施。

(1)控制工程永久占地

京沪高速铁路施工中严格控制永久占地,表现为:

①采取"宜桥则桥"原则,初始方案中有 154 km 的路基被优化为桥梁,约节省土地 489.93 万 m^2。

②将桥梁地段的征地范围从 21 m 压缩至 18 m,节省土地 260 余万 m^2。

③减少与沪汉蓉、沪宁城际铁路及各联络线间的并行距离,提高土地利用效率。

④避免高填深挖,优化后,京沪高速铁路全线永久占地 4 326.67 万 m^2,较可研阶段减少 873.33 万 m^2。

(2)控制工程临时占地

施工中坚持"永临结合、少占耕地、集中设置、紧凑布局"的原则。全线制梁场从 56 个减至 48 个,部分设置成双层存梁方式;铺轨基地从 8 个减至 5 个,且其中有 4 个布置在永久占地范围内;浦东、苏州等轨道板场占用既有铁路场地;取土场数缩减一半。优化后,全线工程临时用地控制在 1 566.67 万 m^2。

5.1.2 高速铁路土地恢复技术

高速铁路土地恢复技术主要针对铁路建设施工过程中的临时用地、施工便道、弃渣场等进行恢复。

1. 铁路弃渣场和临时工程土地恢复技术

弃渣场作为铁路建设项目临时工程用地的典型代表,不仅要在其生态监测方面做好工作,同时也要采取多种措施积极开展弃渣场的生态修复,把铁路建设项目对环境的影响降到最低,提高铁路建设废弃土地资源利用水平。针对典型生态脆弱区内的铁路临时用地中植被生态恢复相对较困难的弃渣场,植被修复是铁路建设项目临时工程生态修复的主要技术。根据不同的生态脆弱区,植被的生态修复要选择不同的植被种类,以及实施不同的恢复技术措施。

京沪高速铁路在建设过程中积极复垦和恢复临时用地。施工中,对路基基底、桥梁下部以及各临时用地的地表土壤全部进行剥离和保存;工程收尾阶段,依据沿线省市国土部门批复的土地复垦方案,组织临时用地的复垦和植被恢复工作。全线复垦面积占临时用地总量的 87%。施工结束后除贯通式便道作为维修道路外，其余施工便道作为了进站道路或乡村道路利用。对于作为永久道路的施工便道，两侧采取了种植乔木或灌木等绿化防护措施；对于不作为永久道路的施工便道，进行了迹地恢复，恢复了原有使用功能。杭黄铁路在施工结束后及时恢复桥下被破坏的土地，减少水土流失，及时疏通水网，对桥梁下方、路基两侧土地进行绿化。

2. 铁路高架桥下土地恢复利用技术

为尽可能减少土地资源占用，高速铁路多采用高架桥的方式进行建设，由此产生了大量的桥下剩余空间资源，如何对其充分利用受到越来越多的关注和重视。据调查研究，截至 2016 年底，全路已经开展的高架桥下土地开发利用项目共 7 个，涉及桥下土地约 60 hm^2，利用方式包括停车场、物流仓储基地、运动场等。

高架桥下空间利用方式具有多样性。铁路高架桥建设完成后，桥下及两侧可用空间长度在 17 m 左右，而且桥下空间土地所有权归国家、使用权归铁路企业所有，产权关系明晰，可用空间面积大，利用方式多样，可以作为地面停车场、商场、广场、公园等。为了进一步节省空间，提高土地利用集约度，在条件合适的区域还可以进行分层立体利用。高架桥下附属空间具有较高的景观利用潜力，可直接与城市道路、绿地、公园在空间上相互连通，构成一个开放的整体。实施铁路桥下用地综合开发利用，是加快铁路投融资体制改革和铁路建设的重要举措，也是促进新型城镇化发展和节约集约用地的有力抓手，高架桥下资源作为一种资产性资源，开发利用是铁路土地综合开发的新途径，可以提高铁路运营公司的经济效益，带动线路周边区域经济社会发展，提升整体功能形象。

针对高架桥所处位置的不同可采取不同的综合利用方式。对居住用地附近的高架桥，其桥下空间利用首先要考虑的是环境问题，要充分发挥绿化景观的作用，选取种植一些耐阴耐湿的低矮灌木、地被和爬藤类植物，形成生态廊道，减少居住区的噪声和汽车尾气污染；要适当利用桥下空间，增加居民休憩空间和停车场区域，条件允许可以设置一些娱乐设施和体育场所。商业用地附近的高架桥在空间允许条件下设置一些小商铺、小餐馆，充分利用桥体做商业广告，做到“以桥养桥”。工业用地附近的高架桥，可以采取平面绿化和垂直绿化相结合的方式，用宁静清新、宽松和谐的自然环境来削弱地段内过多的工业文明痕迹。行政办公用地、学校附近的高架桥，应充分考虑人流量时段分布规律，桥下空间以疏导交通为主，可在适当地段设置临时性停车场，以达到时间换空间的目的。

5.1.3　高速铁路造地技术

近年来随着我国高速铁路建设规模的日益增长，随之产生的铁路工程洞渣、弃渣总量众多，科学处置隧道洞渣是推进铁路高质量发展的具体举措。实现洞渣利用高质量、弃渣处置高质量、绿色防护高质量、安全防护高质量，是贯彻铁路绿色发展的重要体现。

隧道洞渣中含有大量的坚石、次坚石等石料，符合质量要求的石料加工后可用于制备机制砂、路基填筑，也可直接用于铁路站前广场和地方造地。

隧道洞渣可直接用于地方造地工程，不同功能的场地标准各异。填筑较高的场地要求边坡稳定，如区域环境治理；建筑场地要求沉降控制在容许的范围内，如区域开发、厂房、房地产、园区；土地整治、公园、牧场等要求场地表层应有土壤覆盖。上述造地中除对沉降控制有要求而不能利用软土外，其余对洞渣无特殊要求。

山区铁路隧道洞渣用于造地主要有以下方面：

(1)在弃渣前开展综合利用，多为土地整治项目，如广湛铁路利用某矿坑土地整治项目消纳隧道弃渣。

(2)弃渣过程中将弃渣场纳入城乡规划，如郑万铁路北斗坪2号、3号、4号弃渣场在使用过程中，当地县人民政府向建设单位表明该3处弃渣场位于该县城区规划范围，因而弃渣拟用于站前广场和城市建设。

(3)堆渣后利用渣场进行造地，如广昆铁路某隧道斜井弃渣场堆置结束并沉降一段时间后被地方规划建设为油气站。

弃渣场生态修复是在生态学原理指导下，以生物修复为基础，结合各种物理修复、化学修复及工程技术措施，通过优化组合，使之达到最佳效果和最低耗费的一种综合的修复方法。根据现行水土保持规范和绿色通道设计要求，弃渣场生态修复主要包括弃渣堆置及工程防护、表土保护及土地整治、乡土植物配置及栽植、养护管护、封育等措施。在实施过程中，一方面结合周边环境通过近自然堆置改善堆置结构，以利乡土植被恢复；另一方面将工程防护措施与植被定植技术相结合，发挥各自优势，保证工程设施的稳固，并积极维护新建生态系统的稳定性。同时，要求以乡土植物为主，按照立地条件进行植物群落配置，促进植物群落向原有植被方向演替；并通过物理或化学手段对土壤基质进行改良，实现保水保墒、增肥缓释，为植被提供生长基础条件。在验收阶段，对植被恢复率、林草覆盖率、成活率、弃渣防护率等进行生态恢复验收。

5.2 高速铁路移动装备节能技术

铁路机车移动装备是铁路耗能的主体，机车牵引耗能在铁路整体耗能中占据主要的比例。随着我国高速铁路运营里程的日益增长，高速铁路移动装备在铁路整体牵引耗能和碳排放量占比逐年提升。2019年的数据显示，国家铁路牵引碳排放占比已经达到80%，成为我国铁路碳排放的主要来源。为积极打造绿色移动装备，有效降低铁路机车装备运行所产生的能耗，我国铁路在机车牵引动力升级、机车牵引系统升级和机车再生制动能量回收等机车装备节能技术方面开展了一系列研究及应用工作。

5.2.1 新能源及混合动力机车

1. 技术简介

新能源动力型机车是指完全采用太阳能、风能、氢能等新能源以及磁悬浮等作为牵引动力的新型机车。不同于现有的电力及内燃机车，新型动力机车牵引动力更加清洁和低碳，机车运行基本上不排放有害物质，在有效节约传统能源的同时还有效降低了对环境的污染，实现了真正的低碳、绿色、环保、无污染。

混合动力机车是在新能源动力机车基础上驱动更为灵活的机车。混合动力机车一般采用氢燃料电池、锂电池蓄电池及新能源驱动与传统燃油动力或电力驱动相结合的混合动力方式。该种类型机车可在功率需求不大时采用电池驱动列车运行，相比内燃机车节能环保效果明显，同时蓄电池可实现机车再生制动能量的回收，能源利用效率大大提高。混合动力机车改善了机车单一能源驱动的局限，丰富了机车牵引动力能源的多样性，有效改善了机车牵引用能的灵活性和可靠性。此外，新能源动力的引入使得机车运行更加节能和低碳，对于部分采用内燃机车的线路区域可以有效改善柴油消耗对环境的影响，有效提高机车节能环保效果。

混合动力推进系统是一种低排放的替代方案，因为轨道电气化非常昂贵且耗时。混合动力有轨电车可以从现有的架空线或从电池中获得动力，而无需接触线。使用燃料电池或蓄电池，不仅取决于距离和电气化程度，还取决于投资和维护成本。由电池支持的混合动力列车的续航里程长达 100 km，因此它们特别适合于易于电气化改造或已经拥有架空电力线的线路。在没有架空线的长距离线路，以及只有少量架空线的线路上，燃料电池是更好的选择。如果该地区的新能源制氢成本经济性较好，那么燃料电池就尤其适合。

2. 发展应用现状

面对日渐严峻的环境问题，世界上多个国家都在新能源动力型机车方面开展了大量研究和应用工作。其中，英国、意大利、德国、比利时、荷兰、法国、俄罗斯、日本等国家在新能源动力型机车研发应用方面走在世界前列，相继研发出太阳能、风能、氢燃料、天然气为动力的新型列车，为列车牵引供电及列车空调、照明等供电。

(1)氢能源列车近年来逐渐成为多个先进铁路国家争相研究和推广的新型列车。其中，法国阿尔斯通已于 2016 年研制出世界首列氢燃料电池驱动列车。2018 年 9 月 17 日，全球首列氢能源火车在德国投入使用。凭借燃烧性能好、发热值高、低噪声、零排放、零污染等优势，氢燃料机车具备良好的发展前景。我国目前也已在氢燃料机车领域开展了相关研究，2017 年 10 月，中车唐山机车车辆有限公司研制的世界首列商用型氢燃料电池有轨电车全球首次商业运营。2019 年，世界首条商业运营的氢能源有轨电车在广东佛山正式上线。

(2)高速磁悬浮列车是依靠磁悬浮力来推动的列车，由于轨道的磁力使之悬浮在空中，行走时不需接触地面,因此只受来自空气的阻力。磁悬浮具有低能耗的特点,根据日本和德国的研究试验表明,在时速 300 km,每座位千米能耗比同样时速的高速轮轨列车降低33%;在 500 km 的时速下,磁悬浮列车每座位千米能耗仅为飞机的 1/3。德国、日本等国家在磁浮技术列车研究方面处于世界领先地位。2016 年 5 月,我国自主设计、自主制造、自主施工、自主管理的磁浮工程在长沙投入使用,时速 100 km,标志着我国成为继德国、日本、韩国后全球第四个掌握中低速磁浮技术的国家。2019 年 5 月,我国时速 600 km 高速磁浮试验样车在青岛下线,目前正在加快建设高速磁浮试验线。

近年来,我国在氢能源列车、磁浮列车研发领域逐渐发力,并取得了一定的领先地位。在以太阳能、风能、天然气及蓄电池为动力的新能源机车研究方面仍缺乏试验性及产品化研究。

(3)混合动力机车方面,柴油内燃机车仍旧在美国、澳大利亚、德国等多个国家广泛应用,机车运行不仅消耗大量燃料,而且产生废气。据统计,柴油机车在德国 400 多条区域铁路线上运行。根据研究,到 2038 年将有多达 2 500 列混合动力列车的市场应用潜力。英国机车制造商开发的蓄电池牵引系统可在 7 min 内为其 230 级动车组的蓄电池充满电,充满电后的运行里程可达 100 km,该列车通过自动连接到轨道上的受电靴获取电力,并使用了一种能够承受充电过程中高热量的碳陶瓷材料。

近年来,我国在油电混合动力机车研发领域逐渐发力,研发出时速 100 km 的调车机车并出口德国。2010 年 11 月,南车资阳机车有限公司牵头研制的国内首台 $CKD_{6}E5000$ 型混合动力内燃调车机车成功下线。该机车混合动力系统采用串联方式,采用 600 kW 的柴油机和短时功率 250 kW 的磷酸铁锂蓄电池组作为动力。机车主传动系统采用交-直-交传动,装有 4 台牵引电机,每台牵引电机与牵引变流器模块一一对应采用轴控方式进行独立控制。辅助交流传动系统与主传动系统共用中间直流电压,在国内内燃机车设计中属于首创。$CKD_{6}E5000$ 型机车通过将机车机械制动力与交流牵引电机发电电流及功率控制相结合,实现了制动能量的回收,进一步减少了燃油的消耗和排放。根据混合工况的不同,机车能节省 30%～50%的燃油,并降低 30%～50%的废气排放。

继 $CKD_{6}E5000$ 型机车后,南车资阳机车有限公司 2012 年开发研制了 2 000～2 500 kW 功率等级的大功率混合动力交流传动调车机车 HXN_{6}。该车是功率较大(2 200 kW)、牵引动力较强的油电混合动力内燃机车。其配备 1 250 kW 的柴油发电机组和 1 100 kWh 的大容量动力蓄电池组,采用主辅共中间直流环节的交流传动系统;机车可采用动力蓄电池组、柴油发电机组单独或二者共同驱动共三种工况。由于配备了大容量蓄电池组,仅由蓄电池组就可以完成绝大部分调车作业,柴油机可以不工作,柴油机和动力电池混合供电情况下,最大轮周功率可达 2 800 kW。机车具有制动能量回收功能,机车制动时采用电制动优先原则,尽可能多回收能量,为动力电池充电,达到节能的目的。目前机车已经完成了寒冷地区和高温地区运用考核试验,结果表明,在同等作业条件下,HXN_{6} 型机车对比机车 HXN_{5} 型、

DF_{4C} 型机车节约燃油并降低排放 40%以上。同等条件下，调车编组作业期间，比 HXN_{3B} 型机车节油并降低排放 30%左右，减少柴油机噪声 80%的时间；推峰作业期间比 HXN_{5B} 型机车节油并降低排放 20%以上，并减少柴油机噪声 75%的时间。

3. 未来发展方向

（1）新能源列车能够改变传统列车牵引用电和设备用电方式，改善铁路能源消费结构。在多个国家大力推广新能源技术的前提下，我国铁路未来应逐渐开展太阳能、风能等新能源机车研究试验，从太阳能发电技术首先应用在列车空调、照明等用电逐步开展到应用于整个列车牵引用电。

（2）氢燃料列车具有高效、清洁、环保和技术继承性好、性价比高等优点，在氢燃料列车技术受到多国高度重视的背景下，氢燃料发动机及配套的制氢技术研发应受国内科研院所和企业的重视，未来氢燃料列车将向产品成熟化、成本低廉化的方向发展。

（3）在磁浮列车领域，我国正在开展超真空管道磁悬浮列车技术研究工作，未来应加快真空磁悬浮管道、列车牵引等多项技术的产品化研究，争取早日生产出试验样车，以进一步提高我国轨道交通牵引能效水平，填补我国中高速轨道交通车辆运输的空白。

（4）未来我国铁路应在太阳能列车、风能列车领域加快研究步伐，加大新能源发电技术在铁路牵引中的应用，将更多的新能源应用到列车牵引领域当中，让铁路牵引能源消耗更加清洁环保，打造真正的低碳绿色运输工具，改善列车传统能源消费结构，构建铁路清洁低碳的能源消费体系。

（5）未来我国铁路应大力开展氢燃料、蓄电池与油电驱动混合动力牵引技术。开展新能源发电与柴油机车结合的混合动力机车试验，用于不繁忙区间的测试及检修列车。根据每种车型研发特定的混合动力及存储设备解决方案，提高各种机车牵引用能的灵活性。

5.2.2 永磁同步牵引技术

1. 技术简介

牵引传动系统是高速动车组实现机电能量转换的“心脏”单元，其性能在某种程度上决定列车的动力品质、能耗和控制特性，也影响着列车的经济性、舒适性与可靠性，因而是节能升级的关键系统。世界轨道交通牵引系统的第一代是直流电机牵引系统，第二代是起步于 20 世纪 70 年代的交流异步电机牵引系统，也是当前的主流技术。永磁同步牵引系统是继直流电机牵引系统、交流异步电机牵引系统之后新一代列车牵引系统。铁路机车牵引系统发展过程如图 5-1 所示。

永磁同步牵引系统由永磁同步电机和主变流器等组成。与普速列车采用的交流异步牵引系统相比，永磁同步牵引系统列车最大的优势是采用了效率更高、噪声更低、更节能环保的永磁电机作为牵引动力，从根本上有助于实现低碳绿色出行。

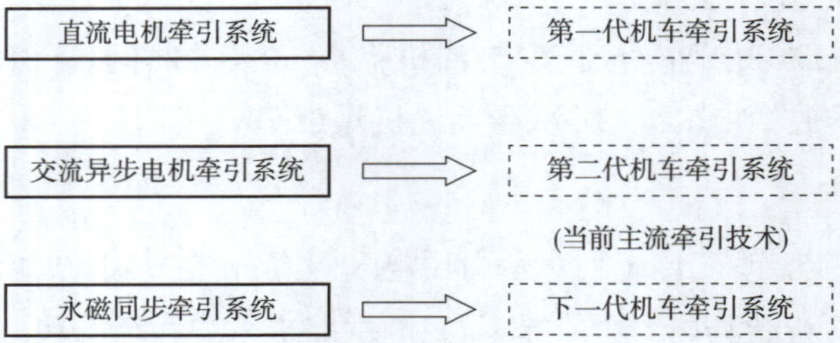

图 5-1　铁路机车牵引系统发展过程

永磁同步电机相较于交流异步电机具有以下优势：

(1)永磁同步电机的转子上安装有永磁铁，无须励磁电流，可以实现更高的功率因数和更低的定子铜耗。转子转速与旋转磁场同频，基本消除了转子铁耗和转子铜耗。因此，永磁同步电机的效率可高达 97%以上。相比异步电机牵引系统，永磁同步牵引系统的效率在全速度范围内均有一定提高。

(2)与同等级的异步电机相比，永磁同步电机的体积和质量可以减小 20%～30%，功率密度显著提高。在同等尺寸和质量的条件下，永磁同步电机可以实现更大的转矩，可以实现直接驱动，取消了齿轮箱，具有提高传动系统效率、降低噪声、免除齿轮箱的维护成本等优点。

(3)永磁同步电机效率的显著提高意味着其自身发热的减少。特别是对于转子，永磁同步电机的转子发热量较低，这有利于电机的全封闭设计。全封闭电机设计不仅免除了定期解体清扫电机内部的维护工作，也明显地降低了噪声。

2. 发展应用现状

世界轨道交通车辆牵引系统技术，经历了直流电机牵引系统、交流异步电机牵引系统、永磁同步牵引系统三大阶段。交流异步电机牵引系统自 20 世纪 80 年代开始流行，至今在各类轨道交通车辆中广泛应用。与此同时，永磁同步牵引系统是交流传动的另外一条技术路线。自 2000 年以来，法国的阿尔斯通公司、加拿大的庞巴迪公司、德国的西门子公司、捷克的斯柯达公司以及日本的东芝公司等先后将永磁同步牵引系统进行商业化应用。阿尔斯通公司研制的 AGV 高速列车最高速度可达 360 km/h，该车辆已于 2008 年下线，并帮助阿尔斯通公司创造了 574.8 km/h 的速度。

在国内以中车株洲电力机车研究所有限公司(以下简称中车株洲所)为代表，于 2012 年和 2014 年分别在地铁车辆上和动车组上对其永磁同步牵引系统进行考核。该系统已经在长沙、沈阳地铁线路列车牵引系统成功应用，中车株洲所已完成永磁同步电机的高速动车组的装车和整车调试。

2014 年，永磁同步牵引系统在 CRH380A 型动车组上得以试验应用，标志着我国动车牵引技术的重要突破，应用试验结果证明，永磁同步电机效率可达 97%，该系统明显降低了高速动车组的牵引能耗。

相对于铁路领域，永磁同步牵引系统在我国地铁车辆中应用较为成熟，根据该系统在长沙、沈阳地铁线路的应用效果，初步估计采用该牵引系统节能效果在 10%以上。

2022 年 5 月，由我国自主研发、世界领先的新型复兴号高速综合检测列车上线运行，在郑万高速铁路实现了相对交会时速 806 km、在济郑高速铁路相对交会时速 870 km 的世界纪录。该车已经应用了永磁同步牵引系统，与现有的交流异步电机牵引系统相比，功率密度提高了 17%，牵引效率提升了 3%，节能效果显著，为我国 CR450 型动车组全面应用永磁同步牵引系统提供了技术支撑，也为我国铁路机车牵引系统关键技术节能升级提供了动力引擎。

根据统计，牵引系统能耗约占铁路系统总能耗的 40%～50%，是铁路机车车辆节能升级的关键。因此，改进和创新牵引系统是国内外铁路机车车辆发展的方向。机车永磁同步牵引系统的电机功率质量比接近 1，电机效率 97%以上，与现有的交流异步电机牵引系统相比，噪声可降低 3～7 dB，节能效果一般在 10%以上。随着相关技术的不断完善，永磁同步牵引系统未来在铁路机车牵引方面有着十分广阔的应用前景。

3. 未来发展方向

列车牵引用能占据铁路整体用能的主要部分，在高速列车逐渐成为我国铁路运输主要工具的大背景下，新一代永磁同步牵引系统对于降低高速列车牵引用能、打造低碳环保的高效运输方式具有十分深远的意义。永磁同步牵引系统技术在我国铁路的应用和发展还停留在试验阶段，尚未开展商业化应用。虽然该项技术已经开展了试验性装车测试，但距离真正装车使用还需要经过一系列安全、质量及全寿命周期测试。

未来应加强对国外永磁同步牵引系统技术的学习和产品化研究，优化永磁电机的制造工艺，加快推进永磁电机的低成本化发展，重点研究和突破永磁体失调等关键性问题，加快推进永磁同步牵引系统全生命周期试验。由于该牵引技术节能环保效果十分明显，该项技术一旦在铁路机车牵引系统及相关设备得到实际应用，将能够有效降低铁路牵引能耗，结合车体材料轻量化等相关技术，打造绿色低碳移动装备，助力铁路绿色低碳发展。随着我国高速列车应用范围和数量越来越广，研究永磁同步牵引系统未来在我国高速动车组装备领域应用将具有十分重要的意义。

5.2.3　列车再生制动能量回收利用技术

1. 技术简介

列车牵引供电系统制动能量回馈技术也可称之为列车再生制动能量回收利用技术，是电力机车在制动时控制牵引电机的输出转矩与电机的转速方向相反，从而使牵引电机工作在发电状态，并将此时电机产生的电能返送回接触网或者由其他牵引车辆所吸收。不同于传统的动力制动把制动能量转化为热量浪费掉，采用该技术，在列车制动时可将原本消耗到车载或地面制动电阻上的列车制动能量回馈到 35 kV/10 kV 等交流公用电网，供给交流公用电网中的其他牵引车辆或者其他用电设备使用，实现能量回收再利用。结合储能装置，反馈到电网的能量可以在客站的储能装置进行储存，需要时供给客站内耗能设备使用。大部分列车的再生制动能量占到机车牵引能耗的 30%左右，因此该项技术的节能效果较为可观。

再生制动能量回馈技术主要包括能耗型、储能型和能馈型三种方式，其中储能型和能馈型的回收方式应用最为广泛。储能型回馈技术包含电池储能、飞轮储能、超导储能和超级电容储能，该技术通过将再生制动能量进行存储在需要的时候释放出来给机车设备或站内其他耗能设备使用，充分提高了能量的循环利用效率，是近年来再生制动回馈技术研究的热点。而能馈型回馈技术包括直接回馈和独立站点回馈型，既可以将能量直接回馈给临近线路运行车辆，又可将能量反馈到低压 10 kV 电网供各站点设备使用。

随着交流牵引传动技术的进步与发展，再生制动技术在高速列车中得到普遍应用。高速列车再生制动时产生的电能按流动路径主要分为两种：一种是在牵引网内流动，如供给在同一供电臂中的其他列车使用；另一种是通过牵引变压器流入公用电网。此外，可发挥合理行车调度的功能，将再生制动能量优先用于牵引机车，再将剩余制动能量存储起来，最大限度地利用全部再生制动能量。而且，可以将储存的再生能量在牵引负荷取流高峰时释放，供线路上的牵引机车使用，有效减小牵引变压器的安装容量需求，降低电网峰值取能。

通过各种能量回收利用方案比较分析可知，地面存储为最优可行性方案，能够保证部分再生制动能量优先被牵引机车使用，发挥合理行车调度的效能，减小储能单元的功率和容量需求，而且可以降低牵引变压器安装容量、单供电臂负荷功率峰值和变电所最大需量，具有最佳综合效益。

2. 发展应用现状

我国铁路列车制动时优先采用再生制动方式，牵引电机转换为发电机运行，将制动减少的动能转换为电能返送至牵引网。在重载、长大坡道线路或铁路枢纽站所，列车再生制动能量甚至可达到牵引能量的 10%～30%。然而，高速铁路再生制动能量利用率极低，若能提高再生制动能量利用率，高速铁路能耗问题将得到明显改善。

由于高速铁路为交流供电制式，负荷功率高，波动性大，运行工况复杂，牵引/再生制动工况交替频繁，且具备与电力系统能量双向流通的特点，城轨交通系统中再生制动能量的储能利用和能量回馈利用技术和方法不适用于高速铁路。研究发现，单个再生制动过程再生制动能量较少，但总再生制动能量丰富，且主要由短时间大功率和长时间大功率 2 类典型再生制动过程产生。

随着再生制动回收相关技术的研究深入，列车再生制动能量回收利用系统应根据牵引负荷变化和沿线配电所负荷变化实时调整各部分设备运行方式和控制策略。将列车再生制动能量不仅应用于相同供电臂上牵引工况列车，同时更多地应用于沿线车站、动车所以及通信和信号设备，大大提高能量回收利用效率。因此，应更多地研究应用储能、能量回馈系统相结合的再生制动能量回收利用系统，最大程度地提高能量利用效率和灵活性。

近年来，国内研究机构和学者对铁路再生制动牵引供电系统构造方法、变流器控制技术、储能系统组成技术和能量回馈系统控制方法进行了深入研究，并通过小型模拟实验装备验证了再生制动回收利用系统的节能效果和经济效益。

已有研究提出了适用于电气化铁路的再生制动能量储能和能量回馈利用方案。但现有的储能和能量回馈方案的研究仅关注方案的拓扑结构、工作原理及其控制方法，并未涉及负荷特性、节能效果和经济性等关键因素的分析，无法评估方案的再生制动能量利用效果。胡海涛等人针对不同牵引变电所负荷特性的差异，提出储能型和储能＋能量回馈型 两种再生制动能量利用方案，并制定相应的能量管理策略及控制方法。对所提方案进行节能效果和经济性分析，分析结果表明提出的方案能有效提高再生制动能量利用率，且具有明显的节能效果和经济性。最后，通过实验验证了所提方案能量管理策略及控制方法的正确性和可行性。

根据胡海涛等人在某牵引变电所应用“储能＋能量回馈型”再生制动回收利用技术为例，设置储能系统充放电功率阈值 30 MW，容量阈值 300 MWh。设置储能系统和能量回馈系统后，牵引供电系统每天最大需量减少 975.96 kW，降低了 2.05%。在电量节约方面，牵引变电所每天能节约 15.22 MWh 电量，节电比例 3.54%。铁路 10 kV 配电系统每天能节约 6.29 MWh 电量，同设置回馈前相比，节电比例为 8.12%。应用该再生制动回馈系统总计每天可节电 21.51 MWh。

由此可见，相对于传统的再生制动能量直接反馈回电网白白浪费掉，储能型和储能能量回馈型再生制动能量利用方案均能有效提高再生制动能量的利用率，具有良好的节能效果及经济性，对实现高速铁路的节能减支具有重大作用。

3. 未来发展方向

在高速铁路领域开展再生制动储能研究意义重大，不仅能够提高再生制动能量利用率，实现高速铁路节能减支，还能降低负序电流。

由于地势特点，我国部分山区铁路和重载铁路存在众多长大坡道，再生制动能量十分可观，如朔黄铁路、西成铁路和川藏铁路的典型长大坡道区段中，电力机车应用再生制动后会产生大量再生能量。结合储能技术的研发和进步，再生制动能量的有效回收利用对于铁路资源和能源节约具有重要意义。

牵引变电所的再生制动能量大小与其供电区间所处的地理环境密切相关。因此，针对不同牵引变电所负荷特性，提出最优的再生制动能量利用方案具有重要意义。合理配置储能设备容量，根据同一牵引供电臂上负荷变化及沿线站所耗能设备负荷变化实时调整铁路功率调节器 RPC 和储能装置的控制策略，实现能量的双向流动，最大程度地利用再生制动能量。解决高速铁路中存在的电流负序问题，改善网侧电能质量。在对铁路牵引供电系统和铁路 10 kV 配电系统负荷进行科学化分析的基础之上，发掘负荷变化规律，制定变流器、储能系统、能量回馈系统等各子系统科学合理的控制方法。

中国中车集团有限公司等机构已经研发出高速铁路再生制动储能系统样机，并将投入试验运行。由于作为储能部分的超级电容能量密度低、成本过高，导致系统经济性一般，后期可研究混合储能系统进一步提升再生制动能量回收利用系统的经济性和实用性。此外，如何对储能装置的容量合理配置以实现经济利益最大化，也是未来研究的重点。

再生制动能量是清洁高效的，未来可充分利用列车在起停阶段产生的再生电力，可打造不通过变电站而直接传输再生电力的系统。该设备以最短的线路输送再生电力，以使产生的再生电力尽可能多地得到利用。针对重载铁路和长大坡道线路特点，未来应加强对重载铁路再生制动储能系统及其控制策略研究，突破功率融通、大容储能等关键技术，提高牵引供电系统节能技术水平。

5.2.4　内燃机车能效提升技术

虽然我国铁路的电气化率逐年提高，内燃机车运营数量不断减少，但出于战时应急、极端天气需要和调车机车机动性灵活性要求，内燃机车仍然在我国铁路整体运输过程中占有不可缺少的地位。截至 2023 年底，我国铁路内燃机车保有量 0.78 万台。现有的内燃机车节能技术主要通过提高柴油机功效和热效率，从而达到节能的作用。

柴油机是内燃机车的动力源，是内燃机车最核心、最关键部件，俗称内燃机车心脏，降低柴油机油耗是提高机车经济性首要解决的问题。从柴油机的工作机理来看，柴油机节油的途径主要从三个方面着手：一是增加柴油机的供氧量，最佳的混合比，达到燃料的充分燃烧；二是改进油分子的结构，以提高发动机的功效；三是控制油量的供给，实现最佳供油量，以减少尾气污物的排放。这些都是提高功率、降低油耗、减少排放的主要方法。

我国大连机车车辆厂于 20 世纪 80 年代末开始试制东风 6 内燃机车上的 16V240ZJD 柴油机，经全面改进油耗降到 207 g/(kW·h)，在国内处领先水平，达到国际先进水平。中车戚墅堰公司在 HXN5 型交流传动内燃机车创新和国产化批量生产的同时，研发出排放指标与引进机车柴油机相当、油耗指标更加先进的新一代 R12V280ZJ 型节能环保柴油机。

为了实现机车柴油机向高压化、低油耗和长寿命方向发展，必须要求柴油机的燃油喷射装置具有高的喷射压力、相对短的喷油持续期，并能精确地随工况变化调节喷油量，以及高可靠性等特性。同时，配合柴油机的其他改进和优化措施，有效改善机车柴油机的燃油消耗。面对机车柴油机工作负荷多变的特点，供油始点必须能在全工况范围内调节并优化供油始点。为此，近代机车柴油机采用复合曲线螺旋槽柱塞，以便可精确调节喷油，从而有效地改善机车柴油机的燃烧状况，提高柴油机的使用经济性。此外，机车柴油机工作转速变化范围大，喷油器要提高油嘴针阀的开启压力，在保持喷孔总面积不变的前提下，缩小喷孔的直径，以实现高压喷射、改善雾化质量并降低燃油消耗。

从内燃机车发展的经验可以判断，进一步提高内燃机车的排放指标和经济性指标是我国铁路内燃机车性能优化和创新的重点。为此，应深入开展内燃机车整车效率、各工况柴油机燃油消耗率及排放指标的研究与优化。对于干线铁路牵引所用的中速柴油机，重点开展降低柴油机燃油消耗率及排放的研究，采取如可变涡轮喷嘴环（VTG）、高压共轨燃油喷射系统、高效增压器等技术，并开展对米勒循环、废气再循环、后处理、颗粒捕捉等降排措施的研究及相关试验。

5.3　高速铁路站区节能技术

5.3.1　站区建筑能源管理控制技术

随着现代化铁路大型客站的规模不断扩大，数量不断增加，空调、照明、电梯及其他引导和管理系统等客运服务设施不断完善，客站能源消耗也随之增加。例如，一般大型客站空调能耗约占全站能耗总量的 70%～80%，照明能耗约占 7%～10%，电梯、扶梯能耗约占 1%～2%左右。加强客运车站能源管理和控制是节能工作的一项重要内容。对铁路客站由铁路局集团公司下达能耗控制指标，执行能耗定额考核和指标控制，各客站根据能源消耗的实际情况，可采取很多节能技术措施，如推广节能型光源和灯具、采用照明控制管理技术，在提高车站照明质量的前提下，减少了照明功率和节约了照明用电。对采暖、制冷空调均按国家规定的温度标准严格控制，根据外部气温、人流密度、工作营业时间等环境情况，采用各种自动化和计算机管理技术，对制冷供热机组负荷进行自动调节和控制。楼宇自控系统（BAS）是将大楼内的电力、空调、通风、采暖、给排水等系统进行集中监视和分级管理，采用计算机网络技术、自动控制技术和通信技术组成高度自动化的综合管理系统，确保了大楼成为具有最佳工作与生活环境、设备高效运行、整体节能效果最佳而且安全的场所。楼宇自控系统不仅为铁路客站提供了应有的功能，还兼顾了综合楼办公、餐厅、娱乐、宾馆等使用功能。在设备管理方面提供了方便、经济的方法，更重要的是通过优化控制，提高了用能过程控制水平，节约了能源消耗，降低了劳动强度和设备损耗。

为了加强铁路行业节能管理，规范铁路行业能源消耗与节约统计，保证统计资料的完整性，《铁路运输企业能源消耗与节约统计规则》明确了铁路能源消耗与节约的统计范围、统计原则、统计指标、统计工作的基础资料、统计调查与统计分析等规定。为了高效、及时、准确、系统地搜集整理铁路能源消耗与节约统计数据，从国铁集团到铁路局集团公司到基层用能单位，建立了完善的铁路能源消耗和节约计算机管理系统。利用铁路计算机管理网络的传输，能够及时准确将各基层单位、铁路局集团公司的节能计划完成情况、节能技术改造的实施效果、重点用能设备和设施的能源利用情况及各种节能活动进行统计。各个铁路局集团公司根据自身节能工作的实际情况，研制开发了节能管理信息系统，如武汉局集团公司、哈尔滨局集团公司、上海局集团公司、沈阳局集团公司等都研制了节能管理信息系统，利用现代化的计算机管理技术，为加强节能计划管理、工作部署、节能经济效益分析等提供了技术手段。武汉局集团公司为适应信息化发展要求，通过调查研究和不断探索，开发出节能综合信息管理系统网络版。该系统能自动生成铁路局集团公司、站段各级能耗综合报表，含有各种能耗设备信息以及节能计量器具台账，并实行铁路局集团公司和站段相关信息处理中的数据共享，极大地提高节能工作的效率和科技含量，增强了数据的准确性，为节能工作提供了快捷、准确的信息处理支持。

5.3.2 站区绿色照明技术

实施绿色照明工程就是在我国大力发展和推广高效光源及照明器具，逐步替代传统的低效照明光源和器具，节约照明用电，建立优质高效、经济舒适、安全可靠、有益环境和改善人民生活质量、提高工作效率的照明环境。

在绿色照明的实施过程中，首先是对车站的用电管理进行智能化的控制。上海局集团公司从 1996 年开始对车站照明智能控制系统进行研制，经过四年多的改进与完善，于 2001 年通过验收。该系统采用技术上先进的工业控制局域网与列车实时信息告示系统网络连接，车离后仅留安全照明的最佳照明节电效果。在其他照明场所，可根据现场需要，自动设置开灯数量及时间，整个系统再辅以光控和手动开关，确保了车站的照明安全。该系统的应用，延长了光源及配件的使用寿命，减少了值班人员的工作强度，节电效果可达 30%左右，实现了车站照明用电管理的现代化，是车站管理的发展方向。

对于照明质量，每一场所应有三个主要测试指标，即照度、均匀度和显色性。《铁路照明照度标准》(TB/T 494—1997)对照明质量提出严格要求，为保证达到标准要求，需要对车站主要照明场所选用的光源产品进行精心的挑选。上海局集团公司在站台的改造中，通常选用小功率高压钠灯或金卤灯，经过方案对比，采用了上海局集团公司自行研制开发的三基色紧凑型节能灯为光源的 GC31-Y18 型节能站台灯具，克服了以往小功率气体放电灯光源寿命短，灯具内部易损部件多的通病；在候车室的改造中，除选用一般的金属卤化物灯，还采用配以格栅灯具，安装细管荧光灯和低功率镇流器，组成光带，起到美观、明亮、节能的效果，给人耳目一新的感觉。

5.3.3 站区中央空调节电技术

暖通空调是铁路客站及建筑内耗能最大的系统。铁路建筑内空调有中央空调、多联机、分体式空调等多种应用形式。大部分的铁路客站由于面积空间广阔，中央空调是应用较广泛的形式。相比其他空调形式，中央空调系统复杂，涉及制冷机组、冷水泵、冷却泵、冷却塔及末端空调机组等多种耗能设备。此外，铁路客站建筑面积大、窗墙比高、人员流动性大等特点都会在一定程度上增加候车室内的空调供暖负荷，从而进一步增加对电能、天然气、水等能源的消耗。因此,研究客运站中央空调系统的节能技术对铁路系统节能降耗具有重要意义。

对于中央空调而言,普遍情况是预先设置好主机的工作状态后让其自主运行。而对于预先设置的状态是否合理仅靠人为经验或主观判断,缺乏科学支撑。而在运行过程中,用户通过调节末端设备(如风机盘管)的工作状态来达到理想效果,对于主机的能耗输出丝毫没有影响,这就造成一定能量的浪费。另外,大型中央空调水系统循环的周期较长,主机存在一定的滞后性,管理人员在使用过程中进行调节多凭主观判断,采用人工控制方式,缺乏一定的合理性,造成空调系统耗能较大。因此,中央空调节能控制技术存在较大应用潜力。

中央空调智能节电技术通过实时动态调节主机负载、建立能耗最优数据控制模型、变传统人工经验控制方式为智能控制方式,使空调主机始终处于最优化、最合理、最节能的运行状态。主机是中央空调系统中最主要的耗能设备。针对管理过程中存在的能源浪费,中央空调主机智能节电系统把空调主机以往的工作方式,改变成根据使用环境的需要来进行合理匹配调节工作的方式,让所有供给都反映为实际需求,从而不浪费供给,达到节能的目的。智能节电管理系统根据各种变量的变化,实时动态调节主机负载,以满足末端负荷的需求,使主机的能耗可以快速、准确、合理、适度加减载,直接与末端需求相适应。通过对中央空调系统末端的动态监测,参考室外温湿度,室内环境温度需求,实现空调主机负载率跟随末端负荷需求而同步变化,从单纯生产变成以需定产实现节能目标。

此外,还可以运用先进的大数据计算工具对内、外部环境温度变化值,终端温度需求值和空调主机运行方式的输出值进行科学计算,在满足需求的同时从能耗最低的角度建立相匹配的数据模型,并形成数据模型库。实际应用时,通过各个传感器采集所需的一切环境温、湿度变化情况,结合设定的温度需求,从数据模型库里快速匹配出最佳运行方案,直接将最合理的运行参数给主机,主机按此调节负载,确保空调主机始终处于最优化、最合理、最节能的运行状态,始终以最小的能耗满足使用需求,实现节能降碳目的。

当前,该技术在温州南站、常州北站等多个客站中央空调系统节能改造项目进行应用,结果表明,该技术应用后的空调节能效果可达15%以上。以站房总建筑面积13 000 m^2的常州北站为例,智能化空调节电技术改造后每年空调节电率16.5%。此外,该技术还可节约大量人力财力,进一步延长设备使用寿命,有效减少我国铁路大中型枢纽客站的中央空调系统能耗及电力消耗相应的碳排放,为进一步降低我国铁路建筑节能低碳水平提供有力技术支撑。

5.3.4　站区电梯节能技术

电梯是数量庞大且持续快速增长的高耗能特种设备,通常情况下,电梯耗电可占到建筑物整体耗电的5%～15%,如何深入开发电梯的节能技术,对社会的节能事业愈发显得重要。随着我国铁路的快速发展,我国铁路站区的电梯数量逐年增长。对铁路客站来说,电梯能耗是铁路客站机电设备能耗的重要组成部分。电梯的传动方式、调速方式、管理方式的技术水平决定电梯的能耗水平。

近年来,新的电梯节能技术得以应用,大致可分为曳引机节能技术、驱动控制节能技术、控制系统节能技术。当前我国铁路为进一步降低电梯能耗,在多个铁路客站推广应用电梯智能节能控制技术,如变频变压调速技术。对于铁路客站内旅客乘坐的电扶梯,通过安装变频调速器的方式,实行人来梯动、人走梯停的控制方式,有效降低电梯长时间无人运行产生的能源浪费。

在启动阶段,变压变频调速电梯启动时的频率低于 50 Hz,在恒转矩运行下,输出功率和输出转速成正比,启动时电梯速度逐渐增大的过程中电动机输出功率逐渐增加,与调压调速电梯相比,启动电流大大减少,降低了能耗。在稳速运行阶段,变压变频调速电梯使用再生发电制动技术,将发动机发电状态的电能消耗在制动电阻上,或者用能量反馈技术,不但不需要从电网中额外消耗能量,还能反馈电能到电网,节能效果非常显著。在制动阶段,变压变频调速电梯在制动阶段电动机处于发电状态时,可将发出的电能消耗在制动电阻上,或者反馈到电网,避免了制动电流的功率损耗和热能损耗,也不需要从电网额外消耗电能,相比调压调速电梯的节能优势明显。

此外,部分电梯通过安装智能监测控制系统,控制系统效率模式,使用优化算法和相关措施最大程度减少电梯每一次"停靠时间",提升运行效率,节约电梯运行时间,实现降低电梯能耗的目的。节能减排装置的应用中引入了更加先进的智能化节能管理技术,通过整合先进的信息技术和管理策略,对电梯的运行状态和能耗数据进行实时监测、分析和优化,以实现电梯的高效运行和能源节约。

5.3.5 站区绿色能源利用技术

5.3.5.1 太阳能热利用

太阳能是各种可再生能源中最重要的基本能源,生物质能、风能、海洋能、水能等都来自太阳能。广义地说,太阳能包含以上各种可再生能源。太阳能作为可再生能源的一种,指太阳能的直接转化和利用。通过转换装置把太阳辐射能转换成热能利用的属于太阳能热利用技术。太阳能热利用是可再生能源技术领域商业化程度最高、推广应用最普遍的技术之一。太阳能热水器在我国得到了快速发展和推广应用。20 世纪 70 年代后期开始开发家用热水器。我国产量占世界第一位。我国太阳能热水器平均每平方米每年可节约 100～150 kg 标准煤。20 世纪 80 年代后期,我国开始研制高性能的真空管集热器。全玻璃真空管集热器已经实现了产业化,在市场上占主导地位的太阳能热水器主要有平板型和真空管型两种。真空管热水器分全玻璃和热管式两种。我国的太阳能热水器工业逐步走向成熟,除了技术不断改进、产品质量不断提高外,几种热水器的国家标准已经颁布并开始实施,如《太阳能集热器性能试验方法》(GB/T 4271—2021)、《平板型太阳能集热器吸热体技术要求》(GB/T

26974—2011)、《真空管型太阳能集热器》(GB/T 17581—2021)等。

利用太阳能解决站区职工生活使用热水，已经成为各铁路局集团公司可再生能源利用的首选，全路已使用 10 万余台太阳能热水器，较好地解决了沿线站段、工区、公寓等职工生活热水供应，节约了燃煤、燃油，减少了烟尘排放。应用典型案例包括上海局集团公司公寓太阳能热水系统、武汉局集团公司江岸车辆段太阳能浴池、兰州局集团公司迎水桥机务段太阳能热水系统、乌鲁木齐局集团公司乌鲁木齐西车辆段太阳能设备等。

5.3.5.2　光伏发电

太阳能的利用有多种渠道，光伏发电是最直接有效地将太阳能转化为电能的方式，基本原理是当太阳光照射到太阳能电池时便产生电能，经过控制，变换系统送入电网供负载使用，或者储存在蓄电池里。光伏发电是一种零排放的清洁能源，是一种能够规模应用的新能源，优点很多，最主要是清洁环保和具有可持续性，已经被广泛应用在航天、通信、军事、交通、城市建设和民用设施等诸多领域。

铁路首次应用光伏发电系统是在 1975 年广州铁路局娄底电务段洪山店车站预告信号机上试用。在兰州、广州、乌鲁木齐、呼和浩特、哈尔滨、南昌、沈阳等铁路局选点，进行铁路信号设备光伏发电系统(旧称硅太阳电池电源)应用试验。20 世纪 80 年代后期，铁道部组织了综合能源试验项目。20 世纪 90 年代铁路通信网络的建设，使光伏发电系统在光缆、微波通信中得到小规模的应用。通过多年的实践，光伏发电系统在性能测试、工程设计、施工以及运行维护方面均积累了大量的经验。此期间光伏发电系统以小容量、独立发电为特点，一般仅能供几十至几百瓦的信号、通信设备用电。

碳达峰碳中和战略提出以来，国务院、交通运输部先后提出要逐步试点在铁路沿线推广应用光伏发电系统。铁路路基边坡作为铁路线路的重要组成部分，拥有较大的表面和开放空间，存在大量的太阳能资源可以利用。

2023 年 12 月，国家能源集团新朔铁路“轨道交通‘网-源-储-车’协同供能技术应用研究”项目一期 0.38 MW 项目在内蒙古自治区鄂尔多斯市伊金霍洛旗全容量并网发电。此项目能够降低铁路牵引供电系统用电成本，提高可再生能源在铁路沿线的就地消纳能力，是国内首个以光伏新能源协同供能的牵引供电示范工程。该项目于 2023 年 6 月 25 日在新朔铁路海勒斯壕南站开工，将巴准线海勒斯壕南牵引变电所周边完成 0.38 MW 光伏发电系统并入铁路 10 kV 供电系统，光伏系统经过逆变器产生的交流电直接供给贯通自闭线路，与地方电网共同承担铁路供电工作。通过光伏发电，将可再生能源发电接入牵引供电系统，同时还可储存可再生能源发电，达到再生能源与传统能源协同供电，保证电力机车运行的稳定性。全容量并网后年均发电量可达 53.87 万 KWh，年节约标准煤约 165.92 t，年减排 CO_2 约 413.64 t，预计全年可节约电费 24.2 万元。

此外，青藏线部分偏远车站已开展光伏发电及储能系统用于铁路沿线应急供电应用，运行情况良好，可有效保障原系统供电可靠性。

5.3.5.3 热泵技术

1. 基本原理

热泵是一种充分利用低品位热能的高效节能装置。热量可以自发地从高温物体传递到低温物体中去，但不能自发地沿相反方向进行。热泵的工作原理就是以逆循环方式迫使热量从低温物体流向高温物体的机械装置，它仅消耗少量的高品位能源，就可以得到较大的供热量，可以有效地把难以应用的低品位热能利用起来达到节能目的。

热泵循环系统一般由压缩机、冷凝器、节流阀、蒸发器四部分组成，如图 5-2 所示。其工作过程为：低温低压的液态制冷剂（如氟利昂），首先在蒸发器里从低温热源（如低温空气）吸热并气化成低压蒸气，然后制冷剂气体在压缩机内压缩成高温高压的蒸气，该高温高压气体在冷凝器内被低温热源（如中高温水）冷却凝结成高压液体，再经节流元件（如毛细管、热力膨胀阀、电子膨胀阀等）节流成低温低压液态制冷剂。如此就完成一个循环，实现了热量从低温热源（如低温空气）向高温热源（如中高温水）的转移。热泵的性能一般用制热性能系数（COP）来评价。COP 的定义为由低温物体传到高温物体的热量与所需的动力之比，COP 越高热泵的节能效果越好。

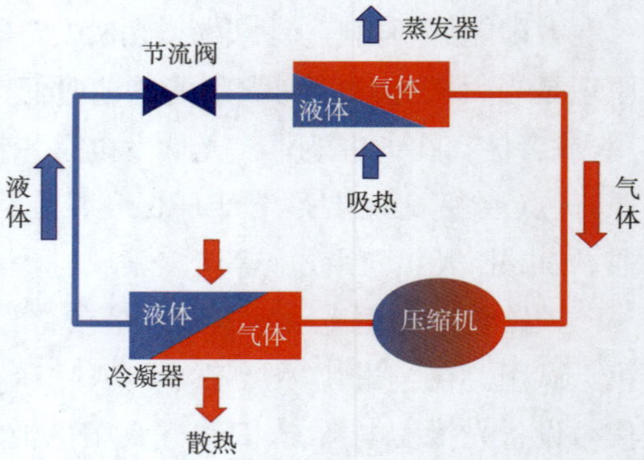

图 5-2　热泵循环系统

2. 站区热泵应用型式

（1）空气源热泵

空气源热泵既以空气作为热源，通过吸收空气的热量用于供暖或者制冷。由于空气取之不尽、用之不竭且无处不在，因此空气源热泵具有安装和使用便利的特点。空气源热泵在铁路热源应用中是最为广泛的节能供暖、制冷设备，因其供热效果明显、节能减排效果突出、安装方便等诸多优点得到了较大的发展。无论是在严寒地区还是在冬暖夏热地区，空气源热泵的使用是最广泛的，同时也是最稳定的节能供暖和制冷设备。但是，相对于空气源热泵制冷功能的较广适用范围，其冬季供暖功能的使用是有一定区域性和适用性的。

随着压缩机技术的发展和热泵系统的逐步完善，空气源热泵技术得到较大程度的提高，出现了 CO_2 热泵系统、压缩机补气（补气增焓）热泵系统、压缩机喷液热泵系统和双级压缩热泵系统等一系列的新技术和新突破，弥补了空气源热泵不能在低环境温度下高效制热的缺陷。

与常规无压缩机中间补气的单级空气源热泵相比，带经济器压缩机中间补气技术的空气源热泵解决了以下三项技术难题：

①低环境温度下，排气温度过高的问题。

②低环境温度下，制热量衰减过大的问题。

③低环境温度下，制热能效比低的问题。

在北方铁路局集团公司供暖和供热水项目中，采用压缩机中间补气技术的低环境温度空气源热泵得到了一定程度的应用，包括北京局集团公司、济南局集团公司、太原局集团公司、西安局集团公司和呼和浩特局集团公司等。由于该技术相对比较成熟，大部分机组在采用风机盘管或热风机的情况下，基本都能够满足使用要求。但是，在采暖末端为暖气片，尤其是燃煤锅炉禁用后，系统管路和室内末端依然是老旧暖气片的情况下，采用压缩机中间补气技术空气源热泵作为热源，室内温度大多无法达到所需求的温度，特别是在采暖季节的严寒期。造成这一问题的关键在于采用该技术的低环境温度空气源热泵的出水温度无法达到暖气片设计温度，也就无法保证室内温度。

基于这个现实问题，出现了超高排气温度的压缩机中间喷液技术，与压缩机中间补气技术不同的是，超高排气温度的压缩机中间喷液技术只有在排气温度过高时，将部分液态制冷剂喷入压缩腔内，实现在出水温度较高时造成的排气温度过高，以实现较高的出水温度。相比压缩机中间补气技术，超高排气温度压缩机中间喷液技术只是解决了出水温度在环境温度降低时温度不够高的问题，而不能够解决低环境温度下制热量衰减过大和能效比低的问题。但是，在末端为风机盘管这种强制对流换热器型式下，采用这两种技术的低环境温度空气源热泵基本可以实现建筑物室内温度要求。

为了解决室内末端为传统暖气片和常规制冷剂低环境温度空气源热泵供水温度不高的难点，出现了以 CO_2 作为制冷剂的低环境温度空气源热泵。以 CO_2 作为制冷剂，有一个显著的特点就是在环境温度为－25 ℃的工况下，出水温度可以达到 70 ℃甚至以上。这个显著的特点就解决了室内末端为暖气片情况下，其他空气源热泵供水温度无法保证的问题。北京局集团公司、呼和浩特局集团公司、沈阳局集团公司和兰州局集团公司等部分铁路局集团公司已经采用了该种类型的空气源热泵，实际运行效果良好。

处于严寒地区的哈尔滨局集团公司，为实现环保和节能改造要求，近几年在“煤改电”项目中，做了大量的尝试，优先试验了复叠式超低环境温度空气源热泵和超低环境温度二级压缩空气源热泵，同时也将环保性能较好的 CO_2 制冷剂引入冬季供暖和生产热水的实验尝试中。相对而言，采用间接复叠式超低环境温度空气源热泵机组的稳定性较高，即使是在环境温度－38 ℃的工况下，供水温度依旧能够保持在 60 ℃以上，保证了严寒期的供暖。

以上低环境温度空气源热泵技术都具有各自的显著优点，如 CO_2 热泵系统可生产高达 90 ℃以上的热水并且能效比远高于常规制冷剂热泵，压缩机补气(补气增焓)热泵系统可在较低环境温度下有效地提高制冷量和能效比等。但是，这些新型节能技术又存在各自的运行特点和运行要求，如 CO_2 热泵系统首先要求进水温度低才能实现较高的能效比，现有技术只能运行在环境温度－25 ℃以上等特点；压缩机补气(补气增焓)热泵系统在环境温度较低时，供水温度只能维持在45 ℃以下等不同的运行特点和运行要求。因此在站区热泵供暖应用中，需结合站区气候特点、供暖需求及不同低环境温度空气源热泵技术特点选择空气源热泵应用型式。

(2)水(地)源热泵

地源热泵是一种极为节能的设备。它以土壤作为热源、冷源，通过热泵系统向建筑物供热或供冷，系统能效比一般能达到4.0左右，与传统的冷水机组和空气源热泵相比，全年能耗可节省30%左右。地源热泵具有较高的制热或制冷效率，运行费用低，无污染物排放，节能环保效益显著。地源热泵系统作为可再生能源建筑应用的一种形式在很多能源战略规划中都占据重要位置，是解决环境与能源问题的较优方式之一。

铁路系统有100多项地源热泵工程投入运行，在北方地区，北京局集团公司、太原局集团公司、乌鲁木齐局集团公司、西安局集团公司等均有较多的地源热泵系统项目，为车站、办公楼、宿舍楼、工区等建筑供暖、制冷及提供生活热水。但是地源热泵需要进行打井埋管的施工作业，必须要有适宜的地形条件以及足够的作业面积，因此受场地限制比较大，在冻土区或者道口房等小型建筑、铁道线路中的建筑，几乎无法施工。其次，地源热泵技术最大的不足之处是“土壤热平衡”问题。南方地区以供冷为主，常年向地下注入热量；而北方地区冬季供暖需求大，从土壤中大量吸热，长年运行后将导致土壤温度失衡，影响周围生态。长期的热不平衡还会增加系统能耗，一般情况下，土壤降低1 ℃，会使制取同样热量的能耗增加3%～4%。因此，在设计地源热泵系统作为建筑的供热制冷源之前，需充分考虑该建筑的地形特点及土壤吸排热量的平衡问题，并采取相应措施缓解系统的热不平衡。

水源热泵是利用地球水所储藏的太阳能资源作为冷、热源，进行转换的空调技术，可利用的水体包括地下水、河流、湖泊以及海洋。地下水经过热泵机组，仅是交换热量，水质未发生变化，回灌到地层或重新回入地表水系，不会造成原水源的污染，是一种清洁供暖方式。水源热泵对水源的水量、水温、水质和供水稳定性均有要求。通常情况下水源中央空调系统在制热运行工况时，水源水温应为12 ℃～22 ℃，在制冷运行工况时，水源水温应为18 ℃～30 ℃；水源的水质，应适宜于系统机组、管道和阀门的材质，不至于产生严重的腐蚀损坏；供水保证率要高，具有长期可靠性，能保证水源热泵中央空调系统长期稳定运行。由于水源热泵对水源的严苛要求，导致其推广应用存在以下的问题：

①水源热泵受国家用水指标的限制，有些地方将水源的抽取和排放两次收费，导致水费偏高，使水源热泵运行节能费用低于增加的水费，经济性变差，降低了用户使用的积极性。

②水源热泵应用前，应实地对水源的状况进行调查探测，考察水量是否足够、场地是否适合打井、回灌，但是相对落后的探测开采技术和较高的探测成本影响了水源热泵技术的推广使用。

③若利用地下水作为水源，则需结合地质情况考虑回灌技术，而回灌技术的使用与当地的地质情况紧密联系，如果处理不当或盲目强硬开发很有可能会引起地质的变化，甚至是地

质塌陷，所以在使用水源热泵技术时要充分结合当地的地质情况，对选址进行严格的探测与专家评估，因地制宜地选择适用水源。

(3)超低环境温度耦合空气源热泵

超低环境温度耦合空气源热泵是适用于高寒地区建筑供暖的一种热泵型式，该热泵机组以室外低温机组耦合室内高温机组的间接复叠方式，将 2 个运行范围不同的循环系统联系在一起，实现低环境温度运行和高温出水目的。系统的组成部分主要包括室外低温机组、室内高温机组及中间耦合水箱，分为 2 个子系统。子系统Ⅱ室外低温机组以室外低温空气作为热源，生产出 15 ℃～35 ℃的低温热水送入室内，作为子系统Ⅰ室内高温机组的低位热源；子系统Ⅰ生产出 45 ℃～70 ℃的热水，并通过暖气片或风机盘管等供暖末端向建筑物内散热，以达到向室内供暖的目的。超低环境温度耦合空气源热泵系统循环示意如图 5-3 所示。

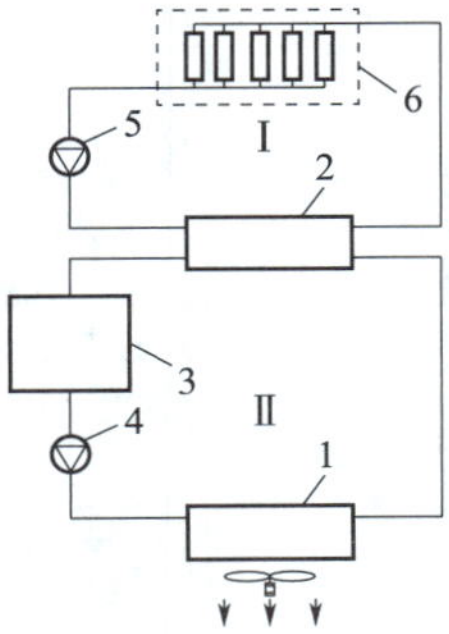

1—室外低温机组；2—室内高温机组；3—中间耦合水箱；4—内循环水泵；
5—外循环水泵；6—末端暖气片或风机盘管。

图 5-3　超低环境温度耦合空气源热泵系统循环示意

超低环境温度耦合空气源热泵在环境温度－25 ℃、出水温度 60 ℃工况下，机组制热能效比可达 2.05 以上。超低环境温度耦合空气源热泵现广泛应用于北方高寒地区站区建筑供暖，能够满足供暖循环用水温度要求，是实现高寒地区高效制热的有效型式。

5.3.5.4　站区热泵供暖系统

热泵供暖系统除热泵主机外还包括配套的辅助设备及系统，本部分主要围绕铁路站区使用最广泛的空气源热泵供暖系统型式展开介绍。

1. 热泵供暖系统组成

空气源热泵供暖系统一般配置循环水泵、补水系统、稳压系统和运行控制系统。空气源热泵供暖系统如图 5-4 所示，热泵机组布置于室外，以室外空气作为热源，其余设备全部布置于室内机房。室外热泵机组管路采用同程连接方式，系统主供回水管路直接连接建筑物内供暖/供冷管网。

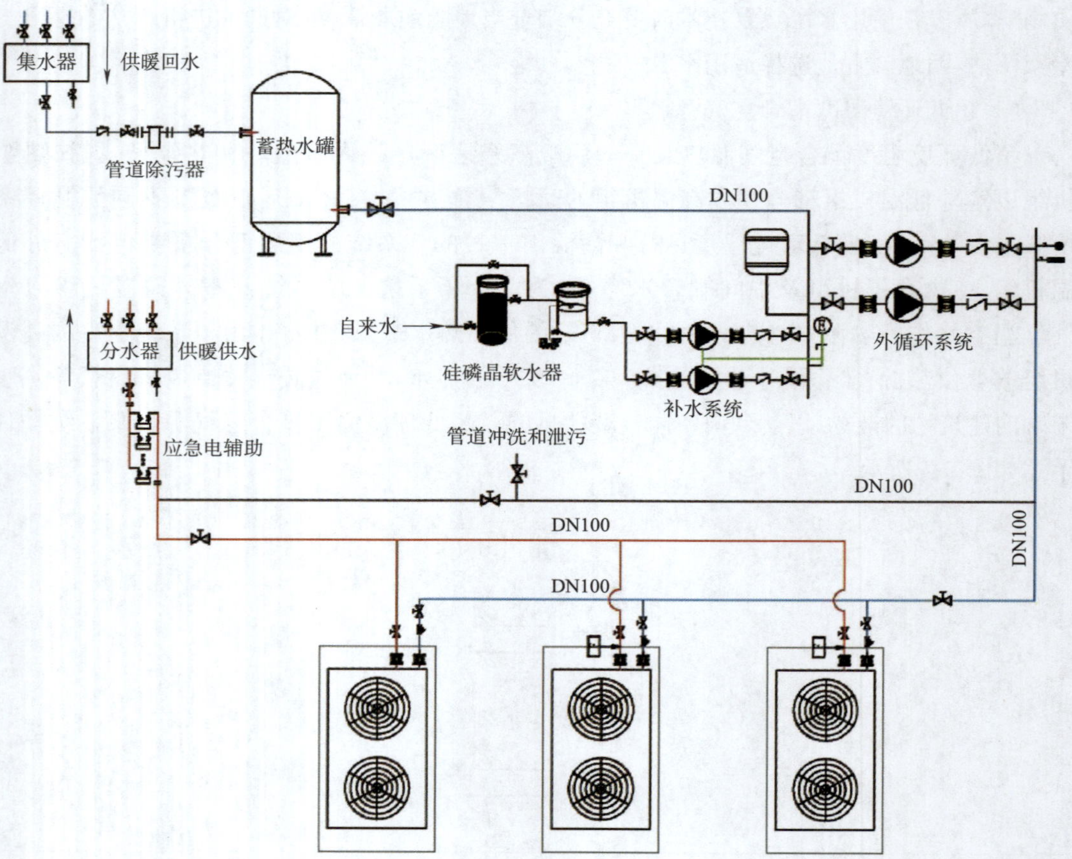

图 5-4　空气源热泵供暖系统

系统循环水泵和补水系统均设置于供暖系统回水管路上，循环水泵一般为 1 用 1 备。循环系统设置变频器，用于控制循环水泵的变频运行；补水系统的软化水装置一般采用全自动离子交换软水器或硅磷晶罐，自来水管经软化水装置注入补水箱，由箱体内的浮球阀控制开启，补水箱底部连接至系统管路；当回水压力低于设定值时，补水泵系统自动启动，抽取补水箱内软化后的水向循环系统补充循环水。

空气源热泵供暖系统一般配有运行控制系统，系统热泵主机和配套设备的控制模块全部集成于系统电控柜内，电控柜设有触摸屏控制面板并具有集控和远程控制功能。热泵机组自带参数设定、自动除霜、故障保护和自动启停等功能。供热系统一般采用回水温度控制室外热泵机组的启停，可依据室内实际供暖需求设置回水温度的控制区间，当回水温度低于设定温度下限时热泵机组自动启动，当回水温度达到设定温度上限时机组自动停止运行，根据具体需求可进一步对各热泵机组分别设置，使热泵机组随室外气温和室内供暖需求的变化梯次启动和停止，在保证室内供暖舒适性的条件下最大限度地提升供暖系统的节能效果。整套热泵供暖系统可实现自动运行，无须人工值守，节省系统运行的人工成本。

2. 热泵供暖系统主要设备选型

(1)空气源热泵主机选型

依据热负荷计算得到的建筑供暖设计总热负荷确定供暖系统中空气源热泵机组的使用数量。将供暖设计总热负荷除以单台机组在使用地区室外空调设计温度下的制热功率,不足一台的按一台选取,即为热泵机组的配备数量。

(2)循环水泵选型

系统循环水泵流量的选取一般可采用下式计算

$$L=0.86Q/\Delta T \tag{5-1}$$

式中　L——循环水流量,m^3/h;

Q——总热负荷,kW;

ΔT——空气源热泵机组进出水温差,℃,采暖系统一般取 5 ℃。

按式(5-1)计算后再将循环水流量乘以 1.1～1.2 倍的系数选用水泵。

循环水泵的扬程应能够承担供回水管网最不利环路的总水压降。

最不利环路阻力计算公式为

$$H_{max}=\Delta P_1+\Delta P_2+0.03L(1+K) \tag{5-2}$$

式中　H_{max}——最不利环路阻力,米水柱;

ΔP_1——经过机组的压降,米水柱;

ΔP_2——最不利环路中并联的各末端装置水压损失最大一台(或部分)的水压降,米水柱;

L——最不利环路的管路总长度,m;

K——最不利环路中局部阻力当量长度总和与直管总长的比值,最不利环路较长时 K 取 0.2～0.3,最不利环路较短时 K 取 0.4～0.6。

根据式(5-2)计算得到最不利环路阻力再乘以 1.1～1.2 倍的系数确定水泵扬程。

(3)补水泵选型

补水泵扬程应保证补水压力比系统补水点压力高 30～50 kPa,补水泵流量按系统水容量的 5%～10%选取。系统水容量可按表 5-1 确定。

表 5-1　系统水容量(按建筑面积计)　　单位:L/m^2

运行制式	系统形式	
	全空气系统	空气-水系统
供冷	0.40～0.55	0.70～1.30
供暖(热水锅炉)	1.25～2.00	1.20～1.90
供暖(热交换器)	0.40～0.55	0.70～1.30

(4)软水器与软化水箱选型

软水器的处理水量应满足补水泵的小时流量要求。软化水系统宜设软化水箱,水箱储水容积按 0.5～1 h 补水泵的流量选取,系统较小时取较大值。

(5)膨胀罐选型

膨胀罐的计算公式为

$$V \geqslant \beta V_t / (1-a) \tag{5-3}$$

式中 V——膨胀罐实际总容积,m^3;

β——容积附加系数,隔膜式膨胀罐取 1.05;

V_t——膨胀罐调节容积,不宜小于 3 min 平时运行补水泵的流量,m^3;

a——压力比 $a=(P_1+100)/(P_2+100)$,P_1、P_2分别为补水泵的启动压力和停泵压力(表压,单位 kPa),综合考虑膨胀罐容积和系统最高运行工作压力的因素,a 宜取 0.65～0.85,必要时取 0.5～0.9。

3. 站区热泵供暖系统应用实例

(1)呼和浩特局集团公司某客运站低环境温度空气源 CO_2 热泵供暖系统

①工程概况和设计参数

工程为站区"煤改电"低环境温度空气源 CO_2 热泵替代原有锅炉冬季供暖改造项目。该站点供暖区域包括站房、派出所、职工单身公寓、给水工区、给水所、油脂存放间、工务材料库、工务工区综合楼、供电综合楼、供电轨道车库、电务材料库、货物仓库、货物办公房屋等,平房面积 2 381 m^2,楼房面积 6 077 m^2,总面积 8 458 m^2。

由于该站区面积较大,为保证每个建筑供暖需求,该站区分为了两个供暖区域,一个供暖区域为站区,包括站房、派出所和锅炉房,总面积为 3 957 m^2,楼房面积 3 450 m^2,平房 507 m^2,其中楼房有 690 m^2层高为 9 m,需考虑在现设计负荷指标的基础上增加 20%,折合为楼房面积为 828 m^2,折合后总面积 4 095 m^2;另外一个供暖区域包括职工单身公寓、给水工区、给水所、油脂存放间、工务材料库、工务工区综合楼、供电综合楼、供电轨道车库、电务材料库、货物仓库、货物办公房屋等,总面积约为 4 812 m^2,楼房面积 2 477 m^2,平房面积为 2 335 m^2,平房中有仓储用面积为 757 m^2,其他平房按满负荷指标设计。

该地区冬季室外空调设计温度为－20.3 ℃。根据以往内蒙古地区单位面积热负荷取值,在该地区冬季空调设计室外温度和室内温度要求为办公场合室内温度不低于 20 ℃;厂房和仓储室内温度不低于 12 ℃;要求最高供水温度不低于 65 ℃,最低回水温度不低于 45 ℃;负荷指标按 55 W/m^2 计算。因此,该站点两个供暖区域的设计最大负荷为:

a. 站房区域 4 095 $m^2 \times 55\ W/m^2 = 225.225$ kW。

b. 水电工区 4 812 $m^2 \times 55\ W/m^2 = 264.66$ kW。

依据以上热负荷,机组选型为单台 20 匹低环境温度空气源 CO_2 热泵机组额定输入功率为 22.6 kW,单台机组国标名义工况下制热量为 52 kW,在冬季室外设计温度和设计供回水温度下,单台机组制热量为 38 kW。因此,站房区域需配置 7 台 20 匹低环境温度空气源 CO_2 热泵机组,设计工况下,可满足需求。水电工区需配置 7 台 20 匹低环境温度空气源 CO_2 热泵机组,设计工况下,可满足需求。

②20 匹低环境温度空气源 CO_2 热泵机组和系统附件说明

20 匹低环境温度空气源 CO_2 热泵机组供暖系统设计供回水温度分别为 65 ℃和 45 ℃,同时根据需要可适当调整供回水温度和温差,末端可采用暖气片或地板辐射采暖。

a. 外循环系统。

(a)站房区域。20 匹低环境温度空气源 CO_2 热泵机组供、回水管采用热镀锌钢管与外管网对接,循环系统采用水泵为 1 用 1 备。水泵参数为循环水流量 70 m^3/h,扬程 32 m,选用南方泵业水泵型号为 TD 80-32G/2,单台输入功率为 11 kW。

循环系统总增设一台 11 kW 以上变频器,控制两台水泵的运行。同时,增设水泵与机组联动系统,当机组全部停机时,水泵根据实际需求降低输入频率,降低供暖系统温度波动,提高节能效果。

(b)水电工区。20 匹低环境温度空气源 CO_2 热泵机组供、回水管采用热镀锌钢管与外管网对接,循环系统采用水泵为 1 用 1 备。水泵参数为循环水流量 70 m^3/h,扬程 32 m,选用南方泵业水泵型号为 TD 80-32G/2,单台输入功率为 11 kW。

循环系统总增设一台 11 kW 以上变频器,控制两台水泵的运行。同时,增设水泵与机组联动系统,当机组全部停机时,水泵根据实际需求降低输入频率,降低供暖系统温度波动,提高节能效果。

b. 补水系统。

(a)站房区域。配备 1 套补水装置,补水系统由软化水系统组成:城市自来水直接连接到缓冲水箱,由箱体内的浮球阀控制开启,缓冲水箱底部连接至硅磷晶软化罐;当回水压力低于设定值时,补水泵系统自动启动,抽取硅磷晶软水罐内软化后的水向循环系统补充循环水,实现无人值守。

软化水系统主体为硅磷晶软水罐,预装 20 kg 硅磷晶,处理水量 4 m^3/h,壳体为 304 不锈钢。缓冲水箱设计为 1 m^3。

补水泵补水量为 4 m^3/h,扬程 31 m,功率为 0.75 kW,选用南方泵业生产的型号为 CHL4-40 的水泵。

设置落地闭式膨胀罐,膨胀罐为皮囊式稳压罐,罐体内体积不小于 100 L。

(b)水电工区。配备 1 套补水装置,补水系统由软化水系统组成:城市自来水直接连接到缓冲水箱,由箱体内的浮球阀控制开启,缓冲水箱底部连接至硅磷晶软化罐;当回水压力低于设定值时,补水泵系统自动启动,抽取硅磷晶软水罐内软化后的水向循环系统补充循环水,实现无人值守。

软化水系统主体为硅磷晶软水罐,预装 20 kg 硅磷晶,处理水量 4 m^3/h,壳体为 304 不锈钢。缓冲水箱设计为 1 m^3。

补水泵补水量为 4 m^3/h，扬程 31 m，功率为 0.75 kW，选用南方泵业生产的型号为 CHL4-40 的水泵。

设置落地闭式膨胀罐，膨胀罐为皮囊式稳压罐，罐体内体积不小于 100 L。

c. 其他附件。

(a)站房区域。

外网设置热水储水箱，密闭承压保温水箱，水箱设置自动排气阀、进出水口(与外管网进出口径一致)、泄水口等，容积为 2 m^3。

在极端恶劣天气机组不能开机运行或机组出现故障时，为保证办公场所正常供暖，在管路系统中并联配置一台 7×20 kW 应急电辅；需要说明的是，该应急电辅只有在机组出现故障而不能运行时方可开启。

机组、水泵及管道安装时均采取减震措施，以减少震动和噪声传递。

(b)水电工区。

外网设置热水储水箱，密闭承压保温水箱，水箱设置自动排气阀、进出水口(与外管网进出口径一致)、泄水口等，容积为 2 m^3。

在极端恶劣天气机组不能开机运行或机组出现故障时，为保证办公场所正常供暖，在管路系统中并联配置一台 7×20 kW 应急电辅，该应急电辅只有在机组出现故障而不能运行时方可开启。

机组、水泵及管道安装时均采取减震措施，以减少震动和噪声传递。

③配电

a. 站房区域。7 台 20 匹低环境温度空气源 CO_2 热泵机组，单台输入功率为 22.6 kW；2 台单台额定功率为 11 kW 的水泵，1 用 1 备。故，用电总负荷为 22.6 kW×7+11 kW=169.2 kW。

b. 水电工区。7 台 20 匹低环境温度空气源 CO_2 热泵机组，单台输入功率为 22.6 kW；2 台单台额定功率为 11 kW 的水泵，1 用 1 备。故，用电总负荷为 22.6 kW×7+11 kW=169.2 kW。

两个供暖区域总配电负荷为 169.2 kW×2=338.4 kW。

④系统能耗

取电价为 0.6 元/kWh，供暖期 150 天(非完整供暖季)，运行费用见表 5-2。

表 5-2　低环境温度空气源 CO_2 热泵供暖系统总耗电量及电费

供暖时间阶段	总耗电量/10^4 kWh	电费/万元	单位面积耗电量/(kWh/m^2)	采暖费用/(元/m^2)
10 月 30 日～(次年)4 月 1 日	64.12	38.47	72	43.19

(2)哈尔滨局集团公司某车站超低环温耦合空气源高温热泵机组供暖系统

①工程概况和设计参数

工程为站区冬季供暖项目，供暖面积为 1 600 m^2。该地区冬季室外温度统计(2018 年

1 月份）最低环境温度为－38 ℃，室外空调设计温度为－25.7 ℃。

a. 室外设计参数。最低环境温度为－38 ℃，室外空调设计温度为－25.7 ℃。

b. 室内设计参数。室内末端为铸铁暖气片，供水温度设计为 60 ℃；根据室外温度可自动调整供水温度；室内计算温度 18 ℃～24 ℃，设计热负荷 100 W/m^2，总热负荷为 160 kW。

基于上述总负荷，选取室内高温机组 2 台，单台机组制热量为 80 kW，额定输入功率为 24.3 kW。室外低温机组在室外空调设计温度－25.7 ℃下，单台机组制热量为 33 kW，根据耦合最优中间温度，选取 4 台室外低温机组；单台室外低温机组额定输入功率为 21.5 kW。

②超低环温耦合空气源高温热泵机组说明

超低环温耦合空气源高温热泵机组供暖系统设计供回水温度分别为 65 ℃和 60 ℃，同时根据需要可适当调整供回水温度和温差，末端可采用暖气片或地板辐射采暖。

中间耦合水箱（软化水）设定为 8 t，具体尺寸为 2 000 mm×2 000 mm×2 000 mm，保证室外低温机组停止运行 1 h，室内高温能够安全稳定使用。该水箱为开式非承压水箱，箱体外部聚氨酯发泡保温，保温层外部敷设薄壁不锈钢包裹，箱体设置软化水进口浮球阀、泄水阀、溢水口、温度计、人孔、爬梯、水位显示等。

室内高温机组和室外低温机组与耦合水箱间由水泵等循环系统同程连接，水泵设置为 1 用 1 备，单台循环水泵流量为 50 m^3/h，扬程为 29 m，选用水泵型号为 TD 80-23G/2，单台额定功率为 5.5 kW。内循环系统总增设一台 5.5 kW 以上变频器，控制两台水泵的运行。

室外低温机组启停统一控制，当耦合水箱回水温度超过设定值时，机组暂停运行；当水箱温度低于设定值时，室外低温机组依次启动，根据水温上升幅度逐步增加启动台数，实现所有模块机组的运行时间与启停次数的综合控制。

室内高温机组的启停同样根据供回水温度控制，在设定供水温度 65 ℃的情况，当回水温度高于 60 ℃时，机组按 75％、50％、25％的顺序逐步卸载，当室内高温机组卸载到 25％时，回水温度依然在逐步升高，则室内高温机组暂时停止运行；当回水温度降低到某一设定值，如 45 ℃时，室内高温机组再次启动，启动加载顺序为 25％、50％、75％直至 100％加载顺序启动。

室内高温机组供水管和回水管与外管网对接，循环系统采用水泵为 1 用 1 备。水泵参数为循环水流量 30 m^3/h，扬程 28 m，选用南方泵业水泵型号为 TD50-28G/2，单台输入功率为 4 kW。外循环系统总增设一台 4 kW 以上变频器，控制两台水泵的运行。

配备 1 套补水装置，补水系统由软化水系统组成，城市自来水经软化水系统处理后，直接连接到缓冲水箱内，由箱体内的浮球阀控制开启；当回水压力低于设定值时，补水泵系统自动启动，向循环系统补充循环水，实现无人值守。

中间耦合水箱内用水由该软水装置提供，由中间耦合水箱内浮球阀自动控制。

补水泵补水量为 2 m^3/h，扬程 29 m，功率为 0.55 kW，选用水泵型号为 CHL2-40 的水泵。外网设置闭式蓄热水罐，水罐设置安全阀（自动排气阀）、温度计、进出水口（与外管网进出口径一致)、泄水口等。

基于供暖总负荷 130 kW,为满足系统水压平衡,膨胀罐体积选取 40 L。

机组、水泵及管道安装时均采取减震措施,以减少震动和噪声传递。

③配电设计

供暖装机容量为 4 台室外低温机组,单台输入功率为 21.5 kW;2 台室内高温机组,单台输入功率为 24.3 kW;2 台单台额定功率为 5.5 kW 的水泵,1 用 1 备;2 台单台输入功率为 4 kW 的水泵,1 用 1 备;2 台单台输入功率为 0.55 kW 的水泵。故,供暖用电总负荷为 21.5 kW×4+24.3 kW×2+5.5 kW×1+4 kW×1+0.55 kW×1=144.65 kW。

④系统能耗

取电价为 0.58 元/kWh,供暖期 128 天(非完整供暖季),运行费用见表 5-3。

表 5-3 超低环温耦合空气源高温热泵机组供暖系统总耗电量及电费

供暖时间阶段	总耗电量/10^4 kWh	电费/万元	单位面积耗电量/(kWh/m^2)	采暖费用/(元/m^2)
11 月 12 日~(次年)3 月 18 日	13.02	7.55	81.35	47.19

5.3.6 节约材料技术

相对于传统施工模式下的材料流动方式,在绿色施工理念下,采取铁路绿色施工节材措施,考虑从不同的节材途径着手,以可循环使用、节能减排为目标,最大程度地实现铁路绿色施工节材与材料资源利用。绿色施工模式下的材料流动方式应该是在保证施工正常实施的情况下,从不同的途径实现其减量化、降损耗、再循环、再利用。

绿色施工模式下的节材途径主要包括:

(1)选用高性能材料、节材型工艺代替相对落后的传统施工材料、工艺。

(2)采取措施降低材料在生产、运输、施工过程中的损耗。

(3)采取措施有效提高周转性材料的周转次数。

(4)对施工过程中产生的材料余料、废料进行回收处理后加以利用。

(5)选用可再生材料。

对固体废弃物进行循环回收利用以达到进一步减少资源消耗的目的,这是建设资源节约型社会的要求,也是实现碳达峰碳中和必不可少的技术手段。我国铁路对于废弃资源循环利用技术研究应用主要涉及固体废弃物的回收利用技术。铁路的固体废弃物回收利用主要针对站车生活垃圾、报废的车辆及零部件、建筑材料及其他可回收利用的固体废弃物。

垃圾衍生燃料(RDF)是将原生垃圾通过各种工艺去除了金属、玻璃、塑料,以及大部分有机质后,利用其余可燃物压缩生产制造的燃料,是生活垃圾资源化综合利用的技术之一,也是比较适合我国固废处置的技术之一。

对于站车生活垃圾,除了建立相应的分类回收机制外,随着铁路站车垃圾数量的越来越大，铁路站车垃圾管道气力输送系统凭借其自动化和高效化等优势，成为近年来铁路站车垃圾处理的重要技术手段之一。铁路站车垃圾传统的人工收集运送方式转运效率低，易引发二次污染，滋生传播病菌，散发难闻的气味，已经不能满足现代客站对环境及卫生的要求。而垃圾气力输送技术将收集垃圾的过程彻底改变，利用气力将垃圾通过全封闭的地下管网自动输送，从而有效地改善了站车环境，满足了现代客站的环境卫生及景观要求。铁路垃圾密闭式管道气力输送系统与市政给水管、排水管和天然气管等其他城市基础设施一样，将垃圾收集运输过程由地上转入地下，其工作原理是通过预先在地下埋设好输送管道，系统的风机运行产生气力，使垃圾以一定的速度，经管道被抽运至中央垃圾收集站，经压缩后外运，空气经除尘除臭后排放。

如今，垃圾分类已经成为社会发展的必然趋势，北京、上海等地均已颁布垃圾分类管理条例，将垃圾分类作为环境保护和城市发展的重要工作。垃圾分类政策的实施促进了固废处理全产业链的协同整合，推动着固废处置技术不断优化和进步。近年来随着铁路业务扩展和客流量增多，固体废物产生量逐年递增，将如此庞大的固体废物进行回收再利用对于资源节约和环境保护都有重要的意义。

铁路生活垃圾和粪便固废成分单一、有机成分比例高、高热值，适合采用 RDF 技术、热解技术、厌氧产沼堆肥技术，以实现垃圾无害化和减量化处理，其产物的可燃气可用于烧水和供暖，而无害化后的焦炭可用于铁路车站锅炉房等。热解气化设备可以根据不同站垃圾日产量和特点，灵活设计出不同炉型。炉型从几吨位到几十吨位不等。尤其适用于偏远和生态环境脆弱的铁路车站区域，市政收集运输距离较远或运输成本较高，制备 RDF 或采用热解气化进行无害化、减量化和资源化利用，可以后置小型发电机发电或可燃气通至居民生活利用(做饭、取暖等)，实现固体废弃物的资源回收再利用。

铁路工程施工过程中拆除沿线建筑物、隧道开挖、路堑开挖、制梁场、拌和站等处产生的大量碎石、废弃土石方、废弃骨料等固体废弃物，经筛选、加工处理后，可用作铁路工程临建设施的地基填埋、铺设施工用临时便道，不仅避免随意堆放废弃物而污染环境，而且在临建设施建造中用废弃材料代替一部分优质材料，可降低施工成本，满足铁路绿色施工的节材要求。

5.4　高速铁路碳减排理论与方法

高速铁路的开通极大地促进了地区间交流，在推动产业发展、技术进步和优化资源配置的同时，也有效提升了节能减排效益。随着中国高速铁路的快速发展，电气化铁路比重有了大幅度提高，铁路“以电代油”范围进一步扩大，从而使铁路牵引能耗结构发生了明显的变化。与公路运输、民航运输相比，高速铁路运输单耗和碳排放具有明显的比较优势，对公路和民航节能减排替代效应显著。此外，高速铁路能源结构优化对我国整体能耗结构调整具有重要作用，在助力交通运输行业节能减排中起到良好示范作用。

5.4.1 高速铁路碳排放基础理论

1. 国外碳减排发展现状

(1)国际社会应对气候变化行动

气候变化是全人类面临的严峻挑战，在各国政府意识到了全球气候变暖对人类安全和社会经济发展的影响，纷纷制定碳排放目标以共同应对气候变化。国际社会签署了一系列公约，以明确碳减排目标，制定切实可行的措施。

随着经济社会发展，人类活动所产生的温室气体排放已经并且仍在继续导致全球变暖，进而对地球气候系统产生一系列影响。2022 年联合国政府间气候变化专门委员会《第六次评估报告综合报告:气候变化 2023》指出，与 1850—1900 年相比，2011—2020 年全球地表平均气温上升 1.1 ℃。随着全球温室气体排放持续增加，使大气、海洋、冰冻圈和生物圈发生了广泛而迅速的变化，已影响到各地诸多极端天气和气候事件，对自然和人类造成了广泛而不利的影响。

人类在 20 世纪 70 年代末就开始意识到气候变化危机，联合国 1979 年召开第一次世界气候大会呼吁保护气候。全球开始合作采取行动应对气候变化可追溯到 1992 年在巴西里约热内卢举行的地球首脑会议，会上通过了《联合国气候变化框架公约》(以下简称《公约》)。该《公约》是世界上第一个应对全球气候变暖的国际公约，也是国际社会在应对全球气候变化问题上进行国际合作的基本框架。

1997 年，在日本京都举行的第三次缔约方大会通过了《联合国气候变化框架公约的京都议定书》(以下简称《京都议定书》)，目标为 2008—2012 年期间，主要工业发达国家的温室气体排放量要在 1990 年的基础上平均减少 5.2%，其中规定了工业发达国家 6 种温室气体减排目标。《京都议定书》提出了基于市场机制的三种国际合作减排机制，即联合履行(JI)、清洁发展机制(CDM)和排放量贸易(ET)。

2015 年，《巴黎协定》于《公约》第 21 次缔约方大会暨《京都议定书》第 11 次缔约方大会上通过。《巴黎协定》制定了应对气候变化总体目标，将全球平均气温较工业化前水平升高控制在 2 ℃之内，并为把升温控制在 1.5 ℃之内努力。全球将尽快实现温室气体排放达到峰值，21 世纪下半叶实现温室气体净零排放。

人类活动产生的温室气体主要是 CO_2，根据世界资源研究所(WRI)2019 年数据，CO_2 约占温室气体排放的 3/4，因此就把“碳”当作温室气体的代表。碳减排既要在人类活动中减少温室气体排放，同时还要增加“碳汇”，通过植树造林、植被恢复等措施更多地吸收大气中的 CO_2。

(2)国际交通运输业碳排放现状

根据国际能源署测算,2021 年交通运输部门 CO_2 排放为 76 亿 t,约占全球碳排放的 1/4。国际清洁交通委员会(ICCT)数据显示,从不同交通方式的 CO_2 排放份额来看(图 5-5),道路运输占主导地位,2020 年约占全球交通 CO_2 排放量的 77%(包括 2 轮和 3 轮车、轻型车辆、公交车和重型车辆),铁路、航空和海运的 CO_2 排放份额分别为 2%、10%和 11%。

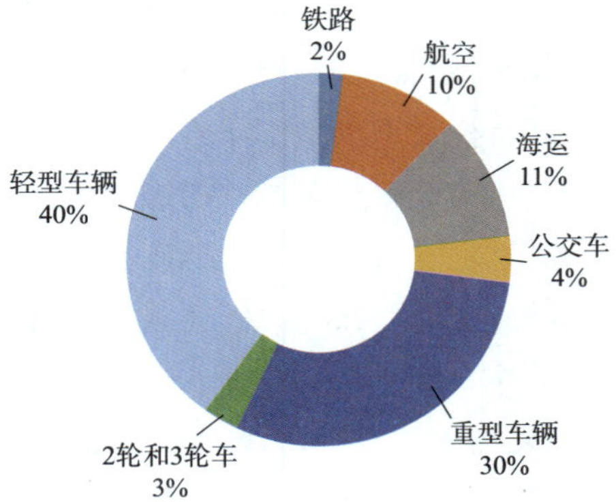

图 5-5 2020 年全球按运输方式划分全生命周期 CO_2 排放份额

(3)国外铁路低碳发展行动

UIC 是国际性的非政府性铁路组织,在铁路建设标准化和可持续发展方面有很大影响力。UIC 于 2019 年号召联盟成员签署铁路气候宣言,以实现 2050 碳中和目标,目前已有 35 家铁路公司签署该宣言。为响应联合国可持续发展目标,UIC 可持续发展工作组组织编写《铁路 2030 愿景报告》,包含五方面内容,即改变城市和链接社区、能源、技术和创新、多式联运和无缝连接、改善用户体验。在能源变革方面,一是淘汰内燃机车使用,加快电气化应用、蓄电池和氢能列车研发;二是坚持低碳生态设计理念;三是提升数字化水平和自动驾驶列车应用;四是与能源部门协作提高可再生能源和储能应用。

在欧盟政策框架下,德国和法国都将节能环保作为铁路发展战略的重中之重,并取得了显著成效。德国铁路从企业战略制定、装备研发采购、运营管理等多方面加以倡导,主要措施包括实施“节省能源运行”项目,对司机进行节能优化操作方法培训;提高可再生能源在牵引电能来源中的比例,2016 年该比例已达到 42%,提前四年完成阶段性任务,到 2050 年这一比例要达到 100%,即实现 100%无 CO_2 排放的铁路运输。

法国铁路也通过管理和技术双重举措加大铁路节能环保力度,主要措施包括推动生态环保型客运站建设,使车站提高水资源和清洁能源的有效利用,对外部能源的平均需求量减少 64%,CO_2 排放量减少 84%;将生态设计原理充分运用到了第四代高速列车 AGV 的设计、生产和回收再利用中。

在上述措施的作用下,德国、法国铁路节能环保效果明显,能效水平不断提高,牵引电能的来源更趋低碳环保,温室气体排放不断减少。基于日本资源匮乏的基本国情,日本政府出台政策对铁路低碳化措施给予资金支持,企业也积极落实节能减排目标,铁路能耗水平不断下降。

2. 国内碳减排发展现状

(1)国内统筹部署碳达峰碳中和工作

2021 年 9 月 22 日,中共中央、国务院印发《关于完整准确全面贯彻新发展理念做好碳达峰碳中和工作的意见》(以下简称《双碳意见》)是我国碳达峰碳中和工作的顶层设计文件,确定了我国各阶段绿色低碳发展目标及重点工作任务。着重推动经济社会发展全面绿色转型,深度调整产业结构,加快构建清洁低碳安全高效的能源体系,加快推进低碳交通运输体系建设,提升城乡建设绿色低碳发展质量,加强绿色低碳重大科技攻关和推广应用,持续巩固提升碳汇能力,提高对外开放绿色低碳发展水平,完善标准计量体系和监测能力,完善投资政策积极发展绿色金融。

为进一步落实《双碳意见》,推进碳达峰行动,国务院制定印发《2030 年前碳达峰行动方案》,确定了“十四五”和“十五五”的主要目标,“十四五”期间,产业结构和能源结构调整优化取得明显进展,绿色低碳技术研发和推广应用取得新进展,绿色生产生活方式得到普遍推行,有利于绿色低碳循环发展的政策体系进一步完善。到 2025 年,非化石能源消费比重达到 20%左右,单位国内生产总值 CO_2 排放比 2020 年下降 18%;“十五五”期间,产业结构调整取得重大进展,清洁低碳安全高效的能源体系初步建成。到 2030 年,非化石能源消费比重达到 25%左右,单位国内生产总值 CO_2 排放比 2005 年下降 65%以上,顺利实现 2030 年前碳达峰目标。

(2)我国交通运输业碳排放现状

我国 CO_2 排放总量从 2005 年的 54 亿 t 增长到 2019 年的 98 亿 t,年均增速为 4.35%。人均 CO_2 排放量从 2005 年的 4.2 t 增长到 2019 年 6.9 t,年均增速为 3.61%。人均 CO_2 排放增速低于总量增速。

随着我国经济社会发展和人民生活水平提高,交通客运出行需求大幅提高,货物商品流通大幅增加,交通运输总能耗呈快速上升趋势。交通运输部门成为碳排放的重要领域之一,产生的 CO_2 排放占全社会总排放量的 11.7%左右,交通行业的节能减排成效,将影响我国碳达峰碳中和目标的完成。图 5-6 分析了我国按不同运输方式划分的 CO_2 占比情况(仅包含营运性客货),公路的贡献最大,民航和水路次之,中国铁路客货运量市场份额占比虽高,然而碳排放量很低。

(3)我国铁路运输碳减排比较优势

与公路运输、民航运输相比,高速铁路运输单耗具有明显的比较优势,而且电气化铁路既能节能又能替代石油。铁路运输方式的碳减排比较优势主要体现在以下方面:

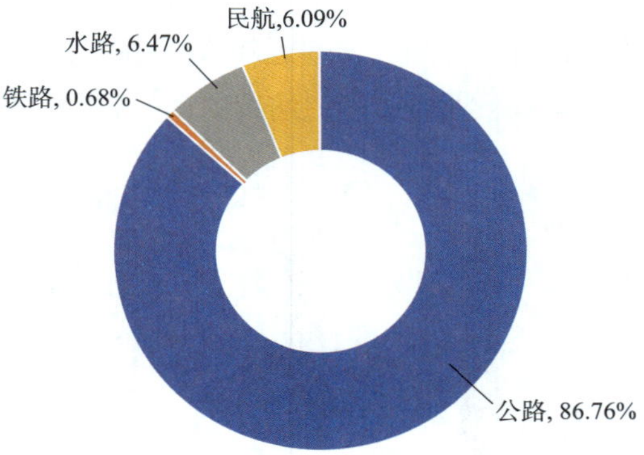

图 5-6　2019 年中国交通运输行业 CO_2 占比情况①

①碳排放比较优势

2019 年铁路客运市场占 41.6%、货运市场占 21.6%。从碳排放总量来看,公路运输是中国交通碳排放最多的运输方式,铁路具有明显的节能减排优势。公路运输碳排放总量最大且增速较快,占比基本稳定在 80%以上。由于中国航空运输业的高速发展,航空运输碳排放逐年增长,水路运输碳排放量增长逐步放缓,2019 年为 6.47%。铁路运输碳排放占比最低,2019 年铁路运输碳排放量占比仅为 0.68%,如图 5-6 所示。

②能源强度比较优势

在各种运输方式的节能减排效果比较中,最重要的是能源强度的比较。从能源强度来看,航空单位能耗最高,其次为公路,铁路、水路和管道能源强度相对较低,也相对更为节能低碳。国家铁路能效与其他交通运输行业能效比较如图 5-7 所示,2020 年国家铁路用占交通 3.7%的能耗完成 25.8%的换算周转量,说明铁路单位运输工作量能耗约为交通行业单位运输工作量平均能耗的 1/7。因此,加快发展铁路,提高铁路在运输市场中的份额,可以直接提升交通行业整体能效,进而对促进整体节能减排具有重要意义。

③能源消费结构比较优势

能源消费结构是否优化以及优化的程度,反映一种运输发展方式的质量高低以及低碳程度。随着中国高速铁路的快速发展,电气化铁路比重有了大幅度提高,铁路"以电代油"范围进一步扩大,从而使铁路牵引能耗结构发生了明显的变化。煤、电、油三者比例关系的改变,表明铁路牵引能源消费方式发生了巨大的变化。公路运输方面,由于近年来新能源汽车数量不断增加,以及油改气车辆的增加,公路"以电代油"和"以气代油"比重不断升高,公路能源消费结构有所优化,但仍以柴油和汽油为主,清洁能源占比有所上升。民航运输过程的能耗全部为航空煤油,民航机场地面保障车辆设备中,电力比例达到 5%,场站清洁化运营

---

① 数据来源:李晓易,谭晓雨,吴睿,等.交通运输领域碳达峰、碳中和路径研究[J].中国工程科学,2021,23(6):15-21.

水平较高，综合能耗以电力、天然气、外购热力为主。水路运输能源消耗主要以柴油为主，LNG消耗量占比较少。因此，铁路也成为在综合交通运输方式中牵引能耗结构变动最优的运输方式，这种转变将直接推动交通运输行业整体能耗结构的调整和优化，详细数据如图 5-8 所示。

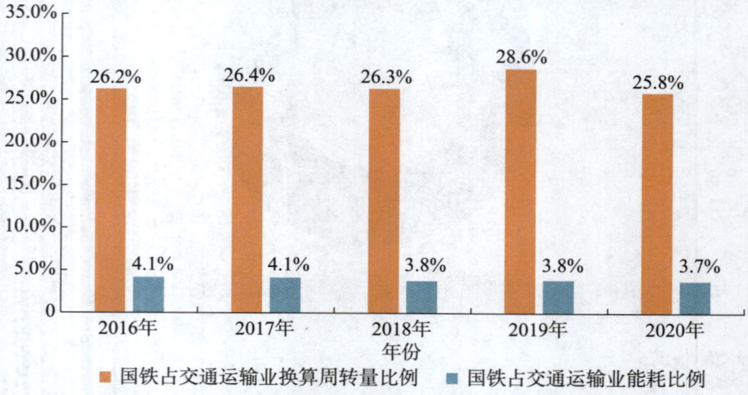

图 5-7　国家铁路能效与其他交通运输行业能效比较①

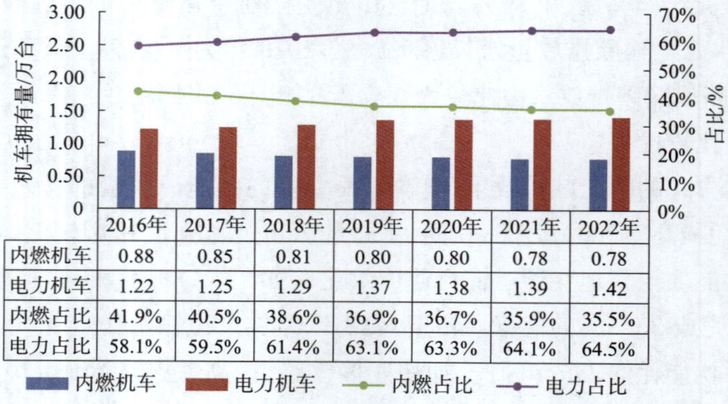

	2016年	2017年	2018年	2019年	2020年	2021年	2022年
内燃机车	0.88	0.85	0.81	0.80	0.80	0.78	0.78
电力机车	1.22	1.25	1.29	1.37	1.38	1.39	1.42
内燃占比	41.9%	40.5%	38.6%	36.9%	36.7%	35.9%	35.5%
电力占比	58.1%	59.5%	61.4%	63.1%	63.3%	64.1%	64.5%

图 5-8　2016—2022 年我国铁路机车拥有量②

④技术比较优势

a. 运输量大。铁路运输一般每列客车可载旅客 1 800 人左右，一列货车可装 2 000～3 500 t 货物，重载列车可装超 20 000 t 货物。单线单向年最大货物运输能力达 1 800 万 t，复线达 5 500 万 t。

b. 速度快。我国普速铁路列车的时速可以达到 120～160 km，高速动车组时速可达 200～350 km。我国正在研发更高速度等级的动车组列车。

c. 可靠性强。由于铁路运输受气候等自然条件的限制较小，对环境的适应性强，所以

① 数据来源：2016—2020 年交通运输行业发展统计公报和铁道统计公报。
② 数据来源：2016—2022 年铁道统计公报。

具有较强的可靠性。

d. 对环境的污染小。由于我国铁路大都是以电力作为动力源，排放的有害气体较少，因此对环境的污染也少。与公路和航空运输方式相比，铁路对环境和生态平衡的影响程度较小。

e. 运输成本较低。由于铁路运输一般都是中长距离、大运量运输。固定成本基本不变，可变成本随运量增加而增加。因此，铁路运输的单位运输成本比公路运输和航空运输成本低。

5.4.2　高速铁路碳排放核算方法

按照全生命周期碳排放计算的边界划分，高速铁路可包含建材生产阶段、施工建设阶段、运营维护阶段和报废拆除处置 4 个阶段，本书重点介绍高速铁路运营维护阶段碳排放。

1. 碳排放量测算公式

高速铁路碳排放核算边界是指核算高速铁路某一时期内（通常为一年）所有生产设施和业务范围，包括其电力机车、动车组运营系统（如机车牵引、车辆维修、线路维护保养、行车调度、通信指挥、电力供应等）及直接为机车运营服务的辅助系统产生的 CO_2 排放，包括直接碳排放和间接碳排放。直接碳排放主要是指化石燃料燃烧排放，主要有运输生产中锅炉及燃烧装备所消耗的燃油和燃煤而排放的 CO_2；间接碳排放包括净购入使用电力排放、车站用电设备所消耗的电力、铁路运输维修消耗的原材料在生产过程中所排放的 CO_2、热力消费排放和其他运输生产活动的排放。表 5-4 是高速铁路企业温室气体排放源的组成，一是动车组运行消耗电能及碳排放，二是动车组运行以外车站设备等消耗电能及碳排放，三是高速铁路维修及更新改造等碳排放。

表 5-4　高速铁路温室气体排放源

铁路排放类型	主要耗能设备	温室气体排放种类
化石燃料（柴油、汽油、煤炭和天然气等）燃烧排放	内燃机车，轨道车，站场燃煤、燃油和燃气设备等	CO_2
净购入电力、热力排放	电力机车、站场耗电设施	CO_2

高速铁路碳排放总量等于化石燃料燃烧 CO_2 排放和净购入使用电力、热力产生的 CO_2 排放之和。铁路碳排放总量计算公式为

$$E=E_{燃烧}+E_{电}+E_{热} \tag{5-4}$$

式中　E——铁路碳排放总量，tCO_2；

$E_{燃烧}$——铁路净消耗的各种化石燃料燃烧活动产生的温室气体排放量，tCO_2；

$E_{电}$——铁路净购入电力隐含的 CO_2 排放量，tCO_2；

$E_{热}$——铁路净购入热力隐含的 CO_2 排放量，tCO_2。

(1)化石燃料燃烧排放

燃料燃烧活动产生的CO_2排放量是企业各种化石燃料燃烧产生的CO_2排放量之和，计算公式为

$$E_{燃烧}=E_{燃烧-CO_2}+E_{燃烧-CH_4}+E_{燃烧-N_2O} \tag{5-5}$$

式中 $E_{燃烧-CO_2}$——燃烧化石燃料产生的CO_2排放量，tCO_2；

$E_{燃烧-CH_4}$——运输车辆燃烧化石燃料产生的CH_4排放量，tCO_2；

$E_{燃烧-N_2O}$——运输车辆燃烧化石燃料产生的N_2O排放量，tCO_2。

CO_2排放计算公式为

$$E_{燃烧-CO_2}=\sum AD_i \times EF_i \tag{5-6}$$

式中 AD_i——第i种化石燃料的活动数据①，GJ；

EF_i——第i种化石燃料的CO_2排放因子，tCO_2/GJ；

i——燃烧的化石燃料类型。

第i种化石燃料的活动水平AD_i计算公式为

$$AD_i=NCV_i \times FC_i \tag{5-7}$$

式中 NCV_i——第i种化石燃料的平均低位发热量②，对固体或液体燃料，GJ/t；对气体燃料，GJ/万Nm^3；

FC_i——第i种化石燃料的净消耗量，对固体或液体燃料，t；对气体燃料，Nm^3。

化石燃料的CO_2排放因子计算公式为

$$EF_i=CC_i \times OF_i \times \frac{44}{12} \tag{5-8}$$

式中 CC_i——第i种化石燃料的单位热值含碳量，tC/GJ；

OF_i——第i种化石燃料的碳氧化率，%。

(2)净购入使用电力和热力产生的排放

①净购入使用电力产生的排放

排放单位净购入使用电力产生的排放计算公式为

$$E_{电}=AD_{电} \times EF_{电} \tag{5-9}$$

式中 $AD_{电}$——净购入使用电量，kWh；

$EF_{电}$——全国电网排放因子，$kgCO_2/kWh$。

②净购入使用热力产生的排放

排放单位净购入使用热力产生的排放计算公式为

$$E_{热}=AD_{热} \times EF_{热} \tag{5-10}$$

① 活动数据指导致温室气体排放的生产或消费活动量的表征值，如各种化石燃料消耗量、购入使用电量等。

② 低位发热量指燃料完全燃烧，其燃烧产物中的水蒸汽以气态存在时的发热量。

式中　$AD_{热}$——净购入热力量(如蒸汽量),GJ;

$EF_{热}$——供热 CO_2 排放因子,tCO_2/GJ。

(3)碳排放因子

碳排放因子是测算碳排放的基础,铁路行业碳排放因子缺省值通常取自《陆上交通运输企业温室气体排放核算方法与报告指南(试行)》。能源燃烧直接 CO_2 排放因子见表 5-5。

表 5-5　能源燃烧直接 CO_2 排放因子

燃料名称		低位发热值	单位热值含碳量 10^{-3}/(tC/GJ)	碳氧化率/%	CO_2 排放因子
固体燃料	无烟煤	24.52 GJ/t	27.49	94	2.32 tCO_2/t
	烟煤	23.20 GJ/t	26.18	93	2.07 tCO_2/t
	褐煤	14.45 GJ/t	28.00	96	1.42 tCO_2/t
	洗精煤	26.34 GJ/t	25.40	93	2.28 tCO_2/t
	煤制品	17.46 GJ/t	33.60	90	1.94 tCO_2/t
	焦炭	28.45 GJ/t	29.40	93	2.85 tCO_2/t
液体燃料	燃料油	40.19 GJ/t	21.10	98	3.05 tCO_2/t
	柴油	43.33 GJ/t	20.20	98	3.15 tCO_2/t
	汽油	44.80 GJ/t	18.90	98	3.04 tCO_2/t
	煤油	44.75 GJ/t	19.60	98	3.15 tCO_2/t
气体燃料	焦炉煤气	173.85 GJ/万 Nm^3	13.60	99	8.58 tCO_2/万 Nm^3
	城市煤气	52.34 GJ/万 Nm^3	12.20	99	2.32 tCO_2/万 Nm^3
	油田天然气	389.31 GJ/万 Nm^3	15.30	99	21.62 tCO_2/万 Nm^3
	气田天然气	355.44 GJ/万 Nm^3	15.30	99	19.74 tCO_2/万 Nm^3
	液化石油气	47.31 GJ/t	17.20	99	2.95 tCO_2/t
	液化天然气	41.87 GJ/t	15.30	99	2.33 tCO_2/t

数据来源:低位发热值来自《陆上交通运输企业温室气体排放核算方法与报告指南(试行)》;单位热值含碳量、碳氧化率来自《省级温室气体清单编制指南》(发改办气候〔2011〕1041 号)。CO_2 排放因子=低位发热值×单位热值含碳量×碳氧化率×44/12。

全国电力排放因子最早源自《企业温室气体排放核算方法与报告指南 发电设施》中发布的 2015 年排放因子数据,即 0.6101 tCO_2/MWh,后经历过几次调整,为规范地区、行业、企业及其他单位核算电力消费所隐含的 CO_2 排放量,确保结果的可比性,最新的电力排放因子源自生态环境部和国家统计局关于发布 2021 年电力 CO_2 排放因子的公告,公布了 2021 年全国、区域和省级电力平均 CO_2 排放因子,全国电力平均 CO_2 排放因子(不包括市场化交易的非化石能源电量),以及全国化石能源电力 CO_2 排放因子。表 5-6 为 2021 年电力 CO_2 排放因子。

表 5-6　2021 年电力 CO_2 排放因子　　单位：$kgCO_2/kWh$

全国电力平均 CO_2 排放因子	0.556 8
全国电力平均 CO_2 排放因子（不包括市场化交易的非化石能源电量）	0.594 2
全国化石能源电力 CO_2 排放因子	0.842 6

2. 高速铁路碳排放主要指标

(1)总碳排放量

根据国内外交通运输活动 CO_2 排放口径，国际能源署(IEA)以及我国进行碳排放统计时仅包含使用化石燃料燃烧的直接 CO_2 排放，不包含净购入电力及热力等间接 CO_2 排放，而从促进全社会节能减碳，鼓励企业提升可再生能源比例角度分析，作为能源消耗企业，直接排放和间接排放均属于碳资产的一部分。计算高速铁路碳排放量包含两部分，一是化石燃料燃烧所导致的直接排放(以下简称直接碳排放)，二是净购入电力和热力隐含的间接排放(以下简称间接碳排放)，碳排放强度按照直接和间接 CO_2 排放量与客货运周转量的比值计算。

(2)碳排放强度

碳排放强度是指每单位换算周转量所排放的 CO_2 量，用于衡量运输周转量与碳排放量的关系。在分析单位 CO_2 排放时，高速铁路 CO_2 排放强度直接取决于运输 CO_2 排放量和运输量。高速铁路碳排放强度基本公式为

$$\text{碳排放强度}=\frac{\text{总碳排放量}}{\text{客货运周转量}} \tag{5-11}$$

(3)高速铁路主要耗能品类

铁路运输对象分为客运和货运，能耗按照牵引形式分为牵引和非牵引能耗。牵引能耗指用于机车牵引所消耗的能源总量；非牵引能耗指除牵引能耗外的能源消耗量，包括暖通空调、照明、信号、通信及给排水等相关设备能耗。随着燃煤消耗量的大幅度降低，非牵引能耗比例逐年下降，牵引能耗比例显著提升，能源使用效率有所提高，侧面反映出我国铁路能源消耗情况整体向好。

高速动车组运行耗电包括车辆牵引耗电、动车组空调耗电、动车组照明耗电、动车组信号系统耗电等。

高铁车站能耗设备包括空调系统、照明系统、监控系统、自动扶梯系统、通信信号系统、电子屏幕、给排水系统及消防系统等。根据统计，高铁车站设备能耗碳排放中，中央空调占60%～80%，照明占 6%～17%，电梯占 3%左右，这三部分的值都会因发送旅客量不同而有所改变。

高速铁路全生命周期期限较长，全生命周期内的某些子系统如钢轨、无砟轨道、动车组等寿命期较短需要更新，各个子系统需要正常维护、维修。

高速铁路运营维护阶段碳排放组成如图 5-9 所示。

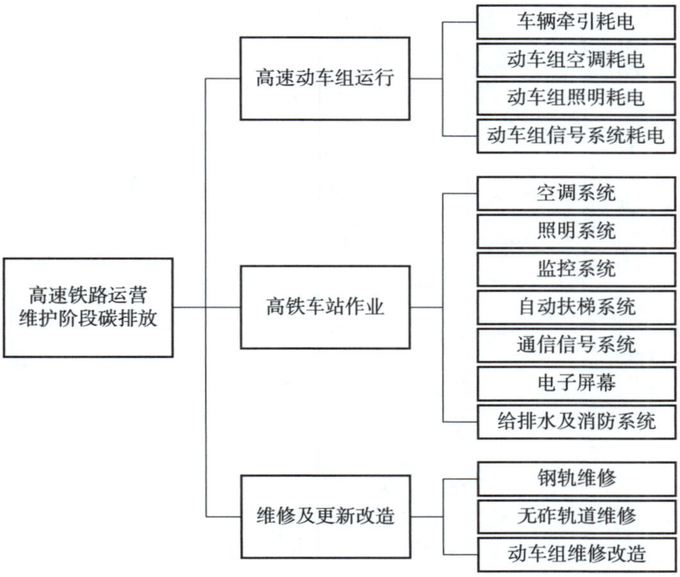

图 5-9　高速铁路运营维护阶段碳排放组成

3. 高速铁路碳减排效应

碳排放受多种因素共同影响，通常与能源消耗、产业发展、技术进步以及资源配置等因素有密切关联。高速铁路运行会在一定程度上影响能源消费、产业结构、技术创新以及资源配置，因此，高速铁路的开通势必会对碳排放产生影响。目前缺少高速铁路的独立数据，铁路碳排放现状依据铁路运输整体数据进行分析，由于高速铁路的能源结构以电能为主，仅产生电力间接排放，不存在燃煤和燃油等化石能源直接排放，高速铁路碳排放应低于铁路运输整体碳排放。

(1)铁路碳排放现状

①铁路 CO_2 排放总量

国家铁路客运、货运、非控股合资公司和地方铁路碳排放量分别为 1 259.28 万 t、4 648.62 万 t、112.24 万 t 和 35.88 万 t，合计 6 056.03 万 t 碳排放，如图 5-10 所示。

②CO_2 排放占比

从能耗结构看，2020 年全国铁路电力碳排放占比约 80%，燃油接近 13%，其他类型仅占 7%左右，如图 5-11 所示。

③铁路二氧化碳排放强度

2020 年全国铁路运输业碳排放总量为 6 056.03 万 t，客货运周转量为 35 655.93 亿吨公里，其中，客运二氧化碳排放强度为 22.4 吨二氧化碳每百万人公里，货运为 15.6 吨二氧化碳每百万吨公里。

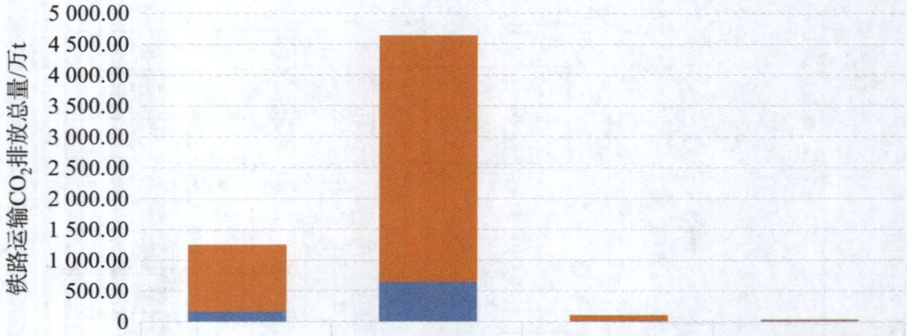

	国家铁路客运	国家铁路货运	非控股合资公司	地方铁路
间接排放	1081.12	3990.95	91.99	11.42
直接排放	178.16	657.67	20.25	24.46

图 5-10　2020 年铁路运输 CO_2 排放总量

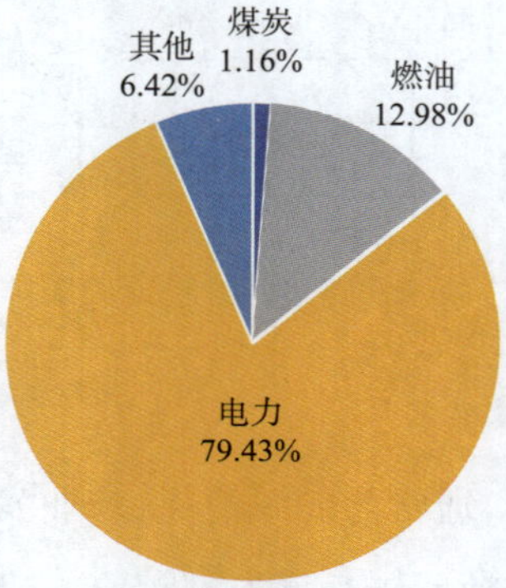

图 5-11　2020 年按能耗结构分铁路运输 CO_2 排放占比

通过对比不同交通运输方式碳排放强度，铁路低碳减排优势凸显。在货运领域，水路运输在我国交通运输方式中 CO_2 排放强度最小，其次是铁路和公路。在客运领域，铁路的 CO_2 排放强度最小，其次为公路与民航，水运最高，如图 5-12 所示。

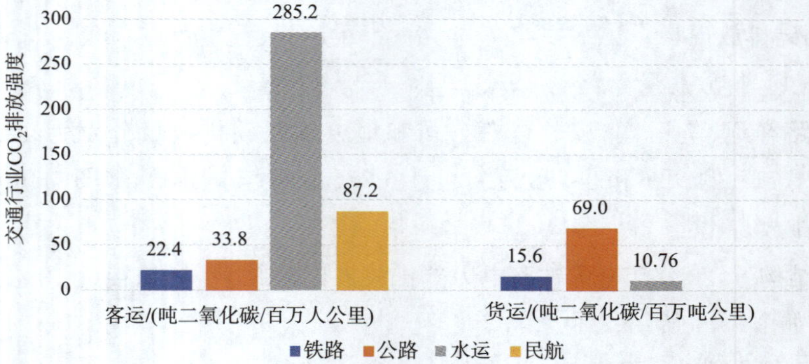

图 5-12　2020 年中国交通运输行业 CO_2 排放强度①

① 考虑民航客机腹舱带货的现实情况，不单独研究民航货运指标，将民航综合指标作为客运碳排放强度指标，按 1 人公里＝0.09 吨公里折算。

(2)高速铁路碳减排效应分析

①高速铁路替代效应

高速铁路开通影响碳排放最主要的比较优势是对传统的铁路、公路运输及航空运输进行替换。相较于传统铁路及公路运输,高速铁路在舒适性、安全性及运输的高效性上均具有前者无法替代的优势。一方面,能源消费结构是否优化以及优化的程度,反映一种运输发展方式的质量高低以及低碳程度。随着中国高速铁路的快速发展,电气化铁路比重有了大幅度提高,铁路“以电代油”范围进一步扩大,从而使铁路牵引能耗结构发生了明显的变化。煤、电、油三者比例关系的改变,表明铁路牵引能源消费方式发生了巨大的变化,高速铁路发展带动能源消费结构的改善势必会降低因能源消耗所产生的碳排放。另一方面,有研究对我国不同交通运输工具运营阶段产生的碳排放量进行测算,发现高速铁路每百公里的碳排放量大概只占航空运输的1/5,占到公路运输的1/3,因此随着运输量由公路和航空向高速铁路分流,因交通产生的碳排放总量是在减少的。此外,高速铁路因其舒适便捷的特点替代了传统运输,并且与传统运输工具相比,高速铁路的能源消费结构更加清洁,最终降低了碳排放。

②产业结构效应

从产业发展的角度看,高速铁路通过产业结构升级,可以达到减少碳排放的目的。

a. 高速铁路极大地压缩了时空距离,削减了生产要素在区域间的流动壁垒,为资源的优化和整合提供便利,生产要素流入效率高的城市节点,进一步促进节点城市产业结构调整。

b. 高速铁路的开通将加快节点城市第三产业的发展。高速铁路的开通提高了节点城市的交通便利性,增加了国内外游客的访问数量,从而为饮食、住宿等第三产业的扩张提供有力基础,导致第二产业比重相对下降。第三产业以排放量少、能源消耗少、污染少的绿色产业为主。这种产业间结构转型升级是整个产业体系低碳发展的根本动力,能有效减少碳排放。由此分析,通过促进产业结构调整,高速铁路可以减少二氧化碳排放量。

③技术创新效应

a. 从要素流动视角来看,高速铁路开通降低了要素流动壁垒,加快了人力资本向节点城市的流入,同时还刺激了市场规模的扩张,入驻企业的数量和规模均有所提高,进而增强了节点城市对高级人才的吸引力,由此形成的人力资本累积效应将促进节点城市的知识创新及科技水平的提高。

b. 从知识溢出的视角来看,高素质人才等创新要素本身具备知识与技术密集的特征,他们是重要的知识与创新载体。同时高素质人才往往拥有更高的时间价值,在跨区域流动时更偏向于高效便捷的高速铁路出行,在区域间交流的过程中加快了低碳技术的传播,正是这种知识溢出效应促进整体区域创新能力的提升。

通过上述要素流动及知识溢出,节点城市整体技术创新水平得到提升,而技术上的革新又将影响不同产业的能源消耗结构,如汽车工业引入电池技术,从而革命性地降低了汽车对化石能源的消耗。同时技术创新还大大降低了碳减排成本,成本的降低又将进一步大幅减少碳排放。据此，本书认为高速铁路开通可以提高城市创新水平，进而通过技术创新效应降低碳排放。

④资源配置效应

在我国市场化改革过程中，存在要素市场滞后于产品市场的问题，地方政府会加强对要素市场的干预和控制，并人为压低要素价格，导致要素市场错配。地方政府也倾向于选择要素价格更低的粗放型发展模式促进经济增长，从而造成了严重的碳排放问题。此外，在地方保护主义和市场分割格局下，要素错配还会降低能源效率。随着人力及资本的价格被抬高，在一些资源比较富裕的地区，可能出现能源要素价格低于劳动力及资本要素价格的情况，由此，企业将通过投入大量的能源要素来代替其他高成本生产要素。这无疑会加剧企业能耗，并导致能源利用效率低下等问题，最终造成碳排放的增加。而高速铁路则通过其时空压缩的特性，提高了城市的交通可达性，并促进了技术人员等人力资本要素的跨区域流动，缩小了不同地区间的生产要素差异，进而起到缓解市场分割、减小要素错配的作用。据此，高速铁路开通可以缓解要素错配，提高资源配置效率，进而降低碳排放。

4. 高速铁路碳减排测算

在现代各类运输方式中，广泛支持长距离客货运输的方式为铁路、公路和航空。从能耗和碳排放来看，铁路相比公路在长距离运输方面有很大优势。无论客运还是货运，航空运输的单位运输量能耗都很高，可达普速铁路运输能耗的上百倍。从碳排放看，公路运输依然是中国交通碳排放最多的运输方式，2019 年占到全部运输方式 86.76%。随着中国航空运输的快速发展，CO_2 排放量快速上升，2019 年占到全部运输方式的 6.09%。如果交通运输行业整体被纳入碳交易体系，公路和航空运输能源消耗结构以燃油为主，碳排放总量远高于铁路。随着清洁能源和新能源货车和客车比例的增加，未来公路运输的污染排放会进一步减小。航空运输虽然在寻求环保型的燃油替代方案，然而还处于探索阶段，未大规模商用。基于铁路企业在能源结构中的优势，碳排放交易时将占据主动权。

(1)高速铁路对公路的替代节能减排效应

①高速铁路对公路结构替代减排效应

结构替代减排是指因铁路运输市场份额提高或降低而实现的节能量，反映了铁路发展所导致运输结构变化而产生的节能效应。在我国主要考虑铁路与公路之间的替代，即假设铁路市场份额的变化全部转移到公路运输。其计算公式为

$$\Delta T_i = Q_{T_i}(r_i - r_{i-1})(n_{i-1} - d_{i-1})e \tag{5-12}$$

式中 ΔT_i——高速铁路对公路的结构替代减排量，t；

Q_{T_i}——全社会运输周转量，百万换算吨公里；

r_i——高速铁路占全社会周转量比例；

n_i——高速铁路的单位运输工作量能耗，吨标煤/百万换算吨公里；

d_i——公路的单位运输工作量能耗，吨标煤/百万换算吨公里；

i——年份；

e——CO_2 排放系数。

鉴于 $d_i > n_i$，ΔT_i 为正数表示因铁路比例上升的节能量，负数相反。

②高速铁路对公路增量替代减排效应

增量替代减排是指因铁路运输量增加而实现的节能量，即在假设铁路运输周转量不增长前提下，如果用公路来满足铁路运输增量需求所导致的能耗变化。其计算公式为

$$\Delta T_i = \Delta Q_{T_i}(n_{i-1} - d_{i-1})e \tag{5-13}$$

式中　ΔT_i——高速铁路对公路的增量替代减排量，t；

ΔQ_{T_i}——高速铁路运输周转量的增加量，百万换算吨公里。

正数为节能，负数相反。

③高速铁路对公路完全替代减排效应

完全替代减排是指如果由公路完全承担铁路实际运输量而多排放的 CO_2，计算公式为

$$\Delta T_i = Q_{T_i}(n_i - d_i)e \tag{5-14}$$

式中　ΔT_i——高速铁路对公路的完全替代减排量，t；

Q_{T_i}——高速铁路运输周转量，百万换算吨公里。

(2)高速铁路对航空的完全替代节能效应

如果由航空完全承担铁路实际运输量而多排放的 CO_2，计算公式为

$$\Delta T_i = Q_{T_i}(h_i - t_i)e \tag{5-15}$$

式中　ΔT_i——高速铁路对航空的完全替代减排量，t；

Q_{T_i}——高速铁路运输周转量，百万换算吨公里；

h_i——航空的单位运输工作量能耗，吨标煤/百万换算吨公里；

t_i——铁路的单位运输工作量能耗，吨标煤/百万换算吨公里；

e——CO_2 排放系数。

正值为减排，负值相反。

随着高速铁路发展规划，各航线民航客运航班将被进一步替代，会一定程度上缓解民航运输的减排压力。依据清华大学能源环境经济研究所研究成果，结合航线级数据、各机型的起飞能耗、巡航距离、巡航能效等参数，计算中国已经公布的高速铁路建设规划下的减碳效益。各航线航班所用机型的起飞能效和巡航能效取自国际民航组织和其他研究机构的研究结果。“八纵八横”通达新覆盖的航线中，主要采用机型有 A320、B737、A321、A319、ERJ、CRJ、B738、MA6 和 E190 等，机型选取仍以窄体客机和支线客机为主。窄体客机执飞比例为 88.2%，考虑各机型的能效和飞行距离，在对巡航能效进行修正后，高速铁路带来的节能减排效益见表 5-7。从 2018 年航班情况来看，0～4 h、4～6 h、6～8 h、8～10 h 和 10 h 以上受影响航线的能耗情况分别是 5.6 万 t、47.8 万 t、103.4 万 t、156.6 万 t 和 119.6 万 t，相应替代产生节能效果分别为 4.2 万 t、20.1 万 t、13.4 万 t、17.2 万 t 和 7.2 万 t，减少直接碳排放为 187.8 万 t。

表 5-7 "八纵八横线路"影响航线的碳减排效果

运行时间	替代效果/%	能耗/万 t	节能效果/万 t	减排效果/万 t
0~4 h	75%	5.6	4.2	12.8
4~6 h	42%	47.8	20.1	60.7
6~8 h	13%	103.4	13.4	40.6
8~10 h	11%	156.6	17.2	52.0
10 h 以上	6%	119.6	7.2	21.7

5.4.3 有效管理碳资产

1. 提升铁路电气化水平

电气化改造是采用电气化牵引机车和线路替代原有的内燃机车和线路。由于电气化改造将原有的柴油消耗直接转化为电力消耗，在减少二氧化碳和其他污染气体排放方面起到极大地改善作用，因此，多年来铁路电气化改造一直是铁路能源结构优化的最有力手段之一。党的十八大以来，铁路能源消费结构持续优化，污染治理能力不断提升，铁路绿色环保优势得到充分发挥，我国铁路持续推进"内改电"结构优化。2016—2022 年，我国铁路电气化里程由 8 万 km 增加到 11.4 万 km，电气化率由 64.8%提高到 73.8%(图 5-13)。电气化水平的提高有力推动铁路能源清洁高效利用，大幅提升综合能效水平。燃油牵引线路里程被压缩，同时随着普速机车的逐步更新，燃油发电车数量也逐步降低。电气化改造技术的实施对于减少我国铁路直接碳排放总量具有重要直接的推动意义。

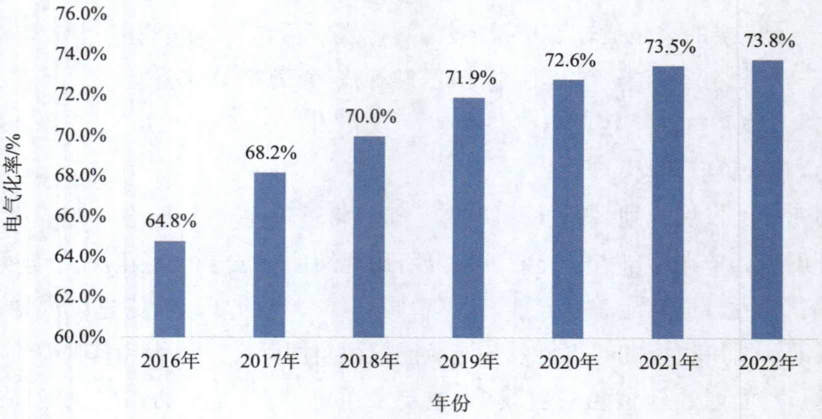

图 5-13 2016—2022 年我国铁路电气化率

我国铁路的电气化牵引率已经处于较高水平，但未来仍存在进一步改造优化的空间。2030 年之前，应继续提高电力机车承担的工作量比例，减少内燃机车运行工作量，充分发挥电力机车的节能低碳优势，提高我国铁路综合能效水平的绿色低碳优势。

2. 增加碳汇

为增强铁路路基边坡区域的绿化面积和支挡结构的绿化范围，提升碳汇能力，通过精心选择和优化植物品种和配置，铁路绿化建设在碳汇能力方面得到显著提升。例如，通过应用三维生态护坡技术，不仅增强路基边坡的防护性能，而且通过采用植物遮挡技术、爬藤覆盖技术和立体绿化技术，显著提升支挡结构的绿化景观效果，从而不断提高铁路绿化的质量和碳汇水平。

在路基边坡绿化方面，铁路部门遵循“灌草结合、矮灌为主”和“近自然化”的设计理念，将植物防护与工程防护相结合。根据不同的边坡类型和岩土性质，采用灌草护坡、植生袋灌草护坡及喷混植生等绿化形式，并借鉴自然植物群落结构的特点，以本土植物为主，构建了可持续的人工植被群落。

在人口稀少的地区，铁路绿色通道的设计重点是生态恢复，模拟沿线自然植被群落的特征进行植物配置，以减少对原有生态系统的干扰，保护生物多样性。采取措施防止和减缓物种入侵、植被退化、景观多样性被破坏等不可逆风险问题的发生，提高植被的存活率和绿化效果。

3. 提升铁路企业碳资产管理效率

铁路企业进行碳资产管理具有社会和经济效益。一方面，碳资产的开发将促进铁路企业节能减排，通过技术进步挖掘节能潜力；另一方面，通过技术进步和革新提高能源利用效率，盈余的碳排放使企业获得收益。铁路企业可研发建立碳排放管理信息化系统，配备碳排放监测装置，形成铁路部门的温室气体统计核算和管理体系。在组织架构上，设立碳排放权交易专门机构，统一管理碳盘查交易、履约、碳资产开发等事宜。在制度管理上，编制铁路运输企业温室气体排放统计管理规定、配额履约及交易规定、自愿减排项目开发规定等。完善碳会计信息披露制度，建立碳绩效评估指标，为资本市场投资者提供铁路低碳信息。鼓励铁路企业参与交通运输碳金融产品交易，尝试多种市场减排产品。在人员配备上，建立碳交易人才培养机制，不定期开展铁路碳交易机制建设、运行和管理专题培训，建设铁路碳交易专业人才队伍和铁路碳交易专家库，增强铁路行业碳排放控制及碳资产管理的认识，进一步提升绿色低碳能力。

参考文献

[1] 王大伟．铁路枢纽内高铁客运站选址布局优化研究[D]. 成都：西南交通大学，2012.

[2] 夏浩．高速铁路高架桥下土地节约集约利用研究[J]. 住宅与房地产，2019(16)：281-282.

[3] 伍赛特．燃料电池机车与混合动力机车的研究现状及发展前景[J]. 铁道机车与动车，2019(2)：1-3.

[4] 王永泽．铁路节能新技术应用前景分析[J]. 铁路节能环保与安全卫生，2019，9(5)：18-22.

[5] 冯江华．高速动车组永磁同步牵引系统的研制[J]. 机车电传动，2016(4)：1-5.

[6] 马颖涛,李红,李岩磊,等．轨道交通中永磁同步牵引系统的优势与挑战[J]. 铁道机车车辆,2015,35(3):66-70.

[7] 吕顺凯．交流电气化铁路再生制动能量利用技术研究[J]. 电气化铁道,2019,30(6):5-10.

[8] 胡海涛,陈俊宇,葛银波,等．高速铁路再生制动能量储存与利用技术研究[J]. 中国电机工程学报,2020,40(1):246-256.

[9] 金磊,张伟,李静岩,等．低环温空气源 CO_2 热泵供暖系统运行性能研究[J]. 铁路节能环保与安全卫生,2022,12(4):24-30.

[10] 金磊,冯晓娟,王守国．铁路沿线供暖用低温空气源热泵热力性能对比研究[J]. 铁路节能环保与安全卫生,2019,9(1):12-17.

[11] 赵清晨．水源热泵的应用前景及应注意的问题[J]. 科技情报开发与经济,2006(16):245-147.

[12] 孙强．浅谈水源热泵技术的国内外发展现状及趋势[J]. 佳木斯大学学报(自然科学版),2007(3):433-434.

[13] 李静岩,柳江,冯晓娟,等．超低环境温度耦合空气源热泵在高寒地区建筑供暖中的应用[J]. 铁路节能环保与安全卫生,2019,9(1):22-24.

[14] 王伟,倪龙,马最良．空气源热泵技术与应用[M]. 北京:中国建筑工业出版社,2017.

[15] 张军．空气源热泵供热技术及应用[M]. 北京:化学工业出版社,2021.

[16] 陆耀庆．实用供热空调设计手册[M]. 北京:中国建筑工业出版社,2008.

[17] 黄和平,谢云飞．高铁开通的碳减排效应研究:兼议经济与环境双重目标的约束[J]. 环境经济研究,2022,7(4):1-22.

[18] 王成新,苗毅,吴莹,等．中国高速铁路运营的减碳及经济环境互馈影响研究[J]. 中国人口·资源与环境,2017,27(9):171-177.

[19] 张伟,朱启贵,高辉．产业结构升级、能源结构优化与产业体系低碳化发展[J]. 经济研究,2016,51(12):62-75.

[20] 杜兴强,彭妙薇．高铁开通会促进企业高级人才的流动吗？[J]. 经济管理,2017,39(12):89-107.

[21] 卞元超,吴利华,白俊红．高铁开通是否促进了区域创新？[J]. 金融研究,2019(6):132-149.

[22] 叶德珠,潘爽,武文杰,等．距离、可达性与创新:高铁开通影响城市创新的最优作用半径研究 [J]. 财贸经济,2020,41(2):146-161.

[23] 卢娜,王为东,王淼,等．突破性低碳技术创新与碳排放:直接影响与空间溢出[J]. 中国人口·资源与环境,2019,29(5):30-39.

[24] 张杰,周晓艳,李勇．要素市场扭曲抑制了中国企业 R&D？[J]. 经济研究,2011,46(8):78-91.

[25] 潘爽,叶德珠．交通基础设施对市场分割的影响:来自高铁开通和上市公司异地并购的经验证据[J]. 财政研究,2021(3):115-129

[26] 卢春房．铁路低碳发展导论[M]. 北京:中国科学技术出版社,2023.

[27] 陈进杰,王兴举,王祥琴,等．高速铁路全生命周期碳排放计算[J]. 铁道学报,2016,38(12):47-55.

[28] 清华大学能源环境经济研究所．中国电动汽车的发展规模及其能源环境资源影响研究:方法、模型和应用[M]. 北京:经济管理出版社,2019.

高速铁路基础研究与技术创新丛书

第一期(16册)

(一)基础理论与基础技术系列

高速铁路散体道床宏细观力学行为　　赵春发　翟婉明　张　徐　著

ISBN 978-7-113-28857-0

高速铁路线路系统动力学　　龙许友　时　瑾　王英杰　编著

ISBN 978-7-113-28997-3

高速铁路弓网关系研究　　韩通新　著

ISBN 978-7-113-28941-6

(二)动车组系列

高速列车轻量化设计　　李　明　伊召锋　米莉艳　等编著

ISBN 978-7-113-28972-0

(三)供电系列

高速铁路受电弓　　韩通新　编著

ISBN 978-7-113-28975-1

高速铁路接触网检测技术　　韩通新　著

ISBN 978-7-113-28961-4

(四)工程设计系列

高速铁路桥梁抗震设计　　陈兴冲　张永亮　编著

ISBN 978-7-113-28964-5

高速铁路轨道工程 BIM 正向设计软件开发及实践　　姚　力　刘大园　董凤翔　等编著

ISBN 978-7-113-28934-8

(五)工程施工与组织系列

高速铁路桥梁 BIM 技术研究与实践　　盛黎明　苏　伟　刘延宏　宋树峰　编著

ISBN 978-7-113-28938-6

高速铁路岩溶路基边坡变形与稳定　　白明洲　师　海　田　岗　等编著

ISBN 978-7-113-28880-8

高速铁路工程地质灾害超前预报图形判别和解译　李　忠　郝娜娜　等编著

ISBN 978-7-113-28935-5

(六)通信与列控系列

高速铁路宽带无线信道测量与建模技术　周　涛　何睿斯　艾　渤　编著

ISBN 978-7-113-28930-0

(七)测量与检测系列

(八)高铁运营与经济系列

高速铁路社会效益研究——基于时空经济分析　李红昌　夏璇璇　著

ISBN 978-7-113-28942-3

(九)现代信息技术系列

高速铁路物联网技术　史天运　孙　鹏　张惟皎　陈瑞凤　编著

ISBN 978-7-113-29029-0

(十)安全·健康·维护系列

高速铁路道砟飞溅机理及防治　高　亮　石顺伟　殷　浩　著

ISBN 978-7-113-28906-5

高速列车多目标均衡综合节能技术　张　雷　李　明　司志强　等编著

ISBN 978-7-113-28976-8

第二期(23 册)

(一)基础理论与基础技术系列

高速列车空气动力学数值模拟——基于 STAR-CCM+软件

李　明　李　田　戴志远　等编著

ISBN 978-7-113-30059-3

高速铁路沿线地面沉降研究与防治　李国和　黄大中　尚海敏　王少林　编著

ISBN 978-7-113-30176-7

高速铁路路基智能填筑技术　王同军　闫宏业　杨　斌　尧俊凯　等著

ISBN 978-7-113-30047-0

季冻区高速铁路路基服役性能与孕灾风险研究

叶阳升　蔡德钩　毕宗琦　李善珍　等著

ISBN 978-7-113-29934-7

高速铁路隧道内附属设施气动效应及安全性研究

彭立敏　杨伟超　施成华　雷明锋　著

ISBN 978-7-113-30104-0

高速铁路钢轨打磨理论与技术　王文健　郭　俊　周　坤　著

ISBN 978-7-113-30061-6

高速列车动态性能正向设计　周劲松　宫　岛　孙文静　著

ISBN 978-7-113-30050-0

高速列车自动驾驶控制理论　宿　帅　李开成　唐　涛　袁　磊　等编著

ISBN 978-7-113-30147-7

高速铁路行车调度与控制一体化　唐　涛　宿　帅　孟令云　阴佳腾　编著

ISBN 978-7-113-30112-5

高速铁路无砟轨道结构水泥基材料理论与技术

龙广成　曾晓辉　马昆林　谢友均　著

ISBN 978-7-113-30056-2

(二)动车组系列

高速列车空气动力学设计技术　丁叁叁　著

ISBN 978-7-113-30055-5

(三)供电系列

高速铁路电力牵引供电工程智能建造技术

胡志华　陈建明　奚金柱　吴命利　等编著

ISBN 978-7-113-30205-4

(四)工程设计系列

现代铁路枢纽规划设计　许佑顶　高丰农　吴学全　李传勇　等编著

ISBN 978-7-113-27468-9

高速铁路隧道底部结构动力响应特性及设计方法

彭立敏　施成华　黄　娟　丁祖德　著

ISBN 978-7-113-30133-0

(五)工程施工与组织系列

高速铁路工程勘察技术创新与实践　陈则连　著

ISBN 978-7-113-30189-7

高速铁路工程质量系统管理(第 2 版)　　卢春房　等著

ISBN 978-7-113-30108-8

高速铁路路基沉降分析与控制技术　　宋绪国　郭帅杰　编著

ISBN 978-7-113-30154-5

深埋高速铁路地下车站施工关键技术　　杨新安　马明杰　李路恒　罗　驰　编著

ISBN 978-7-113-30001-2

高速铁路施工组织创新与实践　　魏　强　编著

ISBN 978-7-113-30136-1

高速铁路路基沥青混凝土防水封闭结构　　蔡德钩　闫宏业　楼梁伟　石越峰　等著

ISBN 978-7-113-30033-3

(六)通信与列控系列

高速铁路信号系统雷电防护技术研究　　向念文　徐宗奇　阳　晋　编著

ISBN 978-7-113-30135-4

(七)测量与检测系列

(八)高铁运营与经济系列

(九)现代信息技术系列

智能高速铁路图像大数据分析技术及应用　　李　平　李　瑞　赵　冰　编著

ISBN 978-7-113-30134-7

(十)安全·健康·维护系列

高速列车横风效应及气动安全控制动力学　　毛　军　柳润东　郗艳红　著

ISBN 978-7-113-30028-9

第三期(18 册)

(一)基础理论与基础技术系列

高速铁路桥梁抗风技术　　何旭辉　邹云峰　敬海泉　等著

ISBN 978-7-113-31329-6

高速铁路智能选线理论与方法　　蒲　浩　宋陶然　李　伟　张　洪　著

ISBN 978-7-113-31670-9

(二)动车组系列

高速列车风阻制动技术　　田　春　周嘉俊　马天和　吴萌岭　编著

ISBN 978-7-113-31648-8

高速列车制动防滑控制基础理论与试验技术 田　春　朱文良　马天和　吴萌岭　编著

ISBN 978-7-113-31585-6

高速铁路轮轨廓形设计及应用 沈　钢　陈迪来　编著

ISBN 978-7-113-31307-4

高速列车辅助供电系统 张立伟　姜东杰　徐海大　编著

ISBN 978-7-113-31574-0

高速列车被动安全系统技术理论 丁叁叁　编著

ISBN 978-7-113-31996-0

（三）供电系列

高速铁路供电系统电磁暂态分析与防护 刘明光　刘　铁　编著

ISBN 978-7-113-31249-7

（四）工程设计系列

（五）工程施工与组织系列

寒区高速铁路隧道低温影响与工程对策 马志富　田四明　杨昌贤　王志杰　等编著

ISBN 978-7-113-31456-9

高速铁路路基边坡生态防护技术与实践 叶阳升　蔡德钩　魏少伟　吕　宋　著

ISBN 978-7-113-31741-6

（六）通信与列控系列

真空管磁浮高速飞行列车车地无线通信技术 刘　留　艾　渤　编著

ISBN 978-7-113-31382-1

（七）测量与检测系列

高速铁路运营监测技术 赵　斗　张冠军　王长进　梁　永　编著

ISBN 978-7-113-31182-7

高速铁路精密工程测量技术 王长进　刘　成　张冠军　石德斌　编著

ISBN 978-7-113-31519-1

铁路工程地质遥感技术创新与应用 刘桂卫　著

ISBN 978-7-113-31354-8

（八）高铁运营与经济系列

高速铁路列车开行决策理论与技术 周文梁　史　峰　徐光明　等著

ISBN 978-7-113-31563-4

(九)现代信息技术系列

高速铁路数据中心设计技术　　杨德修　樊　艳　赵　耀　崔校玉　编著

ISBN 978-7-113-31126-1

(十)安全·健康·维护系列

绿色高速铁路技术　　蒋　辉　编著

ISBN 978-7-113-31460-6

高速列车驾驶人因安全保障理论及方法　　方卫宁　唐　涛　等著

ISBN 978-7-113-31311-1